Peter Köster SJ

Lieben und Dienen

Die ignatianischen Exerzitien in einem nach-christlich kulturellen Umfeld

Ein Paradigma für Übende und Begleitende

Peter Köster SJ

Lieben und Dienen

Die ignatianischen Exerzitien in einem nach-christlich kulturellen Umfeld

Ein Paradigma
für Übende und Begleitende

echter

Der Umwelt zuliebe verzichten wir bei diesem Buch auf Folienverpackung.

Bibliografische Information der Deutschen Nationalbibliothek

Die Deutsche Nationalbibliothek verzeichnet diese Publikation
in der Deutschen Nationalbibliografie; detaillierte bibliografische Daten
sind im Internet über ‹http://dnb.d-nb.de› abrufbar.

1. Auflage 2024

www.echter.de

Umschlag: Vogelsang Design
Innengestaltung: Crossmediabureau
Druck und Bindung: Friedrich Pustet, Regensburg

ISBN 978-3-429-05948-4

„Wahre die Freiheit des Geistes überall
und vor wem auch immer.
Scheue niemanden,
sondern behalte die Freiheit des Geistes
gegenüber dem, was Dir entgegengesetzt ist.
Verliere sie um keines Hindernisses willen.
Gib sie niemals auf."

Ignatius von Loyola

„Der Sinn für Transzendenz ist das Herz der Kultur, das eigentliche Wesen der Humanität.
Eine Zivilisation, die sich ausschließlich dem Nützlichen widmet, unterscheidet sich im Grunde nicht von Barbarei.
Die Welt wird erhalten durch das, was nicht welthaft ist."

Abraham Joshua Heschel

Inhalt

Vorwort

Es waren vor allem zwei Erfahrungen, die mich motiviert haben, dieses Buch zu schreiben. *Zunächst* einmal das über einen längeren Zeitraum beobachtete Faktum, dass Interessent*innen[1] für begleitete Einzelexerzitien in der Regel nur eine Woche Urlaub nehmen können, wenn sie voll im Berufsleben stehen und Familie mit Kindern haben. Die Folge davon ist, dass ein Prozess, der auf ca. 30 Tage angelegt ist, durch längere zeitliche Unterbrechungen an Dynamik und Transformationskraft verlieren kann. So ist m. E. sehr sorgfältig auf die Hinführung und Strukturierung der einzelnen Exerzitienphasen zu achten, damit die Übenden aus dem Tal der Selbstreflexion, die am Anfang wichtig und notwendig ist, herausfinden in die Betrachtung (*contemplación*) der „Geheimnisse des Lebens Jesu". Dieser Paradigmenwechsel soll zur „inneren Erkenntnis des Herrn" führen, zu einem inneren Wahrnehmen und Berührtwerden von seiner Person, wie sie sich in seinem Wirken und in seiner Beziehung zum himmlischen Vater in den Evangelien zeigt. Es geht bei dieser Kontemplation um ein aufmerksames Dabeisein und Geschehenlassen, das seine Person gegenwärtig (*presente*) sein lässt, damit die Übenden ihn mehr lieben und ihr Leben konsequenter auf ihn ausrichten. Es wäre ein großer Verlust, wenn die Geistlichen Übungen des hl. Ignatius, die seit etwa einem halben Jahrtausend dem Glaubensbewusstsein vieler Menschen, auch in Zeiten des Umbruchs von gewaltigen Ausmaßen, neue Orientierung und Kraft gegeben haben – wenn dieses Instrument geistlicher Erneuerung und Vertiefung abgenutzt und stumpf würde. Mein Anliegen ist also, bei jährlichen 7-tägigen Einzelexerzitien die Schwelle zur Betrachtung der „Geheimnisse des Lebens Jesu" zu überschreiten und sich von der Dynamik der „inneren Erkenntnis des Herrn" ergreifen zu lassen, wenn der Zeitpunkt für diesen Paradigmenwechsel vom Prozess her angezeigt ist.

Die *zweite* Erfahrung, die mich zur Konzeption dieses Buches veranlasst hat, ist die Tatsache, dass in den vergangenen

1 Aus stilistischen Gründen gebrauche ich keine inklusive Sprache. Nur hier im Vorwort habe ich die Gendersternchen verwendet.

Jahren wegen der Corona-Pandemie zahlreiche Exerzitienangebote ausfallen mussten, die Interessent*innen sich aber im Voraus die Termine dafür schon frei genommen hatten. Ich habe ihnen deshalb angeboten, die Exerzitien in der eigenen Wohnung zu machen und im eigenen Umfeld die Voraussetzungen für einen Gebetsort und durchgehendes Schweigen zu schaffen. Dazu gehört Entschiedenheit, den Tag mit festen Gebetszeiten zu strukturieren (etwa 4–5 Stunden und die Tagesreflexion als Gebet der liebenden Aufmerksamkeit) und alle Kontakte nach außen ruhen zu lassen, es sei denn, jemand müsste sich für seinen Lebensunterhalt zwischendurch mit dem Notwendigsten versorgen.

Wenn sie also die Möglichkeit für eine solche häusliche „stille Zeit" haben und sich darauf einlassen wollen, schlage ich ihnen – entsprechend der Rückmeldung auf meine Anregungen zu einer vorbereitenden Reflexion – einige (meist biblische) Texte für die täglichen Gebetszeiten vor, dazu einige Hilfen für den konkreten Prozess. Ich weise auch auf die Möglichkeit hin, während der Nacht (etwa nach der ersten Tiefschlafphase) eine Gebetszeit zu halten. Seit alters her ist die Nacht eine bevorzugte Zeit für das Gebet. Zu meinem Angebot gehört auch die Möglichkeit eines (täglichen) Telefongesprächs zu einer festgelegten Zeit oder eine kurze (tägliche) Rückmeldung per Mail. Ich habe die Teilnehmer*innen auch darüber informiert, dass ich täglich zu einer bestimmten Zeit vor dem Abendessen Eucharistie feiere und ihrer in besonderer Weise dabei gedenke.

Die meisten konnten die Voraussetzungen für diese „Home-Exerzitien" schaffen und waren dankbar für die unverhoffte Alternative. Ihre Rückmeldungen auf dieses Experiment waren durchgängig positiv. Sie empfanden die Textauswahl für ihre Situation als treffend und die Anweisungen für den konkreten Übungsprozess als hilfreich.

Mir schien es sinnvoll, für die ersten zwei bis drei Tage in Anlehnung an das Exerzitienbuch detaillierte Vorgaben für die Gebetszeiten zu machen, sodass die Übenden *nach diesem Modell* (siehe S. 146–149) dann *selbständig* mit den vorgeschlagenen Schrifttexten fortfahren konnten. Die meisten von ihnen kamen mit einem Text pro Tag aus.

Ich nehme an, dass diese Art von „Home-Exerzitien" in unserer schnelllebigen Zeit mit ständig wechselnden Veränderungen für viele ernsthaft Suchende eine überzeugende Alternative ist, auch unabhängig von Pandemiezeiten.

Für alle Phasen des vierwöchigen Exerzitienprozesses habe ich knappe und hoffentlich ausreichend plausible Hinführungen, eine Übersicht über die jeweiligen Gebetsübungen sowie eine entsprechende (größere) Textauswahl mit den einzelnen Übungsschritten ausgeführt, sodass man je nach Kondition und Prozessverlauf für 7-tägige oder längere Exerzitien variieren kann. Dabei habe ich mich an den Vorgaben des Exerzitienbuches orientiert.

Die Ausführungen zu dieser Praxis von Geistlichen Übungen orientieren sich am spanischen Urtext, dem sog. Autograph. Er ist eine 1541 von Bartolomeu Ferrao, dem Sekretär des Ignatius, gefertigte Abschrift, die noch Korrekturen aus der Hand des Ignatius enthält und deshalb Autograph genannt wird. Gelegentlich habe ich bei wichtigen Formulierungen den spanischen Urtext in Klammern hinzugefügt, um die Übereinstimmung mit dem ursprünglichen Sinn zu verdeutlichen. Die Abkürzungen (EB 1–370) entsprechen der allgemein üblichen Abschnittszählung des Exerzitienbuches.

Mein Buch hat „die ganzen Geistlichen Übungen" (*todos los ejercicios espirituales*) im Blick, also einen Zeitraum von insgesamt ungefähr 30 Tagen. Wenn man das Ganze im Auge hat, kann man leichter 7- oder mehrtägige Einheiten „nehmen" und „geben", je nachdem, was jemand an Voraussetzungen und innerer Disposition mitbringt und an Zeit aufwenden kann. Auch wenn das Buch sich primär an Übende richtet, so ist es vor allem für den Beginn, die Umkehrphase und den Paradigmenwechsel in der sog. Zweiten Woche, speziell bei einer wichtigen Entscheidungsfindung, hilfreich, wenn die Übenden einen Begleiter oder eine Begleiterin als Gesprächspartner*in in Anspruch nehmen können. Deshalb finden sich im Text an den entsprechenden Stellen Hinweise für diese Zielgruppe. Im Übrigen verweise ich sie auf meinen Exerzitien-Kommentar „Zur Freiheit befähigen" bei den Literaturangaben am Ende des Buches.

Das Ziel ist also, Menschen unserer Zeit diesen Schatz an geistlicher Erfahrung situativ zugänglich zu machen, damit sie als „Heimatlose“ und „Fremdlinge“ in einem nachchristlichen kulturellen Umfeld „Salz der Erde“ und „Licht der Welt“ (Mt 5,14 f.) sein können, also ihre am Evangelium ausgerichtete Spiritualität „selbstbewusst“ und offensiv leben.

Der Titel des Buches, „*Lieben und Dienen*“, enthält drei Worte aus der Bitte der letzten „Betrachtung, um Liebe zu erlangen“: Gott „in allem lieben und dienen zu können“. Das ist das Ziel aller Bemühungen in den Exerzitien.

Dabei ist zu berücksichtigen, dass wir seit Jahrzehnten gesellschaftlich, kulturell und religiös-spirituell in den Herausforderungen eines tiefgreifenden Veränderungsprozesses stehen, dessen Ende nicht abzusehen und dessen Ausgang völlig offen ist. Die Erosion des Christentums in Deutschland und anderen westlichen Staaten schreitet kontinuierlich fort, ein Entfremdungstrend, der sich in den vergangenen Jahren noch beschleunigt hat. Diese Entwicklung scheint sich in drei Phasen zu vollziehen. Zunächst verdunstet fast unmerklich der Glaube an seine zentralen Inhalte – bis hin zum Glauben an einen personalen Gott. Erst wenn diese im persönlichen Leben der Menschen keine Rolle mehr spielen, kommt es zu einer allmählichen inneren Abwendung, die schließlich auf eine Trennung hinauslaufen kann. Selbst wenn ein Kirchenaustritt erfolgt, werden eine gewisse Zeit lang Traditionen der christlichen Kultur noch weitergetragen, obwohl man mit deren Ursprung und Inhalten nicht mehr viel anfangen kann. Zu dieser Gesamtentwicklung gehört auch, dass die Kirchen im öffentlichen Diskurs an Gewicht verloren haben, ein Trend, der sich ebenfalls fortsetzt und durch massenhaften systemischen Missbrauch von geistlicher Macht sowie durch aktuelle Skandale anderer Art noch beschleunigt wird. Es gibt auch viele, die aus der Kirche als Körperschaft oder Institution austreten, aber dennoch Christen bleiben wollen.

Der Glaubensschwund von wesentlichen christlichen Inhalten und große Verluste an traditioneller Kirchlichkeit haben aber die Fragen nach spiritueller Identität und Beheimatung keineswegs verstummen lassen. Viele Menschen suchen nach verborgenen Quellen, nach einem „Ort“, wo sie Lebensdeutung und Lebenshilfe erfahren.

Der christliche Glaube hat in Jesus Christus sein unverrückbares Fundament. Er ist nicht nur der historische Anfang, sondern die unversiegbare Quelle, aus der seit dem Pfingstereignis das Evangelium Jesu Christi in der Welt präsent ist. Auch wenn dieser kostbare Schatz nicht selten in allzu menschlichen Gefäßen weitergegeben wird, bleibt Gottes Wort ein für allemal gültig. Wer zu einer persönlichen Beziehung zu Jesus Christus gefunden hat, wer an sein Evangelium rückgebunden bleibt und gemeinsam mit anderen sich zu ihm und dem Weg des Evangeliums bekennt, findet spirituelle Identität und Beheimatung inmitten sehr verschiedener säkularer gesellschaftlicher Milieus. Alle geistliche Erneuerung und Vertiefung ist nur aus diesem Ursprung möglich. Diesen Weg weisen die Geistlichen Übungen des hl. Ignatius von Loyola.

Für die kritische Durchsicht des Manuskripts und viele Anregungen gilt mein besonderer Dank Sr. Annette Borgmann, Christine Walter-Klix, meinen Mitbrüdern Gundikar Hock und Bruno Brantschen, allesamt erfahrene Exerzitienbegleiter*innen.

Ich hoffe, dass unter den genannten erschwerten Bedingungen möglichst viele ernsthaft Suchende in die Dynamik der Geistlichen Übungen hineinfinden, dass sie zur „inneren Erkenntnis des Herrn" kommen und ihr Leben auch für andere zum Segen wird.

Frankfurt, am 31. Juli 2024,
dem Fest des hl. Ignatius von Loyola

Peter Köster SJ

Erstes Kapitel

Die Gebetsübungen zum Vor-Fundament und zum Prinzip und Fundament: EB 23

I. Das „Vor-Fundament"

Hinführung: Mit „Vor-Fundament" meine ich eine Zeit der Einstimmung in die Geistlichen Übungen, in der es darum geht, mit Hilfe von methodisch leicht nachvollziehbaren Schritten ausgewählte biblische Texte zu meditieren, die *das Vertrauen in Gott* beleben und *die Sehnsucht nach einer persönlichen Beziehung zu ihm* wachsen lassen. Normalerweise empfehle ich, *am ersten Tag* nur zwei volle Gebetszeiten zu halten, eine am Vormittag und eine am Nachmittag als (vertiefende) Wiederholung von dem, was mich bei der ersten Begegnung mit dem Text stärker angesprochen und „bewegt" hat.

Einfache Schritte zu einer ersten Begegnung mit dem biblischen Text können sein:

1. Ich versuche zunächst, an meinem Gebetsort anzukommen und mit Leib und Geist ganz „da" zu sein. Dabei kann es eine Hilfe sein, mit einer Verneigung vor dem Geheimnis Gottes zu beginnen. Dann spreche ich ein *Vorbereitungsgebet*:

Herr, Du allein weißt, wie mein Leben gelingen kann.
Lehre mich, in der Stille Deiner Gegenwart das Geheimnis zu verstehen, wie in der Begegnung mit Dir, wie in Deinem Anblick und in Deinem Wort Menschen sich erkannt haben als Dein Bild und Gleichnis.

Hilf mir loszulassen, was mich daran hindert, Dir zu begegnen
und mich von Deinem Wort ergreifen zu lassen.
Hilf mir zuzulassen, was in mir Mensch werden will
nach dem Bild und Gleichnis, das Du Dir von mir gemacht hast.

2. Danach lese ich den ganzen Schrifttext langsam und wiederholt durch und bitte den Herrn, dass Er mir die biblische Szene erschließe, damit ich entdecke, was Er mir zeigen will.

3. In einem dritten Schritt versuche ich wahrzunehmen, welche Resonanz der Text in mir auslöst, was mich anspricht oder

Widerstand in mir auslöst. Das kann z. B. ein Wort sein, das mich stärkt und inspiriert, oder eine plötzliche Einsicht, die mich heilsam schmerzt oder beunruhigt. Jede kleine „Bewegung“ in Richtung auf den verborgenen Schatz im Acker des Textes nehme ich zunächst einmal wahr. Sie führt zum Aufhellen und „Verkosten“ des Meditationstextes von innen her.

Ich verweile jeweils bei dem, was mich persönlich anspricht und „bewegt“, und zwar so lange, bis es sich „erschöpft“ hat. Sonst verliert sich das eben Entdeckte im Gedränge ruheloser Gedanken und flüchtiger Eindrücke. Es kommt nicht zu einem „Spüren und Verkosten von innen her“ (EB 2). Erst dann mag ich weiter im Acker des Schrifttextes graben.

4. Wenn die Gebetszeit vorbei ist, beende ich sie

- mit einem persönlich formulierten Gebet, in dem meine Antwort wiederklingt auf das, was mich im Verlauf der Meditation „bewegt“ hat,
- mit einer kurzen Gebetsformel, z. B. „Ehre sei dem Vater ...“ oder einfach
- mit einer (tiefen) Verneigung vor dem Geheimnis Gottes.

*

Einer weitergehenden Vertiefung dient dann die *Reflexion* unmittelbar nach der Gebetszeit und die *Wiederholungsmeditation* zu einer späteren Zeit:

Es empfiehlt sich also, unmittelbar *nach* der Meditation, vielleicht an einem anderen Ort, eine Weile (etwa eine Viertelstunde) darüber zu reflektieren, was sich im Verlauf der Meditation so getan oder nicht getan hat. Welches Gefühl, welches Verlangen, welche Einsicht, welcher Gedanke, welches Wort, welche Frage, kurz: welcher Impuls hat mich angesprochen, „bewegt“? Welche Entdeckung habe ich gemacht? *Diese Reflexion gilt für alle kommenden Gebetszeiten. Sie ist integraler Bestandteil der Begegnung mit dem betrachteten Text.*

Was mich „bewegt“ hat, halte ich schriftlich fest, nach Möglichkeit kurz und prägnant. Diese Rückschau bereitet die nächste Meditation vor, in der ich auf die Anregungen aus der vorangegangenen Meditation zurückkomme.

Bei der (vertiefenden) Wiederholung beachte ich vor allem die Teile des Textes, „bei denen ich eine bestimmte Erkenntnis, Tröstung oder Trostlosigkeit verspürt habe“ (EB 118). Ergänzend kann ich auch die Ausführungen und Impulse zu den drei vorgeschlagenen Schrifttexten nehmen.

Alle Wiederholungsmeditationen beginnen mit der gleichen Vorbereitung und Einstellung wie die vorausgegangene Textmeditation und werden auch in gleicher Weise abgeschlossen. So kann ich mich dafür disponieren, allmählich in die Dynamik des Schrifttextes, in die Tiefe des meditierten Glaubensgeheimnisses hineingenommen zu werden.

Übersicht über die Gebetsübungen zum Vor-Fundament

Die folgenden Texte können je nach Disposition alternativ oder ergänzend meditiert werden:

1. Tag

1. Übung: Meditation: Das nächtliche Ringen: Jakobs Kampf am Jabbok: Gen 32,23–32
2. Übung: (vertiefende) Wiederholung der 1. Übung *oder*

1. Übung: Meditation: Das verborgene Feuer im Schacht eines leeren Brunnens: 2 Makk 1,19–22
2. Übung: (vertiefende) Wiederholung der 1. Übung *oder*

1. Übung: Meditation: Bileam und seine Eselin: Num 22,21–34
2. Übung: (vertiefende) Wiederholung der 1. Übung

Die Gebetsübungen zum „Vor-Fundament"

Nächtliches Ringen: Jakobs Kampf am Jabbok: Gen 32,23–32

32 [23]Und Jakob stand auf in jener Nacht, nahm seine zwei Frauen
und seine zwei Mägde und seine elf Kinder und überschritt die
Furt des Jabbok. [24]Er nahm sie und führte sie über den Fluss.
auch all seine Habe brachte er hinüber.

[25]Jakob aber blieb allein zurück. Da rang ein Mann mit ihm,
bis die Morgenröte anbrach. [26]Als er merkte, dass er ihn nicht
überwältigen konnte, berührte er sein Hüftgelenk, sodass sich
das Hüftgelenk Jakobs ausrenkte, als er mit ihm rang. [27]Und
er sagte: Lass mich los, die Morgenröte bricht an! Er aber ant-
wortete: Ich lass dich nicht los, es sei denn, du segnest mich.
[28]Dann fragte er ihn: Wie heißt du? Er antwortete: Jakob; [29]er
sagte: Du sollst nicht mehr Jakob heißen, sondern Israel, denn
du hast mit Gott und Mensch gerungen und obgesiegt. [30]Und
Jakob fragte ihn und sagte: Gib mir doch deinen Namen kund!
Er aber sagte: Warum fragst du nach meinem Namen? Und er
segnete ihn dort.

31Und Jakob nannte die Stätte Pnuel, denn sagte er: Ich habe
Gott von Angesicht zu Angesicht gesehen und bin am Leben ge-
blieben. 32Und es ging ihm die Sonne auf, als er an Pnuel vorüber-
zog; er hinkte aber an der Hüfte.

Hinführung: Die Erzählung vom nächtlichen Ringen reicht bis in vorisraelitische Zeiten zurück. Viele Generationen haben daran geformt und gedeutet. Jahrhundertelang war sie in Bewegung, bis der Text die Gestalt erhielt, in der er uns heute vorliegt. In dieser Geschichte werden menschliche Grunderfahrungen und Glaubenserfahrungen ausgesprochen, die von der ältesten Zeit bis in die Gegenwart des Erzählers und darüber hinaus reichen.

Es gibt Nachtstunden des Lebens, durch die wir hindurchmüssen; Zeiten einsamen Ringens und Kämpfens auf Leben und Tod. Es gibt Augenblicke des Schicksals, die uns zum Segen werden oder zum Verderben. Jeder von uns hat seine dunkle Seite, seinen Schatten und irgendwann einmal versperrt er uns den Weg und fordert uns heraus – bis aufs Äußerste. In jedem von uns wohnt eine Art Gegenbild zu unserem bewussten Leben, das dann aus dem Dunkel aufsteigt – und wieder verschwindet, sobald es Tag wird. Aber der Ausgang jenes nächtlichen Kampfes entscheidet darüber, welche Bedeutung dieses Schattenwesen für uns hat. Auch wenn wir hinkend aus dieser Auseinandersetzung herauskommen, gesegnet sind wir, wenn wir unseren Widersacher fest umklammert halten bis zum Morgengrauen; und wehe uns, wenn wir vor Angst dem Kampf ausweichen oder mittendrin aus Schwäche oder Feigheit unterliegen. Je mehr unser Leben dem des Jakob gleicht, desto sicherer wird ein solcher Entscheidungskampf auf uns zukommen.

Jakob ist ein gewiefter, lebenstüchtiger Mann. Seine Geschichte verläuft in einem weiten Dickicht gemeiner Menschlichkeit, wo einer den anderen übervorteilt und hintergeht, wo einer den anderen um seine angestammten Rechte betrügt, wo einer mit List und Schurkerei obenauf bleibt und Erfolg hat. Jakob hat es zu etwas gebracht und doch ist dieses so erfolgreiche Leben zerrissen. All das, was er sich erworben hat, bekam er um den Preis, dass er sich immer weiter von seiner Heimat entfernte. Und er hatte Heimweh nach seinem Vaterhaus. Wenn das, was er sich errungen und angeeignet hat, für ihn überhaupt einen Sinn erhalten soll, dann muss er nach Hause zurückfinden. Aber das kann er erst, wenn er sich mit Esau versöhnt und ihm Anteil an seinem erworbenen Besitz gegeben hat.

Esau ist der haarige, wilde Zwillingsbruder Jakobs. Er verkörpert all die Züge seines Wesens, die primitiv und roh erscheinen und doch zu ihm gehören, die mit ihm auf die Welt gekommen sind. In Esau lebt all das, was Jakob von Anfang an um seines Erfolges willen überlistet und hintergangen hat. Esau ist gewissermaßen die verdrängte Seite Jakobs, sein dunkles Gegenbild.

Jakob ist klug und gerissen, Esau sinnlich und vital. Er ist der Mensch, der essen will und schlafen, jagen und kämpfen, lieben und rein naturhaft einfach leben. Jakob ist voller Pläne, Hoffnungen und Verheißungen. Er hat Esau nie anerkannt. Er hat ihn mit allen Mitteln ausgespielt. Er hat ihn gefürchtet und ist vor ihm geflohen, aber ernst genommen als seinen Bruder, als etwas, das zu ihm gehört, hat er ihn nie.

Erst jetzt, als Jakob zurückkehrt, als er mit allem, was er sich in langen Jahren und unter großen Strapazen angeeignet hat, nach Hause will, da spürt er, dass er an Esau nicht mehr vorbeikommt. Er muss sich ihm stellen. Jakob fürchtet: Wenn er Esau nicht Anteil gibt an seinem erfolgreichen Leben, wird dieser es zerstören. So kommt jetzt alles darauf an, Esau zu versöhnen, ehe er gewalttätig wird und ihn überfällt.

Jakob kann sich nicht damit begnügen, seinen überlisteten Zwillingsbruder mit Geschenken zu versöhnen (Gen 32,2–6). Ehe es zur Begegnung mit diesem verdrängten Teil seiner selbst kommen kann, muss eine geistige Auseinandersetzung auf Leben und Tod vorausgehen. Es muss „ein Fluss durchschritten" werden, soll sein Leben für ihn und seine Sippe noch Zukunft haben.

1. *Gen 32,23–26*: Es beginnt damit, dass Jakob seine Frauen, Mägde und Kinder mit allem, was ihm gehört, durch den Fluss bringt und dann allein zurückkehrt. Das ist der erste Schritt. Er muss sich einmal von allem, was er bis jetzt erreicht hat, resolut trennen – und mit seinen Kindern auch von seiner Zukunft. Er muss einmal die unmittelbare Sorge um seine Familie, seine Sippe vorübergehend aufgeben. Jetzt geht es einzig und allein um ihn.

Etwas Unheimliches und Drohendes liegt über diesem Augenblick. Was sich hier anbahnt, ist die angsterfüllte, geistige Seite der Auseinandersetzung mit seinem „anderen Ich". Jakob erfährt sie wie einen Überfall aus dem Dunkel; überraschend und unausweichlich, irgendwie erahnt, aber doch unvorbereitet. Ein bedingungsloser Kampf mit einem Unbekannten, ein dramatisches Ringen mit einer Schattengestalt beginnt. Je länger die Auseinandersetzung dauert, desto deutlicher offenbaren sich Esaus Züge, die so lange übergangenen und gemiedenen, verachteten und gehassten, gefürchteten und überlisteten Anteile seines Zwillingsbruders. Je länger das nächtliche Ringen mit seinem geheimnisvollen Gegenüber sich hinzieht, desto unausweichlicher wird es für Jakob, seinen Namen zu sagen, d. h., er muss bekennen, *wer* er ist: Jakob, der Betrüger – der Mensch, der mit der Lebenslüge lebt. Jakob hat lange Lebens*erfolg* mit Lebens*erfüllung* gleichgesetzt. Es kann die letzten Kräfte kosten, sich einzugestehen, sein Leben auf Täuschung und Betrug aufgebaut zu haben.

2. *Gen 32,27–30*: An dieser Stelle wird auch deutlich, was der Kampf in jener schicksalhaften Nacht mit Gott zu tun hat. Vordergründig sieht es so aus, als kämpfe Jakob gegen eine Macht, die das Unerlöste seines Wesens zum Vorschein kommen lässt. Gleichzeitig spürt er, dass er sich in diese Auseinandersetzung auf Leben und Tod einlassen und sie „um Gotteswillen" bestehen muss. Sonst würde er der Verheißung, die Gott über sein Leben gelegt hat, nicht entsprechen. Er würde nicht nur sich selbst, sondern Gottes Verheißung verlieren, wollte er sich diesem Zweikampf nicht stellen.

Jakob will von seinem geheimnisvollen Gegenüber nicht lassen, bis dieser ihn gesegnet hat. Es ist eine letzte, verzweifelte Anstrengung, auch das Göttliche in den Griff zu bekommen. So hat Jakob es in seinem Leben immer wieder versucht. Wie er zu sich selbst, zu der dunklen Seite seines Wesens noch keine rechte Beziehung gefunden hat, so scheint er hier auch zum Göttlichen noch kein personales Verhältnis zu haben. Doch der Unbekannte entzieht sich der Zudringlichkeit Jakobs. Er lässt seine Freiheit und sein Geheimnis nicht antasten. Damit ist Jakob endgültig an seine Grenze gestoßen. Die ihm bekannten Mittel zum Erfolg versagen. Er kann nicht mehr vor sich selbst, vor der Wahrheit seines Lebens ausweichen. Er muss erkennen und annehmen, dass er sich dem „je größeren Gott" verdankt. Das ist eine schmerzliche Erfahrung, die erst zur Befreiung wird, als Jakob seine Lebenslüge fallen lässt. Allein vermag er nicht, die auseinanderstrebenden Lebenskräfte auszugleichen und zu integrieren. Diese Wende in seiner *Lebenseinstellung* wurde durch die Erfahrung möglich, dass er das Göttliche nicht mehr in seine Verfügung zwingen und sein Leben nicht *eigen*händig zur Erfüllung bringen kann. Erst danach wird Jakob gesegnet.

Unter ganz anderen Umständen als in der Betrugsaffäre (vgl. Gen 27) wird ihm der Segen zuteil. Die ganze Nacht hindurch musste er auf Leben und Tod ringen, seinen Namen und sein betrügerisches Wesen bekennen. Erst als er in die schmerzliche und zugleich befreiende Erfahrung geriet, dass er sich nicht selbst verdankt, wird es ihm gegeben, den neuen Namen „Israel" als Verheißung und Orientierung, als Ermöglichung eines neuen Anfangs für sich anzunehmen. Gott hat sein Leben eingeschmolzen und in eine neue Form gegossen.

3. ***Gen 32,31–33***: Mit dem Empfang des Segens ist die (tödliche) Anfechtung von ihm gewichen. Er benennt den Ort der Begegnung mit einem Namen, der das enthalten soll, was in seinen Augen das Entscheidende war: Er hat die Macht des Göttlichen erfahren, ohne sterben zu müssen. JHWH hat ihm aus Lebenslüge, Angst und Ausweglosigkeit heraus einen neuen Weg in der Geschichte ermöglicht, eine neue Zukunft verheißen. Nun ist er fähig zur *heilenden Selbstbegegnung.* Nun kann er sich von Esau als seinen Bruder umarmen und küssen lassen. Nun kann er ihm Anteil geben am eigenen Leben.

Jakob ging aus dieser Begegnung als Gezeichneter hervor: er *hinkte,* als er sich bei Tagesanbruch auf den Weg machte. Er ist von nun an „behindert". Er kann nicht mehr alle ihm verfügbaren Möglichkeiten ausschließlich in die Perspektive seines persönlichen Lebenserfolges zwingen. So umschreibt dieses zähe, unnachgiebige Ringen eine lange, endlos scheinende Nacht hindurch die innere Läuterung Jakobs, das „Einbringen der früheren Form in eine reifere Gestalt": Aus Kampf und Verwundung zu

Segen und neuem Namen, zu neuer Zukunft. Die biblische Erzählung sagt, dass nach dem Kampf die Sonne über Jakob aufstrahlt – so als sei ihm das Leben neu geschenkt worden.

Vom verborgenen Feuer im Schacht eines leeren Brunnens: 2 Makk 1,19–22

1 [19]Als unsere Väter (und Mütter) nach Persien in die Verban-
nung geschickt wurden, nahmen die Priester, die fromm geblie-
ben waren, etwas vom Feuer des Altars mit und verbargen es
heimlich im Schacht eines leeren Brunnens. Sie versteckten es
so, dass die Stelle allen unbekannt blieb. [20]Darüber vergingen
viele Jahre. Doch als es Gott gefiel, sandte der König von Persien
den Nehemia her. Der schickte die Nachkommen jener Priester
aus, um das Feuer holen zu lassen, das ihre Väter einst versteckt
hatten. [21]Als sie uns erklärten, kein Feuer gefunden zu haben,
sondern nur eine dicke Flüssigkeit, befahl er ihnen, etwas da-
von zu schöpfen und zu ihm zu bringen. Das Opfer wurde her-
gerichtet. Dann ließ Nehemia von den Priestern das Brennholz
und was darauf lag, mit dieser zähen Flüssigkeit begießen. [22]So
geschah es. Nach einiger Zeit brach die Sonne hervor, die von
Wolken bedeckt gewesen war. Da flammte ein großes Feuer auf
und alle staunten.

1. *„Als unsere Väter (und Mütter) nach Persien in die Verbannung geführt wurden“* ... (V. 19).

Hier wird von Menschen erzählt, die auf dem Weg ins Exil waren. Sie hatten alles verloren, was ihrem Leben Sinn und Identität gab: Die politische Existenz Judas war verspielt. Mit der Daviddynastie ging es zu Ende: Der letzte König, Zedekija, wurde geblendet ins Exil gebracht und starb dort. Jerusalem lag in Trümmern, der Tempel war zerstört. Heimat, König, Tempel sind wie Symbole einer großen, unwiederbringlich vergangenen Tradition, das *Exil ein Bild für verlorene Identität.*

Die gewaltsame Vertreibung in eine ethnisch wie religiös-kulturell imposante fremde Welt ist wie ein Bild für die innere Entfremdung von sich selbst, für den Identitätsverlust, der sich längst in den Herzen der Menschen vollzogen hatte. Steine und Strukturen, Riten und Gebräuche hatten aufgehört, Zeichen der größeren Sehnsucht nach dem lebendigen Gott zu sein.

2. Und doch war das *Feuer* vom Altar des Tempels noch nicht erloschen. Man hatte es geborgen und im Schacht eines leeren Brunnens versteckt. Das Feuer, Symbol für Gottes leidenschaftliche und ungebrochene Sehnsucht nach dem Menschen, aber auch Bild der Sehnsucht des Menschen nach Gott, sollte nicht verlöschen (Lev 6,5 f.). Es brannte noch an einem geheimen Ort. Nur wenige wussten von dem Brunnenschacht und dem Licht, das dort in der Nähe verlorener Identität noch flackerte.

3. *„Darüber vergingen viele Jahre …"* (V. 20).

Im Exil fand Israel in langwierigen und schmerzlichen Prozessen zu einer neuen und vertieften Identität. Die Sehnsucht, heimzukehren zu ihrer alten Freiheit, bekam neue Nahrung. Israel brauchte einen Ort, einen Raum, in dem es seine neu gefundene Identität ungehindert leben konnte, und das war nicht länger das Land fremder Herrschaft. Ein neuer Exodus, ein neuer Aufbruch musste gewagt werden …

4. Als Teile Israels den Ort wiedergefunden hatten, den Gott für sie bestimmt hatte, und sie nach dem Feuer suchten, das ihre Väter einst versteckt hatten, entdeckten sie in dem Brunnenschacht nur eine *zähe Flüssigkeit*. Das Feuer war erloschen. Diese zähe Flüssigkeit kann ein Bild sein für das, was an Sehnsucht nach Gott im Menschen noch übrig geblieben ist, ein Bild für die Energie, die noch vorhanden ist, auch wenn das Feuer nicht mehr brennt. Wenn göttliche Energie und menschliche Energie neu zusammenfinden, dann kann sich das Feuer neu entfachen. Es heißt in unserem Text: „*Nach einiger Zeit brach die Sonne hervor … Da flammte ein großes Feuer auf und alle staunten*" (V. 22).

Die Vorbereitungen für diese Liturgie sind hier eine Art Zeichenhandlung, mit der die Menschen sich dafür disponieren, von Gottes Sehnsucht nach dem Menschen neu berührt und entflammt zu werden. Nehemia weiß, dass er die Flamme nicht entzünden kann. Er muss geduldig warten, bis der göttliche Funke überspringt.

• Wir leben in einem gesellschaftlichen Kontext, in einem kulturellen Milieu, das oft unbemerkt einen (großen) Teil unserer menschlichen und spirituellen Identität aufzehrt und zu einer inneren Entfremdung von uns selbst und von Gott führt. Die Sehnsucht nach Gott und Gottes Sehnsucht nach uns – wo wird sie spürbar in meinem Alltag?

Darüber können – wie bei den Menschen im Exil – Jahre vergehen ...

• In unserem kirchlichen Kontext haben Steine und Strukturen, Riten und Gebräuche vielerorts aufgehört, Zeichen der größeren Sehnsucht nach dem lebendigen Gott zu sein, obwohl vieles noch funktioniert.

Manchmal erinnere ich mich vielleicht daran, dass es einmal ein Feuer gab, ein Licht, das mich wärmte und mir Orientierung gab, eine Begeisterung, die mich mit Leben und Leidenschaft erfüllte für etwas, das größer war als ich selbst.

Manchmal ahne ich vielleicht, dass es dieses Feuer noch gibt, dass es an einem geheimen Ort noch brennt, wenn die Sehnsucht in mir aufflackert, „heimzukehren zu meiner alten Freiheit", wie es Sancho Pansa im Don Quichote einmal energisch formuliert, heimzukehren zu der Freiheit, die Gott jedem von uns zumutet. Wir alle sind getauft und mit Chrisam gesalbt zu priesterlichen, königlichen und prophetischen Menschen. Man darf uns das ruhig ansehen. Ich brauche vor keinem Menschen in die Knie zu gehen.

• Bei der Suche nach dem verborgenen Brunnenschacht kann es sein, dass ich – wie die Heimkehrer aus dem Exil – nur noch eine zähe Flüssigkeit entdecke, kein Feuer mehr. Die Israeliten haben dieses zähe, dickflüssige Etwas aus dem Brunnenschacht geborgen und staunend erlebt, wie es zu einem lodernden Feuer aufflammte.

Vielleicht kann das für mich ein Hinweis darauf sein, diesen verborgenen Brunnenschacht neu zu entdecken und das, was da noch zäh ist und noch nicht richtig fließt, in das Licht dessen zu bringen, der unablässig zu uns, zu mir unterwegs ist.

Balak und Bileam mit seiner Eselin: Num 22,21–34

[21]Und Bileam machte sich am Morgen auf und sattelte seine Eselin
und ging mit den Obersten von Moab. [22]Da entbrannte der Zorn
Gottes, dass er ging. Und der Engel des HERRN stellte sich in den
Weg, um ihm entgegenzutreten. Er aber ritt auf seiner Eselin, und
seine beiden Diener waren bei ihm. [23]Und die Eselin sah den Engel
des HERRN mit seinem gezückten Schwert in seiner Hand auf dem
Weg stehen, und die Eselin wich vom Weg ab und ging auf dem Feld
weiter; und Bileam schlug die Eselin, um sie wieder auf den Weg zu
lenken. [24]Da trat der Engel des HERRN in einen Hohlweg zwischen
den Weinbergen; eine Mauer war auf der einen und eine Mauer auf
der andern Seite. [25]Und die Eselin sah den Engel des HERRN und
drückte sich an die Wand und drückte den Fuß Bileams an die Wand;
und er schlug sie noch einmal. [26]Da ging der Engel des HERRN
noch einmal weiter und trat an eine enge Stelle, wo kein Weg war,
um auszuweichen, weder zur Rechten noch zur Linken. [27]Und als die
Eselin den Engel des HERRN sah, legte sie sich hin unter Bileam.
Da entbrannte der Zorn Bileams, und er schlug die Eselin mit dem
Stock. [28]Da öffnete der HERR den Mund der Eselin, und sie sagte
zu Bileam: Was habe ich dir getan, dass du mich nun schon dreimal
geschlagen hast? [29]Bileam sagte zu der Eselin: Weil du Spott mit mir
getrieben hast. Hätte ich doch ein Schwert in meiner Hand! Gewiss
hätte ich dich jetzt erschlagen! [30]Und die Eselin sagte zu Bileam:
Bin ich nicht deine Eselin, auf der du geritten bist von jeher bis zum
heutigen Tag? War es je meine Gewohnheit, dir so etwas zu tun?
Und er sagte: Nein. [31]Da enthüllte der HERR die Augen Bileams,
und er sah den Engel des HERRN mit seinem gezückten Schwert in
seiner Hand auf dem Weg stehen; und er neigte sich und fiel nieder
auf sein Angesicht. [32]Und der Engel des HERRN sprach zu ihm:
Warum hast du deine Eselin nun schon dreimal geschlagen? Siehe,
ich selbst bin ausgegangen, um dir entgegenzutreten, denn der Weg
stürzt dich ins Verderben vor mir. [33]Und die Eselin sah mich und

wich vor mir aus, nun schon dreimal. Wenn sie nicht vor mir ausgewichen wäre, dann hätte ich dich jetzt auch erschlagen, sie aber am Leben gelassen. [34]Und Bileam sagte zu dem Engel des HERRN: Ich habe gesündigt, denn ich habe nicht erkannt, dass du mir auf dem Weg entgegentratest; und nun, wenn es böse ist in deinen Augen, dann will ich umkehren.

Hinführung: Die Geschichte von Balak und Bileam mit seiner Eselin ist ein Meisterwerk altisraelitischer Erzählkunst. Sie ist Teil einer anschaulich und dramatisch geschilderten Kette von Ereignissen, in denen es um die Zukunft vieler Menschen geht, und wie dabei der Wille Gottes gefunden werden kann. Rein äußerlich betrachtet, handelt es sich hier um Erinnerungen aus längst vergangenen Zeiten. Wenn man tiefer schaut, kann man entdecken, dass diese Erzählungen uns in Bildern äußerer Ereignisse grundlegende Erfahrungen mit Gott vermitteln wollen und auf wichtige Reifungsschritte im Leben eines Menschen aufmerksam machen.

Zur Vorgeschichte unserer Erzählung gehört, dass die Israeliten ihre Zelte in den Steppen Moabs aufgeschlagen haben – jenseits des Jordan bei Jericho. Sie hatten in der Kraft JHWHs das Sklavenhaus Ägypten verlassen und sind unterwegs zum Ort ihrer Bestimmung: „Ein schönes, weites Land“ (Ex 3,8), ein Land, in dem jeder genügend Raum hat zum Atmen, zum Leben und Glücklich-Sein. Mit dieser Inspiration waren sie aufgebrochen. *Vierzig Jahre* hat der Läuterungs- und Reifungsprozess dieses Volkes gedauert. Nun sehen sie sich am Ende ihres mühevollen Weges. Um in das Land der Verheißung zu kommen, müssen sie das Gebiet des Steppenkönigs Balak durchwandern. Balak hat vernommen, dass alle Völkerstämme, die sich Israel in den Weg stellten, im Kampf besiegt worden sind. Er fürchtet, dass „dieser Haufe alles abfressen werde, wie die Rinder das Grün des Feldes abfressen“. Da Balak sich einen bewaffneten Widerstand nicht leisten kann, lässt er nach einem weithin bekannten Gottesmann schicken, der in Petor am Euphrat wohnt. Bileam soll nach Moab kommen und an seinen Grenzen die Israeliten verfluchen, freilich für entsprechendes Honorar, versteht sich.

Der Gottesmann nimmt die Königsboten freundlich auf, schickt sie aber am anderen Morgen wieder in ihre Heimat zurück. Er darf nicht mit ihnen ziehen, denn in der Nacht hat er von Gott erfahren, dieses bedrohliche, fremde Volk ist von ihm gesegnet.

Balak lässt sich's nicht verdrießen und schickt noch vornehmere Boten mit einem noch dickeren Honorar zu Bileam. Diesmal fällt es dem Gottesmann schwer, herauszubekommen, was Gott von ihm will. Soll er wieder zuhause bleiben oder soll er mit den königlichen Gesandten ziehen und dort nur sagen, was Gott ihm mitteilen will? Er scheint zu keiner rechten Klarheit gekommen zu sein.

In dieser Erzählung geht es also nicht nur um etwas, das vor Zeiten einmal geschah. Hier wird auch überliefert, was an typischem Geschehen sich in jedem von uns abspielen kann. Die Geschichte ist wie ein Spiegel, in dem wir unsere eigene Wirklichkeit erkennen.

1. ***Balak***, der Steppenkönig im Südosten des Toten Meeres, hört von dem Volk JHWHs, das durch sein Land ziehen will, und er bekommt Angst, dass Moab „abgefressen" und verwüstet wird. Balak verkörpert eine Einstellung, die Gott als etwas Bedrohliches erlebt, das von außen her in sein Gebiet eindringt. Es ängstigt ihn, dass hier Neues und Unbekanntes um „Durchzug" bittet, von dem er vielleicht ahnt, dass er es letztlich nicht abweisen und auch nicht aufhalten kann. Es ist für ihn beunruhigend und quälend, dass dieses Ungewisse, das da so unaufhaltsam herandrängt, auch noch etwas mit Gott zu tun haben könnte.

So kann es uns passieren, dass wir deutlich spüren: Da gibt es etwas in unserem Leben, das verlangt unnachgiebig danach, zugelassen zu werden; das müssten wir eigentlich bei uns „durchziehen" lassen; und das alles hat vermutlich auch etwas mit Gott zu tun. Wir haben viele Möglichkeiten, solche immer wiederkehrenden Impulse, solche „Lebenszeichen Gottes" zu ignorieren oder zum Schweigen zu bringen. Manchmal kann es sein, dass eine Verweigerung neuer Lebensimpulse sich in einem depressiven Lebensgefühl niederschlägt mit einem Geschmack von Sinnlosigkeit und Leere. Das geschieht vor allem dann, wenn wir dabei sind, in wesentlichen Punkten unseren tief eingestifteten Lebenssinn zu verfehlen. Manchmal werden wir durch einen Traum, der uns nicht loslässt, der uns beunruhigt, daran erinnert, dass mit unserem Leben etwas nicht stimmt.

Balak will sich dem Fremden verweigern, das in der Kraft Gottes durch sein Gebiet ziehen muss, um ins Land seiner Verheißung zu kommen. Er hat Angst. Er weiß nicht, was dieser Durchzug bei ihm anrichtet, wie sich das alles bei ihm auswirken wird. Darum ruft er den Seher Bileam, die spirituelle Instanz, die seine Angst und Verweigerung rechtfertigen soll.

So ungefähr kann Balak in uns existieren, bedroht und sich ohnmächtig fühlend, in die Defensive gedrängt mit dem ahnungsvollen Gefühl, am Ende doch unterlegen zu sein.

2. ***Bileam,*** der Seher von Petor am Euphrat, weiß, dass man nur verwünschen kann, was Gott und dem Leben widerspricht, nicht aber das, was unaufhaltsam von Gott her in die Wege geleitet wird. Dennoch lässt er sich gegen seine eigentliche Überzeugung von Balak bitten und gerät dadurch auf Abwege. Nur mit Gewalt kann er die eingeschlagene Richtung halten. Der Engel Gottes treibt ihn immer mehr in die Enge, bis es nicht mehr weitergeht. Bileam merkt dabei nicht, dass Gott es ist, der ihm den Weg abschneidet. Er merkt nur, wie es immer mehr klemmt und dass er immer aggressiver auf die Ausweichmanöver seiner Eselin reagiert. Selbst als diese unter ihm zusammensackt und nicht mehr weiterzubewegen ist, versucht Bileam die letzten Reserven aus sich herauszutreiben. Er nimmt den Fingerzeig Gottes nicht wahr.

So kann es uns passieren. Während wir mit unserem Verstand und Willen noch auf uns einprügeln, um uns wieder auf die Beine zu bringen, meldet sich in uns so etwas wie ein kreatürlicher Instinkt, der sieht, was wir nicht sehen, und der längst erfasst hat, was wir uns nicht eingestehen wollten: dass wir uns selbst zerstören, wenn wir so im Widerspruch zu unserer eigenen Wirklichkeit leben. Manchmal entdecken wir erst sehr spät, dass Gott vor uns steht als unser Widersacher, um uns am Leben zu erhalten.

Die „Eselin“ ist klüger als der große Seher von Petor, ja er verdankt dem Tier sogar sein Leben. Bileam erkennt auf einmal, dass der eingeschlagene Weg „zu abschüssig“ ist. Nun erst wird er wieder fähig und bereit, auf Gottes Stimme zu lauschen und zu tun, was Er ihm aufträgt. So öffnet sich ihm der Weg von neuem. Äußerlich gesehen, geht es in derselben Richtung weiter, aber für Bileam hat alles eine andere Bedeutung bekommen. Sein Weg wird jetzt nicht mehr vom angstbesetzten Willen Balaks bestimmt, sondern von der inneren Freiheit, sich der Bewegung des Lebendigen anzuvertrauen.

Der Engel Gottes befiehlt, sich dem noch Fremden zu stellen, das bedrohlich Ungewisse hereinzulassen, damit es zum Segen und nicht zum Fluch wird. Als Bileam dreimal Segen über Israel gesprochen hat, geht Balak schweigend fort. Sein Widerstand ist gebrochen.

Es ist lebensnot-*wendig*, auf unserem Weg den Engel Gottes nicht zu übersehen, in welcher Gestalt er uns auch immer begegnen mag. Er will, dass unser Weg ein gesegneter wird, dass wir Menschen werden nach dem Bild, das Gott sich von uns gemacht hat.

3. ***Die Eselin***: Der Text stellt mir auch die Frage, wie ich mit den unvermuteten, mir nicht erklärlichen Reaktionen meiner „Eselin" umgehe, wenn sie mich von meinem Weg abbringt und ins Feld ausweicht, oder wenn der Weg so eng wird, dass sie mich gegen die Mauer drückt, oder wenn sie nicht mehr weiterkann und unter mir zusammensinkt. Erst als die Eselin vollends streikte und nicht mehr zu bewegen war und Bileam voller Wut darüber auf sie einschlug, geriet er in die Erfahrung, dass der eingeschlagene Weg so nicht weiter beschritten werden konnte.

Alle drei Akteure in dieser Erzählung: *Balak, Bileam* und die *Eselin,* können Teile meiner Wirklichkeit sein, die miteinander in Spannung stehen und sich gegenseitig herausfordern.

II. Das Prinzip und Fundament der Geistlichen Übungen: EB 23

Hinführung und Übersicht

1. Hinführung

• Das „Prinzip und Fundament“ der Geistlichen Übungen zeigt eine Lebensperspektive, eine „Vision“, die im Vorbereitungsgebet vor jeder Gebetsübung (EB 46) und bei allen entscheidenden Schritten des Exerzitienprozesses immer wieder aufscheint. Ohne „Vision“, ohne eine Perspektive für sein Leben kann kein Mensch wachsen und reifen. Und es kommt sehr darauf an, was wir „im Auge haben“. Denn: „Was wir im Auge haben, das prägt uns, dahinein werden wir verwandelt, und wir kommen, wohin wir schauen“ (Heinrich Spaemann). Das Prinzip und Fundament will dem Übenden einen Weg eröffnen, wie er seinen Platz im Heilsplan Gottes finden kann.

• Die Exerzitien beginnen nicht mit einer ausführlichen Erklärung und Reflexion, sondern mit einem Akt der Ehrfurcht vor dem Geheimnis Gottes (EB 75) und mit der Bitte um die Gnade, „dass alle seine Absichten, Handlungen und Beschäftigungen *rein* auf den Dienst und Lobpreis (*alabanza*) seiner göttlichen Majestät geordnet seien“ (EB 46). Ein solcher Einstieg verlangt vom Übenden „Großmut (*con grande ánimo*) und Freigebigkeit (*liberalidad*) gegenüber seinem Schöpfer und Herrn“, die Bereitschaft, „ihm sein *ganzes* Verlangen (*querer*) und seine *ganze* Freiheit“ zu überantworten (EB 5). Nicht selten braucht es einige Tage, bis der Übende mit seiner Sehnsucht in diese ihm von Gott ins Herz geschriebene Suchbewegung einstimmen kann.

2. Der Text

Prinzip und Fundament

(1) Der Mensch ist geschaffen dazu hin,
Gott Unseren Herrn zu loben,

Ihm Ehrfurcht zu erweisen und zu dienen,
und so seine Seele zu retten.[2]

(2) Die anderen Dinge auf Erden
sind auf den Menschen hin geschaffen,
und damit sie ihm bei der Verfolgung des Zieles helfen,
auf das hin er geschaffen ist.

(3) Daraus folgt,
dass der Mensch sie so weit zu gebrauchen hat,
als sie ihm auf sein Ziel hin helfen,
und sie so weit lassen muss,
als sie ihn daran hindern.

(4) Darum ist es notwendig,
uns allen geschaffenen Dingen gegenüber
gleichmütig (*indiferente*) zu stimmen in allem,
was der Freiheit unseres Willens überlassen
und ihr nicht verboten ist.

(5) Auf diese Weise sollen wir von unserer Seite
Gesundheit nicht mehr verlangen als Krankheit,
Reichtum nicht mehr als Armut,
Ehre nicht mehr als Schmach,
langes Leben nicht mehr als kurzes
und folgerichtig so in allen übrigen Dingen.

(6) Einzig
das sollen wir ersehnen und erwählen,
was mehr zu dem Ziel hinführt,
auf das hin wir geschaffen sind.

3. Erläuterungen zum Text

• Der erste Satz enthält den Kernsatz biblischer Anthropologie: Der Mensch ist nach dem Bilde Gottes geschaffen, ihm ähnlich (Gen 1,27) und er ist gerufen, zu der einmaligen Ganzheit zu wachsen, zu der er von Gott her angelegt ist. Paulus sagt im Römerbrief, dass Gott uns im Voraus erkannt und auch dazu vorausbestimmt hat, *dem Bilde seines Sohnes gleichgestaltet zu*

2 Diese Zeile wird in ihrer ursprünglichen Intention verständlicher, wenn sie durch folgende Formulierung ersetzt wird: **und so zum Heil aller Menschen sein Leben zu vollenden.**

werden (8,29). In dem Maß, als wir uns zu diesem Bild gestalten lassen, loben wir Gott, erweisen wir ihm Ehrfurcht und dienen wir ihm. *Alles*, womit wir uns im Leben und Handeln auf die Verherrlichung Gottes ausrichten, ist als „Dienst und Lobpreis" Gottes zu verstehen (vgl. EB 23, 98, 155). So – und nur so – kommt unser Leben zur Vollendung und nur so werden wir zum Segen für andere (vgl. Gen 12,3). Das ist mit dem alten, individualistisch missverstandenen Wort „seine Seele retten" gemeint. „Gott Unseren Herrn zu loben, ihm Ehrfurcht zu erweisen und zu dienen" sind also nicht in erster Linie *besondere* Akte, die wir Gott gegenüber leisten, keine religiösen *Extras*, sondern diese Trias geschieht, insoweit wir unserer inneren Berufung, unserer Menschwerdung entsprechen. Dieser Lebenssinn zeigt sich uns, „wenn wir den Forderungen in unserem Innern in klarer Einsicht und treuer Beharrlichkeit nachkommen. Er allein kann unserem Einsatz und Wirken den Charakter des Unbedingten, der Einheit und der Fülle geben, trotz aller Gebrechlichkeit, Unvollkommenheit und menschlichen Bedingtheit" (M. Légaut).

• Der zweite Satz ergänzt die biblische Anthropologie mit einem weiteren Kernsatz, dass der Mensch von seinem Ursprung her im Mittelpunkt der Schöpfung steht. An seinem Heil (Ganzwerden) hat sich *alle* geschöpfliche Wirklichkeit zu relativieren. An diese ursprüngliche Ordnung hat Jesus die Menschen immer wieder erinnert. Wenn es um das Heil des Menschen geht, hat er selbst in Synagogen das Sabbatgebot „verletzt" und damit deutlich gemacht, dass alle religiösen Gesetze und Überlieferungen ihre Geltung allein darin haben, den Menschen seiner ursprünglichen Bestimmung, Abbild Gottes zu sein, näherzubringen.

• Mit diesen beiden Kernsätzen biblischer Anthropologie und ignatianischer Spiritualität ist es wie bei dem Doppelgleichnis vom Schatz im Acker und von der kostbaren Perle (Mt 13,44–46). Das Entscheidende dort ist das Überrascht- und Überwältigtwerden von der Größe der Entdeckung, von der Freude über den Reichtum des Fundes. Der arme Tagelöhner und der reiche Kaufmann erleben *die* große Überraschung ihres Lebens (J. Jeremias). So kommt es hier darauf an, den Inhalt und die Bedeutung der beiden Kernsätze dem Übenden so nahezubringen, dass er – vielleicht zum ersten Mal – in überraschender Weise persönlich davon berührt wird und Freude darüber empfindet, mit seinem Leben in einem so faszinierenden Sinn-Zusammenhang zu stehen.

Erst aus einer tiefen, auch gefühlsmäßigen Verankerung der ersten beiden Kernsätze biblischer Schöpfungsvision vom Menschen wird es dem Übenden möglich sein, sich Gott mit seiner ganzen Person anzuvertrauen. Herz und Verstand müssen gleichsam in dieses Grundvertrauen gegenüber Gott mit seiner freisetzenden Dynamik eingetaucht werden.

So kommt es also zunächst darauf an, dass der Übende diesen Teil vom Prinzip und Fundament meditiert. Dabei ist zu berücksichtigen, dass das Vertrauen und die Großherzigkeit (vgl. EB 5) oft durch entstellte Gottes-„bilder" (stark) beeinträchtigt sind. Nach meiner Erfahrung ist es hilfreich, dem Übenden eine sorgfältige Auswahl primär biblischer Meditationshilfen zu geben, die dazu einladen, sich auf den Inhalt dieser beiden Kernsätze einzulassen. Erst wenn er auf den Geschmack dieser Grundorientierung gekommen ist und durch weitere biblische Meditationsimpulse sich der daraus entstehenden Dynamik anvertrauen kann, gebe ich am Ende dieser „Fundamentphase" den Text des „Prinzips und Fundaments" (EB 23) mit entsprechenden Erläuterungen als Zusammenschau des bisher zurückgelegten Weges.

• Die erste Schlussfolgerung aus den beiden ersten Kernsätzen *(dritter Kernsatz)* hat – wie im Doppelgleichnis vom Schatz im Acker und der kostbaren Perle – einen positiven Klang und einen freudigen Zug. Alle geschöpfliche Wirklichkeit ist in den „Dienst und Lobpreis Gottes" gleichsam einzuordnen und erhält so ihren Platz „im Horizont des Absoluten" (K. Rahner).
• Doch diese Schlussfolgerung hat – wie der *vierte Kernsatz* zeigt – eine weitere Konsequenz: In unserer erbsündlichen Verfasstheit (S. 66 Mitte) sind wir nicht ohne weiteres in der Lage, die Dinge so weit zu *gebrauchen oder zu lassen,* wie es unserer Gottebenbildlichkeit, unserem Wachsen und Reifen auf dieses Ziel hin entspricht. Darum ist es notwendig, *in der Vorbereitung auf eine konkrete (wichtige) Entscheidung* sich gleich*mütig* zu stimmen, sich also im Blick auf das genannte Lebensziel in einen Zustand schwebender Aufmerksamkeit und Wachheit des Herzens

zu versetzen, um sich nicht von persönlichen Neigungen, eigenen Bedürfnissen und Abhängigkeiten bestimmen zu lassen, sondern allein von jener Liebe, die „von oben" kommt (EB 184). Ignatius geht davon aus, dass wir von unserer Seite (*de nuestra parte*) im allgemeinen nicht indifferent sind, sondern uns immer wieder neu indifferent stimmen (lassen) müssen. Es geht also bei dieser inneren Einstellung letztlich darum, mit Gottes Gnade unsere ursprüngliche Stellung als Haupt und Mitte der Schöpfung (wieder) zu entdecken und zurückzugewinnen.

• Wie wenig selbstverständlich das ist, zeigt der *fünfte Kernsatz* im Blick auf die vier gegensätzlichen Wirklichkeiten menschlichen Lebens. Sie machen im Wesentlichen das Spannungsfeld unserer Entscheidungsmöglichkeiten aus. Die vier Gegensatzpaare beschreiben die Grunddimensionen unseres Daseins, in denen normalerweise mit einem Mangel an Indifferenz zu rechnen ist und so auch die Freiheit für Gottes Willen eingeschränkt ist.

• *Vitalitätsdrang:*	Gesundheit	–	Krankheit
• *Besitzstreben:*	Reichtum	–	Armut
• *Geltungsdrang:*	Ehre	–	Schmach
• *Daseinsdrang:*	langes Leben	–	kurzes Leben

In diesen Bereichen ist der Übende meist anfällig dafür gefangen zu bleiben in der Sorge um sich und nicht mehr offen zu sein für Gottes Lebensabsichten mit ihm.

Gesundheit ist allerdings ein hohes Gut, das er nach Möglichkeit bewahren soll, dem gegenüber er nicht in gleicher Weise indifferent sein darf wie gegenüber dem Reichtum und dem Streben nach Ansehen. Auch langes Leben ist ein Gut, das es zu schützen gilt. Indifferenz in Bezug auf Gesundheit und langes Leben bedeutet hier: sich nicht so an sie zu klammern, dass der Übende nicht auch Krankheit und kurzes Leben im Vertrauen auf Gottes Lebensabsichten mit ihm annehmen kann.

Keine der genannten Alternativen soll ihn also an dem Ziel hindern, auf das hin er geschaffen ist, auch wenn Gesundheit und Reichtum, Ehre und langes Leben angenehmer sind und erstrebenswerter erscheinen als Krankheit und Armut, Schmach und kurzes Leben.

Für sich genommen, d.h. ohne Bezug zum *ersten* und *zweiten Kernsatz*, sind Krankheit und Armut, Verachtung und kurzes Leben keine erstrebenswerten Ziele. Ein Leben kann aber genauso gut gelingen und zur Vollendung kommen, wenn es von den genannten Schicksalsschlägen (schwere, lebensbedrohliche Krankheit und früher Tod) getroffen ist.

• Sich in der Vorbereitung auf eine konkrete Entscheidung ins „Gleichgewicht der Waage" zu bringen, hat als Motiv, einzig das zu *ersehnen* und zu *erwählen* „was *mehr* zu dem Ziel hinführt, auf das hin wir geschaffen sind" (*sechster Kernsatz*). Fehlt das „mehr" im letzten Satz, dann fällt auch die Notwendigkeit weg, sich im Sinne ignatianischer Exerzitien indifferent zu stimmen.

Es geht hier also darum, im Bereich der „Dinge", die bei der Verfolgung unseres Lebensziels, unserer Vision, in Frage kommen, das zu erkennen, zu ersehnen und schließlich sich dafür zu entscheiden, was uns *mehr* hilft, dem Willen Gottes zu entsprechen. Dieses „mehr" ist frei von allem Zwanghaften und Krampfhaften, frei von allem Gewollten und Gesollten im Sinne von Leistung. Es entspringt einer inneren Bewegung, einem inneren Spüren.

• Das Mühen um Indifferenz ist also das positiv ausgerichtete Verlangen des Übenden, Gottes Willen zu suchen, um ihn zu erfüllen. Dabei geht es oft darum, Festlegungen vor allem im affektiven Bereich aufzuspüren, die ihn daran hindern, sich von Liebgewonnenem zu trennen, wenn es längst fällige Entscheidungen blockiert; Gewohnheiten aufzugeben, wenn sie neue Erfahrungen und neue Entwicklungsmöglichkeiten hemmen oder verhindern; sich aus Beziehungen (Abhängigkeiten, Anhänglichkeiten) zu lösen, wenn sie das Leben stagnieren lassen oder gar ruinieren.

Noch einmal: „Sich gleichmütig (*indiferente*) zu stimmen" bedeutet hier *nicht* eine *allgemeine* Haltung der Gelassenheit, sondern: sich *vor* einer (bedeutsamen) Entscheidung „ins Gleichgewicht der Waage" (EB 179) zu bringen, um aus dieser inneren Balance heraus besser erspüren zu können, was „mehr" hilft, sein Leben im Sinne der biblischen Schöpfungsvision vom Menschen zu ordnen. Damit ist auch klar, dass dieses „Gleichgewicht der Waage" nach der Entscheidung aufgehoben ist. Denn die Kräfte des Übenden setzen sich dann für die Verwirklichung des Entschiedenen ein. Die Quintessenz der Indifferenz besteht also darin, in der Entscheidung zum „mehr" aufgehoben zu werden.

- Das Prinzip und Fundament will also den Übenden zu der grundlegenden Bereitschaft motivieren, sein Leben ganz auf Gott hin auszurichten. Sie ist nur möglich im glaubenden Vertrauen auf den Gott des Lebens und der Geschichte – eine Basis und eine Dynamik, die für alle weiteren Übungen des Exerzitienprozesses bleibt, wie das gewohnte *Vorbereitungsgebet* (EB 46) immer wieder in Erinnerung ruft. Je tiefer der Übende in diese innere Freiheit hineinwächst, desto besser wird er den Exerzitienweg gehen können.
- Das Prinzip und Fundament zeigt in komprimierter Form jene Inhalte und Einstellungen an, die die Substanz der Exerzitien ausmachen und für die sich der Übende disponieren soll. Dieser theologische und spirituelle Kern wird in den Gebetsübungen und vor allem in den Strukturbetrachtungen weiter entfaltet. Es versteht sich also als Einstimmung in die Exerzitien und will dem Übenden helfen, in Erfahrung zu bringen, ob er für diese auf *Entscheidung* bzw. *Entschiedenheit* hinzielende Grunddynamik disponiert ist.

Als Résumé zum Abschluss der „Fundamentphase" mag dann folgendes Gebet dienen:

Mein Herr und mein Gott,
Du allein weißt,
wie mein Leben durch alles Scheitern hindurch
gelingen kann.

Lehre mich,
Dein Angesicht zu suchen
und des Geheimnisses innezuwerden,
dass ich nach Deinem Bild geschaffen bin.

Du allein weißt,
was meiner Mensch*werdung* dient
und wie Dein Wirken
an mir offenbar werden soll.

Schenke mir ein großmütiges Herz,
dass ich meinen Weg gehe
in Treue zu Dir –
in Gesundheit und Krankheit,
in Reichtum und Armut,
bei Anerkennung und Ablehnung,
in einem langen oder kurzen Leben.

Verfüge über mich nach Deinem Willen,
damit ich mehr und mehr
zu dem Bild und Gleichnis werde,
auf das hin ich geschaffen bin
zur Verherrlichung Deines heiligen Namens
und zum Segen für alle Menschen.
Amen.

Übersicht über die Gebetsübungen zum Prinzip und Fundament: EB 23

1. Tag

1. Übung: Meditation: Der Herr ist mein Licht und mein Heil: Psalm 27,1–6
2. Übung: Meditation: Gottesbegegnung am Horeb: Ex 3,1–15
3. Übung: Wiederholung der 1. und 2. Übung
4. Übung: (vertiefende) Wiederholung der 3. Übung
5. Übung: Anwendung der Sinne[3]

2. Tag

1. Übung: Meditation: Am Ursprung des Glaubens: 1 Kön 19,1–16
2. Übung: Meditation: „Er muss wachsen, ich aber abnehmen“: Joh 3,26–30
3. Übung: Wiederholung der 1. und 2. Übung

3 Wenn es schon angezeigt ist, die letzte Übung am Tag als „Anwendung der Sinne“ zu gestalten, siehe die Einführung auf S. 82/83.

4. Übung: (vertiefende) Wiederholung der 3. Übung
5. Übung: Anwendung der Sinne[3]

3. Tag

1. Übung: Meditation: Es kostet viel: Joh 12,24–26
2. Übung: (vertiefende) Wiederholung der 1. Übung
3. Übung: Meditation über das „Prinzip und Fundament" der Exerzitien
4. Übung: (vertiefende) Wiederholung der 3. Übung
5. Übung: Anwendung der Sinne[3]

Relativierung der Anzahl der fünf Übungen sowie der Länge, die auf die Zeit des *Prinzips und Fundaments* der Exerzitien verwandt wird, je nach Alter (Lebensphase), seelisch-geistiger Verfassung, physischer Kondition und spiritueller Disposition.

Die Gebetsübungen zum „Prinzip und Fundament" in Anlehnung an das Prinzip und Fundament des Exerzitienbuches

Psalm 27,1–6

1 Der Herr ist mein Licht und mein Heil,[4]
vor wem sollte ich Angst haben?
Der Herr ist meine Zuflucht,[5]
vor wem sollte ich erschrecken?

2 Überfallen mich Gewalttätige,
meinem Leben ein Ende zu machen,
sie straucheln und fallen.

3 Mag auch ein Heer gegen mich lagern,
mein Herz fürchtet sich nicht.
Und bricht ein Krieg gegen mich los,
so bleib ich dennoch ruhig.

4 Nur eines erbitt' ich vom Herrn,
danach sehne ich mich:
im Hause des Herrn zu bleiben
alle Tage meines Lebens,
die Freundlichkeit des Herrn zu schauen
und nachzusinnen in seinem Tempel.

5 Denn er birgt mich in seiner Hütte
am Tag des Unheils.
Er gibt mir Schutz im Versteck seines Zeltes.
Er hebt mich auf einen Felsen empor.

6 Dann erhebe ich mein Haupt
über meine Feinde ringsum.
Danken will ich in seinem Zelt,
danken mit Jubel,
dem Herrn will ich singen und spielen.

---

4 wörtlich: Rettung.
5 wörtlich: Fluchtburg.

1. *Der Herr ist mein Licht und mein Heil,*
vor wem sollte ich Angst haben?

Eine ungewöhnliche Gelassenheit spricht aus den ersten Versen des Psalms. Der Beter weiß sich in JHWHs Händen geborgen, getragen von der Treue des lebendigen Gottes zu ihm. Er ist frei geworden von ängstlicher Sorge um sich und kann den lebensbedrohenden Mächten ruhig entgegensehen.

Diese Glaubenskraft ist ihm zugewachsen in einem konfliktreichen Leben mit Anfeindungen, die ihn zu Boden gezwungen hätten, wäre in ihm nicht etwas lebendig geblieben, das allem Biegen und Brechen standgehalten hat. Mit starken Bildern äußerster Lebensbedrohung beschreibt der Psalmist die Schicksalsschläge, die wie Brecher über ihn hinweggegangen sind. Und dennoch:

Der Herr ist mein Licht und mein Heil,
vor wem sollte ich Angst haben?

Der alttestamentliche Beter hat es an sich erfahren müssen, und er hat sich damit abgefunden, dass eine tiefe Vertrautheit mit Gott nur heranreifen kann in Kampf und Bedrohung, in Auseinandersetzungen, die über seine Kräfte gehen. Hier bekam sein Leben Konturen, und er entdeckte die Hand, die ihn festhielt, und führte in eine unbekannte und doch heilende Zukunft. Es ist, als wenn sich im Psalmisten die Erfahrung des Volkes Israels wiederholte, das unterwegs blieb zum Land der Verheißung, solange es sich der Angst vor übermächtigen Feinden nicht auslieferte.

Der Herr ist mein Licht und mein Heil, vor wem sollte ich Angst haben?

2. Und doch lebt in jedem Glaubenden die Sehnsucht, einmal Ruhe zu haben und Frieden zu finden, einmal loszukommen von der Last ständiger Beanspruchung, einmal verweilen zu können und die Erfahrung tiefer Geborgenheit in Gott zu verkosten.

Nur eines erbitt' ich vom Herrn,
danach sehne ich mich:
im Hause des Herrn zu bleiben
alle Tage meines Lebens,
die Freundlichkeit des Herr zu schauen
und nachzusinnen in seinem Tempel.

Urbilder der Geborgenheit tauchen auf und werden dem Beter lebendig: *Hütte und Zelt Gottes, der Fels*, an dem die Brandungen des Unheils sich brechen. Diese Metaphern wiederholen noch einmal die leidenschaftliche Sehnsucht des Beters, einmal herausgenommen zu sein aus der ständigen Einforderung von außen, um auszuruhen unter dem Antlitz JHWHs und Atem zu holen in Anbetung, Lob und Dank.

Der Psalm kann für mich als Beter eine starke Herausforderung sein. Wer ist schon davon überzeugt, dass eine tiefe Verwurzelung in Gott erst heranreift in Kampf und Kontemplation? Wer ist schon davon überzeugt, dass im Aushalten von Angst und Bedrohung, dass in Konflikten, die über die eigenen Kräfte gehen, erst jene Gelassenheit *durch*kommt, die der Psalmist ausspricht:

Der Herr ist mein Licht und mein Heil,
vor wem sollte ich Angst haben?

Wer ist schon davon überzeugt, dass ein Leben seine Dynamik verliert, wenn es nicht getrieben wird von der leidenschaftlichen Sehnsucht, im Kraftfeld Gottes zu sein?

3. Die Erfahrung des alttestamentlichen Beters findet sich bei Paulus in ähnlicher Weise wieder, wenn er im zweiten Korintherbrief schreibt:

Von allen Seiten werden wir in die Enge getrieben und finden doch Raum; der Weg wird uns abgeschnitten und wir entkommen doch;
wir werden gehetzt und doch nicht eingeholt;
wir werden niedergestreckt und sind doch nicht verloren.
Ständig tragen wir die Todesleiden Jesu an unserem Leib,
damit auch das Leben Jesu an unserem Leib sichtbar wird.
Denn solange wir leben, sind wir um Jesu willen dem Tod ausgeliefert, damit auch Jesu Leben sich an unserem sterblichen Leib offenbare ... Wir wissen, dass der, der Jesus auferweckt hat, auch uns mit Jesus auferwecken wird ... Darum werden wir nicht müde. Und wird auch unser äußerer Mensch aufgerieben, der innere wird neu Tag für Tag (2 Kor 4,8–11.14a.16)

Das Neuwerden von innen her ist geradezu *das* Kriterium dafür, dass einer mit seinem Leben auf der rechten Spur ist.

4. Vielleicht ist es beim Betrachten dieses Psalms (auch) eine Hilfe, einfach bei den Urbildern und Symbolen zu verweilen, die von der Gotteserfahrung des alttestamentlichen Beters sprechen und sich dafür die Augen öffnen zu lassen: „*Licht*“ wird mit dem Anbrechen des neuen Tages und mit dem Aufgehen des Sonne assoziiert, die das bedrohliche und unheimliche Dunkel der Nacht beendet. „*Rettung*“ ist in biblischer Tradition meist Rettung aus der Bedrängnis durch äußere und innere Feinde. „*Fluchtburg*“ bezeichnet den auf einer Höhe gelegenen Zufluchtsort, wohin sich Menschen flüchten können und für den Feind unerreichbar bleiben. Wenn solche Bilder im eigenen Herzen Raum gewinnen und sich entfalten, schützen sie zwar nicht vor der Angst, aber sie nehmen ihr die lähmende und destruktive Macht: Der Herr ist mein *Licht* und meine *Rettung*, vor wem sollte ich Angst haben? Der Herr ist meine Fluchtburg, vor wem sollte ich erschrecken?

Exodus 3,1–15

3 1 Mose weidete die Schafe und Ziegen seines Schwiegervaters Jitro,
des Priesters von Midian. Eines Tages trieb er das Vieh über die
Steppe hinaus und kam zum Gottesberg Horeb. 2 Dort erschien ihm
der Engel des Herrn in einer Flamme, die aus einem Dornbusch em-
porschlug. Er schaute hin: Da brannte der Dornbusch und verbrannte
doch nicht. 3 Mose sagte: Ich will dorthin gehen und mir die seltsame
Erscheinung ansehen. Warum verbrennt denn der Dornbusch nicht?

4 Als der Herr sah, dass Mose näher kam, um sich das anzusehen,
rief Gott ihm aus dem Dornbusch zu: Mose, Mose! Er antwortete:
Ja, hier bin ich. 5 Der Herr sagte: Komm nicht näher heran! Leg deine
Schuhe ab, denn der Ort, wo du stehst, ist heiliger Boden! 6 Dann fuhr
er fort: Ich bin der Gott deines Vaters, der Gott Abrahams, der Gott
Isaaks und der Gott Jakobs. Da verhüllte Mose sein Gesicht, denn
er fürchtete sich, Gott anzuschauen.

7 Der Herr sprach: Ich habe das Elend meines Volkes in Ägypten ge-
sehen, und den Klageschrei gegen ihre Antreiber habe ich gehört. Ich
kenne ihr Leid. 8 Ich bin herabgestiegen, um sie der Hand der Ägypter
zu entreißen und aus jenem Land hinaufzuführen in ein schönes, wei-
tes Land. 9 Jetzt ist der Klageschrei der Israeliten zu mir gedrungen,

und ich habe auch gesehen, wie die Ägypter sie unterdrücken. [10]Und
jetzt geh! Ich sende dich zum Pharao. Führe mein Volk, die Israeli-
ten, aus Ägypten heraus! [11]Mose antwortete Gott: Wer bin ich, dass
ich zum Pharao gehen und die Israeliten aus Ägypten herausführen
könnte? [12]Gott aber sagte: Ich bin mit dir; ich habe dich gesandt, und
als Zeichen dafür soll dir dienen: Wenn du das Volk aus Ägypten he-
rausgeführt hast, werdet ihr Gott an diesem Berg verehren.

[13]Da sagte Mose zu Gott: Ich werde also zu den Israeliten kommen
und ihnen sagen: Der Gott eurer Väter hat mich zu euch gesandt.
Sie aber werden mich fragen: Wie heißt er? Was soll ich ihnen sa-
gen? [14]Gott antwortete Mose: Ich bin der „Ich-bin-da". Und er fuhr
fort: So sollst du zu den Israeliten sagen. Der „Ich-bin-da" hat mich
zu euch gesandt. [15]Weiter sprach Gott zu Mose: So sag zu den Is-
raeliten: JHWH, der Gott eurer Väter, der Gott Abrahams, der
Gott Isaaks und der Gott Jakobs, hat mich zu euch gesandt. Das
ist mein Name für immer, und so wird man mich nennen in allen
Generationen.

Ich versuche zunächst, an meinem Gebetsort anzukommen, „da" zu sein. Dabei ist es eine Hilfe, soweit möglich, eine *leibliche Haltung* einzunehmen, die einerseits körperliche Ruhe und Gelassenheit sowie geistige Präsenz fördert, andererseits Ausdruck der Ehrfurcht und Demut vor dem Geheimnis Gottes ist.[6]

1. Zu Beginn *jeder* Gebetsübung **das Vorbereitungsgebet:**[7]

„Von Gott, unserem Herrn, die Gnade erbitten dazu hin,
dass alle meine Absichten, Handlungen und Beschäftigungen
rein im Dienst und in der Verherrlichung seiner Majestät geordnet seien" (EB 46).

Es braucht normalerweise Zeit, bis es zum Vorbereitungsgebet kommt, bis ich mit der tiefsten Sehnsucht meines Herzens in Berührung komme und sie auch bejahe. Das Vorbereitungsgebet

---

6 Bei den folgenden biblischen Texten folge ich bereits dem kontemplativen Zugang, wie ihn Ignatius für die Schriftbetrachtungen ab der sog. „Zweiten Woche" vorlegt (siehe S. 146–149).

7 Der Wortlaut und die Bedeutung des Vorbereitungsgebetes werden am Anfang jeder der vier Exerzitienwochen wiederholt.

ist gleichsam das Gefäß, mit dem ich meine ganze Wirklichkeit („Absichten, Handlungen und Beschäftigungen") auf Gott hin sammle und mit dieser Sehnsucht in Verbindung bringe, d. h. mit jener Suchbewegung, die Gott selbst mir ins Herz geschrieben hat. Im Wiederholen derselben Gebetsworte vor *jeder* Gebetszeit kann diese Suchbewegung dann mehr und mehr zum bewussten Vollzug der Grundausrichtung meines Lebens auf Gott hin werden.

2. **Drei Vorübungen**, d. h. vorbereitende Schritte zur Betrachtung der Gottesbegegnung am Horeb.

Erster Schritt: Ich lese den Schrifttext langsam und wiederholt durch, um mich mit der Geschichte vertraut zu machen: *wie* Mose nach seiner Flucht aus Ägypten die Schafe und Ziegen seines Schwiegervaters irgendwo im Land Midian weidet, wie er eines Tages die Herde über die Steppe hinaus tiefer in die Wüste hineinführt, also über Bekanntes und Vertrautes hinausgeht, und was ihm dort begegnet.

Zweiter Schritt: Mit Hilfe meiner Vorstellungskraft (Imagination) versuche ich, mir den Handlungs*raum,* den „Schauplatz" dieses biblischen Geschehens anschaulich zu vergegenwärtigen:

- die Wüste, die Weite ihrer Ausdehnung, und in der Wüste unter den verstreut wachsenden Dornbüschen einer, aus dem eine Flamme hervorlodert, ohne den Strauch zu verbrennen.
- Mose mit seiner Herde, allein in der Einsamkeit der weiten Landschaft.

Dabei kommt es nicht darauf an, wie es dort „wirklich" ausgesehen hat. Ich lasse es geschehen, wie der „Ort" des Geschehens vor meinem inneren Auge entsteht.

Dritter Schritt: Ich bitte um die Gnade, dass mir eine tiefe Erkenntnis der Begegnung zwischen JHWH und Mose geschenkt wird und darüber, was dieses geheimnisvolle Geschehen *für mich* bedeutet. Was will Gott mir mit dieser biblischen Geschichte sagen?

Es braucht Zeit, mich auf diese ungewöhnliche Umgebung und Situation einzustellen und mir bewusst zu werden, dass ich selbst

Teil der Beziehung bin, die zwischen Gott und Mose, zwischen Gott und den Menschen besteht.

Die drei vorbereitenden Schritte dienen dazu, mich für das Geheimnis der Gottesbegegnung zu öffnen, damit es mir zur „Staunen erregenden" Gegenwart wird, zu einer Erfahrung, die mich persönlich berührt und mich verwandeln will.

Naturgemäß brauchen die drei vorbereitenden Schritte ihre Zeit, vermutlich den größten Teil der ersten Gebetsübung. Wenn das der Fall ist, empfiehlt es sich, die eine Übung noch einmal ganz zu wiederholen.

3. **Vergegenwärtigung des Handlungsgeschehens:** ***Die Personen sehen, hören, was sie sagen, und betrachten, was sie tun***

Ich gehe in meiner Vorstellung zurück zum biblischen Handlungsraum – so wie er vor meinem geistigen Auge entstanden ist – und lasse das Geschehen – wie es im Schrifttext steht – in meiner Vorstellung sich entfalten: Ich **sehe** die Personen, **höre**, was sie sagen, und **betrachte**, was sie tun.

Dabei wird es hilfreich sein, mich in die Akteure der biblischen Geschichte hineinzuversetzen und mitzuempfinden:

- was in den Personen vorgeht, hier vor allem in der Person des Mose;
- welche Gefühle, Wünsche, Hoffnungen, Sorgen, Zweifel, Ängste in seinen Worten und Verhaltensweisen zum Ausdruck kommen;
- was die Worte JHWHs für ihn in dieser Erzählung bedeuten.

Auch die *Atmosphäre* des „Schauplatzes" und des Handlungsgeschehens nehme ich wahr, versuche, sie zu spüren und zu erfassen.

4. ***Übertragung des Handlungsgeschehens auf mich und meine Situation,*** d.h. wahrnehmen:

• Was löst das Sprechen der Personen, ihr Verhalten (aktiv oder passiv) in mir aus? Sympathie, Zustimmung, Ablehnung, Identifikation, Nachdenklichkeit o.ä.? Wenn ich mich nacheinander in JHWH und Mose, in ihre Worte und ihr Verhalten hineinversetzt habe, um sie zu verstehen, dann kann ich leichter erfassen, wo ich selbst in dieser Geschichte vorkomme.

Darüber hinaus kann es hilfreich sein, mich in einer stimmigen eigenständigen Weise in das Geschehen einzubringen.

- Welche Bedeutung hat *das* für mich hier und jetzt, was ich gesehen, gehört und betrachtet habe, vielleicht auch, wie ich mich selbst in dieses Geschehen eingebracht habe, *und* das, was es in mir ausgelöst hat? So kann sich zeigen, was Gott mir in dieser biblischen Begegnung zeigen will.

5. ***Gespräch mit Gott,***

d. h., ich bringe vor Gott zur Sprache, was mich *bewegt* (hat) und höre, was Er mir sagen will. Mit dem Gespräch beschließe ich den betenden Umgang mit dem *Geheimnis* der biblischen Geschichte. Es kann der eigentliche Höhepunkt sein, Ausdruck von Nähe und Ehrfurcht (*familiaritas*). Alle Versuche, mich dem *Geheimnis* der biblischen Geschichte zu nähern, zielen auf die persönliche Begegnung mit dem, von dem der biblische Text Zeugnis gibt.

Mit einer Verneigung vor dem Geheimnis Gottes verlasse ich meinen Gebetsort

Ergänzende Erläuterungen zum biblischen Text[8]

- Wo immer ein Mensch davon überrascht wird, dass Gott ihn bei seinem Namen ruft, da darf er nicht einfach – wie bisher – weitergehen, da ist „heiliger Boden", Gegenwart Gottes. Da muss er „seine Sandalen ablegen", um den heiligen Boden zu spüren, auf dem er steht, und alles ablegen, was ihn daran hindert, sich diesem unverfügbaren Augenblick zu überlassen.

Ich muss mich lösen von meinem Wissen und Wollen, von den Festlegungen meines Denkens und Wertens, meiner Vorentscheidungen und Vorurteile. Ich muss mich lösen von den Gefühlen, in denen ich mich eingerichtet habe, und – was noch schwieriger

8 Die ergänzenden Erläuterungen zum biblischen Text können vielleicht zu einem vertieften Verständnis seiner Botschaft beitragen.

ist – von den Enttäuschungen und Verletzungen, die das Leben mir geschlagen hat. Ich muss heraustreten aus den Kreisen, die sich um mich selber drehen.

Es kann bedeuten, dass ich Abschied nehme von meinem bisherigen Lebenskonzept. Im Laufe unseres Lebens bilden wir alle so etwas aus – mehr oder weniger bewusst. Wir kommen damit immer mal wieder an Grenzen oder in Krisen, wenn es mit dem Lebenssinn, den Gott uns eingestiftet hat, in Widerspruch gerät.

Das Ablegen der Sandalen ist auch eine symbolische Geste, die einerseits eine Haltung der Geschöpflichkeit und Demut, andererseits Vertrauen und Hingabe ausdrückt. An einem heiligen Ort, in Gottes Gegenwart, brauche ich nichts zu verbergen und mich nicht zu verstecken. Vor Gottes Augen kann ich mich sehen lassen, so wie ich bin – wie der gewöhnliche Dornbusch in der Wüste, aus dem heraus Gott aufleuchtet wie eine Feuerflamme, ohne ihn zu vernichten.

• Als Mose seine Sandalen abgelegt hat, hört er JHWH zu ihm sagen: „Ich bin der Gott Deines Vaters, der Gott Abrahams, der Gott Isaaks und der Gott Jakobs.“ Jeder Mensch braucht immer wieder die Grunderfahrung, dass sein Leben eine innere Kontinuität hat – trotz aller Unwägbarkeiten und Überraschungen. Wer sein Leben als eine Ganzheit erfährt, für den wird es verstehbar und mit Sinn erfüllt. So verwundert es nicht, dass Gott sich dem Mose zunächst als der Gott seines Vaters und dann als der Gott seiner Glaubensväter (und -mütter) bekannt macht. Seit seiner frühesten Jugend war er seiner Familie entfremdet und lebte als Adoptivsohn einer ägyptischen Prinzessin nicht mehr in der Traditionsgemeinschaft Israels. Gott bringt seinen Vater und damit seine Familie, seinen Ursprung und den Anfang der Glaubensgeschichte seines Volkes wieder in Erinnerung. Die Geschichte des Weges mit Gott, die mit Abraham und Sara begann, geht weiter. Er lässt nicht davon ab, Menschen frei zu setzen, damit sie anderen zum Segen werden. Mose erfährt hier in der reinigenden Kraft der Wüste, dass sein Leben in einem großen Sinnzusammenhang steht, der ihn weit über das hinausführen wird, was ihm im Augenblick möglich erscheint.

• Da verbirgt Mose sein Gesicht vor dem *Ich-bin-der-ich-bin-da-für-Dich*. Im Bild des brennenden Dornbuschs begegnet Mose dem Gott seiner Väter und Mütter und zugleich sich selbst. Er sieht seine eigene Unzulänglichkeit und erfährt zugleich, dass dieser Gott sein Leben in einen neuen Sinnhorizont stellt. Er soll sein Volk herausführen aus der Enge entwürdigender Abhängigkeit in „ein Land, gut und weit", d. h. in die Weite der Freiheit mit Gott.

Doch es gibt Situationen im Leben eines Menschen, wo er die ganze Wahrheit seines Lebensauftrags vor sich sieht, aber von sich aus daran zweifelt, jemals dafür geeignet zu sein. Mose sehnt die Freiheit Israels herbei, aber seine Ängste und Selbstzweifel sind so groß, dass er sich weigert, aus seinem bisherigen Kontext auszusteigen. Und jetzt beginnt der langwierige und schmerzliche Prozess, die Vision Gottes vom Menschen durch alle Schichten von Verweigerung hindurch in Mose zu verankern. Es ist zugleich ein Prozess der Läuterung von Menschenfurcht zu Gottesfurcht.

Mose hört: „Ich bin mit Dir, ich habe Dich gesandt." Wer dieser Gott ist und in welche Freiheit von Menschenfurcht er führt, das erfahre ich erst, wenn ich mit ihm gehe.

Am Ursprung des Glaubens: 1 Kön 19,1–16

19 [1]Achab erzählte Isebel alles, was Elija getan, dass er alle Propheten
mit dem Schwert getötet habe. [2]Sie schickte einen Boten zu Elija und
ließ ihm sagen: Die Götter sollen mir dies und das antun, wenn ich
morgen um diese Zeit dein Leben nicht dem Leben eines jeden von
ihnen gleichmache. [3]Elija geriet in Angst, machte sich auf und ging
weg, um sein Leben zu retten. Er kam nach Beerscheba in Juda und
ließ dort seinen Diener zurück. [4]Er selbst ging eine Tagereise weit in
die Wüste hinein. Dort setzte er sich unter einen Ginsterstrauch und
wünschte sich den Tod. Er sagte: Nun ist es genug, Herr. Nimm mein
Leben; denn ich bin nicht besser als meine Väter. [5]Dann legte er sich
unter den Ginsterstrauch und schlief ein.

Doch ein Engel rührte ihn an und sprach. Steh auf und iss! [6]Als er um
sich blickte, sah er neben seinem Kopf Brot, das in glühender Asche
gebacken war, und einen Krug mit Wasser. Er aß und trank und

legte sich wieder hin. [7]Doch der Engel des Herrn kam zum zweiten
Mal, rührte ihn an und sprach: Steh auf und iss! Sonst ist der Weg
zu weit für dich.

[8]Da stand er auf, aß und trank und wanderte, durch diese Speise ge-
stärkt, vierzig Tage und vierzig Nächte zum Gottesberg Horeb. [9]Dort
ging er in eine Höhle, um darin zu übernachten. Doch das Wort des
Herrn erging an ihn: Was willst du hier, Elija? [10]Er sagte: Mit leiden-
schaftlichem Eifer bin ich für den Herrn, den Gott der Heere, ein-
getreten, weil die Israeliten deinen Bund verlassen, deine Altäre zer-
stört und deine Propheten mit dem Schwert getötet haben. Ich allein
bin übrig geblieben, und nun trachten sie auch mir nach dem Leben.
[11]Der Herr antwortete: Komm heraus und stell dich auf den Berg vor
den Herrn! Da zog der Herr vorüber: Ein starker, heftiger *Sturm*, der
die Berge zerriss und die Felsen zerbrach, ging dem Herrn voraus.
Doch der Herr war nicht im Sturm. Nach dem Sturm kam ein *Erdbe-
ben*. Doch der Herr war nicht im Erdbeben. [12]Nach dem Beben kam
ein *Feuer*. Doch der Herr war nicht im Feuer. Nach dem Feuer kam
ein sanftes, leises Säuseln. [13]Als Elija es hörte, hüllte er sein Gesicht
in den Mantel, trat hinaus und stellte sich an den Eingang der Höhle.

Da vernahm er eine Stimme, die ihm zurief: Was willst du hier, Elija?
[14]Er antwortete: Mit Leidenschaft bin ich für den Herrn, den Gott
der Heere, eingetreten, weil die Israeliten deinen Bund verlassen,
deine Altäre zerstört und deine Propheten mit dem Schwert getötet
haben. Ich allein bin übrig geblieben, und nun trachten sie auch mir
nach dem Leben. [15]Der Herr antwortete ihm: Geh deinen Weg durch
die Wüste zurück, und begib dich nach Damaskus! Bist du dort ange-
kommen, salbe Hasael zum König von Aram! [16]Jehu, den Sohn Nim-
schis, sollst du zum König von Israel salben, und Elischa, den Sohn
Schafats aus Abel-Mehola, salbe zum Propheten an deiner Stelle!

Zusammenhang: Elija ist eine der ganz großen Gestalten des Alten Testaments, die hinüberwirkt ins Neue Testament. Er hat keine Vorgeschichte. Er taucht plötzlich auf und verschwindet spurlos, nur für kurze Zeit eine glutvolle Spur am Horizont hinterlassend.
Elija ist ein Mensch großer Gegensätze. In seinem leidenschaftlichen Eifer für JHWH ist er ein Mann des Entweder-oder, vor dem sich König Ahab fürchtet. Andererseits gibt es Zeiten, da er um sein Le-

ben bangt. Vom größten Erfolg kann er in tiefste Resignation stürzen und an seinem Beruf verzweifeln. Wenn er auf sich und seine Möglichkeiten schaut wie in Sarepta, in der Wüste und auf dem Horeb, überkommt ihn Mutlosigkeit. Schaut er auf Gott und hört er auf ihn, wird ihm Ermutigung zuteil.

Der Ursprung seines Glaubens ist am Gottesberg Horeb, wo Gott dem Mose als JHWH begegnet ist und wo er nach dem Auszug aus Ägypten mit Israel einen Bund geschlossen hat. Elija soll noch einmal – wie die Väter- und Müttergeneration – den Weg durch die Wüste gehen bis zu den Wurzeln seines Glaubens.

1. Nach dem **Vorbereitungsgebet** und der wiederholten Lektüre des biblischen Textes versuche ich in der **ersten Vorübung** mir die Geschichte zu vergegenwärtigen: wie Elija nach dem Zusammenbruch seines großen Erfolgs auf dem Karmel aus Angst um sein Leben in die Wüste Juda flieht und dort allein unter einem Ginsterstrauch den Tod herbeisehnt; wie sein Weg trotzdem weitergeht bis zur Begegnung mit JHWH am Gottesberg Horeb.

In der **zweiten Vorübung** versuche ich mit Hilfe meiner Vorstellungskraft den Weg des dramatischen Geschehens in den Blick zu nehmen und mir genau anzuschauen: Zuerst den Weg vom Karmel in Galiläa in Richtung Süden nach Beerscheba in Juda, von dort eine Tagesreise weit in die felsige judäische Wüste hinein bis zur Höhle am Gottesberg.

Dabei ist wichtig, mich nicht selbst als „Bühnenbildner“ zu betätigen, sondern zu warten, bis die Bilder von innen aufsteigen und sich in ihren Details zeigen.

Dritte Vorübung: Ich bitte um die Gnade, dass mir eine tiefe Erkenntnis der dramatischen Flucht des Elija und seiner Begegnung mit JHWH am Gottesberg geschenkt werde und dass ich erfasse, was dieser Weg und diese geheimnisvolle Gottesbegegnung für mich bedeuten. Welche Botschaft will Gott mir mit dieser Erzählung sagen?

Es braucht wieder etwas Zeit, mich auf diesen ungewöhnlichen Weg des Elija und seiner dramatischen Begegnung mit Gott einzustellen.

Die drei vorbereitenden Schritte dienen (wieder) dazu, mich für die geheimnishafte Seite dieses Weges und dieser Begegnung zu öffnen, damit sie sich mir in ihrer Aktualität erschließen und zu einer Erfahrung werden, die mich persönlich berührt und mich verwandeln will.

Die drei vorbereitenden Schritte werden (wieder) Zeit, vermutlich den größten Teil der ersten Gebetsübung, in Anspruch nehmen.

2. **Vergegenwärtigung des Handlungsgeschehens:**
   Die Personen sehen, hören, was sie sagen, und betrachten, was sie tun

Ich gehe in meiner Vorstellung zurück zum biblischen Handlungsraum – so wie er vor meinem geistigen Auge entstanden ist – und lasse das Geschehen – wie es im Schrifttext steht – in meiner Vorstellung sich entfalten: Ich **sehe** die Personen, **höre**, was sie sagen, und **betrachte**, was sie tun.

Dabei versuche ich, mich in die Akteure der biblischen Geschichte hineinzuversetzen und mitzuempfinden:

- was in der Person des Propheten Elija vorgeht,
- welche Beziehung ihn mit seinem Gott JHWH verbindet,
- welche Gefühle, Wünsche, Hoffnungen, Sorgen, Zweifel, Ängste in Elijas Worten und Verhaltensweisen zum Ausdruck kommen,
- was die Worte JHWHs für ihn in dieser Erzählung bedeuten.

Ich nehme auch die *Atmosphäre* der „Schauplätze“, auf den verschiedenen Stationen des langen Weges und des Handlungsgeschehens wahr, versuche, sie zu spüren und zu erfassen.

3. ***Übertragung des Handlungsgeschehens auf mich und meine Situation,*** d.h. wahrnehmen:

• was das Sprechen der Personen, ihr Verhalten (aktiv oder passiv) in mir auslöst, wenn ich mich nacheinander z.B. in die Worte und das Verhalten des Elija hineinversetzt habe, um sie zu verstehen. Vielleicht kann ich dann leichter erfassen, wo ich selbst in dieser Geschichte vorkomme.

Darüber hinaus wird es hilfreich sein, mich in einer stimmigen eigenständigen Weise in das Geschehen einzubringen.

- Welche Bedeutung hat *das* für mich hier und jetzt, was ich gesehen, gehört und betrachtet habe, vielleicht auch, wie ich mich selbst in dieses Geschehen eingebracht habe, *und* das, was es in mir ausgelöst hat? So kann sich zeigen, was Gott mir in dieser biblischen Erzählung zeigen will.

4. ***Gespräch mit Gott,***

d. h., ich bringe vor Gott zur Sprache, was mich *bewegt* (hat), und höre, was Er mir sagen will. Mit dem Gespräch beschließe ich den betenden Umgang mit dem „Geheimnis" der biblischen Geschichte. Es kann der eigentliche Höhepunkt sein, Ausdruck von Nähe und Ehrfurcht (*familiaritas*), Hingabe an das Geheimnis Gottes.

Mit einer Verneigung verlasse ich den Gebetsort.

„Er muss wachsen, ich aber abnehmen" oder das letzte Zeugnis des Täufers: Joh 3,26–30

3 [26]Die Jünger des Johannes kamen zu ihm und sagten: Rabbi, der
auf der anderen Seite des Jordan bei dir war, für den du Zeugnis ab-
gelegt hast, siehe, der tauft, und alle kommen zu ihm.

[27]Johannes antwortete und sagte: Kein Mensch kann sich etwas neh-
men, auch nicht eins, wenn es ihm nicht vom Himmel gegeben ist.
[28]Ihr selbst bezeugt, dass ich gesagt habe: Ich bin nicht der Messias
(Christus), sondern ich bin vor ihm hergesandt. [29]Wer die Braut hat,
ist der Bräutigam; der Freund des Bräutigams aber, der dabei steht und
ihn (rufen) hört, freut sich sehr über die Stimme des Bräutigams; diese
meine Freude ist nun erfüllt. [30]Er muss wachsen, ich aber abnehmen.

1. Nach dem **Vorbereitungsgebet** und der wiederholten Lektüre des biblischen Textes versuche ich in der **ersten Vorübung** mir die Geschichte zu vergegenwärtigen: wie Johannes der Täufer in der Nähe des Jordan auf die Verunsicherung seiner Jünger über den wachsenden Erfolg Jesu antwortet.

In der **zweiten Vorübung** versuche ich mit Hilfe meiner Vorstellungskraft, den „Schauplatz" der Erzählung in den Blick zu nehmen: die Gegend am Jordan, wo Johannes an einer wasserreichen Stelle des Flusses tauft und an einer anderen Stelle Jesus, dessen Anziehungskraft gegenüber dem Täufer deutlich zunimmt.

Dritte Vorübung: Ich bitte um die Gnade, dass mir eine tiefe Einsicht in die innere Freiheit und Unabhängigkeit des Täufers geschenkt wird und ich erfasse, welche Konsequenzen eine solche Freiheit für mich bedeutet.

2. **Vergegenwärtigung des Handlungsgeschehens:**
   Die Personen sehen, hören, was sie sagen, und betrachten, was sie tun

Ich gehe in meiner Vorstellung zurück zum biblischen Handlungsraum – so wie er vor meinem geistigen Auge entstanden ist – und lasse das Geschehen – wie es im Schrifttext steht – in meiner Vorstellung sich entfalten: Ich **sehe** die Personen, **höre**, was sie sagen, und **betrachte**, was sie tun.

Dabei versuche ich (wieder), mich in die Akteure der biblischen Geschichte hineinzuversetzen und mitzuempfinden:

- was in den Personen vorgeht: in den Jüngern des Johannes, in Johannes dem Täufer, in Jesus;
- welche Beziehungen sie untereinander haben, z.B. die Jünger des Täufers zu ihm und untereinander;
- welche Gefühle, Wünsche, Sehnsüchte, Hoffnungen, Sorgen, Zweifel, Ängste in ihren Worten und Verhaltensweisen zum Ausdruck kommen;
- was die Worte und Verhaltensweisen für die Akteure oder Betroffenen der Erzählung bedeuten.

Auch die *Atmosphäre* des „Schauplatzes“, der Taufstelle am Jordan und der Begegnung des Täufers mit seinen Jüngern wahrnehmen, spüren und zu erfassen suchen.

3. ***Übertragung des Handlungsgeschehens auf mich und meine Situation,*** d.h. wahrnehmen:

• Was löst das Sprechen der Personen, ihr Verhalten (aktiv oder passiv) in mir aus? Zum Beispiel Sympathie, Verständnis, Ablehnung, Identifikation. Wenn ich mich nacheinander in die verschiedenen Akteure, in ihre Worte und Gesten, in ihr Verhalten hineinversetzt habe, um sie zu verstehen, dann kann ich leichter erfassen, wo ich selbst in dieser Geschichte vorkomme.

Darüber hinaus kann es hilfreich sein, mich in einer stimmigen eigenständigen Weise in das Geschehen einzubringen.

- Welche Bedeutung hat *das* für mich hier und jetzt, was ich gesehen, gehört und betrachtet habe, vielleicht auch, wie ich mich selbst in dieses Geschehen eingebracht habe, *und* das, was es in mir ausgelöst hat? So kann sich zeigen, was Gott mir in dieser biblischen Erzählung zeigen will.

4. ***Gespräch mit Gott,***

d. h., ich bringe vor Gott zur Sprache, was mich *bewegt* (hat), und höre, was Er mir sagen will. Mit dem Gespräch beschließe ich den betenden Umgang mit dem „Geheimnis" der biblischen Geschichte. Es kann der eigentliche Höhepunkt sein, Ausdruck von Nähe und Ehrfurcht (*familiaritas*).

Alle Versuche, sich dem *Geheimnis* der biblischen Geschichte zu nähern, zielen auf die persönliche Begegnung mit dem, von dem der biblische Text Zeugnis gibt. Ihr tiefster Sinn ist die Befähigung zur Hingabe an das Geheimnis Gottes: ***Anbetung*** – als unverfügbare Gabe.

*

Ergänzende Erläuterungen zum biblischen Text

- Diese Verfügbarkeit des Johannes, diese hohe Sensibilität für das Wirken Gottes im eigenen Leben kann wohl nur wachsen aus einer leidenschaftlichen Sehnsucht nach Gott und aus dem unablässigen Bemühen, seine ganze Existenz zu ver*einfach*en: *Er muss wachsen, ich aber abnehmen.* Jesus ist wie die aufgehende Sonne, Johannes wie der abnehmende Mond.
- Johannes der Täufer gehört zu den Glaubenden, die sensibel geblieben sind für die geheime Gestalt ihres Werdens – bis in jene Zeit der Not (Joh 3,24), da alle Verfügbarkeit unerbittlich zusammenschrumpft auf ein Aushalten in Treue – ohne Einsicht, ohne Neigung und ohne die Möglichkeit zu persönlicher Ini-

tiative. Ihm bleibt es nicht erspart, in radikaler Ohnmacht (vgl. Joh 3,24) das Wort an sich geschehen zu lassen: *Er muss wachsen, ich aber abnehmen.*

Es wird viel kosten, in diesem sehr konkreten „Abnehmen" sein Wachsen zu sehen – in Erwartung der Freude, die uns niemand nehmen kann (vgl. Joh 16,21 f.).

Wer nicht unterwegs bleibt mit einer großen Sehnsucht wie Johannes, wird ein Leben von Exodus zu Exodus, von einem Provisorium zum andern nicht aushalten. Er wird seine Existenz und Aufmerksamkeit verbrauchen mit der Absicherung des Erworbenen und dem Ausbau seines Einflusses für eine ungewisse Zukunft. Johannes erwartete eine Zukunft, die er sich selbst nicht geben konnte. So verlor er nicht das Gespür für die Zonen des Unglaubens, für die gewundenen Wege und den doppelten Boden seines Herzens. Er blieb sich bewusst, dass er selbst nicht das Licht war. So konnte er noch Zeugnis geben für das Licht, als sein Leben sich dem Abend zuwandte.

Es kostet viel: Joh 12,24–26[9]

12 [24]Amen, amen, ich sage euch: Wenn das Weizenkorn nicht in die
Erde fällt und stirbt, bleibt es allein; wenn es aber stirbt, bringt es
viel Frucht. [25]Wer sein Leben liebt, verliert es; und wer sein Leben
in dieser Welt hasst, wird es zum ewigen Leben bewahren. [26]Wenn
mir jemand dient, folge er mir nach! Und wo ich bin, da wird auch
mein Diener sein. Wenn mir jemand dient, wird der Vater ihn ehren.

Zusammenhang: Mit dem Bildwort vom Weizenkorn spricht Jesus von seinem eigenen Tod, aus dem alle „Frucht", alles Heil erwächst. Die Heilswirkung seines Todes zeigt sich darin, dass Menschen fähig werden, wie Jesus den Weg des Weizenkorns zu gehen und sich hineinnehmen zu lassen in Gottes Liebe zur Welt. Das Wort vom Hassen des eigenen Lebens meint die entschiedene Abkehr von einer Lebenseinstellung, in welcher der eigene Vorteil der alles bestim-

9 Für die letzte Betrachtung zum „Prinzip und Fundament" der Exerzitien habe ich eine lyrische Prosaform gewählt, die auf verdichtende Weise versucht, seine innere, freisetzende Dynamik dem Übenden nahezubringen.

mende Lebensinhalt ist. Es geht um eine affektive, aggressive Distanzierung von allem, was uns dazu verführt, den eigenen Lebenssinn zu verfehlen.

Das dritte Logion vom „Dienen“ bekräftigt noch einmal den Weg des Weizenkorns als Weg zur Verherrlichung mit Jesus beim Vater. Wie Jesus das Leben gewann, so wird sich auch den Jüngern in seiner Nachfolge das Leben erschließen.

Wenn das Weizenkorn nicht in die Erde fällt und stirbt, bleibt es allein; stirbt es aber, bringt es viele Frucht.

Es kostet viel, die Erde unseres Lebens
als fruchtbaren Boden anzunehmen
und sich in diese gute Erde fallenzulassen.
Es kostet viel, sich in diesen Boden einzuwurzeln
und im Vergehen darauf zu vertrauen,
dass wir Frucht bringen, dreißigfach, sechzigfach, hundertfach.

Es kostet viel, dem Nächsten keine Sachangebote zu machen
und in meinem Tun als persönliches Angebot durchzuscheinen.
Es kostet viel, die Grenzen von Sympathie
und Antipathie zu durchstoßen
und Leben zuzulassen,
das erst jenseits dieser Grenzen mir zuwächst.

Es kostet viel, die Masken der Angst abzulegen
und den läuternden Schmerz hereinzulassen,
wenn ich erkannt werde, wer ich in Wahrheit bin.

Es kostet viel, dem eigenen Schatten nicht wegzulaufen
und mit dem Dunklen und Unerlösten in mir
ins Gespräch zu kommen.
Wenn das Weizenkorn nicht in die Erde fällt und stirbt, bleibt es allein;
stirbt es aber, bringt es viele Frucht.

Es kostet viel, einen Menschen zu verlieren –
ein Geheimnis „mit seinem ersten Kuss, mit seinem ersten Schnee“;
mit der Bitternis seiner ersten Enttäuschung,
mit allem, was nur ihm eigen war, mit allem, was uns gemeinsam war.

Es kann unendlich schwer sein, sich in diese Einsamkeit zu fügen
und sie anzunehmen als Verheißung für ein Leben –
jenseits von Leben und Tod.

Es kostet viel, etwas aufzugeben, woran ich
mit meinem Herzen hänge,
wofür ich mich eingesetzt und gelitten habe,
was mir für viele Jahre Hoffnung war.
Es kann unendlich schwer sein, sich in diese Enttäuschung zu fügen
und sie anzunehmen als Verheißung für ein Leben –
jenseits von Tod und Enttäuschung.

Es kostet viel, im Dünnerwerden der Lebensereignisse
ein leidenschaftlich Liebender zu bleiben –
mit dem Risiko des Scheiterns, mit der Blöße für neue Wunden.
Es kostet viel, auf der Spur meines Lebens zu bleiben
und im Loslassen vergänglicher Lebensgestalten darauf zu vertrauen,
dass Christus in mir Gestalt gewinnt.

Es kostet viel, den Tod mit seinen vielen Gesichtern
als Lebensgefährten anzunehmen – bis er nur noch ein Gesicht hat.
Es wird uns viel kosten, hinter diesem leeren Blick
das Antlitz des Vaters zu erwarten und – wie im Gleichnis –
in seinen Armen geläutert zu werden für das Fest des Lebens,
das keinen Tod mehr kennt.

*Wenn das Weizenkorn nicht in die Erde fällt und stirbt, bleibt es allein;
stirbt es aber, bringt es viele Frucht.*

Zweites Kapitel

Die Übungen der Ersten Woche: EB 45-90

Hinführung und Übersicht

• Die Übungen der Ersten Woche sind heutigem Verstehen nicht leicht zugänglich. Für einen angemessenen Umgang mit Sünde und Schuld in den Exerzitien kommt es aber sehr darauf an, dass der Begleiter um die inneren „Gesetzmäßigkeiten" eines Umkehrprozesses weiß, damit eine wirkliche Umkehr des Herzens geschehen kann und ein wichtiger Reifungsschritt in der Lebensgeschichte des Übenden nicht vertan wird. Die fünf Übungen der *Ersten Woche* wollen diese schmerzlich befreiende Wegstrecke der Exerzitien ermöglichen.

Damit ein ganzheitlicher Umkehrprozess in Gang kommen kann, braucht es z.B.

- eine gewisse Regelmäßigkeit im Ablauf der Gebetsübungen. Dabei spielt auch die Wahl des Ortes eine Rolle, wo der Exerzitant die Übungen macht;
- eine bestimmte Weise der Erinnerung und Vergegenwärtigung, z.B. wie der symbolhafte Raum des Betrachtens, der „Schauplatz", entsteht („*composición viendo el lugar*");
- bestimmte rituelle Vorgänge, z.B. wie der Übende seine Gebetszeit vorbereitet und beginnt, abschließt und reflektiert, auch wie der Übende in die Nacht hineingeht und wie er den Beginn des Morgens nach dem Erwachen gestaltet.

Auf diese Weise wird ein Prozess eingeleitet, der eine echte Wandlung des Übenden in seiner Gottesbeziehung ermöglichen kann. Man muss sich immer bewusst sein, dass es hier darum geht, sich schrittweise zu *disponieren,* und der Übende von sich aus nichts „machen" oder erzwingen kann.

• Bis zu diesem Zeitpunkt hat der Übende zu der grundsätzlichen Bereitschaft gefunden, sein Leben auf Gott hin auszurichten. Im „Prinzip und Fundament" (EB 23) hatte diese Grundausrichtung ihre erste Gestalt bekommen. Sie ist nur möglich im Glauben und Vertrauen auf den Gott des Lebens und der Geschichte mit den Menschen – eine Basis, die für alle weiteren Übungen des

Exerzitienprozesses bleibt, wie das gewohnte Vorbereitungsgebet (EB 46) immer wieder in Erinnerung ruft.

- In den Gebetsübungen der Umkehrphase geht es darum, dass der Übende Gottes barmherzige Nähe neu entdeckt, dass er spürt: Ich bin persönlich gemeint und geliebt. Im tiefen Spüren von Gottes Barmherzigkeit wird er gewahr, was den Lebensabsichten Gottes mit ihm im Weg steht und ihn daran hindert, das zu ersehnen und sich dafür zu entscheiden, was ihn mehr zu dem Ziel hinführt, auf das hin er geschaffen ist (vgl. EB 23).
- Im Schauen auf Gottes „unendliche Güte" (EB 52) wird er sensibel für den tiefen Riss, der sich vom Beginn der Menschheit an durch die ganze Schöpfung zieht und auch mitten durch sein eigenes Herz geht. Niemand kann ihm entgehen. Jeder hat Teil an der Unheilsgeschichte der Menschheit. Sein Leben, seine Geschichte, seine konkrete Situation ist davon infiziert und real mitbestimmt. Wir sind in Unheilszusammenhänge hineingeboren, ohne dass wir etwas dafür könnten („Erbsünde"). Wir sind in Schuldzusammenhänge verstrickt, ohne dass wir sie selbst verursacht haben. Deshalb können wir Sünde und Schuld gar nicht ausweichen.
- Aus dieser Verstrickung können wir uns ebenso wenig allein befreien wie aus dem, was wir selbst dieser Schuld- und Unheilsgeschichte hinzugefügt haben. Sünde und Schuld gehören zur „ganzen" Wahrheit unseres Lebens und „wir würden uns selbst betrügen, wenn wir sagen, wir hätten keine Sünde" (1 Joh 1,10). Ein tiefes Spüren von Gottes Barmherzigkeit ist ohne ein Gewahrwerden der eigenen Verstrickung in Sünde nicht möglich.

Sünde wird (hier) verstanden als die Weigerung des Menschen, seinem ursprünglichen Lebenssinn zu entsprechen: seinen Schöpfer und Herrn „zu loben, ihm Ehrfurcht zu erweisen und ihm zu dienen" (EB 23), d. h. die Weigerung, seine eigene Freiheit schöpfungsgemäß zu gebrauchen, Gott im eigenen Leben Gott sein zu lassen. Dabei geht es letztlich um die Weigerung, sich von Gott lieben zu lassen.

Die Sünde ist eine Macht, die alle Dimensionen unseres menschlichen Seins durchdringt und sich destruktiv auf alle unsere Beziehungen auswirkt, nicht zuletzt auf die Beziehung zu uns selbst.

• Alle Selbsterkenntnis ist jedoch schädlich, wenn sie allein vom Menschen ausgeht. Sie stärkt und befreit, wenn sie von Gottes barmherziger Nähe und bedingungsloser Treue zum Menschen her verstanden und zugelassen wird. In Jesus von Nazareth hat sie ein Antlitz und eine konkrete Gestalt bekommen. Im Bild des Gekreuzigten wird die heilende und erlösende Gegenwart dessen sichtbar, der sich ohne *Rück*sicht und ohne *Vor*sicht für uns, für den Übenden entschieden hat. *Von ihm soll er sich zeigen lassen, was sein Leben in Unordnung bringt, statt selbst krampfhaft bei sich nach Fehlern und Sünden zu suchen.*

Es gibt keine Abgründe im Menschen, keine Verstrickung in Sünde und Schuld – so tief, dass sie nicht von Gottes Erbarmen umfangen und von seiner Vergebung eingeholt werden könnten.

• Es geht also in den folgenden Gebetsübungen um die Offenheit, sich der „ganzen Wahrheit" seines Lebens zu stellen:

– ein Entdecken und dankbares Geschehenlassen von Gottes barmherziger Nähe und bedingungsloser Treue zum Übenden;
– ein tiefinneres Spüren eigener Unfreiheiten, der Macht der Sünde, ihres Einflusses in seinem Leben bis hin zur letzten möglichen Konsequenz endgültiger Verweigerung;
– einen in wachsender Reifung des Affektiven sich vollziehenden Lösungsprozess von „ungeordneten Anhänglichkeiten", von allen Festlegungen, die seiner ursprünglichen Bestimmung und Berufung zuwiderlaufen.

Die Gebetsübungen der Ersten Woche thematisieren in je abgewandelter Form

– Gottes „unendliche Güte", seine Barmherzigkeit und Treue zum Menschen.
– *Auf diesem Hintergrund*, im Spüren, dass der Übende Gott zu Herzen geht, soll er die Sünde zunächst als ihm vorgegebene Wirklichkeit betrachten, d.h. als etwas, das sein konkretes Dasein bis heute real mitbestimmt (= Opfer-Sein).

– *Erst dann* durch Vergleich zu erkennen versuchen, ob er diese spannungsvolle Wirklichkeit (Gottes unendliche Güte ⇔ Sünde) auch bei sich entdeckt, d. h. z.B: Er betrachtet *zunächst* Gottes barmherzige Nähe und bedingungslose Treue zum Menschen im Doppelgleichnis vom barmherzigen Vater und seinen beiden ungleichen Söhnen (Lk 15,11–32). Auf diesem Hintergrund betrachtet er *dann* die Sünde des jüngeren und die Sünde des älteren Sohnes als Realität, die im Leben vieler Menschen immer wieder vorkommt. Beide Wirklichkeiten sind ihm also vorgegeben. *Im dritten Schritt* versucht er zu erkennen, ob er diese Diskrepanz zwischen Gottes barmherziger Nähe und bedingungsloser Treue einerseits und die Wirklichkeit des Bösen andererseits auch bei sich entdeckt (= Täter-Sein) und als seine Wirklichkeit zulassen kann.

- *Das Vorbereitungsgebet* zu Beginn *jeder* Gebetszeit:

Gott, unseren Herrn, um Gnade bitten, dass alle meine Absichten, Handlungen und Betätigungen rein auf seinen Dienst und Lobpreis hingeordnet seien (EB 46).

Mit *Absichten* (span.: *intenciones*, lat.: intentiones) sind alle inneren Strebungen gemeint (affektives Verlangen und bewusstes Streben: *desear y querer*). Sie sollen rein, d. h. nicht mit anderen Motiven vermischt sein.

Unter *Handlungen* (span.: *acciones*, lat.: actiones) sind eher jene Tätigkeiten zu verstehen, die nach außen hin und in Beziehung zu anderen geschehen (Interaktion).

Mit *Betätigungen* (span.: *operaciones*, lat.: operationes) sind alle Tätigkeiten gemeint, die jemand unabhängig von anderen ausübt.

Das Vorbereitungsgebet umfasst also meine ganze innere Ausrichtung und mein gesamtes äußeres Verhalten und soll während der Exerzitien nicht verändert werden (EB 105). Es wird deshalb immer wieder Zeit brauchen, bis es zum *Vorbereitungsgebet* kommt, bis der Übende mit der tiefsten Sehnsucht seines Herzens in Berührung kommt und sie auch bejaht. Das Vorbereitungsgebet ist gleichsam das Gefäß, mit dem der Übende seine ganze Wirklichkeit, „Absichten, Handlungen und Beschäftigungen“ auf Gott hin sammelt und mit dieser Sehnsucht in Verbindung bringt, d.h. mit jener Suchbewegung, die Gott selbst ihm ins Herz geschrieben hat. Im Wiederholen derselben Gebetsworte kann diese Suchbewegung dann mehr und mehr zum bewussten Vollzug der Grundausrichtung seines Lebens auf Gott hin werden.

• Die ersten beiden Übungen der Ersten Woche werden mit einem „Gespräch der Barmherzigkeit“ (*colloquio de misericodia:* EB 53, 54, 61) abgeschlossen werden. Ignatius lässt dieses Gespräch vor dem Bild des von Passion und Tod gezeichneten Herrn sich entfalten: „dort, wo das Kreuz nicht nur die Antwort Gottes auf die menschliche Sünde im allgemeinen ist, sondern Quelle meines persönlichen und gegenwärtigen Heils“ (Gilles Cusson).

Im Gespräch mit dem Gekreuzigten kann der Übende auch seine unerlöste Wirklichkeit anschauen und zulassen. Er kann damit beginnen, dass er ihn fragt, wie er als Schöpfer der Welt dazu gekommen ist, Mensch zu werden, einer von uns, und was ihn bewogen hat, sich so bedingungslos (auch) für ihn zu entscheiden.

Er bringt dann seine Vergangenheit, seine Gegenwart und Zukunft, die „ganze Wahrheit“ seines Lebens in die heilende und erlösende Gegenwart des Gekreuzigten.

In diesem *Zwie*gespräch kann das Vertrauen des Übenden in den Gott seines Lebens und seiner Geschichte zu einer neuen Qualität finden und in ihm das Verlangen entstehen, Christus zu dienen. Das Gespräch wird mit richtigen Worten gehalten, „wie ein Freund mit seinem Freund spricht“.

• Die dritte und vierte Übung werden mit drei gleichlautenden Zwiegesprächen abgeschlossen, in denen der Übende sich an *Maria*, die Mutter unseres Herrn, an *den Sohn* und an *den Vater* wendet (EB 63, 64). Das dreifache Kolloquium will eine innere Erkenntnis *(interno conocimiento)* der Sünden, ein tiefes Spüren und Betroffenwerden von der Unordnung des Lebens, ein Erfassen dessen, was der inneren Berufung und Mensch*werdung* des Übenden zuwiderläuft, *und so* eine *affektive Distanzierung* von all dem erreichen. *Dieser Lösungsprozess auf* *der affektiven und personalen Ebene ist das eigentliche Ziel der dritten Übung.*

Die innere Betroffenheit und die Abscheu (*aborrecimiento*) sind aber vom Übenden allein nicht zu erreichen. Er muss sich dieses Spüren schenken lassen. Es ist eine „Gnade“, die letztlich vom Vater, dem Geber alles Guten, gewährt wird. Der Übende spricht Maria auf ihre Beziehung zum Sohn und den Sohn auf seine Beziehung zum Vater hin an, um diese Gnade für sich zu erwirken.

In dem Gespräch mit *Maria*, in der das Wort des Vaters Mensch wurde, dann mit dem *Sohn*, der das Wort des Vaters ist, und schließlich mit dem *Vater*, der sein Ewiges Wort in diese Welt hineingesagt hat – mit diesem in gleichen Worten sich zweimal wiederholenden Gespräch kann das Verlangen nach umfassender Erlösung und Heilung von der intentionalen mehr und mehr in die existenzielle Wesensschicht des Übenden dringen und die Umpolung seiner Affektivität ermöglichen.

N.B. Für manche ist diese Art, nacheinander mit demselben Anliegen zu drei verschiedenen Personen zu beten, sehr ungewohnt, wenn nicht befremdlich. Ich empfehle und erkläre es dennoch. Falls die Schwelle emotional aber doch zu hoch ist, empfehle ich, wie bisher die Gebetszeit mit dem **Gespräch der Barmherzigkeit** vor dem Bild des gekreuzigten Herrn abzuschließen. Auch so kann das Ziel der dritten und vierten Übung erreicht werden.

- Am Ende der fünften Übung (EB 71) geht der Übende im bewussten Erleben seiner Gefährdung zu Jesus Christus, um ihm zu danken für die bis jetzt erwiesene „Zuneigung und Barmherzigkeit“ (*tanta piedad y misericordia*). In diesem abschließenden Gespräch mit Christus kommt dem Übenden noch einmal mehr das Geheimnis seines Lebens als verdankte Existenz ins Bewusstsein. Mit dem inneren Berührtwerden (*interno sentimiento*) von der *Zuneigung* der *Mensch gewordenen* Liebe Gottes in Christus ist er auch bereit, sich zu öffnen für den Ruf Christi (EB 91), um ihn mehr zu lieben und ihm nachzufolgen (EB 104).

Die Gebetsübungen haben also jetzt einen Menschen im Blick, der entschieden ist, sein Leben auf Gott hin auszurichten, der also „vom Guten zum Besseren“ unterwegs ist (EB 315, 335).

- Nach meiner Erfahrung finden die Übenden mit biblischen Texten leichter in die Umkehrdynamik der Ersten Woche. Deshalb verwende ich hier ausschließlich Perikopen aus dem Alten und Neuen Testament und folge wieder dem kontemplativen Zugang, wie ihn Ignatius ab der „Zweiten Woche“ (S. 146–149) vorlegt.

Die Gebetsübungen der Umkehrphase in Anlehnung an die Erste Woche des Exerzitienbuches

Alle Übungen werden im Blick und auf dem Hintergrund von Gottes barmherziger Nähe und bedingungsloser Treue gehalten.

1. Tag

1. Übung: Meditation über Gottes Liebe und Treue: Hos 11,1–11
2. Übung: Meditation über das Vermächtnis Josuas: Jos 24,1–25

mit der Bitte um die Gnade der Erkenntnis meiner Verstrickung in Schuld, meines Anteils am Geheimnis des Bösen und meiner Beschämung/Erschütterung darüber; am Ende Gespräch der Barmherzigkeit mit dem Gekreuzigten „wie ein Freund mit seinem Freund"

3. Übung: Wiederholung der 1. und 2. Meditation
4. Übung: Wiederholung der 1. und 2. Meditation
5. Übung: Anwendung der Sinne

2. Tag alternativ oder ergänzend

1. Übung: Meditation über das Gleichnis vom barmherzigen Vater und seinen beiden ungleichen Söhnen: Lk 15,11–32
2. Übung: Meditation über die Begegnung zwischen Jesus und den Schriftgelehrten und Pharisäern und der Ehebrecherin: Joh 8,1–11

jeweils mit der Bitte um die Gnade der Erkenntnis meiner Verstrickung in Schuld, meines Anteils am Geheimnis des Bösen und meiner Beschämung/Erschütterung darüber; am Ende Gespräch der Barmherzigkeit mit dem Gekreuzigten „wie ein Freund mit seinem Freund"

3. Übung: Wiederholung der 1. und 2. Meditation
4. Übung: zusammenfassende (verdichtende) Wiederholung der 3. Übung
5. Übung: Anwendung der Sinne

3. Tag

1. Übung: Meditation über die Heilung des Kranken am Teich von Bethesda: Joh 5,1–18

2. Übung: Meditation über die Heilung der gekrümmten Frau am Sabbat: Lk 13,10–17

Jeweils mit der Bitte um die Gnade der inneren Erkenntnis meiner Sünden, vor allem ihrer Hauptmuster, sodass ich eine tiefe Abneigung gegenüber dem empfinde, was die Umkehr meines Herzens immer wieder vereitelt; am Ende dreifaches Gespräch mit Maria, ihrem Sohn und dem Vater um eine affektive Distanzierung und Lösung von allem, was mein Leben in Unordnung bringt und meiner inneren Berufung und Menschwerdung im Weg steht.

3. Übung: Wiederholung der 1. und 2. Meditation
4. Übung: zusammenfassende (verdichtende) Wiederholung der 3. Übung

mit der Bitte um die Gnade einer tiefen und bleibenden Erinnerung an Gottes unbegreifliches Erbarmen mit mir und um die Gnade einer tiefen Abscheu vor allem Unerlösten in mir

5. Übung: Anwendung der Sinne

4. Tag

1. Übung: Meditation über das Gleichnis vom reichen Prasser und vom armen Lazarus: Lk 16,19–31
2. Übung: Meditation über das Weltgericht: Mt 25,31–46

jeweils mit der Bitte um die Gnade, dass sich mir die unumkehrbare Gottesferne, das Negativbild der in Jesus Mensch gewordenen Liebe und Nähe Gottes, als letzte Konsequenz, sich dieser Liebe zu verweigern, bewusst wird und ich vor diesem Abgrund zurückschrecke; am Ende ein Zwiegespräch mit Christus: Dank für das Leben, das er mir bisher ermöglicht hat, und für so viel Zuneigung und Barmherzigkeit, die ich bis jetzt von ihm erfahren habe. Das gilt auch für die folgenden Übungen.

3. Übung: Wiederholung der 1. und 2. Meditation

4. Übung: zusammenfassende (verdichtende) Wiederholung der 3. Übung
5. Übung: Anwendung der Sinne

Relativierung der Anzahl der fünf Übungen sowie der Länge der Ersten Woche je nach Alter (Lebensphase), seelisch-geistiger Verfassung, physischer Kondition und geistlicher Disposition.

Gottes Liebe und Treue: Hosea 11,1–11

11, 1 Als Israel jung war, gewann ich ihn lieb;
aus Ägypten rief ich meinen Sohn.
2 Je mehr ich sie rief, desto mehr liefen sie von mir weg.
Sie opferten den Baalen und brachten den Götzen Rauchopfer dar.
3 Dabei habe ich Ephraim das Gehen gelehrt,
und ich habe sie auf meinen Arm genommen.
Sie aber haben nicht erkannt, dass ich sie heilte.
4 Mit menschlichen Banden zog ich sie an mich,
mit Seilen der Liebe.
Ich war für sie wie einer von denen,
die den Säugling an ihre Wange heben;
ich neigte mich ihm zu und gab ihm zu essen.
5 (Das Volk) Es muss zurück nach dem Land Ägypten;
aber Assur ist (und bleibt) sein König;
denn sie weigern sich, umzukehren.
6 So wütet das Schwert in seinen Städten,
es vertilgt seine Schwätzer
und vernichtet sie wegen ihrer Pläne.
7 Doch mein Volk hält fest am Abfall von mir;
zum Baal ruft man,
er aber bringt sie durchaus nicht hoch.
8 Wie könnte ich dich preisgeben, Ephraim,
dich im Stich lassen, Israel?
Wie könnte ich dich preisgeben wie Adma,
dich machen wie Zeboim?
Mein Herz kehrt sich gegen mich um,
all mein Gemüt ist entbrannt.
9 Nicht vollstrecke ich meinen glühenden Zorn,

ich will Ephraim nicht noch einmal verderben.
Denn Gott bin ich und nicht ein Mensch,
in deiner Mitte ein Heiliger,
darum komme ich nicht in der Hitze des Zorns.
10 Hinter JHWH werden sie herziehen.
Wie ein Löwe brüllt er.
Ja, er wird brüllen, und die Kinder
eilen zitternd vom Meer herbei.
11 Wie Vögel eilen sie zitternd herbei aus Ägypten,
wie eine Taube aus dem Land Assur.
Ich lasse sie heimkehren zu ihren Häusern.
Wort JHWHs.

Zusammenhang: Es gibt im Alten Testament kaum eine tiefere Aussage über Gottes Liebe und Treue zum Menschen als Hosea 11. Gott lässt uns hier gleichsam in sein Herz schauen. Seine ungebrochene Zuwendung umfasst die Lebensgeschichte Israels von seinen frühesten Anfängen bis in die Zukunft hinein. Israel kann nur am Leben bleiben in der Liebe seines Gottes, die menschliches Begreifen übersteigt.

Nach dem ***Vorbereitungsgebet*** lese ich den Schrifttext langsam und wiederholt durch, um mich mit seinem Inhalt vertraut zu machen. Dann ***bitte*** ich ***um die Gnade***, dass ich Gottes barmherzige Nähe und bedingungslose Treue zu mir entdecke, dass ich erfasse, von ihm persönlich gemeint und geliebt zu sein. Anschließend ***meditiere ich den Text abschnittweise*** mit den drei Impulsen:

1. ***Hos 11,1–4***: Der Prophet vergleicht die Geschichte des Gottesvolkes mit der Entwicklungsgeschichte eines Menschen. Vom jungen Israel wird als Erstes gesagt, dass JHWH es lieb gewann und aus entwürdigender Abhängigkeit in die grenzenlose Weite seiner Freiheit rief. Er brachte ihm die ersten Schritte bei, trug es auf seinen Armen, wenn es allein nicht mehr weiterkonnte. War es krank oder verletzt, bei ihm fand es Heilung. Mit rührender Zärtlichkeit und mit unendlicher Geduld umfing JHWH das junge Israel, um es lebenstüchtig und selbständig zu machen.

2. ***Hos 11,5–7***: Mit seiner Achtung vor der zunehmenden Freiheit des Heranwachsenden ging JHWH auch das Risiko ein, dass

Israel sich von ihm lossagte und eine Lebensform nach eigenem Gutdünken wählte. Alles Mühen ist vergessen, alle weitere Zuneigung findet kein Verständnis und stößt auf Ablehnung. Israel weigert sich umzukehren; es hält fest an seinem Abfall von JHWH. Wie weit dieser Abfall schon vollzogen ist, zeigt der Vergleich mit Adma und Zeboim. Nach Dtn 29,21 f. werden diese beiden Städte zusammen mit Sodom und Gomorrha durch göttliches Strafgericht völlig zerstört. Das Verb *hpk*, das die Schrift zur Schilderung der Katastrophe in Gen 19,25 verwendet, besagt ein totales Umstürzen von unten bis oben. Kein Stein bleibt über dem anderen. Alles Leben wird vernichtet und jedes Wiederaufleben unmöglich gemacht.

3. *Hos 11,8–11*: Doch es widerstrebt JHWH, die gerechte Strafe an Israel zu vollstrecken: „Mein Herz kehrt sich nun gegen mich." Genau dasselbe Verb *hpk* wird hier für den Umsturz der Liebe im Herzen Gottes zu Gunsten seines Volkes gebraucht. Gott stößt gleichsam die Schichtungen seines Herzens um; er wendet sich gegen sich, um über alles menschliche Begreifen hinaus seine Liebe Israel neu zuwenden zu können.

Der totale Abfall Israels bringt JHWH dazu, den Möglichkeiten seiner Liebe neuen Raum zu schaffen, ihr eine bis dahin verborgene Dimension zu erschließen. Menschliche Bosheit fordert also Gott nicht zum Strafgericht heraus, sondern zum höchsten Erweis seiner Liebe. Paulus formuliert diese paradoxe „Gesetzmäßigkeit" göttlichen Verhaltens ähnlich, wenn er im Römerbrief sagt: „Wo die Sünde mächtig wurde, da ist die Gnade übergroß geworden" (5,20).

Aber es sind weder Nachgiebigkeit noch mildernde Umstände, die JHWHs Verhalten begründen, sondern allein, dass er Gott ist und nicht Mensch, der Heilige inmitten seines Volkes. *JHWHs innerstes Wesen ist ursprüngliche, unverbrauchte Liebe und Treue zum Menschen.* Er kann sich von ihr ebenso wenig trennen wie von seiner Gottheit. Er gerät nicht wie ein Mensch in die Abhängigkeit erzwungener Reaktionen. *Um zum Menschen immer neu Ja sagen zu können, stößt er gleichsam in immer tiefere Schichten seiner Liebe vor.* Er bleibt mit seinem völlig freien, unablässig tätigen und zielstrebig liebenden Herzen beim Menschen, bei seiner Geschichte, damit sich sein Leben doch noch erfüllt. „*Die Gedanken seines Herzens gehen von Geschlecht zu Geschlecht …, ihr Leben dem Tod zu entreißen und sie zu nähren in der Not ihres Hungers*“ (vgl. Ps 32,11.19).

Zum Abschluss ***Gespräch mit Gott***, d. h., ich bringe vor ihm zur Sprache, was mich bewegt (hat), und höre, was er mir mit diesem biblischen Text sagen will.

Das Vermächtnis Josuas: Jos 24,1–25

24 [1]Josua versammelte alle Stämme Israels in Sichem; er rief die Äl-
testen Israels, seine Oberhäupter, Richter und Aufsichtsleute zusam-
men und sie traten vor Gott hin. [2]Josua sagte zum ganzen Volk: So
spricht der HERR, der Gott Israels: Jenseits des Stroms wohnten
eure Väter von Urzeiten an, Terach, der Vater Abrahams und der Va-
ter Nahors, und dienten anderen Göttern. [3]Da holte ich euren Vater
Abraham von jenseits des Stroms und ließ ihn durch das ganze Land
Kanaan ziehen. Ich schenkte ihm zahlreiche Nachkommenschaft und
gab ihm Isaak. [4]Dem Isaak gab ich Jakob und Esau und ich verlieh
Esau das Bergland Seïr, damit er es in Besitz nahm. Jakob aber und
seine Söhne zogen nach Ägypten hinab. [5]Dann sandte ich Mose und
Aaron und schlug Ägypten, so wie ich es in seiner Mitte getan habe,
und dann habe ich euch herausgeführt. [6]Ich führte eure Väter aus
Ägypten heraus. Da seid ihr ans Meer gekommen. Die Ägypter aber
verfolgten eure Väter mit Wagen und Pferden bis zum Roten Meer.
[7]Da schrien eure Väter zum HERRN und er legte zwischen euch
und die Ägypter eine Finsternis und ließ das Meer über sie kommen,
sodass es sie überflutete. Mit eigenen Augen habt ihr gesehen, was
ich in Ägypten getan habe. Dann habt ihr euch lange in der Wüste
aufgehalten. [8]Ich brachte euch in das Land der Amoriter, die jenseits
des Jordan wohnten …

Das geschah weder durch dein Schwert noch durch deinen Bogen.
[13]Ich gab euch ein Land, um das ihr euch nicht bemüht hattet, und
Städte, die ihr nicht erbaut hattet. Ihr habt in ihnen gewohnt und ihr
habt von Weinbergen und Ölbäumen gegessen, die ihr nicht gepflanzt
hattet. [14]Fürchtet also jetzt den HERRN und dient ihm in vollkom-

mener Treue! *Schafft die Götter fort, denen eure Väter jenseits des
Stroms und in Ägypten gedient haben, und dient dem HERRN!*
15Wenn es euch aber nicht gefällt, dem HERRN zu dienen, dann ent-
scheidet euch heute, wem ihr dienen wollt: den Göttern, denen eure
Väter jenseits des Stroms dienten, oder den Göttern der Amoriter,
in deren Land ihr wohnt. Ich aber und mein Haus, wir wollen dem
HERRN dienen.

16Das Volk antwortete: Das sei uns fern, dass wir den HERRN ver-
lassen und anderen Göttern dienen. 17Denn der HERR, unser Gott,
war es, der uns und unsere Väter aus dem Sklavenhaus Ägypten he-
rausgeführt hat und der vor unseren Augen alle die großen Wunder
getan hat. Er hat uns beschützt auf dem ganzen Weg, den wir ge-
gangen sind, und unter allen Völkern, durch deren Gebiet wir ge-
zogen sind. 18 … Auch wir wollen dem HERRN dienen; denn er ist
unser Gott.

19Da sagte Josua zum Volk: Ihr seid nicht imstande, dem HERRN zu
dienen, denn er ist ein heiliger Gott, ein eifersüchtiger Gott; er wird
euch eure Frevel und eure Sünden nicht verzeihen. 20Wenn ihr den
HERRN verlasst und fremden Göttern dient, dann wird er sich von
euch abwenden, wird Unglück über euch bringen und euch ein Ende
bereiten, obwohl er euch zuvor Gutes getan hat.

21Das Volk aber sagte zu Josua: Nein, wir wollen dem HERRN die-
nen. 22Josua antwortete dem Volk: Ihr seid Zeugen gegen euch selbst,
dass ihr selbst euch den HERRN erwählt habt, um ihm zu dienen. Sie
antworteten: Wir sind Zeugen. 23*Schafft also jetzt die fremden Göt-
ter ab, die noch bei euch sind, und neigt eure Herzen dem HERRN
zu, dem Gott Israels!* 24Das Volk sagte zu Josua: Dem HERRN,
unserem Gott, wollen wir dienen und auf seine Stimme hören. 25So
schloss Josua an jenem Tag einen Bund für das Volk und gab dem
Volk Gesetz und Recht in Sichem.

Zusammenhang: Josua, der Nachfolger des Mose und von Gott beauftragt, das Volk nach vierzig Jahren Wüstenwanderung über den Jordan in das Gelobte Land zu führen, ruft am Ende seines Lebens die zwölf Stämme Israels und seine Repräsentanten zusammen, um das Volk auf JHWH, seinen Gott, zu verpflichten, damit es in dem „schönen Land“ eine Zukunft hat.

Zur Einstimmung versuche ich zunächst, mich an meinem Gebetsort einzufinden und eine Haltung einzunehmen, die meiner bewussten Anwesenheit vor dem Geheimnis Gottes entspricht.

Nach dem gewohnten ***Vorbereitungsgebet*** lese ich den Schrifttext langsam und wiederholt durch, um mich mit seinem Inhalt vertraut zu machen. Dann ***bitte*** ich ***um die Gnade***, dass ich im Blick auf Gottes unbegreifliche Güte meine eigenen Unfreiheiten, die Macht der Sünde und ihren Einfluss in meinem Leben entdecke, dass ich erfasse, welche „ungeordneten Anhänglichkeiten" bzw. Abhängigkeiten meiner ursprünglichen Bestimmung und Berufung zuwiderlaufen. Anschließend ***meditiere ich den Text abschnittweise*** mit den drei Impulsen:

1. ***Jos 24,1–14a:*** Nach dem 24. Kapitel des Buches Josua versammelt Josua alle Stämme Israels mit ihren führenden Leuten in Sichem. Dann treten sie gemeinsam vor JHWH hin und hören sein Wort. Es spricht von den Heilstaten JHWHs, angefangen mit der Berufung Abrahams über die Befreiung aus dem Sklavenhaus Ägypten und den langen Weg durch die Wüste bis hin zur Landnahme. Am Ende dieses langen Weges heißt es:

Ich gab euch ein Land, um das ihr euch nicht bemüht hattet,
und Städte, die ihr nicht erbaut hattet.
Ihr habt in ihnen gewohnt
und habt von den Weinbergen und Ölbäumen gegessen,
die ihr nicht gepflanzt habt (V. 13).

Das ist die grundlegende Erfahrung und das Bekenntnis, dass JHWH Israel auf seinem langen Weg durch die Geschichte in unverbrüchlicher Treue führt.

Dann fordert Josua ganz Israel auf:

Fürchtet JHWH
und dient ihm in *vollkommener* Treue (V. 14a)!

Vom Anfang der Heilsgeschichte an bis in die Gegenwart des Erzählten hören wir immer wieder die Aufforderung nach *Ganzheit*: „Dient Gott in vollkommener Treue!" Der Treue JHWHs zu seinem Volk soll die Treue Israels zu JHWH entsprechen, und zwar bedingungslos und ganz. Abraham soll *allen* Menschen, die mit ihm in Kontakt kommen, zum Segen werden (Gen 12,2 f.). Später sagt Gott zum Stammvater Israels: „Geh deinen Weg vor mir her und sei *ganz*! (Gen 17,1). Auch Mose vermittelt Israel nach dem Buch Deuteronomium die Aufforderung JHWHs: Du wirst/sollst JHWH, deinen Gott, lieben mit *ganzem* Herzen, mit *ganzer* Seele und mit *ganzer* Kraft!" (Dtn 6,5).

2. *Jos 24,14b–25:* Doch dann hören wir auch, dass Josua von seinem ganzen Volk fordert:

Schafft die Götter fort,
denen eure Väter jenseits des Stroms und in Ägypten gedient haben,
und dient JHWH (V. 14b)!

Später heißt es dann noch einmal:

Schafft also *jetzt* die fremden Götter ab,
die noch bei euch sind,
und neigt eure Herzen JHWH zu, dem Gott Israels! (V. 23).

Auch bei den Väter- und Müttergeschichten am Anfang der Heilsgeschichte spielen die Götter eine fatale Rolle. Vor der Flucht Jakobs zurück in das Land der Verheißung stiehlt Rachel ohne sein Wissen die Götterbilder ihres Vaters Laban, überlistet ihn und bringt sie über den Grenzfluss Jabbok.

Nach dem Exodus aus Ägypten formt Israel sich am Fuße des Gottesberges ein Stierbild aus dem Gold seiner Sklavenzeit. Es will Götter, die vor ihnen herziehen (Ex 32,1). Als Mose dann nach langer Abwesenheit plötzlich im Lager der Israeliten wieder auftaucht, packt er das goldene Stierbild und zermalmt es zu Staub, den er mit Wasser versetzt ihnen zu trinken gibt. Damit gibt er ihnen zu verstehen, dass das, was sie als ihren Gott verehren, in den Abtritt gehört und ausgeschieden werden muss.

Diese Abhängigkeit von Haltungen und Gewohnheiten, die uns von uns selbst entfremden, sitzen tief in unseren Eingeweiden und müssen alle ausgeschieden werden, wenn wir davon frei werden wollen.

Schafft also *jetzt* die fremden Götter ab,
die noch bei euch sind,
und neigt eure Herzen JHWH zu, dem Gott Israels! (V. 23).

3. Beides kennen wir: Das Verlangen nach Ganzheit und die Erfahrung der fremden Götter in uns. Ignatius nennt diese „fremden Götter" „ungeordnete Neigungen", die wir – so sagt er – *alle* von uns entfernen sollen und (erst) *nachdem* das geschehen ist, sind wir in der Lage, den göttlichen Willen zu suchen und zu finden und so unser ganzes Leben auf ihn auszurichten (vgl. EB 1).

Das Verlangen nach Ganzheit kommt sehr deutlich in dem Vorbereitungsgebet vor jeder Gebetszeit zum Ausdruck: alle meine Absichten (*intenciones*), Handlungen (*acciones*) und Betätigungen (*operaciones*) sollen rein (*puramente*) auf den Dienst und Lobpreis Gottes ausgerichtet sein.

Diese Bereitschaft soll dann am Ende der Exerzitien bei der „Kontemplation zur Erlangung der Liebe" einmünden in das Gebet der Hingabe („*Suscipe*"):

Nimm hin, Herr, und empfange meine ganze Freiheit,
mein Gedächtnis, meinen Verstand und meinen ganzen Willen,
all mein Haben und Besitzen.
Du hast es mir gegeben, Dir, Herr, gebe ich es zurück.
Alles ist Dein, verfüge nach Deinem ganzen Willen.
Gib mir Deine Liebe und Gnade, das ist mir genug (EB 234).

Aber solange ich die Vorstellung habe, diese Verfügbarkeit von mir aus leisten zu müssen, bleibt das Gebet, bleiben die Exerzitien eine Überforderung. Das „Suscipe" ist Ausdruck der Sehnsucht, meine ganze geschöpfliche Wirklichkeit auf Gott hin transparent werden zu lassen.

Schafft also *jetzt* die fremden Götter ab,
die noch bei euch sind,
und neigt eure Herzen JHWH zu, dem Gott Israels! (Jos 24,23).

Ich beende die Meditation mit einem ***Gespräch mit Gott***, d. h., ich bringe vor ihm zur Sprache, was mich bewegt (hat), und höre, was er mir mit diesem biblischen Text sagen will.

Mit einer Verneigung vor dem Geheimnis Gottes verlasse ich meinen Gebetsort.

*

Nach den beiden Wiederholungsübungen lässt Ignatius am Abend eines jeden Tages eine Übung machen, die er „das Ziehen der fünf Sinne“ über die vorausgegangenen vier Gebetsübungen nennt, die sog. ***„Anwendung der Sinne“.***

Der Übende soll also „bei den wichtigeren Teilen (der vorausgegangenen Meditationen) und dort, wo er jeweils kraftvollere Anregungen und geistliche Freude (Geschmack, Genuss) verspürt hat, aufmerken und in Ruhe verweilen“ (vgl. EB 227).

Wie ist diese sog. „Anwendung der Sinne“ näherhin zu verstehen und worauf kommt es dabei an?

Zunächst kann diese Art geistlicher Besinnung erst dann richtig zum Tragen kommen, wenn ich drei bis vier Stunden lang in der genannten Weise nach dem „verborgenen Schatz im Acker“ (eines biblischen Textes) gegraben habe. Die Übung soll zu einer Zeit gemacht werden, in der ich *ganz* „da“ sein kann, in ruhiger, gelassener Sammlung. Ignatius empfiehlt eine Stunde am Abend – ohne gedankliche Anstrengung. Nach der gewohnten Vorbereitung und Einstellung lasse ich dann all das, was mich im Verlauf der Gebetszeiten und vielleicht auch darüber hinaus *heilend und stärkend* angerührt und „bewegt“ hat, noch einmal vor mich kommen.

Ich versuche mit meiner Vorstellungskraft mich dem *Geschehen* der vorausgegangenen Gebetsübungen noch einmal zuzuwenden, *soweit es für mich zur tröstenden Gegenwart geworden ist:*

- Ich ***schaue*** die Personen des Geschehens, ihre besondere Situation (z. B. den blinden Bartimäus vor den Toren Jerichos: Mk 10,46–52).
- Ich ***höre***, was die Personen sagen oder sagen können (z. B. die Worte eines Aussätzigen: Mt 8,1–4, oder des Hauptmanns von Kapharnaum: Mt 8,5–13).
- Ich ***rieche*** und ***schmecke*** z. B. die heilende und heil machende Ausstrahlung, die von Jesus ausgeht, die Atmosphäre, die seine

Begegnung mit Menschen bei mir hinterlässt (z. B. die Begegnung Jesu mit der Sünderin: Lk 7,36–50).

- Ich ***berühre*** den geheimnisvollen Ort des Geschehens (z. B. beim brennenden Dornbusch oder bei der Verkündigung der Menschwerdung: Ex 3,5; Lk 1,26–38).

Ich versuche also, aufmerksam dabei zu verweilen und die Qualität des Wahrgenommenen „von innen her zu fühlen und zu verkosten" (EB 2). Die Rückbesinnung bezieht sich auf alle fünf inneren Sinne. Gelegentlich kann es hilfreich sein, sich auf die Wahrnehmung nur eines Sinnes zu konzentrieren.

So *disponiere* ich mich für eine Art von Erkenntnis, die mehr ist als nur ein Akt des Erkennens oder nur des Wollens oder nur des Fühlens und die hinführt zum Ziel allen religiösen Strebens: „den Herrn, deinen Gott, zu lieben mit ganzem Herzen und ganzer Seele, mit all deinen Gedanken und mit all deiner Kraft" (Mk 12,30; vgl. Dtn 6,4–9).

In dieser abendlichen Besinnung kann sich nach und nach jenes feine Sensorium entfalten, das Gott durch alle irdischen Brechungen hindurch spürt. Hier kann ein Leben in die eine und einende Leidenschaft geraten, die Paulus in die Worte zusammenfasst: „Nicht mehr ich lebe, sondern Christus lebt in mir" (Gal 2,20a). Augustinus sagt im sechsten Kapitel des 10. Buches seiner *Confessiones*: „Was aber liebe ich, o Gott, wenn ich Dich liebe? Nicht die süßen Melodien in der Welt des Tönens aller Art. Nicht die Wohlgerüche der Blumen, Salben und Spezereien. Nicht das Manna und nicht den Honig. Nicht Leibesglieder, die köstlich sind in der fleischlichen Umarmung. Nichts von alledem liebe ich, wenn ich liebe meinen Gott: Licht und Klang und Duft und Speise und Umarmung meines inneren Menschen. Dort erstrahlt meiner Seele, was kein Raum fasst. Dort erklingt, was keine Zeit entführt. Dort duftet, was kein Wind verweht. Dort mundet, was keine Sattheit vergällt. Dort schmiegt sich an, was kein Überdruss auseinanderlöst. Das ist es, was ich liebe, wenn ich liebe meinen Gott."

Aus der besinnlichen Vertiefung in das Übersinnliche können sich die heilenden und stärkenden Kräfte entbinden, die mir Lebensorientierung geben.

Das Gleichnis vom barmherzigen Vater und seinen beiden ungleichen Söhnen: Lk 15,11–32

15 [11]Jesus sagte: ein Mann hatte zwei Söhne. [12]Und es sagte der jüngere von ihnen zu seinem Vater: Vater, gib mir den mir zustehenden Teil des Vermögens. Er aber teilte ihnen das Vermögen. [13]Und nach wenigen Tagen trug der jüngere Sohn alles zusammen und zog in ein fernes Land, und dort verschleuderte er sein Vermögen in einem liederlichen Leben. [14]Als er aber alles durchgebracht hatte, kam eine schwere Hungersnot über jenes Land, und er fing an, Mangel zu leiden. [15]Und er ging hin und hängte sich an einen der Bürger jenes Landes, und der schickte ihn auf seine Felder, Schweine zu hüten. [16]Und er begehrte, seinen Bauch zu füllen mit den Schoten, die die Schweine fraßen, und niemand gab sie ihm. [17]Da ging er in sich und sagte: wie viele Tagelöhner meines Vaters haben Überfluss an Brot, ich aber gehe vor Hunger hier zugrunde. [18]Ich werde mich aufmachen, zu meinem Vater gehen und ihm sagen: Vater, ich habe gesündigt gegen den Himmel und vor dir. [19]Nicht mehr bin ich wert, dein Sohn genannt zu werden. Halte mich wie einen deiner Tagelöhner.

[20]Und machte sich auf und ging zu seinem Vater. Als er noch weit entfernt war, sah ihn sein Vater und erbarmte sich, und er lief und fiel ihm um den Hals und küsste ihn. [21]Es sagte aber der Sohn zu ihm: Vater, ich habe gesündigt gegen den Himmel und vor dir, nicht mehr bin ich wert, dein Sohn genannt zu werden. [22]Es sagte aber der Vater zu seinen Knechten: schnell, bringt das erste Kleid heraus und zieht es ihm an, und gebt einen Ring an seine Hand und Sandalen für die Füße [23]und bringt das Mastkalb herbei, schlachtet es und dann wollen wir essen und fröhlich sein, [24]denn dieser mein Sohn war tot und ist wieder aufgelebt, verloren war er und ist wiedergefunden worden. Und sie begannen, ein Freudenfest zu feiern.

[25]Es war aber sein älterer Sohn auf dem Feld. Und als er kam und sich dem Hause näherte, hörte er Musik und Reigentanz [26]und rief einen der Knechte herbei und erkundigte sich, was das bedeute. [27]Der aber sagte zu ihm: dein Bruder ist gekommen und dein Vater hat das Mastkalb geschlachtet, weil er ihn gesund wiederhat. [28]Da wurde er zornig und wollte nicht hineingehen. Sein Vater aber kam heraus

und bat ihn. [29]Er aber antwortete und sagte seinem Vater: siehe, so viele Jahre diene ich dir, und niemals habe ich dein Gebot übertreten, und mir hast du niemals ein Böcklein gegeben, dass ich mit meinen Freunden fröhlich sei. [30]Als aber dieser (da), dein Sohn, der dein Vermögen mit Dirnen durchgebracht hat, kam, hast du ihm das Mastkalb geschlachtet. [31]Er aber sagte ihm: Kind, du bist immer bei mir, und alles, was mein ist, ist dein. [32](Jetzt) aber muss man fröhlich sein und sich freuen, denn dieser dein Bruder war tot und ist wieder aufgelebt, verloren war er und ist wiedergefunden worden.

Zusammenhang: Das zweite Doppelgleichnis zum Thema „Freude über das Wiederfinden des Verlorenen" steht in der Mitte des sog. Reiseberichts und ist „Evangelium im Evangelium". Die beiden Einleitungsverse (Lk 15,1 f.) beschreiben die spannungsgeladene Atmosphäre, die Jesu Umgang mit Zöllnern und Sündern bei seinen Gegnern ausgelöst hat. Mit den Gleichnissen antwortet er auf die Vorwürfe der Pharisäer und Schriftgelehrten.

1. Nach dem gewohnten **Vorbereitungsgebet** lese ich den Text wiederholt gründlich durch und versuche in der **ersten Vorübung**, mir die Geschichte zu vergegenwärtigen:

- *wie* Jesus in der feindseligen Atmosphäre alle einlädt, die sich über ihn empören, der inneren Bewegung seiner Gleichnisrede zu folgen und ihr Gottesbild zu überdenken;
- *wie* er von einem Mann spricht, der zwei Söhne hat und von dem jüngeren der beiden aufgefordert wird, ihm seinen Anteil am Vermögen auszuhändigen;
- *wie* der Vater daraufhin sein Vermögen an beide Söhne aufteilt;
- *wie* der jüngere Sohn bald darauf mit allem, was er hat, in ein fernes Land zieht, dort mit einem freizügigen und aufwendigen Lebensstil sein ganzes Vermögen durchbringt und seine Unabhängigkeit verliert;
- *wie* es ihm bei der schweren Hungersnot noch schlechter geht als den Schweinen, die er für einen Bürger des Landes hütet, um überhaupt zu überleben;
- *wie* er also in der Fremde alles verloren hat, was er hatte und was er ist: seine Heimat, seinen Besitz, seine Beziehungen,

seine Freiheit, seine religiöse Verwurzelung, seine menschliche Würde, seine Identität;

- *wie* er an diesem Tiefpunkt seines Lebens (tiefer geht's nicht!) schließlich zu sich kommt und aus der Erinnerung Bilder von dem Überfluss aufsteigen, den selbst die freien Lohnarbeiter seines Vaters noch haben;
- *wie* dieser Kontrast (sein Elend und das gute Auskommen der Lohnarbeiter seines Vaters) in ihm den Entschluss reifen lässt, zu seinem Vater zurückzukehren – im Bewusstsein, dass er gegen Gott und seinen Vater (schwer) gesündigt hat und die Konsequenzen seines Handelns auf sich nehmen will, sodass der Vater ihn künftig als Lohnarbeiter und nicht als seinen Sohn betrachten soll;
- *wie* er sich aufmacht und zu seinem Vater zurückkehrt;
- *wie* der Vater ihn schon von weitem kommen sieht und bei seinem Anblick bis ins Innerste schmerzlich getroffen ist;
- *wie* er ihm entgegenläuft und ihn in seine Arme schließt;
- *wie* der Sohn in dieser Geste Vergebung erfährt, noch bevor er sein Schuldbekenntnis aussprechen kann;
- *wie* der Vater ihn in seine vollen Sohnesrechte wieder einsetzt, indem er seinen Knechten Anweisung gibt, das beste Gewand zu holen, ihm Ring und Sandalen zu bringen und ein Fest vorzubereiten: Wir wollen essen und fröhlich sein, denn dieser mein Sohn war tot und ist wieder aufgelebt, er war verloren und ist wiedergefunden worden;
- *wie* das Freudenfest dann auch beginnt;
- *wie* der ältere Sohn draußen auf dem Feld von all dem nichts mitbekommen hat und bei seiner Rückkehr vom Haus her Musik und Tanz hört;
- *wie* er dann erfährt, warum drinnen ein Fest gefeiert wird und dafür das einzige Mastkalb geschlachtet wurde, wie er zornig wird und sich empört abwenden will – wie die eingangs erwähnten Pharisäer und Schriftgelehrten;
- *wie* der Vater herauskommt, seinem Sohn entgegengeht und ihn bittet, mitzufeiern;
- *wie* diesen aber das Fest aus Freude über die unverhoffte Heimkehr seines Bruders tief verletzt hat und er sich weigert, der Einladung seines Vaters zu folgen;

- *wie* der ältere Sohn ihm dann vorwurfsvoll seine eigenen Verdienste aufzählt und sagt, er selbst habe nie etwas für sich und seine Freunde beansprucht;
- *wie* so deutlich wird, dass der ältere Sohn nie als Sohn gelebt hat, obwohl der Vater doch auch ihm seinen Anteil am Vermögen gegeben hat; wie der Sohn sich die Liebe seines Vaters verdienen wollte, wie ihn das innerlich unfrei gemacht und von seinem Vater, von der Freude am Leben und von sich selbst entfremdet hat;
- *wie* der Vater ihn liebevoll anspricht und ihn darauf aufmerksam macht, dass er doch immer sein Zuhause hatte und alles ihm wie dem Vater gehörte, dass er also durch das, was der Vater jetzt für seinen heimgekehrten Sohn getan hat, in keiner Weise benachteiligt sei;
- *wie* der Vater ihn noch einmal einlädt: „Jetzt aber muss man fröhlich sein und sich freuen, denn dieser dein Bruder war tot und ist wieder aufgelebt, verloren war er und ist wiedergefunden worden."

Zweite Vorübung: sich den Schauplatz anschaulich vergegenwärtigen:

- den Weg, der Jesus nach Jerusalem führt (vgl. Lk 13,22), wo irgendwo „alle Zöllner und Sünder" zu ihm kommen, weil sie sich von seiner Persönlichkeit angezogen fühlen und für seine Botschaft besonders aufgeschlossen sind, wo aber auch Pharisäer und Schriftgelehrte auftauchen und sich über seine Nähe zu dieser „schlechten Gesellschaft" empören;

der „Schauplatz" oder besser: die Handlungsorte des Gleichnisses:

- das begüterte Anwesen, wo der Vater mit seinen beiden Söhnen wohnt;
- das ferne Land, wohin der jüngere Sohn mit seinem Vermögen aufbricht, wo er ein aufwendiges und „liederliches" Leben führt, bis er sein ganzes Erbe durchgebracht hat; wo er durch eine Hungersnot bitteren Mangel leidet, sodass er sich als Schweinehirt bei einem Bürger des Landes verdingt, und

von wo er schließlich wieder zu seinem Vater zurückkehren will;
- den Weg aus dem fernen Land zurück in die Heimat, wo er im Bewusstsein seiner Schuld als Tagelöhner seines Vaters leben will;
- den Weg, den der Vater ihm entgegenläuft, um seinen „verlorenen" Sohn in seine Arme zu schließen;
- den Raum im Haus des Vaters, wo das Fest vorbereitet und gefeiert wird;
- die Stelle vor dem Haus, wo der ältere Sohn erfährt, warum da drinnen gefeiert wird, der Vater herauskommt, ihm entgegengeht, um ihn zum Mitfeiern einzuladen.

Dritte Vorübung: Bitte um die Gnade,

- Gottes „unendliche Güte", seine Barmherzigkeit und Treue zum Menschen, zu mir wahrzunehmen;
- der Erkenntnis meiner Verstrickung in Schuld, meines Anteils am Geheimnis des Bösen und meiner Beschämung/Erschütterung darüber;
- mich zu lösen von „ungeordneten Anhänglichkeiten".

Die drei vorbereitenden Schritte dienen dazu, mich für das Geheimnis der Begegnung mit dem barmherzigen Gott zu öffnen, damit es mir zur „Staunen erregenden" Gegenwart wird, zu einer Erfahrung, die mich persönlich berühren, durchdringen und verwandeln will.

Diese drei Vorübungen können von der Zeit her den größten Teil der ersten Gebetsübung in Anspruch nehmen.

2. Vergegenwärtigung des Handlungsgeschehens:
Die Personen sehen, hören, was sie sagen, und betrachten, was sie tun

Ich gehe in meiner Vorstellung zurück zu den biblischen Handlungsräumen – so wie sie jeweils vor meinem geistigen Auge entstanden sind – und lasse das Geschehen – wie es im Schrifttext steht – in meiner Vorstellung sich entfalten: Ich **sehe** die Personen, **höre**, was sie sagen, und **betrachte**, was sie tun.

Dabei versuche ich, mich in die Akteure der biblischen Geschichte hineinzuversetzen und mitzuempfinden:

- was in den Personen vorgeht: in den Zöllnern und Sündern, in den Pharisäern und Schriftgelehrten, in Jesus;
- Welche Gefühle, Wünsche, Hoffnungen oder Sorgen, Zweifel, Ängste kommen in ihren Worten und Verhaltensweise zum Ausdruck?
- Wie sieht das bei den Personen des Gleichnisses aus?

3. **Übertragung des Handlungsgeschehens auf mich und meine Situation,** d. h. wahrnehmen:

- was das Sprechen und Verhalten der Personen in mir auslöst, wenn ich mich nacheinander in die Zöllner und Sünder und in die Pharisäer und Schriftgelehrten sowie in Jesus hineinversetze, um sie zu verstehen. Dann kann ich leichter erfassen, wo ich selbst in dieser Geschichte oder in diesem Gleichnis vorkomme. Darüber hinaus kann es hilfreich sein, mich in einer stimmigen eigenständigen Weise in das Geschehen einzubringen.
- Welche Bedeutung hat es für mich hier und jetzt, was ich gesehen, gehört und meditiert habe, vielleicht auch, wie ich mich selbst in dieses Geschehen eingebracht habe und was es in mir ausgelöst hat? So kann sich zeigen, was Gott mir mit diesem Gleichnis sagen will.

4. **Gespräch der Barmherzigkeit** vor dem Bild des von Passion und Tod gekennzeichneten Herrn. Ich kann damit beginnen, dass ich ihn frage, wie er als Schöpfer der Welt dazu gekommen ist, Mensch zu werden, einer von uns, und was ihn bewogen hat, sich so bedingungslos (auch) für mich zu entscheiden.

Ich bringe dann meine Vergangenheit, meine Gegenwart und Zukunft, die „ganze Wahrheit“ meines Lebens in die heilende und erlösende Gegenwart des Gekreuzigten.

In diesem *Zwie*gespräch kann mein Vertrauen in den Gott meines Lebens und meiner Geschichte zu einer neuen Qualität finden und in mir das Verlangen entstehen, Christus zu dienen.

Das Gespräch wird mit richtigen Worten gehalten, „wie ein Freund mit seinem Freund spricht“. Ich schließe mit einer Verneigung vor dem Geheimnis Gottes, der mich in Jesus Christus bis zum Letzten, bis zum Äußersten geliebt hat (Joh 13,1).

Jesus und die Ehebrecherin: Joh 8,1–11

8 [1]Jesus ging zum Ölberg. [2]Frühmorgens aber kam er wieder in den
Tempel, und alles Volk kam zu ihm; und er setzte sich und lehrte sie.
[3]Da bringen die Schriftgelehrten und die Pharisäer eine Frau herbei,
die beim Ehebruch ergriffen worden war, und stellen sie in die Mitte
[4]und sagen zu ihm: Lehrer, diese Frau ist auf frischer Tat beim Ehe-
bruch ergriffen worden. [5]Im Gesetz aber hat uns Mose geboten, sol-
che zu steinigen. Was sagst du nun (dazu)? [6]Dies aber sagten sie, um
ihn zu versuchen, damit sie etwas hätten, um ihn anzuklagen. Jesus
aber bückte sich nieder und schrieb mit dem Finger auf die Erde. [7]Als
sie aber fortfuhren, ihn zu fragen, richtete er sich auf und sagte zu
ihnen: Wer von euch ohne Sünde ist, werfe als Erster einen Stein auf
sie. [8]Und wieder bückte er sich nieder und schrieb auf die Erde. [9]Als
sie aber dies hörten, gingen sie hinaus, einer nach dem anderen, an-
gefangen von den Ältesten; und er blieb allein zurück mit der Frau,
die in der Mitte stand.

[10]Jesus aber richtete sich auf und sagte zu ihr: Frau, wo sind sie? Hat
niemand dich verurteilt? [11]Sie aber sagte: Niemand, Herr. Jesus aber
sagte zu ihr: Auch ich verurteile dich nicht. Geh und sündige von
jetzt an nicht mehr!

Zusammenhang: Jesus hatte am letzten Tag auf dem Höhepunkt des Laubhüttenfestes im Tempelareal mit einem prophetischen Wort die Menschen aufgerufen, in ihm die Quelle zu sehen, aus der die verheißene Fülle des Lebens strömt (Joh 7,37). Die Hohenpriester und Pharisäer hatten zuvor ein Verhaftungskommando losgeschickt, um Jesus festzunehmen. Sie aber waren unverrichteter Dinge zu ihren Auftraggebern zurückgekehrt, weil „noch niemand so geredet hat wie dieser (Jesus)“.
Jesus verlässt am Abend aus Sicherheitsgründen den Tempelbezirk und geht zum Ölberg, der östlich vom Tempelberg auf der anderen

Seite des Kidrontales liegt. Am Morgen kehrt er zurück, um im Tempel zu lehren, „und das ganze Volk kam zu ihm".

Ich gehe zunächst an meinen Gebetsort und versuche, soweit möglich, eine Haltung einzunehmen, die der bewussten Anwesenheit vor dem Geheimnis Gottes entspricht.

1. Nach dem gewohnten **Vorbereitungsgebet** lese ich den Text wiederholt durch und versuche in der **ersten Vorübung**, mir die Geschichte zu vergegenwärtigen:

- *wie* Jesus am Morgen nach dem Laubhüttenfest im Tempel das Volk lehrt, als plötzlich Schriftgelehrte und Pharisäer auftauchen und eine Frau mit sich führen, die auf frischer Tat beim Ehebruch ertappt worden war;
- *wie* sie die Frau „in die Mitte", also in aller Öffentlichkeit, zur Schau stellen, den Tatbestand ohne Umschweife nennen und feststellen, dass Mose in der Tora geboten habe, solche Frauen zu steinigen;
- *wie* sie Jesus dann auffordern, zu sagen, was er dazu für eine Meinung habe;

Hintergrund: Ihr Kalkül ist: entscheidet sich Jesus für eine strikte Anwendung der Tora, bringt er sich in Widerspruch zu seiner Botschaft von der bedingungslos erbarmenden Liebe Gottes. Entscheidet er sich aber für ein mildes Urteil, kommt er in Konflikt mit der Tora und desavouiert sich vor den jüdischen Schriftgelehrten. Wie immer also seine Antwort ausfällt, sie wird ihm zur Falle.

- *wie* Jesus die Hinterlist seiner Gegner durchschaut, sich unerwartet niederbeugt, mit dem Finger auf die Erde schreibt und so die Aufmerksamkeit von der Frau in ihrer Mitte auf seine Zeichenhandlung lenkt;

Manche vermuten, dass Jesus damit an Jer 17,13 erinnert, wonach Gott die in den Staub schreibt, die sich von ihm abwenden.

- *wie* seine Gegner aber auf eine Antwort von ihm beharren;
- *wie* Jesus sich wieder aufrichtet und in souveräner Freiheit die ganze Dramatik der Konfrontation mit den Worten umkehrt: „Wer von euch ohne Sünde ist, werfe den ersten Stein auf sie!"

Es war gesetzliche Vorschrift, dass bei der Vollstreckung eines Todesurteils durch Steinigung die ersten Zeugen auch den ersten Stein werfen mussten (vgl. Dtn 17,2–7; 7,54–60).

- *wie* Jesus sich nach diesen Worten wieder niederbeugt und weiter auf den Boden schreibt;
- *wie* daraufhin einer nach dem anderen, ohne ein Wort zu erwidern, die Szene verlässt, allen voran die Ältesten (die mit der meisten Lebenserfahrung);
- *wie* am Ende nur noch Jesus und die Frau zurückbleiben, die immer noch an der Stelle steht, wo die Schriftgelehrten und Pharisäer sie hingestellt haben;
- *wie* Jesus sich wieder aufrichtet, sich der Frau zuwendet und zu ihr sagt: Frau, wo sind sie? Hat dich keiner verurteilt?"
- *wie* die Frau erleichtert seine zweite Frage bestätigt und in ihrer ganzen Schuld und Scham vor Jesus stehend sein befreiendes Wort der Vergebung hört: „Auch ich verurteile dich nicht! Geh hin und sündige nicht mehr!"

Wie im Gleichnis vom barmherzigen Vater und seinen beiden ungleichen Söhnen (Lk 15,11–32) spricht Jesus der Frau die Vergebung ihrer Sünde ohne jede Vorbedingung zu und befreit sie so zu einem Neuanfang. Er vertraut darauf, dass seine bedingungslose Zuwendung und Vergebung sie in ihrem Innersten berührt und zur Umkehr bewegt. *Umkehr wird also hier als ein innerer Prozess verstanden, der durch Vergebung ausgelöst wird, nicht als Voraussetzung und Bedingung für die Vergebung von Schuld und Sünde.*

Zweite Vorübung: sich den Schauplatz anschaulich vergegenwärtigen:

- den Ort im Tempel, wo Jesus sitzend das Volk lehrt und die Schriftgelehrten und Pharisäer ihn mit der Frau konfrontieren, die beim Ehebruch ertappt worden war;
- die Stelle, wo Jesus wiederholt sich niederbeugt und mit dem Finger auf den Boden schreibt.

Dritte Vorübung: Bitte um die Gnade,

- Gottes „unendliche Güte“, seine Barmherzigkeit und Treue zum Menschen, zu mir wahrzunehmen;
- eigene Unfreiheiten sowie die Macht der Sünde und ihres Einflusses in meinem Leben zu spüren und meine Beschämung/ Erschütterung darüber;
- mich zu lösen von „ungeordneten Anhänglichkeiten“.

Die drei vorbereitenden Schritte wollen mich für das Geheimnis der Begegnung mit dem barmherzigen Gott öffnen, damit es mir zur „Staunen erregenden“ Gegenwart wird, zu einer Erfahrung, die mich persönlich berühren, durchdringen und verwandeln will.

Diese drei Vorübungen können von der Zeit her (wieder) den größten Teil der ersten Gebetsübung in Anspruch nehmen.

2. **Vergegenwärtigung des Handlungsgeschehens:**
   Die Personen sehen, hören, was sie sagen, und betrachten, was sie tun

Ich gehe in meiner Vorstellung zurück zu dem biblischen Handlungsraum – so wie er vor meinem geistigen Auge entstanden ist – und lasse das Geschehen – wie es im Schrifttext steht – in meiner Vorstellung sich entfalten: Ich **sehe** die Personen, **höre**, was sie sagen, und **betrachte**, was sie tun.

Dabei versuche ich, mich in die Akteure der biblischen Geschichte hineinzuversetzen und mitzuempfinden:

- was in den Personen vorgeht: in den Pharisäern und Schriftgelehrten, in der Frau, die öffentlich zur Schau gestellt wird, in Jesus, im Volk;
- welche Gefühle, Wünsche, Absichten, Hoffnungen oder Sorgen, Zweifel, Ängste kommen in ihren Worten und Verhaltensweisen zum Ausdruck,

3. **Übertragung des Handlungsgeschehens auf mich und meine Situation,** d.h. wahrnehmen:

• was das Sprechen und Verhalten der Personen in mir auslöst, wenn ich mich nacheinander in die Pharisäer und Schriftgelehrten, in die Frau, in das Volk sowie in Jesus hineinversetze, um sie zu verstehen. Dann kann ich leichter erfassen, wo ich selbst in dieser Geschichte oder in diesem Gleichnis vorkomme. Darüber hinaus kann es hilfreich sein, mich in einer stimmigen eigenständigen Weise in das Geschehen einzubringen.

- Welche Bedeutung hat es für mich hier und jetzt, was ich gesehen, gehört und meditiert habe, vielleicht auch, wie ich mich selbst in dieses Geschehen eingebracht habe und was es in mir ausgelöst hat? So kann sich zeigen, was Gott mir mit diesem Gleichnis sagen will.

4. **Gespräch der Barmherzigkeit** vor dem Bild des von Passion und Tod gekennzeichneten Herrn. Ich kann wie in der vorausgehenden Meditation damit beginnen, dass ich ihn frage, wie er als Schöpfer der Welt dazu gekommen ist, Mensch zu werden, einer von uns, und was ihn bewogen hat, sich so bedingungslos (auch) für mich zu entscheiden.

Ich bringe dann meine Vergangenheit, meine Gegenwart und Zukunft, die „ganze Wahrheit" meines Lebens in die heilende und erlösende Gegenwart des Gekreuzigten.

In diesem *Zwie*gespräch kann mein Vertrauen in den Gott meines Lebens und meiner Geschichte zu einer neuen Qualität finden und in mir das Verlangen entstehen, Christus zu dienen.

Das Gespräch wird mit richtigen Worten gehalten, „wie ein Freund mit seinem Freund spricht". Ich schließe mit einer Verneigung vor dem Geheimnis Gottes, der mich in Jesus Christus bis zum Letzten, bis zum Äußersten geliebt hat (Joh 13,1).

Die Heilung des Kranken am Teich von Bethesda: Joh 5,1–18

5 [1]Danach war ein Fest der Juden, und Jesus ging hinauf nach Jerusa-
lem. [2]Es ist aber in Jerusalem beim Schaftor ein Teich, der auf Hebrä-
isch Bethesda genannt wird und der fünf Säulenhallen hat. [3]In diesen
lag eine Menge Kranker, Blinder, Lahmer, Ausgezehrter. [4][] [5]Es war
aber ein Mann dort, der achtunddreißig Jahre krank war. [6]Als Jesus

ihn daliegen sah und wusste, dass es schon lange Zeit *so* mit ihm
steht, sagt er zu ihm: Willst du gesund werden? [7]Der Kranke ant-
wortete ihm: Herr, ich habe keinen Menschen, dass er mich, wenn
das Wasser sich bewegt, in den Teich bringt; während ich komme,
steigt ein anderer vor mir hinein. [8]Jesus sagt zu ihm: Steh auf, nimm
deine Liege und geh umher! [9]Und sofort wurde der Mensch gesund
und nahm seine Liege und ging umher.

Es war aber Sabbat an jenem Tag. [10]Es sagten nun die Juden zu dem
Geheilten: Es ist Sabbat und es ist dir nicht erlaubt, deine Liege zu
tragen. [11]Er aber antwortete ihnen: Der mich gesund gemacht hat,
sagte zu mir: Nimm deine Liege und geh umher. [12]Sie fragten ihn:
Wer ist der Mensch, der zu dir sagte: Nimm deine Liege und geh um-
her? [13]Aber der Geheilte wusste nicht, wer es war; denn Jesus hatte
sich entfernt, weil eine Volksmenge an dem Ort war. [14]Danach findet
ihn Jesus im Tempel, und er sagte zu ihm: Siehe, du bist gesund ge-
worden. Sündige nicht mehr, damit dir nichts Schlimmeres zustößt!
[15]Der Mann ging weg und meldete den Juden, dass es Jesus war, der
ihn gesund gemacht hat. [16]Und darum verfolgten die Juden Jesus,
weil er dies am Sabbat getan hatte.

Zusammenhang: Mit dem 5. Kapitel rückt Jerusalem in den Mittelpunkt der Selbstoffenbarung Jesu. Sie wird von scharfen Auseinandersetzungen mit den jüdischen Autoritäten begleitet, die meist an einem der großen Feste stattfinden. Hier im Zentrum des Judentums verschärfen sich die Fronten immer mehr (Joh 8–10), bis schließlich die Entscheidung fällt, Jesus zu töten (Joh 11,53).

Ich gehe zunächst an meinen Gebetsort und versuche, soweit möglich, eine Haltung einzunehmen, die der bewussten Anwesenheit vor dem Geheimnis Gottes entspricht.

1. Nach dem **Vorbereitungsgebet** und der gründlichen Lektüre des Textes versuche ich in der **ersten Vorübung**, mir den Inhalt des Textes zu vergegenwärtigen:

- *wie* Jesus mit den Zwölf zu einem „Fest der Juden“ von Galiläa hinauf nach Jerusalem zieht;

- *wie* er dort in der Nähe des Schaftores zu den Säulenhallen am Teich von Bethesda unweit des Tempels geht, in denen viele Kranke liegen; Blinde, Lahme und an Auszehrung Leidende;
- *wie* einer von ihnen schon 38 Jahre krank und sich selbst überlassen ist; wie er unfähig, auch nur einen Schritt aus eigener Kraft zu gehen, dahinsiecht;
- *wie* es unter den Behinderten und Leidenden keine Solidarität gibt und jeder versucht, auf eigene Faust das heilende Wasser zu erreichen, wenn es aufwallt;
- *wie* Jesus den Gelähmten am Boden liegen sieht und erkennt, dass dieser Mann nach so langer Krankheit keine Chance auf Heilung hat;
- *wie* er ihn direkt fragt: „Willst du gesund werden?";
- *wie* der Gelähmte darauf antwortet, dass er keinen Menschen habe, und so hilflos seiner Situation ausgeliefert ist;
- *wie* Jesus ihn daraufhin auffordert, sich auf seine Füße zu stellen und mit seiner Liege diesen Ort des Elends zu verlassen;
- *wie* der Mann sofort gesund wird und mit seiner Liege die Säulenhallen verlässt;
- *wie* auch Jesus weggeht;
- es ist Sabbat. *Wie* gesetzestreue Juden dem Geheilten begegnen und ihn zurechtweisen, weil er am Sabbat seine Liege nicht herumtragen dürfe;
- *wie* der Beschuldigte sich aber auf den beruft, der ihn geheilt hat. M.a.W.: Wenn da schon jemand die Macht hat, ihn nach 38 Jahren wieder auf die Beine zu bringen und sein Leben total zu verändern, dann muss er wohl auch die Autorität haben, ihn heute vom Sabbatgebot zu befreien;
- *wie* der Geheilte auf ihre Frage, wer ihn zu dieser Gesetzesübertretung aufgefordert habe, keine Antwort weiß, weil er offenbar noch nicht von Jesus gehört hat und ihn nicht kennt;
- *wie* Jesus ihn danach im Tempel „findet" und ihn ermahnt, *nicht mehr zu sündigen*, damit ihn nicht ein noch härteres Schicksal treffe.

Durch diese eindringliche Mahnung im Tempel bekommt Jesu Frage („Willst du gesund werden?") im Rückblick auf einmal eine unvermutete Tiefe: Die wiedererlangte Gesundheit ist nicht allein als physische Gesundung zu verstehen. Es gibt Schlimmeres als den Verlust des von Jesus geschenkten neuen Lebens.

- *wie* nach dieser Begegnung der Geheilte zu den jüdischen Autoritäten geht und ihnen sagt, wer ihn an diesem Sabbat gesund gemacht hat;
- *wie* die wohl ungewollte Denunziation eine Verfolgung der jüdischen Autoritäten gegen Jesus auslöst, wie jetzt *er* der Beschuldigte ist;
- *wie* sie sich begegnen und Jesus sie an ihre Gottvergessenheit erinnert, die sie blind und taub gemacht hat für sein schöpferisches Wirken an einem aussichtslosen Fall; wie er in Einheit und Gemeinschaft mit seinem Vater handelt;
- *wie* er sich mit dieser Aussage die jüdischen Autoritäten zu unversöhnlichen Feinden macht und sie ihn zu töten suchen.

In der **zweiten Vorübung** lasse ich die „Schauplätze" des Geschehens in meiner Vorstellung entstehen:

- den Weg von Galiläa hinauf nach Jerusalem bis zu den Säulenhallen am Teich von Bethesda;
- die vielen Kranken auf dem Boden der fünf Säulenhallen am Teich, in dem hin und wieder das heilende Wasser aufwallt;
- der Weg des Geheilten bis in den Tempel, wo Jesus ihn „findet";
- der Ort der Begegnung und Auseinandersetzung der jüdischen Autoritäten mit Jesus.

Dritte Vorübung: Ich bitte den Herrn um die Gnade, dass ich tiefer erkenne, was mich an einer lebendigen Beziehung zum Herrn hindert, was meine unbewussten Widerstände sind, dass ich eine innere Abneigung gegenüber dem empfinde, was die Umkehr meines Herzens immer wieder vereitelt.

Vielleicht auch die Bitte an den Herrn, die Konsequenzen einer neuen Sinngebung für mein Leben in Angriff zu nehmen, auch wenn ich dadurch mein bisheriges Leben in manchem neu organisieren muss.

2. **Vergegenwärtigung des Handlungsgeschehens:**
Die Personen sehen, hören, was sie sagen, und betrachten, was sie tun

Ich gehe in meiner Vorstellung zurück zum biblischen Handlungsraum – so wie er vor meinem geistigen Auge entstanden ist – und lasse das Geschehen – wie es im Schrifttext steht – in meiner Vorstellung sich entfalten: Ich **sehe** die Personen, **höre**, was sie sagen, und **betrachte**, was sie tun. Ich bemühe mich, selbst ganz anwesend zu sein, und achte darauf, was ich erlebe und was ich dabei empfinde.

Ich versuche dann auch, mich in die Personen der biblischen Geschichte hineinzuversetzen und mitzuempfinden, was in ihnen vorgeht, damit ich von ihrem inneren Erleben her ihre Worte und Verhaltensweisen besser verstehen kann.

Ich bleibe bei dem, was mich bewegt. Es ist nicht notwendig, dass ich den ganzen Text „schaffe".

Auch die *Atmosphäre* der verschiedenen „Schauplätze" versuche ich zu erspüren und zu erfassen: auf dem Weg nach Jerusalem hinauf zu einem zentralen Fest des jüdischen Volkes auf dem Tempelberg; in den Säulenhallen am Teich Bethesda mit den vielen Kranken; der Geheilte unterwegs mit seiner Liege und einem neuen Lebensgefühl; seine Begegnung mit gesetzestreuen Juden, sein unvermutetes Zusammentreffen im Tempel mit Jesus, der ihn eindringlich ermahnt; der Ort der Begegnung und Auseinandersetzung Jesu mit den jüdischen Autoritäten.

3. ***Übertragung des Handlungsgeschehens auf mich und meine Situation,*** d. h. wahrnehmen:

• Was löst das Sprechen und Verhalten der verschiedenen Personen in mir aus?

Vielleicht ist es hilfreich, mich selbst in einer stimmigen eigenständigen Weise in das Geschehen einzubringen.

• Welche Bedeutung hat *das* für mich hier und jetzt, was ich *gesehen, gehört und betrachtet* habe, vielleicht auch, wie ich mich selbst in dieses Geschehen eingebracht habe, *und* das, was es in mir ausgelöst hat? So kann deutlich werden, was Gott mir in dieser biblischen Erzählung zeigen will.

4. **Gespräch der Barmherzigkeit** (siehe S. 70) vor dem Bild des gekreuzigten Herrn um eine affektive Distanzierung (Abneigung, Abscheu) und Lösung von allem, was mein Leben in Unordnung bringt und meiner inneren Berufung und Menschwerdung zuwiderläuft.

In diesem *Zwie*gespräch kann sich in mir das Verlangen verstärken, Christus zu dienen.

Ich führe das Gespräch, „wie ein Freund mit seinem Freund spricht", und schließe mit einer Verneigung vor dem Geheimnis Gottes, der mich in Jesus Christus bis zum Letzten, bis zum Äußersten geliebt hat (Joh 13,1).

Die Heilung der gekrümmten Frau am Sabbat: Lk 13,10–17

13 [10]Jesus lehrte aber in einer der Synagogen am Sabbat. [11]Und siehe:
eine Frau, die hatte einen Geist der Schwachheit (schon) achtzehn
Jahre, und sie war zusammengekrümmt und konnte sich nicht ganz
aufrichten. [12]Als Jesus sie aber sah, rief er sie zu sich heran und sagte
ihr: Frau, sei erlöst von deiner Schwachheit! [13]Und er legte ihr die
Hände auf; und sofort wurde sie aufgerichtet und pries Gott. [14]Es
antwortete aber der Synagogenvorsteher ungehalten darüber, dass
Jesus am Sabbat geheilt hatte, und er sagte zu der Volksmenge: sechs
Tage sind da, an denen gearbeitet werden soll. An diesen also kommt
und lasst euch heilen und nicht am Tag des Sabbat! [15]Es antwortete
ihm aber der Herr und sagte: Heuchler! Löst nicht jeder von euch
am Sabbat sein Rind oder seinen Esel von der Krippe und führt ihn
weg und tränkt ihn? [16]Diese aber, die eine Tochter Abrahams ist,
die der Satan gebunden hatte – siehe: achtzehn Jahre lang, sollte sie
nicht gelöst werden von dieser Fessel am Tag des Sabbat? [17]Und als
er das sagte, schämten sich alle seine Widersacher, und das ganze
Volk freute sich über all die herrlichen Taten, die von ihm geschahen.

Zusammenhang: Auf dem Weg nach Jerusalem lehrt Jesus irgendwo am Sabbat in einer Synagoge. Er ist weiter bemüht um den unfruchtbaren Feigenbaum (13,8).

1. Nach dem gewohnten **Vorbereitungsgebet** und der wiederholten Lektüre des Textes versuche ich in der **ersten Vorübung**, mir die Geschichte zu vergegenwärtigen:

- wie Jesus auf dem Weg nach Jerusalem am Sabbat in einer Synagoge lehrt;
- wie er unter den Leuten eine ganz verkrümmte Frau erblickt, die sich aus eigener Kraft nicht mehr aufrichten kann;
- wie er die Frau zu sich ruft, ihr das erlösende Wort zuspricht und ihr die Hände auflegt, sodass sie sich sofort aufrichtet;
- wie die Frau von der 18 Jahre langen Verkrümmung befreit Gott aus ganzem Herzen vor allen Leuten preist;
- wie der Synagogenvorsteher darüber empört ist, weil er in der Heilung der Frau eine Verletzung des Sabbatgebotes sieht;
- wie er die Gottesdienstbesucher angreift und den Leuten unterstellt, dass sie gekommen seien, um sich am Sabbat heilen zu lassen, in Wirklichkeit aber sein Vorwurf Jesus gilt;
- wie Jesus sich dem Konflikt stellt, die zwiespältige Haltung des Synagogenvorstehers entlarvt und sein eigenes Handeln rechtfertigt;
- wie der Sabbat als Tag der Befreiung und Vollendung der Schöpfung zu verstehen sei und warum deshalb diese Frau, die seit so langer Zeit schwerstbehindert ist, sich wieder aufrichten und ihr Haupt zum Lobe Gottes erheben kann;
- wie die Reaktion Jesu den Synagogenvorsteher mit allen, die seiner Meinung waren, beschämt und das ganze Volk sich über all das freut.

In der **zweiten Vorübung** versuche ich, mir den „Schauplatz" anschaulich vorzustellen:

- an einem Sabbatmorgen in einer Synagoge. Jesus unter den Gottesdienstteilnehmern. Er meldet ich zu Wort und beginnt die Leute zu lehren;
- der Platz, an dem die verkrümmte Frau sitzt;
- der Weg, den die gekrümmte Frau zu Jesus geht.

Dritte Vorübung: Ich bitte um die Gnade, dass ich Jesus in seinem barmherzigen und konsequenten Handeln tiefer erkenne und erfasse, was er mir damit auf meinem Weg der Umkehr zeigen will, was mich an einer lebendigen Beziehung zum Herrn hindert, was meine unbewussten Widerstände sind; dass in mir eine tiefe Abneigung wächst gegenüber dem, was die Umkehr meines Herzens immer wieder vereitelt.

2. **Vergegenwärtigung des Handlungsgeschehens:** ***Die Personen sehen, hören, was sie sagen, und betrachten, was sie tun***

Ich gehe in meiner Vorstellung zurück zum biblischen Handlungsraum – so wie er vor meinem geistigen Auge entstanden ist und lasse das Geschehen – wie es im Schrifttext steht – in meiner Vorstellung sich entfalten: Ich **sehe** die Personen, **höre**, was sie sagen, und **betrachte**, was sie tun.

Dabei versuche ich auch, mich in die Akteure der biblischen Geschichte hineinzuversetzen und mitzuempfinden:

- was in den Personen vorgeht: in Jesus, in der gekrümmten Frau, im Synagogenvorsteher, in den Gottesdienstteilnehmern;
- welche Beziehungen sie untereinander haben;
- welche Gefühle und Reaktionen in ihren Worten und Verhaltensweisen zum Ausdruck kommen;
- was die Worte und Verhaltensweisen für die Akteure oder Betroffenen der Erzählung bedeuten.

Auch die *Atmosphäre* des „Schauplatzes“ spüren und zu erfassen suchen: in der Synagoge vor der Heilung der gekrümmten Frau, als Jesus die Leute lehrt; als er die gekrümmte Frau erblickt und sie zu sich ruft; als er sie plötzlich heilt, die Frau sich aufrichtet und Gott preist – bis zur Empörung des Synagogenvorstehers und zu Jesu Machtwort zu der Heilung am Sabbat.

3. ***Übertragung des Handlungsgeschehens auf mich und meine Situation,*** d.h. wahrnehmen:

• Was löst das Sprechen der Personen, ihr Verhalten (aktiv oder passiv) in mir aus? Zum Beispiel Sympathie, Ablehnung, Identifikation. Wenn ich mich nacheinander in die verschiedenen Akteure, in ihre Worte und Verhaltensweisen hineinversetzt habe, um sie zu verstehen, dann kann ich vielleicht leichter erfassen, wo ich selbst in dieser Geschichte vorkomme.

Es kann auch hilfreich sein, sich in einer stimmigen eigenständigen Weise in das Geschehen einzubringen.

• Welche Bedeutung hat *das* für mich hier und jetzt, was ich gesehen, gehört und betrachtet habe, vielleicht auch, wie ich mich selbst in dieses Geschehen eingebracht habe, *und* das, was es in mir ausgelöst hat? So kann deutlich werden, was Gott mir in dieser biblischen Erzählung zeigen will.

4. **Gespräch der Barmherzigkeit** (siehe S. 70) vor dem Bild des gekreuzigten Herrn um eine affektive Distanzierung (Abneigung, Abscheu) und Lösung von allem, was mein Leben in Unordnung bringt und meiner inneren Berufung und Menschwerdung zuwiderläuft: die „ganze Verkrümmung“ meines Lebens und meine mentalen Festlegungen (meine „pharisäischen“ Anteile).

Ich spreche mit ihm, „wie ein Freund mit seinem Freund spricht“, und schließe mit einer Verneigung vor dem Geheimnis Gottes, der mich in Jesus Christus bis zum Letzten, bis zum Äußersten geliebt hat (Joh 13,1).

Das Gleichnis vom reichen Prasser und vom armen Lazarus: Lk 16,19–31

16 [19]Es war aber ein reicher Mann und er kleidete sich in Purpur und feines Leinen und feierte jeden Tag in herrlicher Weise. [20]Ein Armer aber mit Namen Lazarus lag vor seiner Tür mit Geschwüren bedeckt [21]und er begehrte, sich zu sättigen von dem, was von dem Tisch des Reichen fiel. Aber auch die Hunde kamen und beleckten seine Geschwüre. [22]Es geschah aber, dass der Arme starb und von den Engeln in den Schoß Abrahams getragen wurde. Es starb aber auch der Reiche und er wurde begraben. [23]Und in der Unterwelt erhob er seine Augen und mitten in den Qualen sieht er Abraham von weitem und Lazarus in seinem Schoß. [24]Und er rief und sagte: Vater Abraham, erbarme dich meiner und schicke Lazarus, dass er die Spitze seines Fingers in Wasser tauche und meine Zunge kühle, denn ich leide Schmerzen in dieser Flamme. [25]Es sprach aber Abraham: Kind, denke daran, dass du dein Gutes in deinem Leben bekommen hast, Lazarus aber ebenso das Schlimme. Jetzt aber wird

er hier getröstet, du aber leidest. [26]Und in alledem besteht zwischen
uns und euch eine große Kluft, damit die, die von hier zu euch hi-
nüberwollen, es nicht können, und auch nicht von dort zu uns herü-
berkommen. [27]Er sagte aber: ich bitte dich nun, Vater, dass du ihn
in das Haus meines Vater schickst. [28]Ich habe nämlich fünf Brüder,
dass er sie warne, damit nicht auch sie an diesen Ort der Qual kom-
men. [29]Es sagte aber Abraham: sie haben Mose und die Propheten.
Auf die sollen sie hören. [30]Er aber sagte: nein, Vater Abraham, aber
wenn einer von den Toten zu ihnen käme, dann werden sie umkeh-
ren. [31]Er aber sagte ihm: wenn sie auf Mose und die Propheten nicht
hören, dann werden sie, wenn einer von den Toten aufersteht, sich
auch nicht überzeugen lassen.

Zusammenhang: Mit dem Gleichnis veranschaulicht Lukas die Seligpreisungen der Armen und die Wehrufe über die Reichen (Lk 6,20–26). In der Auseinandersetzung mit den gesetzeseifrigen Pharisäern bildet das Gleichnis den Höhepunkt der Kritik Jesu am Verhalten seiner Gegner, die sehr am Geld hängen (Lk 16,14). Jesus spricht hier zu Menschen, die sich in festen Überzeugungen und Denkweisen eingerichtet haben und meinen, dass bei ihnen alles „in Ordnung" sei. Doch er lässt nichts unversucht, ihr Selbstbild zu erschüttern, damit sie auf Mose und die Propheten hören (Lk 16,31) und ihre Lebenseinstellung ändern. Er möchte auch sie gewinnen. Auch diese Menschen gehen ihm zu Herzen. Dabei geht er nicht argumentativ vor. Das würde nichts nützen und sie nicht zur Einsicht bringen. Vielmehr versucht er mit einer Erzählung und eindrucksstarken Bildern einen Zugang zu ihren Herzen zu finden.

1. Nach dem gewohnten **Vorbereitungsgebet** und der wiederholten Lektüre des Textes versuche ich in der **ersten Vorübung**, mir die Geschichte zu vergegenwärtigen:

- *wie* sich ein Reicher in feinste und kostbarste Stoffe von erlesenem Geschmack kleidet und täglich üppige Gastmähler und erotische Vergnügen (*euphrainomai*) genießt;
- *wie* ein Armer mit Geschwüren am ganzen Leib vor dem Toreingang zum Haus des Reichen liegt und seinen Hunger nicht mit Stücken von Brotfladen stillen kann, die vom Tisch des

Reichen abfallen, weil umherstreunende Hunde ihm die Geschwüre lecken;
- *wie* dieser Arme mit Namen Lazarus aus der Bahn geworfen und von Krankheit entstellt, hungrig und wehrlos seiner Umwelt ausgesetzt und seinem Schicksal überlassen ist;
- *wie* die beiden Wirklichkeiten, aufwendiger Luxus und himmelschreiendes Elend, so dicht nebeneinander existieren, ohne sich zu berühren – eine bedrückende Realität bis auf den heutigen Tag;
- *wie* dann der Arme stirbt und an der Seite Abrahams, des Urbilds des Gerechten, den Ehrenplatz bekommt.

„Gerecht sein“ bedeutet: sich total auf JHWH verlassen und sich festmachen in ihm. In diesem wehrlosen Glauben ist ein Mensch „gerecht“ vor Gott (vgl. Gen 15,6).

- *wie* auch der Reiche stirbt und begraben wird, aber sich in der Unterwelt wiederfindet;
- *wie* er dort in seinen Qualen von weitem Abraham sieht und Lazarus in seinem Schoß;
- *wie* er Abraham um Erbarmen anfleht und ihn bittet, Lazarus zu ihm zu schicken, damit er seine Zunge kühle und seine Schmerzen lindere;
- *wie* Abraham ihn daran erinnert, dass er sein Gutes im Leben gehabt hat, Lazarus aber nur Schlimmes; wie dieser nun getröstet wird, er aber leiden muss;
- *wie* außerdem zwischen ihnen eine so große unüberwindbare Kluft besteht, dass man weder von der einen zur anderen noch von der anderen zu der einen Seite kommen könne, selbst wenn man es wollte;
- *wie* der Reiche wenigstens seinen Clan oder seine Familie vor den Folgen ihres Lebenswandels bewahren will;
- *wie* Abraham sein Ansinnen mit den knappen Worten ablehnt: „Sie haben Mose und die Propheten, auf die sollen sie hören!“, m. a. W.: Sie brauchen keine Botschaft aus dem Jenseits, um Gottes Wort zu glauben. Wer das Wagnis des Glaubens scheut, wird sich auch nicht von jemand überzeugen lassen, der von den Toten aufersteht.

In der **zweiten Vorübung** versuche ich, mir den „Schauplatz“ anschaulich vorzustellen:

- das großzügige Anwesen des Reichen, wo geprasst und ständig gefeiert wird;
- den Platz vor dem Toreingang dieses Hauses, wo der arme Lazarus liegt;
- den Ehrenplatz des Armen an der Seite Abrahams im Jenseits, ein „Ort“ des Trostes, wo Lazarus nach seinem Tod aufgenommen wird;
- die Unterwelt, ein „Ort“ der Qual, wo der Reiche nach seinem Tod Schmerzen wie Feuer erleidet.

Dritte Vorübung: Ich bitte um die Gnade, dass ich der Wahrheit über die zerstörerischen Folgen der Sünde nicht ausweiche und mir meine Gefährdungen zu endgültiger Verweigerung bewusst mache, sodass ich vor der im Gleichnis angedeuteten Gottesferne als letzte Konsequenz zurückschrecke und die Umkehr meines Herzens zu einer lebendigen und geläuterten Beziehung zum Herrn durch ihn geschehen lasse.

2. *Die Personen sehen, hören, was sie sagen, und betrachten, was sie tun*

Ich gehe in meiner Vorstellung zurück zum biblischen Handlungsraum – so wie er vor meinem geistigen Auge entstanden ist – und lasse das Geschehen – wie es im Schrifttext steht – in meiner Vorstellung sich entfalten: Ich **sehe** die Personen, **höre**, was sie sagen, und **betrachte**, was sie tun.

Dabei versuche ich auch, mich in die Akteure des biblischen Gleichnisses hineinzuversetzen und mitzuempfinden:

- was im Reichen, im armen Lazarus vorgeht, die ganz dicht beieinander in völlig verschiedenen Welten leben;
- welche Gefühle und Reaktionen in ihren Worten und Verhaltensweisen zum Ausdruck kommen;
- was die Worte und Verhaltensweisen für die Akteure oder Betroffenen des Gleichnisses bedeuten.

Auch die *Atmosphäre* des „Schauplatzes“ spüren und zu erfassen suchen: im Haus des Reichen, vor der Tür des Reichen, wo der Arme krank und hilflos seinem Schicksal ausgeliefert ist; am „Ort“ des Trostes in unmittelbarer Nähe Abrahams, in der Unterwelt, am „Ort“ der Qual, der Gottesferne.

3. ***Übertragung des Handlungsgeschehens auf mich und meine Situation,*** d. h. wahrnehmen:

• Was löst der Lebensstil bzw. das Leben der beiden Personen, ihr Verhalten (aktiv oder passiv) in mir aus, was die Worte des Reichen am „Ort“ der Gottesferne und die Worte Vater Abrahams? Wenn ich mich nacheinander in sie hineinversetzt habe, um sie zu verstehen, kann ich vielleicht leichter erfassen, wo ich selbst in dieser Geschichte vorkomme.

Es kann auch hilfreich sein, sich in einer stimmigen eigenständigen Weise in das Geschehen einzubringen.

• Welche Bedeutung hat *das* für mich hier und jetzt, was ich gesehen, gehört und betrachtet habe, vielleicht auch, wie ich mich selbst in dieses Geschehen eingebracht habe, *und* das, was es in mir ausgelöst hat? Vielleicht wird mir deutlich, was Gott mir in dieser biblischen Erzählung zeigen will.

4. **Zwiegespräch mit Christus:**

d. h., ich bringe vor Gott zur Sprache, was mich *bewegt* (hat): Dank für das Leben, das er mir ermöglicht hat, und „dass er mir bis jetzt so viel Zuneigung und Barmherzigkeit erwiesen hat“; und höre, was Er mir sagen will.

Ich schließe mit einer Verneigung vor dem Geheimnis Gottes, der mich in Jesus Christus bis zum Letzten, bis zum Äußersten geliebt hat (Joh 13,1).

Das Weltgericht: Mt 25,31–46

25 31Wenn aber der Menschensohn in seiner Herrlichkeit kommt und
alle Engel mit ihm, dann wird er sich auf den Thron seiner Herrlich-
keit setzen. 32Und alle Völker werden vor ihm versammelt werden
und er wird sie voneinander trennen, wie der Hirt die Schafe von den
Böcken trennt. 33Und er wird die Schafe zu seiner Rechten stellen, die
Böcke aber zur Linken.

34 Dann wird der König denen zu seiner Rechten sagen: Kommt her,
ihr Gesegneten meines Vaters, empfangt die Königsherrschaft als
Erbe, die euch seit der Grundlegung der Welt bereitet ist! 35 Denn ich
war hungrig und ihr habt mir zu essen gegeben; ich war durstig und
ihr habt mir zu trinken gegeben; ich war fremd und ihr habt mich
aufgenommen; 36 ich war nackt und ihr habt mir Kleidung gegeben;
ich war krank und ihr habt mich besucht; ich war im Gefängnis und
ihr seid zu mir gekommen. 37 Dann werden ihm die Gerechten ant-
worten und sagen: Herr, wann haben wir dich hungrig gesehen und
dir zu essen gegeben oder durstig und dir zu trinken gegeben? 38 Und
wann haben wir dich als Fremden gesehen und dich aufgenommen
oder nackt und dir Kleidung gegeben? 39 Und wann haben wir dich
krank oder im Gefängnis gesehen und sind zu dir gekommen? 40 Und
der König wird ihnen antworten: Amen, ich sage euch: *Was ihr ei-
nem meiner geringsten Brüder getan habt, das habt ihr mir getan.*

41 Dann wird er zu denen auf der Linken sagen: Geht weg von mir, ihr
Verfluchten, in das ewige Feuer, das dem Teufel und seinen Engeln
bereitet ist! 42 Denn ich war hungrig und ihr habt mir nichts zu essen
gegeben; ich war durstig und ihr habt mir nichts zu trinken gege-
ben; 43 ich war fremd und ihr habt mich nicht aufgenommen; ich war
nackt und ihr habt mir keine Kleidung gegeben; ich war krank und
im Gefängnis und ihr habt mich nicht besucht. 44 Dann werden auch
sie antworten: Herr, wann haben wir dich hungrig oder durstig oder
fremd oder nackt oder krank oder im Gefängnis gesehen und haben
dir nicht geholfen? 45 Dann wird er ihnen antworten: Amen, ich sage
euch: *Was ihr einem dieser Geringsten nicht getan habt, das habt
ihr auch mir nicht getan.* 46 Und diese werden weggehen zur ewigen
Strafe, die Gerechten aber zum ewigen Leben.

Zusammenhang: Bei diesem letzten Abschnitt der endzeitlichen Rede handelt sich um die letzte Unterweisung Jesu an seine Jünger vor der Passionsgeschichte. Sie hat deshalb besonderes Gewicht und kann als „eine Zusammenfassung der Lehre und Forderung des ganzen Evangeliums im Blick auf das Gericht" verstanden werden. Gericht bedeutet, dass jeder Mensch für sein Leben verantwortlich ist und jeder sich in seinem Tun und Lassen letztlich vor niemand anderem zu verantworten hat als vor Gott. Der Menschensohn „wird jedem (!) nach seinem Verhalten" vergelten (Mt 16,27).

Nach Mt 13,37–43 gibt es in Bezug auf das Gericht keinen Unterschied zwischen Gemeinde und Welt. Der Herr zieht jeden Menschen zur Rechenschaft, wie es seiner Gerechtigkeit und seiner Barmherzigkeit entspricht.

1. Nach dem gewohnten **Vorbereitungsgebet** und der wiederholten Lektüre des Textes versuche ich in der **ersten Vorübung**, mir die Geschichte zu vergegenwärtigen:

- *wie* der Menschensohn bei seiner Wiederkunft am Ende der Zeiten in seiner ganzen Herrlichkeit und richterlichen Autorität mit allen Engeln erscheint;
- *wie* alle Völker vor ihm versammelt werden und er wie ein Hirt die „Schafe" von den „Böcken" trennt, indem er die Schafe zu seiner Rechten stellt, die Böcke aber zu seiner Linken;
- *wie* er zunächst die Menschen auf seiner rechten Seite anspricht und sie die Gesegneten seines Vaters nennt;
- *wie* er sein Urteil damit begründet, was einer dem anderen, besonders den Geringsten, an barmherziger Zuwendung geschenkt hat;
- *wie* er so jeden einzelnen Menschen als seinen Bruder und als seine Schwester sieht, ob sie das wissen oder nicht;
- *wie* die erstaunte Reaktion der Angesprochenen zeigt, dass sie bei ihrer Zuwendung zu den Geringsten allein den Menschen in seiner Not im Blick hatten;
- *wie* also im Endgericht allein die Lebenspraxis entscheidend ist;
- *wie* er dann die Menschen zu seiner Linken mit den Worten von sich weist: „Weg von mir, ihr Verfluchten, ins ewige Feuer!"
- *wie* er sein Urteil damit begründet, dass sie sich von der Not der Bedürftigen nicht berühren ließen und ihnen nicht geholfen haben;
- *wie* sie damit ihr Leben endgültig verfehlt haben: „Was ihr einem von diesen Geringsten nicht getan habt, habt ihr mir nicht getan!"
- *wie* also die Möglichkeit, durch eigenes Versagen sein Leben zu verfehlen, sehr real ist.

In der **zweiten Vorübung** versuche ich, mir den „Schauplatz" anschaulich vorzustellen:

- Das ganze Szenario vom Endgericht kann nur in Bildern entworfen werden, die in unserer Vorstellungswelt schon angesiedelt sind oder aus ihnen kombiniert werden können und die dennoch etwas vermitteln wollen, was jenseits von Raum und Zeit liegt und unseren Vorstellungshorizont gänzlich überschreitet: „Wenn der Menschensohn in seiner Herrlichkeit kommt und alle Engel mit ihm, dann wird er sich auf den Thron seiner Herrlichkeit setzen“ (V. 31). – Bilder von Hoheit und Macht, von Souveränität und glanzvoller Ausstrahlung, von absoluter Wahrhaftigkeit und Präsenz, vor denen alle Lüge und Gewalt, alle Selbsttäuschung und Manipulation, alle Scheinformen des Lebens nicht verborgen bleiben können; Bilder, die einerseits Unbehagen auslösen, andererseits aber auch Hoffnung geben für alle Opfer von Willkür, Lüge und Gewalt, Hoffnung für Menschen, deren Personenwürde verletzt und untergraben wurde, Hoffnung für Menschen, die sich wirklich durchs Leben geplagt und aus eigener Kraft ihr Schicksal nicht haben wenden können;
- die Königsherrschaft als Erbe, ewiges Leben mit Gott;
- ewiges Feuer, ewige Strafe, ewige Gottesferne.

Dritte Vorübung: Ich bitte um die Gnade, dass ich der Wahrheit über die zerstörerischen Folgen meiner Sünde und meines Fehlverhaltens nicht ausweiche und mir meine Gefährdungen zu endgültiger Verweigerung bewusst mache, sodass ich vor der in der Endgerichtsrede ausgesprochenen Gottesferne als letzte Konsequenz zurückschrecke und die Umkehr meines Herzens zu einer lebendigen und geläuterten Beziehung zum Herrn durch ihn geschehen lasse.

2. *Die Personen sehen, hören, was sie sagen, und betrachten, was sie tun*

Ich gehe in meiner Vorstellung zurück zum biblischen Handlungsraum – so wie er vor meinem geistigen Auge entstanden ist – und lasse das Geschehen – wie es im Schrifttext steht – in meiner Vorstellung sich entfalten: Ich **sehe** die Personen, **höre**, was sie sagen, und **betrachte**, was sie tun.

Dabei versuche ich auch, mich in die Akteure des biblischen Gleichnisses hineinzuversetzen und mitzuempfinden:

- was im Menschensohn vorgeht, wenn er am Ende der Zeiten mit seinen Engeln zum Weltgericht erscheint; in denen, die sich von der Not anderer haben berühren lassen, und in denen, die durch sie Barmherzigkeit erfahren haben; in denen, die ihr Herz vor der Not der Bedürftigen verschlossen und ihnen nicht geholfen haben, und in denen, die keine Barmherzigkeit erfahren haben;
- welche Gefühle und Reaktionen in ihren Worten und Verhaltensweisen zum Ausdruck kommen;
- was die Worte und Verhaltensweisen für die Betroffenen der Gerichtsrede bedeuten.

Auch die *Atmosphäre* der „Schauplätze“ spüren und zu erfassen suchen: unter den „Gesegneten“ und unter den „Verfluchten“.

3. ***Übertragung des Handlungsgeschehens auf mich und meine Situation,*** d.h. wahrnehmen:

• Was löst die Gerichtsszene in mir aus, wenn ich mich nacheinander in die Menschen zur Rechten und zur Linken des Richters hineinversetze, um zu erfassen, wo ich selbst in dieser Geschichte vorkomme?
• Welche Bedeutung hat *das* für mich hier und jetzt, was ich gesehen, gehört und betrachtet habe, *und* das, was es in mir ausgelöst hat? So kann deutlich werden, was Gott mir in dieser biblischen Erzählung zeigen will.

4. **Zwiegespräch mit Christus:**

d.h., ich bringe vor Gott zur Sprache, was mich *bewegt* (hat): Dank für das Leben, das er mir ermöglicht hat, und „dass er mir bis jetzt so viel Zuneigung und Barmherzigkeit erwiesen hat“; und höre, was Er mir sagen will.

Ich schließe mit einer Verneigung vor dem Geheimnis Gottes, der mich in Jesus Christus bis zum Letzten, bis zum Äußersten geliebt hat (Joh 13,1).

*

Ergänzende Erläuterung zum biblischen Text:

Das Thema „Gericht“ gehört zum Realismus der Verkündigung Jesu. Gerichtsworte und Gerichtsgleichnisse machen in den synoptischen Evangelien einen beträchtlichen Teil des überlieferten Redegutes aus, bei Matthäus sogar mindestens ein Viertel. Wenn man die Gerichtsaussagen Jesu ausblendet oder verharmlost, „ist seine Botschaft nur ein unverbindliches Angebot, das man annehmen oder ablehnen kann. Aber für ein unverbindliches Angebot endet man nicht am Kreuz“ (Marius Reiser). Die Botschaft Jesu hat in ihrer Unbedingtheit etwas Freisetzendes.

Drittes Kapitel

Die Übungen der Zweiten Woche: EB 91–169

Hinführung und Übersicht

Das Kernstück der ignatianischen Exerzitien ist die sog. Zweite Woche. Sie ist die Hauptphase des gesamten Exerzitienprozesses.

- In der Vergegenwärtigung der „Geheimnisse des Lebens Jesu" auf das Pascha-Mysterium hin – als den entscheidenden Durchbruch in die Freiheit geschöpflicher Existenz – soll der Übende „zur Erkenntnis des wahren Lebens" (EB 139) finden, um zu einer grundsätzlich unwiderruflichen Lebenswahl zu kommen oder – falls das schon geschehen ist –, um eine für sein Leben sonst bedeutsame Entscheidung zu treffen.
- Die Betrachtungen der „Geheimnisse des Lebens Jesu" werden von drei zentralen Gebetsübungen strukturiert. Sie geben den biblischen Texten ihr eigenes dynamisches Gefälle. Bei diesen zentralen Gebetsübungen oder sog. Strukturbetrachtungen ist das Verständnis der Bilder und Symbole von großer Bedeutung. Es handelt sich um die Erwägung über die „Parabel vom Ruf des Königs", die „Meditation über die zwei Banner" und die „Meditation über die drei Arten von Menschen". In ihnen wird das Hinstimmen des ganzen Menschen zur uneingeschränkten Offenheit und Verfügbarkeit gegenüber dem Willen Gottes für den Übenden in besonderer Weise thematisiert.
- Die Erwägung über die „Drei Arten der Demut" gehört im strengen Sinn nicht zu den Strukturbetrachtungen. Sie enthält keinen neuen Gedanken. bringt aber vor einer „Wahl" noch einmal zum Bewusstsein, was als Mitte alle anderen Gebetsübungen der Zweiten Woche dynamisiert und verbindet. Der Übende soll „bedenken, dass er in den geistlichen Dingen nur insoweit Fortschritte machen wird, als er herausspringt (*saliere*) aus seiner Eigenliebe, seinem Eigenwillen und seinem Eigennutz (EB 189).
- Diese zentralen Gebetsübungen sind im Kern geraffte biblische Christologik, das heißt, sie wollen den Übenden in eindrücklicher Weise für die neutestamentlichen Wirklichkeit disponieren, dass Gott ihn in Jesus von Nazareth in unwiderruflicher Weise

angenommen hat, und ihn einladen, diese Christusbotschaft in sein Leben hinein auszubuchstabieren – zum größeren Lobpreis und zur Verherrlichung Gottes und so sein Leben zum Heil aller Menschen zu vollenden (vgl. EB 23).

Darum kann es Exerzitien nicht ohne systematische *Zentrierung auf den Christus der Evangelien* geben. Ignatius sieht die Mitte des Evangeliums im armen und geschmähten Christus (vgl. EB 98). Wenn also die Gebetsübungen selbst die Dynamik des armen Christus im Blick haben, können sie den Übenden nicht ungerührt lassen. Er wird „in Bewegung kommen“ und sich fragen müssen, ob er sich in die Bewegung des Lebens Jesu hineinnehmen lassen will.

- Die Betrachtungen über die *Menschwerdung* und über die *Geburt Christi* sind als Paradigma für alle folgenden Betrachtungen der „Geheimnisse des Lebens Jesu“ zu verstehen. Auch hier kann das Verständnis der Bildwelt tiefer in das Geheimnis des Mensch gewordenen Gottes hineinführen.
- In der Zweiten Woche beginnt nach der Zeit mit dem Prinzip und Fundament (EB 23) und den Übungen der Ersten Woche (EB 45–90) *eine ganz neue Weise*, sich dem Geheimnis Gottes zu nähern. Jetzt stehen die „Geheimnisse des Lebens Jesu“ im Mittelpunkt der Gebetsübungen. Der Übende schaut auf das Leben Jesu und nicht – wie bisher – primär auf sich selbst. Dieser Wechsel macht nicht wenigen Schwierigkeiten, weil sie sich zu sehr daran gewöhnt haben, mit sich selbst und ihren Fragen vor Gott zu beschäftigen.
- Neu ist auch die Bitte *nach* dem gewohnten Vorbereitungsgebet (EB 46), dem wiederholten Lesen des Schrifttextes und der „Komposition des Schauplatzes“: um innere Erkenntnis (*conoscimiento interno*) des Herrn, der für mich Mensch geworden ist, damit ich ihn mehr liebe und mit Großmut und Weitherzigkeit (*con grande ánimo y liberalidad*) mich für seinen Ruf in die Nachfolge öffne (EB 5, 104, 91). Es geht also jetzt darum, sich dafür zu disponieren, im Betrachten der „Geheimnisse des Lebens Jesu“ den Willen Gottes für das eigene Leben zu finden.

- „Innere Erkenntnis des Herrn“ bedeutet ein Wahrnehmen, ein inneres Spüren und Berührtwerden von seiner Person; bedeutet, dass er mir in seinem Wirken, in seinen Worten und der Art, wie er sich den Menschen zuwendet, nicht zuletzt darin, wie er aus der Beziehung zum Geheimnis seines himmlischen Vaters lebt, so nahe kommt, dass ich ihn mehr lieben und seine Anliegen mehr zu meinen Anliegen mache – in meinem Lebensalter, in meiner Situation und in meiner Zeit. Es ist wie ein Empfänglichwerden für das Unbegreifliche, ein Sich-berühren-Lassen im Sehen, Hören und Schauen.
- Der „inneren Erkenntnis des Herrn“ nähert sich der Übende in drei Schritten: „Die Personen sehen“, „hören, was sie sagen“, und „schauen, was sie tun“ (EB 106–108; 114–116) – ein waches, aufmerksames Dabeisein und Geschehenlassen, eine Weise, die Gegenwart ganz gegenwärtig (*presente*) sein lässt (EB 114); Vergangenes ruht im Sinne eines mühelosen Loslassens; keinerlei Erwartungen an die Zukunft verstellen das Gegenwärtig-Sein oder trüben es ein. Man ist wie herausgenommen aus dem Fluss und der ständigen Abfolge des zeitlichen Geschehens. Ich lasse mich von einer Begegnung, einer Szene, einem Wort oder Satz, einer Geste oder einem Klang berühren oder gar fesseln, sodass etwas in mir in Schwingung kommt, auch wenn es nur etwas Kleines ist, ein winziges Detail, das dem Ganzen meiner Wahrnehmung eine Tiefe gibt, die es sonst nicht hat. Es geht nicht darum, sie rational ausloten zu wollen, sondern einfach wahrzunehmen, ihr Ausdruck zu geben und aus dem Geheimnis zu leben.
- Am Ende eines jeden Betrachtungspunktes soll der Übende sich auf sich selbst zurückbesinnen, um aus dem „einigen Nutzen zu ziehen“, was er gesehen, gehört und geschaut hat. Der „Nutzen“ ist von der dritten Vorübung her zu verstehen (das erbitten, wonach ich verlange): Eine „innere Erkenntnis des Herrn“, die meine Liebe zu ihm größer werden lässt und mich zur konsequenten Nachfolge bewegt (*para que mas le ame y le siga:* EB 104). Das Bemühen um die „innere Erkenntnis des Herrn“ kann jedoch auch jene Antriebskräfte und Handlungsimpulse zu Tage fördern, die sich bisher der Wahrnehmung des Übenden weitgehend entzogen haben und ihn an einer wirklichen Nach-

folge hindern. Sie schärft die Wahrnehmungsfähigkeit der eigenen Widersprüchlichkeit.

- Die Gebetszeit wird mit einem Zwiegespräch mit dem Herrn abgeschlossen. Dabei soll der Übende das zur Sprache bringen, was bei ihm in „Bewegung" gekommen ist und ihn auf dem Weg der Nachfolge weiterführt oder behindert.

Alle Bemühungen, sich dem Geheimnis der „Geschichte" (historia) zu nähern, finden ihren tiefsten Sinn in der Befähigung des Übenden zur Hingabe an das Geheimnis Gottes in Jesus: *Anbetung.*

- Die Zweite Woche beginnt aber zunächst mit einer Erwägung (*consederación*) über die Parabel vom Ruf des Königs (EB 91–99). Man kann sie auch das „Prinzip und Fundament" für alle folgenden Betrachtungen (*contemplaciónes*) im weiteren Verlauf des Exerzitienprozesses nennen. Sie ist eine Einladung zur Gefährten- und Schicksalsgemeinschaft mit dem, der gekommen ist, „zu suchen und zu retten, was verloren ist" (Lk 19,10), was vom Menschen zum Verlorenen gemacht wird. Hier stellt sich für den Übenden noch einmal die Frage nach dem eigenen Lebensentwurf: Woraus und wofür möchte/will ich leben? Wie kommt mein Leben zu einer kraftvollen Klarheit und sinnstiftenden Einheit? Eine ganzheitliche Antwort wird erst möglich sein, wenn der Übende im Auf und Ab von Trost und Trostlosigkeit sich mit den Geheimnissen des Lebens Jesu und den Erscheinungen des Auferstandenen vertrauter gemacht hat.
- Ignatius gebraucht für diese Parabel eine Bildwelt aus der germanisch-mittelalterlichen Gefolgschaftsidee, die in der persönlichen Gefährten- und Schicksalsgemeinschaft zwischen einem Feudalherren und seinen Gefolgsleuten idealtypisch die tiefste Beziehung sieht, die zwischen Menschen möglich ist. Das Verhältnis lebte von der wechselseitigen Vertrautheit (familiaritas) und Verlässlichkeit (fidelitas) zwischen beiden Partnern. Nach diesem mittelalterlichen Gefolgschaftsverständnis ging der freie Ritter mit dem Feudalherren einen personrechtlichen Vertrag ein, der auf beiden Seiten von Zuneigung und großmütiger Bereitschaft getragen war. Dadurch verlor der Va-

sall nicht seine persönliche Freiheit, sondern als Gefolgsmann (homo fidelis) bot er seinem Gefolgsherrn seine Dienste an in Frieden und Krieg, während dieser ihm entsprechend Unterhalt und Ausrüstung, Schutz und Rechtsbeistand zusicherte. Ein freier Ritter würde sich nicht einem Herrn anvertrauen, den er nicht kennt, von dessen Führungsqualitäten, Noblesse und Güte er sich nicht vorher überzeugt hätte. Zu dieser Schicksalsgemeinschaft gehört, dass er im Ernstfall Gut und Leben für ihn einsetzt und alles mit ihm teilt: Nahrung und Kleidung, Mühe und Anstrengung bei Tag und bei Nacht, Kampf auf Leben und Tod, auch Gefangenschaft, Schmach und Verleumdung.

In der Parabel vom Ruf des Königs soll der Übende sich das Bild eines Königs vorstellen, der mit der ganzen Hoheit und Würde eines mittelalterlichen Gefolgsherrn alle Christen zu einem großen und heiligen „Kampfunternehmen" aufruft.

- Wenn Ignatius zu einer Zeit, in der die Wirklichkeit dieser Gefolgschaftsidee bereits unwiederbringlich der Vergangenheit angehörte, sie dennoch in der Parabel vom Ruf des Königs an einer markanten Stelle der Geistlichen Übungen platzierte und bis in die Einzelheiten entfaltete (vgl. EB 98), dann scheint mit der Bildwelt eine Wirklichkeit verbunden zu sein, die er im Prozess der Exerzitien für unersetzbar gehalten hat. Auch wenn er in dem Bild des irdischen Königs nur ein Gleichnis sah, so scheint es doch, dass mit der Gefolgschaftsidee bestimmte Auffassungen der Exerzitienspiritualität gegeben sind, die erkannt und im Geben von Geistlichen Übungen nicht übersehen werden sollten.
- Doch die eindrückliche Wirkung, die von dieser idealtypischen Bildwelt einmal ausgehen konnte, lässt sich heute so nicht mehr ohne weiteres reaktivieren. Auch wenn König und Ritter archetypische Gestalten sind, ist die Parabel vom Ruf des Königs selten geeignet, unmittelbar Zugang zum Herzen der Übenden zu finden, am wenigsten bei Frauen.

Man muss also nach Alternativen suchen, die geeignet sind, das Bild Christi und seiner Nachfolge in einer ähnlich sinn- und identitätsstiftenden Weise in die Tiefenschichten unserer religiösen Existenz dringen zu lassen.

Ich möchte deshalb versuchen, in Anlehnung an den Anwendungsteil der Parabel vom Ruf des Königs (EB 91.95–98) mit einer *Erwägung über den Ruf Christi* den Paradigmenwechsel zur Zweiten Woche einzuleiten und der Übung eine richtungweisende Struktur und Funktion für die folgenden Betrachtungen der Geheimnisse des Lebens Jesu zu geben.

- Die Erwägung über den Ruf Christi, die Betrachtungen über die Menschwerdung und die Geburt Jesu sowie die Meditationen über die zwei Bereiche („Banner“) und über die drei Menschengruppen sind als Vorlagen konzipiert, nach denen der Übende seine Gebetszeit Schritt für Schritt gestaltet.

Diese **Übersicht über die Gebetsübungen der Hauptphase** will den Aufbau und die Dynamik der Zweiten Woche *in Anlehnung an die Zweite Woche des Exerzitienbuches (EB 91–169)* verdeutlichen, wie er im Folgenden dargestellt wird:

Erwägung (*consideración*) über die Parabel vom Ruf des Königs soll einmal wiederholt werden	***EB 91.95–98***

Menschwerdung und nichtöffentliches Leben Jesu:

1. Tag	
Betrachtung (contemplación) über die Menschwerdung Gottes	*EB 101–109*
Betrachtung (contemplación) über die Geburt Jesu	*EB 110–117*
Wiederholung der 1. und 2. Betrachtung	EB 118
Wiederholung der 1. und 2. Betrachtung	EB 120
Anwendung der Sinne	EB 121

2. Tag	
Betrachtung (contemplación) über die Suche nach dem „König der Juden“	Mt 2,1–12
Betrachtung (contemplación) über die Beschneidung und Darstellung Jesu im Tempel und über das Zeugnis von Simeon und Hanna	Mt 2,21–40
Wiederholung der 1. und 2. Betrachtung	
Wiederholung der 1. und 2. Betrachtung	
Anwendung der Sinne	

3. Tag	
Betrachtung (contemplación) über den zwölfjährigen Jesus im Tempel	Lk 2,41–52
Wiederholung der 1. Betrachtung	
Die ganze Kindheit noch einmal insgesamt in den Blick nehmen und betrachten	
Anwendung der Sinne	
Es ist auch möglich, nur einen biblischen Text vorzulegen.	

4. Tag

Meditation (meditación) über die zwei „Banner" (Bereiche oder Existenziale)	
EB 136–147	
soll einmal wiederholt werden	EB 148
Wiederholung der 1. und 2. Meditation	EB 148
Wiederholung der 1. und 2. Meditation	EB 148
Meditation (meditación) über die drei Arten von Menschen	***EB 149–156***
anstelle der Anwendung der Sinne	
alle 5 Gebetszeiten werden mit dem dreifachen Zwiegespräch abgeschlossen EB 147 und 156 (mit Maria, mit dem Sohn und mit dem Vater)	

5.–12. Tag

Betrachtung (contemplación) über ein „Geheimnis" aus den Evangelien (vom Beginn des öffentlichen Wirkens Jesu bis zu seinem Einzug in Jerusalem) mit den entsprechenden Wiederholungen und der Anwendung der Sinne;	EB 158–161
Betrachtung über Jesus in Kapharnaum	Mk 1,21–28
Betrachtung über die Heilung von Simons Schwiegermutter und aller Kranken und Besessenen von Kapharnaum	Mk 1,29–34
Betrachtung über den Aufbruch Jesu von Kapharnaum	Mk 1,35–39
Betrachtung über die Heilung der verdorrten Hand (Mk 3,1–6) und über Jesus in seinem Heimatort (Mk 6,1–6a) *nach demselben Paradigma*	
Betrachtung über die erste Ankündigung von Leiden, Tod und Auferstehung Jesu	Mk 8,27–33
Betrachtung über die Verklärung Jesu	Mk 9,2–13
Betrachtung über die Heilung des blinden Bartimaios	Mk 10,46–52

Relativierung des „Stoffes“ von der Zeit her und vom Ziel her, d. h. verlängern oder verkürzen entsprechend der Zeit, die einer darauf verwenden will, oder je nach dem „Nutzen“, den er davon hat. EB 162

Einstimmung in die „Wahl“:
Erwägung (consideración) über die drei Weisen der „Demut“ den ganzen Tag über ***EB 164–167***
alle 5 Gebetszeiten werden wieder mit dem dreifachen Zwiegespräch abgeschlossen EB 168
Die Entscheidungsfindung mit den drei Zeiten für eine gute „Wahl“ ***EB 169–189***

Die Gebetsübungen der Hauptphase in Anlehnung an die zweite Woche des Exerzitienbuches

Die Erwägung (consideración) über den Ruf Christi: EB 91.95–98

Vorbemerkung: Die Abkürzungen EB mit der jeweiligen Zahl in Kursivschrift entsprechen den Nummern im Exerzitienbuch und bedeuten, dass der Text in Anlehnung an das Original formuliert wurde. Das gilt auch für die übrigen Texte.

1. Der Text

EB 91: Das Vorbereitungsgebet ist das gewohnte (EB 46)

Die erste Vorübung: die Komposition des Schauplatzes: Sich vergegenwärtigen:

- wie Jesus durch alle Städte und Dörfer zog, in ihren Synagogen lehrte, das Evangelium von der Gottesherrschaft verkündete und alle Krankheiten und Leiden heilte (vgl. Mt 9,35),
- wie er auch seine Jünger aussandte mit dem gleichen Auftrag: Verkündet: Die Gottesherrschaft ist nahe herbeigekommen, heilt die Kranken, weckt Tote auf, macht Aussätzige rein und treibt Dämonen aus (vgl. Mt 10,7 f.),
- wie er nach seiner Auferstehung seine Jünger zu allen Völkern sandte mit dem Auftrag, sie alle zu Jüngern zu machen, sie auf den Namen des dreifaltigen Gottes zu taufen und sie zu lehren, alles zu befolgen, was er ihnen geboten hat (vgl. Mt 28,19 f.).

Die zweite: Vom Herrn die Gnade erbitten, nach der ich verlange (*quiero*): dass ich nicht taub sei für seinen Ruf, sondern schnell und eifrig bemüht, seinen heiligsten Willen zu erfüllen.

EB 95: Der erste Punkt: Sich Christus, unseren Herrn, vor Augen stellen und vor ihm die ganze Welt (*todo el mundo universo*). Im Blick auf diese ganze Welt richtet sich sein Ruf an alle Christen und an jeden Einzelnen von ihnen im Besonderen:

„Mein Wille ist es, alle Menschen in die Freiheit des Evangeliums zu führen und so die ganze Schöpfung zu erlösen und zu vollenden. Wer deshalb mit mir kommen will, wird mein Leben und mein Schicksal teilen, auch das Harte und Mühevolle, Unrecht und Verachtung, Vergeblichkeit und Scheitern, Armut, Verfolgung und Verleumdung – in Erwartung der „Freude, die euch niemand nehmen kann" (vgl. Joh 16,22).

Mein Ziel, dass alle Menschen die Freiheit des Evangeliums erfahren und leben können, ist nur aus einer persönlichen Beziehung und Nähe zu mir möglich und in dem Bewusstsein, dass es eine besondere Gnade ist, in meine Lebensabsichten mit den Menschen einbezogen zu sein. Wer sein Leben um meinetwillen und des Evangeliums willen verliert, wird es gewinnen" (vgl. EB 95).

EB 96: Der zweite: Erwägen, dass alle, die Urteil und Vernunft haben, sich zu dieser großangelegten Aufgabe hingezogen fühlen und sich Christus mit dem ganzen Einsatz ihrer Person zur Verfügung stellen.

EB 97: Der dritte: Wer mehr danach verlangt, aus Liebe zum armen und geschmähten Christus seinem Ruf zu folgen, wird sich nicht nur mit dem Einsatz seiner Person zur Verfügung stellen, sondern darüber hinaus „die Macht seiner Auferstehung und die Gemeinschaft mit seinem Leiden" (Phil 3,10) an sich zu erfahren suchen, sofern Christus ihn für diesen Weg erwählt, indem er spricht:

EB 98: Ewiger Herr aller Dinge, im Bewusstsein Deiner unendlichen Güte und in Gegenwart Deiner heiligen Mutter Maria und aller Heiligen mache ich Dir mein Angebot: dass ich wünsche und ersehne und dass es mein wohlüberlegter Entschluss ist, sofern es nur zu Deinem größeren Dienst und Lobpreis gereicht, Dir nachzufolgen im Ausstehen von allem Unrecht und aller Schmach und aller Armut, der äußeren wie der geistigen, sofern Du mich zu einer solchen Lebens- und Schicksalsgemeinschaft mit Dir erwählen und aufnehmen willst.

2. Erläuterungen zum Text

- Bei der Erwägung des *Rufes Christi wir*d der Übende aufgefordert, um die Gnade zu bitten, dass er nicht taub sei für seinen Ruf. Er bleibt noch in einer gewissen Distanz zum Inhalt des Rufes. Er erwägt mögliche Reaktionen auf diesen Ruf und beobachtet, dass es welche gibt, die ihrem Urteil und gesunden Menschenverstand folgen, und wiederum andere, die einer tieferen Motivation nachkommen. All das wird in Ruhe angeschaut und überlegt, *aber der Übende fällt noch keine Entscheidung. Er verweilt bei der in der zweiten Vorübung geäußerten Bitte, nicht taub zu sein für den Ruf des Herrn.*

Es braucht offenbar Zeit, bis er *nach* der erfahrenen „unendlichen Güte" des „Schöpfers und Herrn" in der Umkehrphase deutlicher spürt, wohin sein „Wünschen und Sehnen" (*EB 98*) jetzt geht.

Es braucht noch einmal Zeit, bis das „Verlangen und Sehnen" und das gründliche Überlegen, das Erwägen und Abwägen der „Kosten", wenn überhaupt, zu einer Übereinstimmung finden.

Eine ganzheitliche Antwort ist erst nach sorgfältiger Prüfung verantwortbar und wird erst möglich, wenn der Übende *im Auf und Ab von Trost und Trostlosigkeit* sich mit den Geheimnissen des Lebens Jesu vertrauter gemacht hat und zu einer tiefen persönlichen Beziehung zu Christus gefunden hat. Nur so kann seine Antwort Ausdruck seiner persönlichen Freiheit und religiösen Identität sein.

- Die Übung bildet also einen *Übergang* und soll nur zweimal am Tag gehalten werden: am Morgen nach dem Aufstehen und eine Stunde vor dem Mittag- oder Abendessen (EB 99).
- Bis jetzt war der Übende damit beschäftigt, sein bisheriges Leben zu ordnen. Seine Aufmerksamkeit war darauf gerichtet, sich der „ganzen Wahrheit" seines Lebens zu stellen, um sich aus *ungeordneten Anhänglichkeiten* zu lösen. *Jetzt* ist es an der Zeit, eine neue Grundausrichtung für sein Leben zu entdecken. Das kann geschehen, indem der Übende seinen Blick auf den richtet, der nicht nur ihn, sondern „alle Welt" (*todo el mundo universo*) in die Freiheit des Evangeliums führen

will. Der Übergang zur Zweiten Woche ist also dann gegeben, wenn in den Blick kommt, „was ich für ihn (Christus) tun soll" (EB 53).

Bei allen folgenden Betrachtungen der Geheimnisse des Lebens Jesu geht es um das Vertrauen in die „unendliche Güte" des „Ewigen Herrn aller Dinge" (EB 98), um ein Hineinwachsen in die Gesinnung Jesu, um ein Ergriffenwerden von seiner Leidenschaft für die Menschen (Phil 2,5). Das wird mit dieser Übung *vorbereitet.*

EB 95 Es geht um die „ganze Welt", um die gesamte Schöpfung. Diese Weite des Blicks ist charakteristisch für die Exerzitien. Sie sind nicht darauf angelegt, in der privaten Innerlichkeit des Übenden zu verbleiben. An jeden Einzelnen ergeht sein besonderer Ruf. Er richtet sich an den ganzen Menschen und ist also inmitten der vorhandenen und sich wandelnden gesellschaftlichen Wirklichkeit und beruflichen Tätigkeit zu verwirklichen. Heil geschieht immer mitten in der Welt, nicht daneben und nicht darüber.

EB 96 Wer also „Urteil und Vernunft" hat, stellt sich mit dem ganzen Einsatz seiner Person zur Verfügung.

EB 97, 98 Der dritte Punkt der Anwendung bringt ein neues Moment, das eine tiefere Dimension anspricht als die mit „Urteil und Vernunft" umschriebene. Sie kommt m. E. am besten zum Ausdruck in der Bitte um die innere Erkenntnis Christi, um die Vertrautheit mit dem, der für mich Mensch geworden ist, damit ich ihn mehr liebe und ihm nachfolge (vgl. EB 104). Hier sind also diejenigen gemeint, die „mehr aus Liebe" zum armen und geschmähten Christus sich von seinem Ruf ansprechen lassen.

Diese Offenheit und Verfügbarkeit für den weiteren Prozess der Exerzitien findet in einem Gebet seinen Ausdruck: *EB 98.* Der Übende soll versuchen, dieses Gebet einmal zu sprechen, um zu spüren, ob und inwieweit sein Herz und sein Verstand mitschwingen, ob die gemeinsame Sendung und Schicksalsgemeinschaft mit Christus bis in die formulierten Konsequenzen hinein wirklich sein Weg sein können. *Doch entschieden wird zu diesem Zeitpunkt noch nicht.* Die persönliche Formulierung des Gebetes ist wie ein Seismograph, der anzeigt, wohin meine Sehnsucht tendiert.

Man darf sich keine Illusionen machen: Nur auf der Basis einer tiefen persönlichen Beziehung zu Christus kann auch das Harte und Mühevolle, das Undankbare und Skandalöse, können selbst Verachtung und Unrecht, Vergeblichkeit, Armut und Scheitern ganz allmählich und nicht ohne inneren Widerstand als Weg zum Leben erfahren und verstanden werden.

So faszinierend das große apostolische Ziel auch sein mag (*EB 95*), *entscheidend* ist die persönliche Vertrautheit mit dem Herrn und das Bewusstsein, dass es eine besondere Gnade ist, in Seine Lebensabsichten mit den Menschen einbezogen zu werden. Es geht um ein Freiwerden von allem, was mich daran hindert, *meinen* Weg in der Nachfolge des Herrn zu gehen.

Noch einmal: Der Übende erwägt die verschiedenen Haltungen und Einstellungen die „man" gegenüber dem Ruf Christi einnehmen kann. Spontan wird er sich vielleicht mehr zu denen hingezogen fühlen, die mehr danach verlangen, sich aus Liebe motivieren zu lassen. Das Angebot von größerem Wert und größerer Bedeutung (*EB 98*) wird aber nur „erwogen" (*considerar*), um zu erspüren, wohin das eigene „Verlangen und Sehnen" geht. Der Übende bleibt vorerst noch bei der Bitte um die Gnade, nicht taub zu sein für den Ruf Christi.

• Grundlage aller Bemühungen bleibt die Anmerkung EB 15. Sonst kommt es zu einer Entstellung des Christus- bzw. Gottes-„bildes" und zu einer Überbetonung der aszetischen gegenüber der mystischen Seite im Exerzitienprozess:

„In diesen geistlichen Übungen ist es beim Suchen des göttlichen Willens angebrachter und viel besser, dass der Schöpfer und Herr selbst sich Seiner Ihm hingegebenen Seele mitteile, indem er sie zu Seiner Liebe und Seinem Lobpreis umfängt und sie zu dem Weg bereit macht *(disponer)*, auf dem sie IHM künftig besser dienen kann" (EB 15).

• Um die Nachfolge Christi authentisch zu leben und auch dem „armen und geschmähten Christus" im Geheimnis des Kreuzes nahe zu sein, wird dieses Anerbieten dann in der Meditation über die zwei Banner (EB 147), über die drei Arten von Menschen (EB 156) und in der Erwägung über die drei Weisen der Demut (EB 167) wiederholt und vertieft, also immer dann, wenn es ums Ganze der Nachfolge geht.

• *Die mit der Gefolgschaftsidee gegebenen Grundauffassungen der Exerzitienspiritualität, die im Geben von Geistlichen Übungen nicht übergangen werden sollten, lassen sich folgendermaßen zusammenfassen:*

1. In die Nachfolge Jesu eintreten beruht auf dem freien Entschluss eines erwachsenen Menschen – ohne Wenn und Aber. Diese Entscheidung ist Ausdruck der Erfahrung, dass jeder Mensch für sein Leben selbst verantwortlich ist und mit dem freien Entschluss aus dieser Verantwortung nicht entlassen wird. In der Nachfolge wird die Verantwortung für das eigene Leben nicht an einen Menschen, eine Gruppe oder eine Institution delegiert.
2. Die Aufnahme in die Nachfolge Jesu beruht auf dem souveränen Entschluss des Herrn und ist Gnade: „Er ruft die zu sich, die er selbst wollte“ (Mk 3,13). Seine Erwählung ist zugleich Sendung. Sie ist als Einladung zu verstehen, in Schicksalsgemeinschaft mit ihm „zu suchen und zu retten, was verloren ist“ (Lk 19,10). Dabei geht es um die „ganze Welt“, um die gesamte Schöpfung (*EB 95*). Diese Weite des Blicks darf nicht verloren gehen.
3. Das Nachfolge-Verhältnis beruht wesentlich auf persönlicher Nähe und Vertrautheit. Allein von Jesus her und nur in Verbindung mit ihm kann sich der Übende verstehen, außerhalb dieser persönlichen Beziehung verliert er das „Prinzip und Fundament“ seiner Nachfolge (vgl. Mk 3,14).

Ebenso kann er nur aus der Vertrautheit mit dem Herrn die Sendung Jesu fortsetzen. Wie Jesus aus der innigen Verbundenheit mit dem Vater (vgl. Mk 14,36) sich der Not und dem Elend der Menschen stellt, so kann der Übende den Kampf um das Heil der Verlorenen nur aufnehmen, wenn er in die Gesinnung Jesu hineinwächst. Das geschieht im betenden Umgang mit den Geheimnissen seines Lebens. So faszinierend das apostolische Ziel auch sein mag (*EB 95)*, entscheidend ist die persönliche Verbundenheit mit dem Herrn (*familiaritas*).

4. Zur Schicksalsgemeinschaft in der Nachfolge gehört auch die Bereitschaft, mit dem „armen und geschmähten Herrn“ den Weg „von oben nach unten“ zu gehen – im Vertrauen, dass sich im Geheimnis der Passion der Durchbruch zum Leben, in die Freiheit geschöpflicher Existenz vollzieht. Nur auf der Basis einer tiefen persönlichen Beziehung zu Christus kann auch das Harte und Mühevolle, das Undankbare und Skandalöse, können selbst Unrecht und Verachtung, Armut und Verleumdung, Vergeblichkeit und Scheitern als Weg zum Leben erfahren und verstanden werden. Der Weg in die gemeinsame Sendung mit Christus braucht einen langen Atem, um wirklich zu einer solchen Haltung des Mitseins, der Gefährtenschaft zu finden.

5. Nachfolge im „strengen Sinn“ wäre gründlich missverstanden, wollte man sie aus der Spirale von radikalen äußeren Forderungen und persönlich zu leistenden aszetischen Bemühungen herleiten. Die Unbedingtheit und Radikalität der Nachfolge erschließt sich dem Übenden, wenn überhaupt, sofern er den Lebensimpulsen aus seinem Innern entschieden und beharrlich nachkommt. Sie ist nur verantwortbar, wenn eine entsprechende menschliche und geistliche Entwicklung und Reifung vorausgegangen ist. Niemand kann eine solche Entwicklung rein intentional herbeiführen. Sie beginnt dann, wenn ein Mensch in seinem innersten Kern von Gott angesprochen und getroffen wird. So ist vor aller Radikalität, die Nachfolge Jesu einfordern kann, das Überwältigtwerden von der Freude, hineingenommen zu sein in eine persönliche Beziehung, in eine gemeinsame Sendung, d. h. in die Lebensabsichten Gottes mit den Menschen.

Diese Grundaxiome der Exerzitienspiritualität sind unverzichtbar.

Betrachtung (contemplación) über die Menschwerdung: EB 101–109

Hinführung: Die Bildwelt dieser Kontemplation und ihre Bedeutung für den weiteren Exerzitienprozess erschließen sich erst nach und nach. Sie greifen die richtungweisende Funktion der Übung vom Ruf des Königs auf und holen den Übenden aus der Rolle des vielleicht noch distanzierten Beobachters heraus, um ihn mit kontrastreichen Bildern gleichsam an die Schwelle zum Geheimnis der Erlösung zu führen: Der Übende versucht, sich das Geheimnis der drei göttlichen Personen zu vergegenwärtigen, er schaut die ganze Menschheit auf dem weiten Erdenrund, alle Personen und örtlichen Gegebenheiten, die mit der Menschwerdung etwas zu tun haben – alles vielleicht wie in einem Bild naiver Malerei. Die Betrachtung lässt dem Übenden Zeit, sich mit der Weite dieser neuen Heilsdimension betend vertraut zu machen.

Vorbemerkung: Ich versuche zunächst, an meinem Gebetsort anzukommen, ganz „da" zu sein. Dabei ist es eine Hilfe, soweit möglich, eine *leibliche Haltung* einzunehmen, die einerseits körperliche Ruhe und Gelassenheit sowie geistige Präsenz fördert, andererseits Ausdruck der Ehrfurcht und Demut vor dem Geheimnis Gottes ist.

1. Der Text

EB 101: Zu Beginn *jeder* Gebetsübung **das Vorbereitungsgebet.**

Es braucht immer wieder etwas Zeit, bis das gewohnte Vorbereitungsgebet von meiner inneren Einstellung her gesprochen werden kann, bis ich meine ganze Wirklichkeit („Absichten, Handlungen und Beschäftigungen") auf Gott hin gesammelt habe und mit der tiefsten Sehnsucht seines Herzens in Verbindung bringen kann.

Drei Vorübungen, d.h. vorbereitende Schritte zur Betrachtung des Geheimnisses über die Menschwerdung.

EB 102: Erste Vorübung: Ich vergegenwärtige mir, *wie* der dreifaltige Gott („die drei göttlichen Personen") die Heillosigkeit der Menschen auf der ganzen Erde sieht und bis ins Innerste seines Wesens davon berührt wird. Um die Menschen ihrem Verderben zu entreißen, will der Ewige, Allgegenwärtige Gestalt annehmen in Raum und Zeit, unter den Bedingungen dieser Welt, ohne Privilegien. Gott will Mensch werden aus der Jungfrau Maria.

***EB 103:** Zweite Vorübung:* Mit Hilfe meiner Vorstellungskraft (Imagination) versuche ich, mir den Handlungs*raum* („Schauplatz") des geheimnisvollen Geschehens zu vergegenwärtigen:

- die ungeheure Weite des Erdenrunds mit der ganzen Vielfalt der verschiedenen Menschen, Völker, Kulturen und Nationen.
- ebenso einen Punkt auf dieser Erde: den Raum im Haus Marias in Nazareth in der Provinz Galiläa.

***EB 104:** Dritte Vorübung:* Ich bitte um die Gnade, dass mir die innere Erkenntnis des Herrn geschenkt werde, der *für mich* Mensch geworden ist, damit ich mehr ihn liebe und ihm nachfolge.

Es braucht Zeit, bis ich mich mit der universalen Weite dieser Heilsinitiative Gottes vertraut mache und mir bewusst werde, dass ich selbst Teil der Beziehung bin, die zwischen dem dreifaltigen Gott und allen Menschen besteht.

Die drei vorbereitenden Schritte dienen dazu, mich für das Geheimnis der Menschwerdung zu öffnen, damit es mir zur „Staunen erregenden" Gegenwart wird, zu einer Erfahrung, die mich persönlich berührt und mich verwandeln will.

Naturgemäß brauchen die drei vorbereitenden Schritte Zeit, vermutlich den größten Teil der ersten Gebetsübung.

Vergegenwärtigung des Handlungsgeschehens: Die Personen sehen, hören, was sie sagen, und betrachten, was sie tun

***EB 106:** Erster Punkt:* „Die ganze Menschheit auf dem weiten Erdenrund"

- Ich gehe in meiner Vorstellung zurück zum Handlungs*raum* und lasse zunächst das bunte Bild der ganzen Menschheitsfamilie vor meinem geistigen Auge sich entfalten in der unübersehbaren Verschiedenheit und Vielfalt ihres Aussehens und ihres Verhaltens, ihrer Stimmungen und Gefühle, ihrer körperlichen Verfassung und ihres Lebensalters, ihrer sozialen, kulturellen und politischen Gegebenheiten und Umstände.

• Einige Szenen zeigen, wie Menschen sich gegenseitig belauern, verurteilen, verspotten, verleumden, belügen oder sonst wie mit Worten oder Schweigen einander das Leben zur Hölle machen.

• Ich sehe mit den Augen meiner Vorstellung einige Szenen, wo Menschen einander Gewalt antun: verletzen, foltern, töten …

Ich nehme auch die *Atmosphäre* des jeweiligen „Schauplatzes" und des Handlungsgeschehens wahr.

Am Ende eines jeden Punktes versuche ich, das, was ich gesehen, gehört und geschaut habe, auf mich und meine Situation zu übertragen, um Nutzen (*provecho*) daraus zu ziehen. Der „Nutzen", um den es hier geht, ist eine innere Erkenntnis, die zu mehr Liebe zum Menschgewordenen bewegt und zur Nachfolge motiviert. Das Ziel aller Bemühungen bleibt also die „innere Erkenntnis des Herrn".

- Was löst das, was ich gesehen, gehört oder geschaut habe, in mir aus? Sympathie, Ablehnung, Erschrecken, Begeisterung o. Ä.?
- Welche Bedeutung hat das für mich jetzt, was ich gesehen, gehört oder geschaut habe, *und* das, was es in mir ausgelöst hat? M. a. W.: Was will Gott mir mit dem Geheimnis der Menschwerdung zeigen?

EB 107: *Zweiter Punkt:* Das Geheimnis des dreifaltigen Gottes („Die drei göttlichen Personen")

• Ich vergegenwärtige mir das Geheimnis des dreifaltigen Gottes, wie er die „große Blindheit" sieht, in der die Menschen gefangen sind und ihrem Verderben entgegengehen. Die Verfehlungen der Menschen haben eine so zerstörerische Dynamik in Gang gesetzt, dass nur Gottes Eingreifen sie vor dem sicheren Tod bewahren kann.

• Ich höre, wie er „in allem uns gleich werden" will (Phil 2,7), um unter den Bedingungen dieser Welt *alle* Menschen von den zerstörerischen Folgen ihrer „Blindheit" zu befreien.

• Ich vergegenwärtige mir, dass er sich in die Gottesferne der Menschen hinein entäußert, um sie mit seiner Gegenwart zu erfüllen und so mit den an Sünde und Tod Verlorenen eine neue Leben stiftende Beziehung einzugehen.

EB 108: Dritter Punkt: Der Engel Gabriel und die Jungfrau Maria

- Ich gehe in meiner Vorstellung nach Nazareth in Galiläa in das Haus Marias in den Raum der Verkündigung.

1 [28]Der Engel trat bei Maria ein und sprach: Sei gegrüßt, Begnadete,
der Herr ist mit dir. [29]Die aber wurde verwirrt durch das Wort und
überlegte, was dieser Gruß bedeute. [30]Und es sprach der Engel zu ihr:
Fürchte dich nicht, Maria, denn du hast Gnade gefunden bei Gott.
[31]Und siehe, du wirst schwanger werden und einen Sohn gebären,
und du sollst seinen Namen Jesus nennen. [32]Dieser wird groß sein
und Sohn des Höchsten genannt werden, und es wird ihm der Herr,
Gott, den Thron Davids, seines Vaters, geben, [33]und er wird herr-
schen über das Haus Jakob bis in Ewigkeit, und seiner Herrschaft
wird kein Ende sein.

[34]Maria aber sprach zu dem Engel: Wie wird das geschehen, da ich
keinen Mann erkenne? [35]Der Engel antwortete und sprach zu ihr:
Heiliger Geist wird über dich kommen, und die Kraft des Höchsten
wird dich überschatten. Deshalb wird auch das (von dir) Geborene
heilig genannt werden, Sohn Gottes. [36]Und siehe, Elisabeth, deine
Verwandte, auch sie wurde schwanger mit einem Sohn in ihrem Al-
ter, und dieser Monat ist der sechste für sie, die unfruchtbar genannt
wird. [37]Denn bei Gott ist kein Ding unmöglich. [38]Maria aber sprach:
Siehe, ich bin die Magd des Herrn, es geschehe mir nach deinem
Wort. Und es ging weg von ihr der Engel (Lk 1,28–38).

- Ich höre den Dialog zwischen dem Engel und der Jungfrau Maria, wie Gottes Wort und menschliche Antwort aufeinander eingehen und sich gegenseitig freisetzen … Schritt für Schritt.
- Ich schaue, wie der Engel Gabriel Gottes Wort einfühlsam ausrichtet und wie Maria diesem Wort ohne Einschränkung Raum gibt, sodass es in ihr Mensch werden kann.

EB 109: Gespräch mit Gott

Die Betrachtung über das Geheimnis der Menschwerdung schließt mit dem sog. Kolloquium, d. h., ich bringe vor den dreifaltigen Gott, was mich bewegt (hat), und höre, was er mir sagen will. Dabei bitte ich, mich in die Bewegung des Menschgewordenen hineinnehmen zu lassen, um „unserem Herrn mehr nachzufolgen – der soeben Mensch geworden ist“.

In gleicher Weise wende ich mich an das „Mensch gewordene Wort“ und an Maria.

*

Wo immer ein Mensch sich in die Abstiegsbewegung des dreifaltigen Gottes hineinnehmen lässt, wird er zum erlösenden Brennpunkt für die universale Menschheit. Wenn ich die Welt in der Weise der „drei göttlichen Personen“ betrachte und mich frage, was das Geschaute, Gehörte und Mitempfundene für mich *heute* bedeutet, dann wird mir die tiefgreifende, seelisch-geistige Umwälzung bewusst, die unzählige Menschen erfasst hat und die in der Umkehrung traditioneller Werte bei vielen zu moralischer Orientierungslosigkeit und Verwahrlosung geführt hat. Ich werde mir Millionen von Einzelschicksalen, Menschen mit Namen und Antlitz vor Augen führen, die unter Armut und Hunger, Krieg, Terror und Heimatlosigkeit leiden, unter der ungleichen und ungerechten Verteilung der Güter und Reichtümer, unter den Folgen sozialer, rassischer, kultureller und politischer Diskriminierung. Ich werde sehen, dass vielerorts die Menschen die Welt gerechter machen könnten, es aber in Wirklichkeit nicht wollen.

Die Welt in der Weise Gottes zu betrachten kann mich dazu bewegen, mich in diese Abstiegsbewegung des Menschgewordenen hineinnehmen zu lassen, mit IHM Gefährte oder Gefährtin in der konkreten Realität von menschlichen Schicksalen zu werden, um von ihnen zu lernen und ihnen geistlich und materiell beizustehen.

N.B. Die Betrachtung der folgenden Geheimnisse des Lebens Jesu sind jeweils in ihrem *trinitarischen Kontext* zu sehen und dürfen die *universale Weite*, dass es um die *ganze* Menschheit und um die gesamte Schöpfung geht, nicht aus dem Auge verlieren. Darüber hinaus kommt es bei allen Übungen primär darauf an, Gott selbst zu Wort kommen zu lassen im eigenen Herzen wie bei Maria.

2. Erläuterungen zum Text

• In der *ersten Vorübung* geht es um die Vergegenwärtigung der „Geschichte", die hier summarisch dargestellt, aber noch nicht entfaltet wird. Es ist ein erster Kontakt, eine erste Annäherung an das Geheimnis der Menschwerdung. Dabei ist wichtig zu erfassen, dass der dreifaltige Gott gleichsam von sich spricht und dem Übenden von seiner Beziehung zu allen Menschen und seiner Initiative zu ihrem Heil erzählt. Es ist so, dass weniger der Übende sich dem Geheimnis des dreifaltigen Gottes nähert, als dass der dreifaltige Gott den Übenden sich vergegenwärtigt, so wie es in der 15. Anmerkung heißt, dass der Schöpfer und Herr selbst sich seiner ihm hingegebenen Seele (*ánima devota*) mitteile. Diese Perspektive, dass es primär darauf ankommt, Gott selbst zu Wort kommen zu lassen im Herzen der Menschen, ist für alle weiteren Sequenzen der Übung beizubehalten.

Bei näherem Hinsehen fällt auf, dass *alle* Menschen auf dem Weg ins Verderben sind (EB 102, 106, 108) und der Erlösung bedürfen. Kein Wort davon im ganzen Text, dass es unter den vielen (vielleicht) auch Menschen gibt, die Gott suchen, zu ihm beten oder ihr Leben auf ihn ausrichten. Es sieht so aus, als sei die ganze Welt gottlos. Wie eine dunkle Holzschnittkontur zieht sich diese Wirklichkeit von der ersten Vorübung bis zum Kolloquium am Ende der Betrachtung.

Die helle Linie der „Geschichte", die der Übende sich vergegenwärtigen soll, zeigt sich in der Art, *wie* (*como*) die drei göttlichen Personen auf die verlorene Menschheit schauen und wie sie darauf reagieren: Gott wird Mensch, um die Menschen ihrem Schicksal zu entreißen. Auch diese helle Linie zieht sich vom Anfang bis zum Ende durch die ganze Übung.

• Die *zweite Vorübung* folgt organisch der ersten. Der Übende versucht mit Hilfe seiner Vorstellungskraft (*imaginación*), den „Raum" des Geschehens gleichsam mit den Augen der drei göttlichen Personen zu schauen. „In seinem Licht schauen wir das Licht" (vgl. Ps 34). Das verhilft dem Übenden zu einer inneren Einstellung und einem entsprechenden Verhalten gegenüber dem Geschehen.

Der Raum des Geschehens umfasst die ganze Weite der geographischen Ausdehnung unserer Welt mit der ganzen Verschiedenheit und Vielfalt der Weltbevölkerung und endet dann in der Provinz Galiläa im kleinen Dorf Nazareth im Haus von Maria. *Was für ein Kontrast!*

Der Übende stimmt sich also auf eine ganzheitliche Begegnung mit dem Geheimnis der Menschwerdung ein oder besser: Er lässt sich einstimmen. Die anschauliche „Zubereitung" (*composición*) erleichtert die Begegnung mit dem Geheimnis des dreifaltigen Gottes, die so in ihrer dramatischen Qualität für den Übenden wirksam werden kann.

- Die *dritte Vorübung* folgt der inneren Dynamik des Vorausgegangenen. Der Übende möchte verstehen, was er geschaut hat. Er möchte, dass sich ihm die geheimnisvolle Seite des Geschehens erschließe. So bittet er um eine tiefinnere Erkenntnis des Herrn, der für ihn Mensch geworden ist, um ihn mehr lieben und ihm nachfolgen zu können. Er will, dass das Geheimnis des Geschauten für ihn nicht zur Episode wird.

Die *Vorübungen* führen gleichsam bis zur Schwelle des Geheimnisses, die *Punkte* öffnen die Tür, damit sich dem Übenden nach und nach die „geheimnisvolle Seite" der „Geschichte" in ihrer Aktualität und gegenwärtigen Wirkmöglichkeit erschließt.

Erfahrungsgemäß kommen die Tiefenschichten unserer gläubigen Existenz dadurch in Schwingung, dass etwas spürbare Bedeutung für uns gewinnt durch Bilder und Szenen, die uns berühren, Personen, in denen wir uns wiederfinden, durch Worte, die uns treffen, und Verhaltensweisen, die uns in Bewegung bringen. Der Übende soll die Personen in der „Geschichte" „sehen, hören, was sie sagen, und schauen, was sie tun" – so lange, bis sich in ihm ähnliche Reaktionen zeigen wie bei den göttlichen Personen oder bei Maria. Es kann auch sein, dass das, was der Übende mit Hilfe seiner Vorstellungskraft über seine Sinne wahrnimmt, ihn zu ganz anderen Reaktionen veranlasst. Auf jeden Fall soll der Übende mehr und mehr spüren, wie sehr er selbst Teil dieser „Geschichte" und ihres Geheimnisses ist.

• In den *drei Punkten* werden die Vorübungen entfaltet. Der Übende verweilt bei dem, was sich ihm vergegenwärtigt hat. Ignatius gebraucht für das Verweilen die Verben „sehen, erwägen, hören und schauen“. Bei allen drei Punkten sind zunächst die vielen Menschen auf dem weiten Erdenrund im Blick, dann die drei göttlichen Personen und schließlich die Begegnung zwischen dem Engel und Maria. Der Akzent liegt aber darauf, *wie* die drei göttlichen Personen auf die verlorene Menschheit schauen und wie sie darauf reagieren. Dabei fällt auf, dass sie die *„große Blindheit“* sehen, in der die Menschen gefangen sind. Offenbar kommt es Ignatius darauf an, dass der Übende sein Augenmerk nicht auf die Bosheit der Menschen legt, sondern darauf, wie der dreifaltige Gott sich von ihrer Blindheit bewegen lässt. Wer bis in die Tiefen seines Herzens blind ist, kann Gott nicht kennen. Deshalb will Gott „in allem uns gleich werden“ (Phil 2,7), um unter den Bedingungen dieser Welt alle Menschen von den zerstörerischen Folgen ihrer Blindheit zu heilen.

Hier klingt wieder das zentrale Anliegen der Exerzitien an, um das der Übende betet: die tiefinnere Erkenntnis des Herrn, der für mich Mensch geworden ist, *damit ich ihn mehr liebe und ihm nachfolge*. Diese Erkenntnis des Herrn befreit von der Blindheit, die allen zum Verderben wird.

Am Ende jedes Punktes soll der Übende sich auf sich selbst zurückbesinnen, um sich für eine tiefere innere Erkenntnis des Herrn zu disponieren.

Der Übende soll gleichsam über den Weg der Bilder zu dem Bild gelangen, in dem Gottes Nähe Antlitz und Gestalt bekommen hat. Doch das bleibt unverfügbare Gabe.

• Die Kontemplation von der Menschwerdung schließt mit dem sogenannten *Kolloquium*. Der Übende wird aufgefordert, darüber *nachzudenken*, was er den drei göttlichen Personen, dem Mensch gewordenen Ewigen Wort und seiner Mutter Maria sagen soll.

Das Nachdenken (*pensar*) deutet daraufhin, dass es dem Übenden (womöglich) die Sprache verschlagen hat, je mehr der dreifaltige Gott sich ihm im Geheimnis der Menschwerdung zu erkennen gegeben hat. Er ist vielleicht so überwältigt, dass er nicht weiß, was er sagen soll.

Der Hinweis, er solle um das bitten, was er in sich verspürt, konkretisiert sich darin, „unserem Herrn mehr nachzufolgen – der soeben Mensch geworden ist".

Nur wenn das Geheimnis der Menschwerdung sich dem Übenden vergegenwärtigt hat, kann er in einem realen Sinn zu dem beten, „der gerade (auch „für mich" EB 104) Mensch geworden ist". Alle Bemühungen, sich dem Geheimnis der „Geschichte" zu nähern, finden ihren tiefsten Sinn in der Befähigung des Übenden zur Hingabe an das Geheimnis Gottes: *Anbetung*.

Die Bildwelt von der Betrachtung über die Menschwerdung

Sie ist von starken Polaritäten gezeichnet:

1. Die ungeheure Weite des ganzen Erdenrunds *und ein* Punkt auf dieser Erde: das Haus Mariens in Nazareth in der Provinz Galiläa.
2. Die unübersehbare Vielfalt und Verschiedenheit der gesamten Menschheitsfamilie *und* die *eine* unverwechselbare Person Maria.
3. Die Menschheit in sich zerrissen, gottlos, dem eigenen Verderben ausgeliefert – eine Abstiegsbewegung ins Inferno, *und* die drei göttlichen Personen, Bild von Einheit und Gemeinschaft – eine Abstiegsbewegung in die Entäußerung (*kénosis*): Menschwerden unter den Bedingungen dieser Welt, ohne Privilegien (Phil 2,5).
4. Die drei göttlichen Personen beschlossen die Menschwerdung „in ihrer Ewigkeit" *und* die einmalige Situation von Maria, „als die Fülle der Zeit gekommen war".

Das Heilende dieser Bildwelt zeigt sich m.E. einmal in der Art, *wie* die drei göttlichen Personen auf die Blindheit der Menschen schauen und *wie* sie darauf reagieren. Zum anderen offenbart sie das Heilende darin, dass *ein* Mensch, Maria, aus dieser verlorenen Menschheit sich ganz in das Energiefeld der göttlichen Bewegung hineinnehmen lässt und somit zum Brennpunkt des Universalen wird.

N. B. Wo immer also ein Mensch sich in die Abstiegsbewegung des dreifaltigen Gottes hineinnehmen lässt, wird er mit zum erlösenden Brennpunkt für die universale Menschheit.

Die Welt der Menschen in der Weise der göttlichen Personen zu betrachten, kann den Übenden dazu bewegen, sich in die Abstiegsbewegung des Mensch gewordenen Gottes hineinnehmen zu lassen, mit *Ihm* ein Gefährte in der konkreten Realität ihres Schicksals zu werden und ihnen nach seinen Möglichkeiten menschlich, geistlich und materiell beizustehen.

Zur Ergänzung: ***Das Gleichnis vom König und dem Bettelmädchen***

Es war einmal ein König, der liebte ein bettelarmes Mädchen. Niemand hätte es dem König verwehren können, das Mädchen zu heiraten. Niemand hätte auch nur gewagt, ein Wort dagegen zu sagen – offen oder im Geheimen. Es wäre ihm ein Leichtes gewesen, das bettelarme Mädchen in seinen königlichen Stand emporzuheben.

Doch in des Königs Herzen erwachte die Sorge, ob das Mädchen wohl dadurch glücklich werde. Er sprach zu niemand von seiner Besorgnis, denn hätte er es getan, dann hätte jedermann am Hofe gesagt: „Eure Majestät erweisen dem Mädchen eine Wohltat, für die sie Eure Majestät ihr Leben lang nicht genug wird danken können." Das hätte nur den Zorn des Königs erregt.

Einsam hegte er den Kummer in seinem Herzen: ob das Mädchen wohl so frei werden könnte, niemals daran zu denken, was der König vergessen wollte, dass er der König und sie ein bettelarmes Mädchen gewesen. Denn geschähe dies, was wäre da der Liebe Glück? Dann wäre es besser, wenn sie in ihrem Winkel geblieben, zufrieden in der armen Hütte, aber freien Sinns in der Wahl ihrer Liebe und frohgemut.

Weil der König das Mädchen liebte, gab es nur einen Weg: Als Bettler dem bettelarmen Mädchen zu begegnen. Dabei dürfte der Bettelmantel kein bloßer Umhang sein, mit dem er sich tarnt, sondern er müsste wirklich Bettler, einer ihresgleichen werden …

nach Sören Kierkegaard

Betrachtung (contemplación) über die Geburt Jesu: EB 110–117

Lk 2 [1]Es geschah aber in jenen Tagen, dass ein Erlass ausging vom
Kaiser Augustus, es solle aufgezeichnet werden der ganze Erdkreis.
[2]Diese Aufzeichnung war die erste, die stattfand, als Quirinus Statt-
halter von Syrien war. [3]Und es gingen alle hin, sich aufzeichnen zu
lassen, ein jeder in seine Stadt. [4]Es zog aber auch Josef von Galiläa
aus der Stadt Nazareth hinauf nach Judäa in die Stadt Davids, die
Bethlehem heißt, weil er aus dem Hause und Geschlechte Davids
war, [5]um sich aufzeichnen zu lassen mit Maria, seiner Verlobten, die
schwanger war. [6]Es geschah aber, als sie dort waren, erfüllten sich
die Tage, dass sie gebären sollte, [7]und sie gebar ihren erstgeborenen
Sohn und wickelte ihn und legte ihn in eine Krippe, weil für sie kein
Platz war in der Unterkunft (Lk 2,1–7).

Vorbemerkung: Während die Betrachtung über die Menschwerdung in unübersehbare Dimensionen hineinführt, treffen wir in der Betrachtung über die Geburt auf die bescheidenen Verhältnisse kleiner Leute aus Nazareth.

1. Der Text

EB 111: Nach dem gewohnten *Vorbereitungsgebet* versuche ich mir in der *ersten Vorübung* den Aufbruch der hochschwangeren Maria mit Josef zu vergegenwärtigen samt allem, was zu dem kleinen Haushalt für eine solche Reise nach Bethlehem gehört. Es ist ein Aufbruch „aus der sicheren Enge von Nazareth in die unsichere Fremde von Bethlehem“ (E. Przywara), aus Geborgenheit in die Ungeborgenheit hinein. Es ist ein Aufbruch, von fremder staatlicher Macht erzwungen. Die kleinen Leute haben keine andere Wahl. Sie müssen sich fügen.

EB 112: In der *zweiten Vorübung* versuche ich mit Hilfe meines Vorstellungsvermögens (*con la vista imaginativa*) den „Raum“, die „Bühne“ des dramatischen Geschehens in den Blick zu nehmen und mir genau anzuschauen: Zunächst den Weg von Nazareth nach Bethlehem in allen (möglichen) Einzelheiten, dann ebenso den Raum oder die Höhle der Geburt. Dabei ist wichtig, dass ich mich nicht selbst als „Bühnenbildner“ betätige, sondern warte, bis die Bilder von innen aufsteigen und sich in ihren Details mir zeigen.

EB 113: Dritte Vorübung: In Erwartung des dramatischen Geschehens bitte ich wie in der vorausgegangenen Betrachtung um die innere Erkenntnis des Herrn, der für mich Mensch geworden ist, um ihn mehr lieben und ihm nachfolgen zu können. Ich will mich dem Geheimnis der Geburt Jesu so nähern dürfen, dass ich selbst „umgeboren“ werde (E. Przywara).

EB 114: Das *Sehen* der beteiligten Personen *im ersten Punkt* der Betrachtung soll so geschehen, dass ich mich „zu einem armen und kleinen Knecht (oder entsprechend: Magd) mache, der die Personen im Raum oder in der Höhle anschaut und ihnen in ihren Nöten dient“, *so als wäre ich dabei* „mit aller nur möglichen Ergebenheit und Ehrfurcht“. Ich soll mich also selbst in der „Geschichte“ wiederfinden und, soweit als möglich, innerlich daran beteiligen.

Der „arme und kleine Knecht“ in der Geburtshöhle ist nicht als idyllisches Detail misszuverstehen. Er ist vielmehr ein Bild, ein Symbol für die einzig mögliche Haltung, mit der ich mich dem Geheimnis der Geburt Jesu überhaupt nähern darf. Nur ein gänzlich Armer kann Gott schauen.

Der zu den Bedingungen dieser Welt heruntergekommene Gott, das Kind Jesus nach seiner Geburt *und* das arme unbedeutende Geschöpf, das mit all seiner möglichen Ergebenheit und Ehrfurcht in der Geburtshöhle zu Diensten ist – beide Bilder entsprechen einander, eines passt zum anderen: Nur der sich aller göttlichen Macht entäußernde Gott und der sich aller menschlichen Macht entledigende Mensch können einander begegnen.

Im respektvollen *Durch*probieren verschiedener Handlungs- bzw. Reaktionsmöglichkeiten kann ich in Erfahrung bringen, welche Energien das bei mir freisetzt oder blockiert, wann ich Trost oder Trostlosigkeit verspüre.

Wenn diese Weise der Betrachtung dann von sich aus zu einem Ende kommt, soll ich mich wieder zurücknehmen und in der bisher üblichen Weise „irgendeinen Nutzen (daraus) ziehen", d.h. ein Wachsen in der inneren Erkenntnis des Herrn, die mich zu mehr Liebe und zur Nachfolge motiviert. Das gilt wieder für alle weiteren Punkte.

EB 115: Im *zweiten Punkt* soll ich „*schauen, genau beachten und betrachten*" (*mirar, advertir y contemplar*), was die Personen im Raum oder in der Höhle sagen. Dabei ist es sehr hilfreich, wenn ich nicht nur wahrnehme, was gesagt wird, sondern auch, was die Worte für die Betroffenen selbst bedeuten und über sie aussagen. Diese Aufmerksamkeit, die man einem Menschenwort, um es zu verstehen, entgegenbringen muss, ist auch in diesem kontemplativen Geschehen unentbehrlich. Auf solche Weise öffnet sich ein ganz unmittelbarer und faszinierender Zugang des Verstehens.

EB 116: Der *dritte und letzte Punkt* mag mich vielleicht am stärksten berühren, wenn ich „*schaue und erwäge*", dass der Herr „in der größten Armut geboren wird, *damit* er am Ende so vieler Mühen in Hunger und Durst, in Hitze und Kälte, unter Schmähungen und Anfeindungen am Kreuz stirbt, *und dies alles (auch) für mich*" (*y todo* esto por mí). Die Konsequenzen der Entäußerung in der Geburt werden durch seine Gottheit weder aufgehoben noch gemildert, sondern werden erst noch in ihrer ganzen Schärfe zu Tage treten.

Es mag sein, dass ich an dieser Stelle eher geneigt bin, die unangenehme Verbindung von Krippe *und Kreuz* zu meiden. Von daher ist es wohl zu verstehen, dass Ignatius den Übenden dazu anleitet, nach dem, was er geschaut und erwogen hat, irgendeinen *geistlichen* Nutzen (*provecho espiritual*) zu ziehen.

EB 117: Die Übung schließt mit dem *Gespräch* (*Kolloquium)* wie bei der Betrachtung von der Menschwerdung. Dieser betende Umgang mit dem „Geheimnis" zum Ende der Gebetszeit kann der eigentliche Höhepunkt sein, Ausdruck von Nähe und ehrfurchtsvoller Distanz in der *Anbetung* des für mich Mensch Gewordenen.

Zur Bildwelt der Betrachtung über die Geburt Jesu

Neben dem Weg-Motiv und der Geburtshöhle sind es vor allem zwei Bilder, die einen nachhaltigen Eindruck hinterlassen: der Herr, in größter Armut geboren (EB 116), und der arme und unbedeutende kleine Knecht (EB 114). Der zu den Bedingungen dieser Welt heruntergekommene Gott, das Kind Jesus nach seiner Geburt *und* das arme unbedeutende kleine Geschöpf, das mit aller ihm möglichen Ergebenheit und Ehrfurcht in der Geburtshöhle zu Diensten ist. Beide Bilder entsprechen einander, eines passt zum anderen; zusammen sind sie eine Kostbarkeit mit einem faszinierenden Charme, eine Art zweiter Naivität, die man nicht selbst bewirken kann. Nur der aller göttlichen Macht entsagende Gott und der einfache machtlose Mensch können einander begegnen.

EB 118: Die *dritte Betrachtung* ist eine Wiederholung der ersten und zweiten Übung: Nach dem Vorbereitungsgebet und den drei Vorübungen soll ich die Betrachtung über die Menschwerdung und über die Geburt Jesu wiederholen, wobei ich jeweils auf einige wichtigere Punkte zurückkomme, bei denen ich eine bestimmte Einsicht, Trost oder Trostlosigkeit verspürt habe. Die Betrachtung schließt mit einem *Gespräch* und einem *Vaterunser.*

EB 119: Bei allen folgenden Wiederholungen wird die gleiche Vorgehensweise eingehalten (vgl. EB 49), wobei der Stoff sich ändert, die Form aber beibehalten wird.

EB 120: Die *vierte Betrachtung* ist eine Wiederholung der ersten und zweiten Übung, und zwar genauso wie in der vorausgegangenen Wiederholung.

EB 121: Die fünfte Übung ist die Anwendung der Sinne auf die erste und zweite Übung.

*

Die beiden Betrachtungen über die *Menschwerdung* und über die *Geburt Christi* sind als Paradigma für alle folgenden Betrachtungen der „Geheimnisse des Lebens Jesu“ zu verstehen. Deshalb habe ich aus diesen beiden Vorgaben ein *Grundmodell* formuliert, das in den folgenden von mir gewählten Schrifttexten zur Anwendung kommt, um den kontemplativen Zugang Schritt für Schritt für die Übenden zu erleichtern.

Bei der *dritten Vorübung*, der Bitte, wonach ich verlange (*demandar lo que quiero*), ist darauf zu achten, dass der Übende das Grundanliegen allen betenden Bemühens in dieser Zeit um „innere Erkenntnis des Herrn" und um ein Gespür für seine Anliegen, damit ich ihn mehr lieben und ihm nachfolgen kann" (EB 104, 113), im Blick behält und dass er diese Bitte vor jeder folgenden Betrachtung auch ausspricht. So kann er eher der Gefahr entgehen, in eine reflexive Beschäftigung mit sich selbst zurückzufallen.

Bei dem Gespräch (*coloquio*) mit dem Herrn am Ende jeder Gebetszeit kommt es auch darauf an, wahrzunehmen, ob die Betrachtung des Evangelientextes mich zu einer persönlichen Begegnung mit ihm geführt hat, die mich zu einer tieferen Beziehung und konsequenteren Nachfolge motiviert. Wohlgemerkt: Dieser Komparativ, dieses „mehr", ist nicht aszetisch, sondern als ein inneres „Gezogensein" zu verstehen.

Schriftbetrachtung nach dem Exerzitienbuch als Paradigma oder Grundmodell für die folgenden Betrachtungen (contemplaciónes)

Das heißt die kontemplative Art, mich dem *Geheimnis* eines biblischen Geschehens zu nähern, um mich von ihm berühren und *bewegen* zu lassen (*afectarse*). Diese Gebetsweise ist ein Weg, wie sich mir der *geistliche* Sinn eines biblischen Textes erschließen kann.

Ich versuche *zunächst*, mich an meinem Gebetsort einzufinden und ganz „da" zu sein. Dabei ist es eine Hilfe, soweit möglich, eine *leibliche Haltung* einzunehmen, die einerseits körperliche Ruhe und Gelassenheit sowie geistige Präsenz fördert, andererseits Ausdruck der Ehrfurcht und Demut vor dem Geheimnis Gottes ist. Der Annäherungsprozess hat dann folgende Sequenzen:

1. Zu Beginn *jeder* Gebetsübung ***das Vorbereitungsgebet***:

„Von Gott, unserem Herrn, die Gnade erbitten dazu hin,
dass alle meine Absichten, Handlungen und Beschäftigungen
rein im Dienst und in der Verherrlichung Seiner Majestät geordnet seien" (EB 46).

Es braucht immer wieder Zeit, bis es zum Vorbereitungsgebet kommt, bis ich mit der tiefsten Sehnsucht meines Herzens in Berührung komme. Das Vorbereitungsgebet ist gleichsam das Gefäß, mit dem ich meine ganze Wirklichkeit („Absichten, Handlungen und Beschäftigungen) auf Gott hin sammle und mit dieser Sehnsucht in Verbindung bringe, d. h. mit jener Suchbewegung, die Gott selbst mir ins Herz geschrieben hat. Im Wiederholen *derselben Gebetsworte vor jeder Gebetszeit* kann diese Suchbewegung dann mehr und mehr zum bewussten Vollzug der Grundausrichtung meines Lebens auf Gott hin werden.

Als Vorbereitungsgebet kann auch das folgende Gebet eine Hilfe sein:

Herr, Du allein weißt, wie mein Leben gelingen kann.
Lehre mich, in der Stille Deiner Gegenwart
das Geheimnis zu verstehen, wie in der Begegnung mit Dir,
wie in Deinem Anblick und in Deinem Wort
Menschen sich erkannt haben als Dein Bild und Gleichnis.

Schenke mir ein großmütiges Herz,
dass ich meinen Weg gehe in Treue zu Dir –
zur Verherrlichung Deines heiligen Namens
und zum Segen für alle Menschen.

2. ***Drei Vorübungen,*** d.h. drei vorbereitende Schritte zur Kontemplation des biblischen Geschehens:

Erste Vorübung: Ich lese den ganzen Schrifttext langsam und wiederholt durch, um mir die Geschichte zu vergegenwärtigen. Dabei kann es hilfreich sein, den Text laut zu lesen.

Zweite Vorübung: Mit Hilfe meiner Vorstellungskraft (Imagination) versuche ich, mir den Handlungsraum („Schauplatz") des biblischen Geschehens anschaulich zu vergegenwärtigen. Dabei kommt es nicht darauf an, wie es dort „wirklich" ausgesehen hat. Ich lasse es geschehen, wie der „Ort" vor meinem inneren Auge entsteht.

Dritte Vorübung: Ich bitte um die Gnade, dass sich mir der *geistliche Sinn* des biblischen Geschehens, die *geheimnisvolle Seite,* das Mysterium des Schrifttextes erschließen möge, damit Jesus Christus mir vertrauter wird und ich ihn mehr liebe und mein Leben konsequenter auf ihn ausrichte.

Es geht also darum, für die Wirklichkeit empfänglich zu werden, die Gott mir durch die biblische Geschichte mitteilen will.

Naturgemäß brauchen die drei vorbereitenden Schritte Zeit, vermutlich den größten Teil der ersten Gebetsübung, sodass man sie in der folgenden Gebetszeit noch einmal als Ganzes wiederholt.

3. ***Vergegenwärtigung des biblischen Handlungsgeschehens***

Ich gehe in meiner Vorstellung zurück zum biblischen Handlungs*raum* – so wie er vor meinem inneren Auge entstanden ist –

und lasse dann das Geschehen – wie es im Schrifttext steht – in meiner Vorstellung sich entfalten. *Ich **sehe** die Personen, **höre**, was sie sagen, und **betrachte**, was sie tun.*

Dabei kann ich mich in die Akteure der biblischen Geschichte hineinversetzen, um mitzuempfinden:

- was in diesen Menschen vorgeht,
- welche Beziehungen sie untereinander haben,
- welche Gefühle, Wünsche, Hoffnungen, Sorgen, Zweifel, Ängste in ihren Worten und Verhaltensweisen zum Ausdruck kommen,
- was die Worte und Verhaltensweisen für die Akteure oder Betroffenen der Erzählung bedeuten.

Auch gilt es, die *Atmosphäre* des „Schauplatzes" und des Handlungsgeschehens wahrzunehmen, zu spüren und zu erfassen.

4. ***Übertragung des Handlungsgeschehens auf mich und meine Situation,*** d.h. wahrnehmen:

• Was löst das Sprechen oder Schweigen der Personen, ihr Verhalten (aktiv oder passiv) in mir aus? Zum Beispiel Sympathie, Ablehnung, Identifikation. Wenn ich mich nacheinander in die verschiedenen Personen, in ihre Worte und Gesten, in ihr Verhalten hineinversetzt habe, um sie zu verstehen, dann kann ich leichter erfassen, wo ich selbst in dieser Geschichte vorkomme.

Darüber hinaus kann es hilfreich sein, mich selbst in einer stimmigen eigenständigen Weise in das Geschehen einzubringen.

• Welche Bedeutung hat *das* für mich hier und jetzt, was ich gesehen, gehört und betrachtet habe, vielleicht auch, wie ich mich selbst in dieses Geschehen eingebracht habe, *und* das, was es in mir ausgelöst hat? So kann sich zeigen, was Gott mir in diesem biblischen Geschehen zeigen will.

5. ***Gespräch mit dem Herrn (Kyrios),***

d.h., ich bringe vor dem Herrn zur Sprache, was mich *bewegt* (hat), und höre, was Er mir sagen will.

Alle Versuche, mich dem *Geheimnis* der biblischen Geschichte zu nähern, zielen auf die persönliche Begegnung mit dem, von dem der biblische Text Zeugnis gibt. Ihr tiefster Sinn ist, Christus mit dem Herzen kennen zu lernen, um ihn mehr lieben und nachfolgen zu können.

Das Zwiegespräch kann der eigentliche Höhepunkt sein, Ausdruck von Nähe und Ehrfurcht (*familiaritas*).

Ich beschließe die Gebetszeit mit einer Verneigung oder einem „Ehre sei dem Vater".

Anschließend, vielleicht an einem anderen Ort, die Reflexion über die Zeit der betenden Beschäftigung mit dem biblischen Text (vgl. S. 20).

Gebetsübungen über das nicht-öffentliche Wirken Jesu

Die Suche nach dem „König der Juden": Mt 2,1–12

2 [1]Als Jesus in Bethlehem in Juda in den Tagen des Königs Herodes
geboren war, siehe, da kamen Sterndeuter aus dem Osten nach Jeru-
salem [2]und sagten: Wo ist der (neu)geborene König der Juden? Denn
wir haben seinen Stern aufgehen sehen und sind gekommen, um ihm
zu huldigen. [3]Als aber der König Herodes das hörte, erschrak er und
ganz Jerusalem mit ihm. [4]Und er versammelte alle Hohenpriester
und Schriftgelehrten des Volkes und erkundigte sich bei ihnen, wo
der Messias geboren werde. [5]Die aber sagten zu ihm: In Bethlehem
in Juda. Denn so ist es geschrieben durch den Propheten:

[6]„*Und du, Bethlehem, (im) Land Juda,*
keineswegs bist du die Kleinste unter den Fürsten(städten) Judas.
Denn aus dir wird hervorgehen ein Herrscher,
der mein Volk Israel weiden wird" (Micha 5,1.3).

[7]Da rief Herodes die Sterndeuter heimlich zu sich und erkundete
von ihnen genau die Zeit, wann der Stern erschienen war, [8]und er
schickte sie nach Bethlehem und sagte: „Geht und forscht genau nach
dem Kind! Sobald ihr es aber gefunden habt, meldet es mir, damit
auch ich komme und ihm huldige." [9]Nachdem sie aber das vom Kö-
nig gehört hatten, zogen sie hin. Und siehe, der Stern, den sie hatten
aufgehen sehen, zog ihnen voraus, bis er über dem Ort stehen blieb,
wo das Kind war. [10]Als sie aber den Stern sahen, freuten sie sich mit

überaus großer Freude. [11]Und als sie in das Haus kamen, sahen sie das Kind mit Maria, seiner Mutter, und sie fielen nieder, huldigten ihm und öffneten ihre Schatzkästen und brachten ihm Geschenke, Gold, Weihrauch und Myrrhe. [12]Und weil sie im Traum die Weisung erhalten hatten, nicht zu Herodes zurückzukehren, entwichen sie auf einem anderen Weg in ihr Land.

Vorbemerkung: Das frei zitierte Wort aus dem Propheten Micha ist die zentrale Botschaft des Textes in eine Welt voller Unterdrückung, Ausbeutung und Gewalt.

Ich versuche zunächst wieder, an meinem Gebetsort anzukommen und, soweit möglich, eine *Haltung* einzunehmen, die meiner bewussten Anwesenheit vor dem Geheimnis Gottes entspricht.

1. Das gewohnte ***Vorbereitungsgebet.***

2. ***Die drei Vorübungen*** zur Betrachtung der Ereignisse in und um Jerusalem und Bethlehem nach der Ankunft der Sterndeuter aus dem Osten.

Erste Vorübung: Ich lese zunächst den Schrifttext langsam und wiederholt durch, um mich mit der Geschichte vertraut zu machen:

- *wie* die Sterndeuter aus dem Osten nach Jerusalem kommen und dort nach dem neugeborenen König der Juden fragen;
- *wie* sie erklären, was sie auf den langen Weg gebracht hat, und wie sie nun glauben, in Jerusalem das Ziel ihrer Reise erreicht zu haben;
- *wie* auf diese Nachricht hin König Herodes und die gesamte Bevölkerung von Jerusalem bestürzt und erschrocken reagieren;
- *wie* Herodes alle Hohenpriester und Schriftgelehrten des Volkes zusammenruft, um von ihnen den Geburtsort des Messiaskönigs zu erfahren;
- *wie* sie bald herausfinden, dass das Kind in Bethlehem geboren ist und aus dem Geschlecht Davids stammt;
- *wie* König Herodes die Sterndeuter heimlich zu sich ruft, um von ihnen den genauen Zeitpunkt zu erfahren, an dem der Stern erschienen sei, und *wie* er sie dann nach Bethlehem

schickt, um von ihnen zu erfahren, wo genau das Kind sich aufhält, damit auch er ihm huldigen könne;

- *wie* die Sterndeuter in Jerusalem den Stern aus den Augen verloren haben und *wie* er von Neuem aufzuleuchten beginnt, als sie sich auf den Weg in Richtung Bethlehem machen;
- *wie* diese neue Gewissheit sie mit übergroßer Freue erfüllt;
- *wie* der Stern vor ihnen herzieht bis zu dem Ort, wo das Kind mit Maria, seiner Mutter, ist;
- *wie* sie dort vor dem Kind niederfallen, es anbeten und ihre kostbaren Geschenke darbringen: Gold, Weihrauch und Myrrhe;
- *wie* sie schließlich im Traum die (göttliche) Weisung erhalten, nicht zum König Herodes zu gehen, und auf einem anderen Weg in ihr Land zurückkehren;
- *wie* nirgendwo davon berichtet wird, dass auch nur einer der Hohenpriester und Schriftgelehrten des Volkes der Botschaft des Propheten Micha gefolgt und nach Bethlehem gegangen wäre.

Zweite Vorübung: Mit meiner Vorstellungskraft (Imagination) versuche ich, mir den „Schauplatz“, die verschiedenen Handlungs*räume* dieses biblischen Geschehens anschaulich zu vergegenwärtigen, und lasse sie vor meinem inneren Auge entstehen:

- den Weg der Sterndeuter aus dem Fernen Osten und die Stadt Jerusalem mit den vielen Gassen, dem Palast des Königs Herodes und dem Palast der Hohenpriester.

- den Ort, wo die Weisen aus dem Osten dem König Herodes begegnen, und der Raum, wo im Auftrag des Herodes die Hohenpriester und Schriftgelehrten sich versammeln, um herauszufinden, wo der Messiaskönig geboren werde.

- den Raum, wo sich Herodes heimlich mit den Sterndeutern trifft.
- den Weg von Jerusalem nach Bethlehem und das Haus, wo die Sterndeuter dem Kind und seiner Mutter begegnen.
- den anderen Weg, auf dem die Sterndeuter in ihre Heimat zurückkehren.

Dritte Vorübung: Ich bitte um die Gnade, dass das Geheimnis dieser Erzählung mir zur „Staunen erregenden" Gegenwart wird, zu einer Erfahrung, die mich persönlich berührt und mich verwandeln will, um den Mensch gewordenen Gott mehr lieben und ihm nachfolgen zu können.

Die drei vorbereitenden Schritte brauchen ihre Zeit und dienen dazu, mich für das Geheimnis zu öffnen, dass an einem konkreten geschichtlichen Ort in einem neugeborenen Kind Gott den Menschen auf unwiderrufliche Weise nahe gekommen ist.

3. *Vergegenwärtigung des Handlungsgeschehens: Die Personen sehen, hören, was sie sagen, und betrachten, was sie tun*

Ich gehe in meiner Vorstellung zurück zum biblischen Handlungsraum – so wie er vor meinem geistigen Auge entstanden ist – und lasse das Geschehen – wie es im Schrifttext steht – in meiner Vorstellung sich entfalten: Ich *sehe* die Personen, *höre*, was sie sagen, und *betrachte*, was sie tun.

Dabei versuche ich auch, mich in die Akteure der biblischen Geschichte hineinzuversetzen und mitzuempfinden:

- was in den Personen vorgeht: den Sterndeutern, Herodes, der Bevölkerung von Jerusalem, darunter die Hohenpriester und Schriftgelehrten des Volkes;
- wie die Beziehungen untereinander sind, z. B. zwischen Herodes und den Hohenpriestern;
- welche Gefühle, Ängste und Hoffnungen, Sorgen und Zweifel, in ihren Worten und Verhaltensweisen zum Ausdruck kommen.
- was die Worte und Verhaltensweisen für die Personen der Erzählung bedeuten.

Ich nehme auch die *Atmosphäre* des „Schauplatzes" wahr, z. B. da, wo Herodes und die Sterndeuter sich begegnen; da, wo nach dem Geburtsort des Messiaskönigs geforscht wird; da, wo die Sterndeuter dem Kind und seiner Mutter in dem Haus in Bethlehem begegnen.

3. ***Übertragung des Handlungsgeschehens auf mich und meine Situation,*** d.h. wahrnehmen:

• Was löst das Sprechen der Personen, ihr Verhalten in mir aus, wenn ich mich nacheinander in die verschiedenen Akteure, in ihre Worte und Gesten, in ihr Verhalten hineinversetze, um sie zu verstehen? Kann ich wahrnehmen, wo ich selbst in dieser Geschichte in einer der Personen vorkomme?

Vielleicht kann ich mich auch selbst in einer stimmigen eigenständigen Weise in das Geschehen einbringen.

• Welche Bedeutung hat *das* für mich hier und jetzt, was ich gesehen, gehört und betrachtet habe, vielleicht auch, wie ich mich selbst in dieses Geschehen eingebracht habe, *und* das, was es in mir ausgelöst hat? Zeigt sich, was der Herr mir in dieser Erzählung sagen will?

4. ***Gespräch mit dem Herrn (Kyrios),***

d.h., ich bringe vor ihm zur Sprache, was mich *bewegt* (hat), und höre, was Er mir sagen will. Vielleicht fühle ich mich – wie die drei Weisen – von dem Geheimnis dieses Kindes so angezogen, dass ich ihm von Herzen nahe sein möchte und vor ihm niederfalle, um es anzubeten.

Ich beschließe das Gespräch mit einer Verneigung oder einem „Ehre sei dem Vater".

Beschneidung und Darstellung Jesu im Tempel und das Zeugnis von Simeon und Hanna: Lk 2,21–40

2 [21]Und als die acht Tage vorüber waren, um das Kind zu beschnei-
den, wurde sein Name Jesus genannt, der genannt worden war von
dem Engel, ehe er empfangen wurde im Mutterleib.

[22]Und als die Tage ihrer Reinigung um waren nach dem Gesetz des
Mose, brachten sie ihn hinauf nach Jerusalem, ihn darzustellen dem
Herrn, [23]wie geschrieben steht im Gesetz des Herrn, dass alles Männ-
liche, das den Mutterschoß öffnet, heilig dem Herrn genannt werden
soll, [24]und um darzubringen ein Opfer nach dem, was gesagt ist im
Gesetz des Herrn: ein paar Turteltauben oder zwei junge Tauben.

25Und siehe, da war ein Mann in Jerusalem mit Namen Simeon,
und dieser Mann war gerecht und gottesfürchtig, er wartete auf
den Trost Israels und Heiliger Geist war auf ihm. 26Und es war
ihm verheißen worden vom Heiligen Geist, er werde den Tod nicht
schauen, bevor er gesehen habe den Messias (Gesalbten) des Herrn.
27Und er kam vom Geist geführt in den Tempel. Und als die Eltern
das Kind Jesus hereinbrachten, um an ihm zu handeln nach dem
Brauch des Gesetzes, 28da nahm er es in seine Arme und pries Gott
und sprach:

29Nun entlässt du deinen Knecht, Herr, nach deinem Wort in Frie-
den. 30Denn meine Augen haben geschaut dein Heil, 31das du be-
reitet hast im Angesicht aller Völker, 32Licht zur Offenbarung für
die Heiden und Herrlichkeit für dein Volk Israel. 33Und sein Vater
und seine Mutter waren verwundert über das, was über ihn gesagt
wurde. 34Und Simeon segnete sie und sagte zu Maria, seiner Mutter:
Siehe, dieser ist gesetzt zum Fall und zum Aufstehen vieler in Israel
und zum Zeichen des Widerspruchs, 35und deine Seele selbst wird
ein Schwert durchdringen, damit offenbar werden aus vielen Her-
zen die Gedanken.

36Und da war Hanna, eine Prophetin, eine Tochter Phanuels, aus
dem Stamme Ascher. Sie war in vorgerücktem Alter, lebte mit ihrem
Manne sieben Jahre nach ihrer Jungfrauschaft 37und war (nun) eine
Witwe von ungefähr vierundachtzig Jahren. Sie wich nicht vom Tem-
pel und diente Gott mit Fasten und Beten Nacht und Tag. 38Und zu
ebendieser Stunde trat sie hinzu und pries Gott und redete über ihn
zu allen, die warteten auf die Erlösung Jerusalems. 39Und als sie alles
vollendet hatten nach dem Gesetz des Herrn, kehrten sie zurück nach
Galiläa in ihre Stadt Nazareth. 40Das Kind aber wuchs heran und
wurde stark, erfüllt mit Weisheit, und Gottes Gnade war auf ihm.

Zusammenhang: Während die Botschaft von der Geburt des Messias bei den Hirten Aufnahme gefunden hat Lk 2,8–21, kündigt sich hier zum ersten Mal Widerspruch und Ablehnung an. Die Darstellung Jesu im Tempel bildet den Höhepunkt der lukanischen „Kindheitserzählung“.

Ich versuche zunächst wieder, mich an meinem Gebetsort einzufinden und mir bewusst zu werden, dass ich in Gottes Gegenwart bin. Ich stelle mich innerlich und in meiner leiblichen Haltung auf diese Wirklichkeit ein. Mit einer Verneigung kann ich meine Ehrfurcht vor dem Geheimnis Gottes zum Ausdruck bringen.

1. Das gewohnte ***Vorbereitungsgebet.***

2. Die ***drei Vorübungen*** zur Betrachtung der Ereignisse bei der Beschneidung Jesu und seiner Darstellung im Tempel von Jerusalem.

Erste Vorübung: Ich lese den Schrifttext langsam und wiederholt durch, um mich mit der Geschichte vertraut zu machen:

- *wie* die Eltern Jesu acht Tage nach seiner Geburt dem Gesetz des Herrn folgend ihren Sohn beschneiden lassen und er dadurch in das Bundesvolk Israel aufgenommen wird, wie sie damit ihren Erstgeborenen auf das Fundament und in das Kraftfeld der Bundesverheißung stellen, die einst Abraham und Sara zuteilwurde (Gen 17), *wie* sie so ihren Glauben an Gottes unbedingte Treue zu seinem Volk bekennen, die nicht von menschlichen Leistungen abhängig ist;
- *wie* das Kind bei der Beschneidung den Namen erhält, den der Engel bei der Verkündigung an Maria genannt hat: Jesus, d.h. *Jahwe ist Retter* (Lk 1,31), in ihm allein ist alle erlösende Liebe Gottes gegenwärtig (vgl. Apg 4,12);
- wie die Eltern dann dem Gesetz folgend vierzig Tage nach der Geburt ihren Erstgeborenen in den Tempel nach Jerusalem bringen, um ihn dem Herrn „darzustellen“, d.h. ihn als Gottes Eigentum zu präsentieren;
- *wie* da plötzlich ein betagter Mann mit Namen Simeon auftaucht, von dem es heißt, dass er in Jerusalem lebt und auf die „Tröstung *(paráklesis)* Israels“, den „Gesalbten (Christus) des Herrn“ wartet. Er wird als gerecht und fromm charakterisiert und als ein Mensch, der sich vom Heiligen Geist führen lässt. Von ihm hatte er auch die Zusage erhalten, dass seine Hoffnung sich noch zu seinen Lebzeiten erfüllen werde;
- *wie* Simeon vom Heiligen Geist geführt in den Tempel kommt, als die Eltern das Kind Jesus hereinbringen, *wie* er das Kind in seine Arme nimmt und Gott preist, dass sein Warten nun ein Ende gefunden hat, *wie* das Abendgebet sei-

nes Lebens ganz durchstimmt ist von der Freude über die Erfüllung der göttlichen Verheißungen, die „alle Völker" der Erde umfassen;
- *wie* die Eltern des Kindes über die Worte staunen, die Simeon in seinem Lobgesang über Jesus sagt;
- *wie* Simeon die Eltern segnet, sich dann an Maria, die Mutter Jesu, wendet und ihr die geheimnisvoll dunkle Seite der Zukunft ihres Sohnes offenbart: dass in Israel viele durch ihn zu Fall kommen und viele aufgerichtet werden, dass Jesus zu einem Zeichen wird, an dem sich die Geister scheiden, und Maria selbst in diese Auseinandersetzungen so schmerzlich hineingezogen werde, als würde ein Schwert ihre Seele durchdringen, und dass auf diese Weise die innersten Gedanken vieler Menschen sich zeigen;
- *wie* zur selben Stunde die Prophetin Hanna dazukommt, von der gesagt wird, dass sie sich ständig im Tempel aufhält und Gott mit Fasten und Beten bei Nacht und bei Tag dient, dass sie bis ins hohe Greisenalter nicht aufhört, die „Befreiung Jerusalems" herbeizusehnen;
- *wie* auch sie Gott preist und zu allen über das Kind spricht, die – wie sie – auf die „Erlösung Jerusalems" warten;
- *wie* die junge Familie dann nach Nazareth in Galiläa zurückkehrt, von wo sie aufgebrochen waren, um sich in Bethlehem registrieren zu lassen, *wie* Jesus dort aufwächst, wie er von Weisheit erfüllt wird und Gottes Gnade mit ihm ist.

Zweite Vorübung: Mit meiner Vorstellungskraft versuche ich, mir den „Schauplatz", die verschiedenen Handlungs*räume* dieses biblischen Geschehens zu vergegenwärtigen:

- den Weg von Bethlehem zum Tempel nach Jerusalem;
- die große Tempelanlage, das Zentrum des religiösen Lebens von ganz Israel; darin der Ort, wo das Kind Jesus von einem Priester Gott als Eigentum „dargestellt" wird; dann die Stelle im Tempel, wo die junge Familie dem greisen Simeon und der hochbetagten Prophetin Hanna begegnen.
- den Heimweg von Jerusalem in Judäa nach Nazareth in Galiläa;

- den kleinen Ort Nazareth und das Haus, wo die Familie Josefs wohnt, wo Jesus seine Kindheit und Jugend verbringt und zu einem Mann heranwächst.

Ich lasse die verschiedenen Wege und Orte des Geschehens vor meinem inneren Auge Gestalt annehmen.

Dritte Vorübung: Ich bitte um die Gnade, dass das Geheimnis dieser Erzählung mir nahe kommt und ich persönlich davon berührt werde, wie die beiden Prophetengestalten Simeon und Hanna in ihrem langen Leben sich nicht mit etwas zufrieden gegeben haben, das geringer ist als Gott; dass ich Jesus lieben und ihm nachfolgen kann, auch wenn ich – wie seine Mutter Maria – in die Schicksalsgemeinschaft mit ihm hineingezogen werde.

3. *Vergegenwärtigung des Handlungsgeschehens: Die Personen sehen, hören, was sie sagen, und betrachten, was sie tun*

Ich gehe in meiner Vorstellung zurück zu den biblischen Handlungsräumen – so wie sie vor meinem geistigen Auge entstanden sind – und lasse das Geschehen – wie es im Schrifttext steht – sich entfalten: Ich *sehe* die Personen, *höre*, was sie sagen, und *betrachte,* was sie tun.

Dabei versuche ich, mich in die Akteure der biblischen Geschichte hineinzuversetzen und mitzuempfinden:

- was in den Personen vorgeht; z.B. in den Eltern Jesu, als sie ihren Erstgeborenen JHWH, dem Gott Israels, als Eigentum weihen; als sie den Lobpreis des greisen Simeon hören und die Schicksalsprophetie über das Kind und seine Mutter;
- welche Beziehungen sie untereinander haben;
- welche Gefühle, Wünsche, Hoffnungen, Sorgen, Zweifel, Ängste in ihren Worten und Verhaltensweisen zum Ausdruck kommen;
- was die Worte und Verhaltensweisen für die Akteure oder Betroffenen der Erzählung bedeuten; z.B. die Worte der hochbetagten Prophetin Hanna über das Kind zu allen, die auf die Erlösung Jerusalems warten.

Ich nehme auch die *Atmosphäre* des jeweiligen „Schauplatzes“ wahr, z. B. da, wo bestimmte Leute die Worte Hannas hören.

3. ***Übertragung des Handlungsgeschehens auf mich und meine Situation,*** d. h., ich versuche wahrzunehmen:

• was das Verhalten der Personen (aktiv oder passiv), ihr Sprechen in mir an Empfindungen auslöst. Kann ich wahrnehmen, wo ich selbst in dieser Geschichte in einer der Personen vorkomme, wenn ich mich nacheinander in sie, in ihre Worte und Gesten, in ihr Verhalten hineinversetzt habe, um sie zu verstehen?
Vielleicht kann ich mich selbst in einer stimmigen eigenständigen Weise in das Geschehen einbringen.
• welche Bedeutung *das* für mich hier und jetzt hat, was ich gesehen, gehört und betrachtet habe, vielleicht auch, wie ich mich selbst in dieses Geschehen eingebracht habe, *und* das, was es in mir ausgelöst hat. Vielleicht nehme ich wahr, was der Herr mir in dieser Erzählung zeigen will.

4. ***Gespräch mit dem Herrn,***

d. h., ich bringe vor ihm zur Sprache, was mich *bewegt* (hat), und höre, was Er mir sagen will. Mit dem Gespräch beschließe ich den betenden Umgang mit dem „Geheimnis“ dieser Erzählung. Vielleicht fühle ich mich von dem Geheimnis dieser beiden alten prophetischen Gestalten so angesprochen, dass ich mich nach der inneren Freiheit sehne, mich nicht mit etwas zufrieden zu geben, das geringer ist als Gott. Vielleicht ist in mir auch das Verlangen gewachsen, ganz in seiner Nähe zu sein und der Schicksalsgemeinschaft mit ihm nicht auszuweichen.

Der zwölfjährige Jesus im Tempel: Lk 2,41–52

2 41Seine Eltern zogen jedes Jahr nach Jerusalem zum Paschafest.
42Und als er zwölf Jahre alt war und sie hinaufgingen nach dem Fest-
brauch, 43und die Tage zu Ende gegangen waren und sie zurückkehr-
ten, blieb der Knabe Jesus in Jerusalem, und seine Eltern wussten es
nicht. 44Da sie meinten, er sei bei der Pilgergruppe, gingen sie eine
Tagesreise weit und suchten ihn (dann) bei den Verwandten und Be-

kannten. [45]Und als sie ihn nicht fanden, kehrten sie nach Jerusalem
zurück und suchten ihn (dort). [46]Und es geschah: nach drei Tagen
fanden sie ihn im Tempel mitten unter den Lehrern sitzen. Er hörte
ihnen zu und stellte ihnen Fragen. [47]Es staunten aber alle, die ihm
zuhörten, über sein Verständnis und seine Antworten. [48]Und als sie
(seine Eltern) ihn sahen, gerieten sie außer sich, und es sagte zu ihm
seine Mutter: Kind, warum hast du uns das (an)getan? Siehe, dein
Vater und ich suchen dich mit Schmerzen. [49]Und er sagte zu ihnen:
Was (ist der Grund), dass ihr mich gesucht habt? Wusstet ihr nicht,
dass ich in dem, was meines Vaters ist, sein muss? [50]Und sie ver-
standen nicht das Wort, das er zu ihnen sprach. [51]Und er ging mit
ihnen hinab und kam nach Nazareth und war ihnen untertan. Und
seine Mutter bewahrte alle (diese) Worte in ihrem Herzen. [52]Und Je-
sus nahm zu an Weisheit und Lebensalter und Gnade bei Gott und
Menschen.

Zusammenhang: Die letzte Erzählung der „Kindheitsgeschichte Jesu“ bildet in ihrem jetzigen Kontext bei Lukas den Übergang zur Geschichte vom öffentlichen Auftreten des Täufers.

Ich versuche zunächst wieder, mich an meinem Gebetsort einzufinden und mir bewusst zu werden, dass ich in Gottes Gegenwart bin. Ich stelle mich innerlich und in meiner leiblichen Haltung auf diese Wirklichkeit ein. Mit einer Verneigung kann ich meine Ehrfurcht vor dem Geheimnis Gottes ausdrücken.

1. Das gewohnte ***Vorbereitungsgebet.***

2. Die ***drei Vorübungen*** *oder vorbereitenden Schritte* zur Betrachtung der Ereignisse um das Paschafest in Jerusalem und auf dem Heimweg von dort nach Nazareth.

Erste Vorübung: Ich lese den Schrifttext langsam und wiederholt durch und mache mich mit der Geschichte vertraut:

- *wie* Jesus im Alter von zwölf Jahren mit seinen Eltern in einer Pilgergruppe von Nazareth zum Paschafest nach Jerusalem zieht;
- *wie* er nach dem Ende der Festtage in Jerusalem bleibt, ohne dass seine Eltern es bemerken;

- *wie* seine Eltern ihn nach Ablauf einer Tagesstrecke vermissen und bei Verwandten und Bekannten nach ihm suchen, ohne ihn zu finden;
- *wie* sie daraufhin nach Jerusalem zurückkehren, um dort weiter nach ihm zu suchen;
- *wie* sie ihn schließlich nach drei Tagen im Tempel entdecken, wo er mitten unter den Schriftgelehrten sitzt, ihnen zuhört und Fragen stellt;
- *wie* die Schriftgelehrten über sein Verständnis der Schriften und über seine Antworten staunen;
- *wie auch* seine Eltern ins Staunen kommen und seine Mutter zu ihm sagt: „Kind, warum hast du uns das angetan? Dein Vater und ich haben dich mit Schmerzen gesucht;
- *wie* Jesus ihnen antwortet: Warum habt ihr mich gesucht? Wusstet ihr nicht, dass ich in dem sein muss, was meinem Vater gehört?
- *wie* seine Eltern diese Worte nicht verstehen;
- *wie* sie dann gemeinsam nach Nazareth zurückkehren und er seinen Eltern – wie bisher – gehorsam ist;
- *wie* seine Mutter all die Worte in ihrem Herzen bewahrt;
- *wie* Jesus in Nazareth heranwächst und an Weisheit zunimmt, *wie* er bei Gott Gefallen findet und bei den Menschen beliebt ist.

Zweite Vorübung: Mit Hilfe meiner Vorstellungskraft (Imagination) versuche ich, mir den „Schauplatz", die verschiedenen Handlungs*räume* dieses biblischen Geschehens zu vergegenwärtigen:

- den Weg von Nazareth nach Jerusalem;
- Jerusalem, die Stadt auf dem Berg, mit ihren Gassen und der großen Tempelanlage;
- die Stelle auf dem Rückweg, wo die Eltern Jesu bemerken, dass Jesus nicht in der Pilgergruppe ist, auch nicht bei Verwandten und Bekannten;
- den Tempel, wo Jesus mitten unter den Schriftgelehrten sitzt und mit ihnen über das Verständnis der Schriften spricht und wo seine Eltern ihn schließlich entdecken;
- den Weg, den Jesus mit ihnen nach Nazareth zurückgeht;

- Nazareth, den kleinen Ort in Galiläa, in dem Jesus heranwächst.

Ich achte darauf, wie die verschiedenen „Orte des Geschehens" vor meinem inneren Auge entstehen.

Dritte Vorübung: Ich bitte um die Gnade, dass das Geheimnis dieser Erzählung mir nahe kommt und ich persönlich davon berührt werde, sodass ich den bis in unsere religiösen Entwicklungsphasen hinein Mensch gewordenen Gott mehr lieben und ihm mehr nachfolgen kann.

Ich nehme mir wieder die notwendige Zeit, mich auf die verschiedenen Situationen einzustellen und mir bewusst zu werden, dass ich selbst Teil der Beziehung bin, die zwischen den handelnden Personen und dem in Nazareth in einem traditionell religiösen Milieu aufwachsenden Jesus und seinem himmlischen Vater sich abspielt.

Die drei vorbereitenden Schritte können mich für das Geheimnis öffnen, dass in einem konkreten geschichtlichen Umfeld in einem spirituell autonom gewordenen Jugendlichen Gott den Menschen auf unwiderrufliche Weise nahe gekommen ist.

3. *Vergegenwärtigung des Handlungsgeschehens: Die Personen sehen, hören, was sie sagen, und betrachten, was sie tun*

Ich gehe in meiner Vorstellung zurück zu den biblischen Handlungsräumen – so wie sie vor meinem geistigen Auge entstanden sind, und lasse das Geschehen – wie es im Schrifttext steht – sich entfalten: Ich *sehe* die Personen, *höre*, was sie sagen, und *betrachte,* was sie tun.

Dabei versuche ich, mich auch in die Akteure der biblischen Geschichte hineinzuversetzen und mitzuempfinden:

- Was geht in den Personen vor: z. B. in Jesus und seinen Eltern, die mit anderen Pilgern auf dem Weg zum Pessachfest hinauf nach Jerusalem sind; in den Eltern Jesu auf dem Rückweg nach Nazareth, als Jesus nirgendwo zu finden ist; in Jesus, als er im Tempel mit den Schriftgelehrten spricht, etc.?
- Welche Beziehungen haben sie untereinander?

- Welche Gefühle, Wünsche, Hoffnungen, Sorgen, Zweifel, Ängste kommen in ihren Worten und Verhaltensweisen zum Ausdruck?
- Was bedeuten die Worte und Verhaltensweisen für die Akteure oder Betroffenen der Erzählung? Zum Beispiel der Vorwurf der Eltern, als sie den vermissten Jesus wiederfinden, und seine Antwort darauf.

Ich nehme auch die *Atmosphäre* des „Schauplatzes“ wahr: z.B. da, wo Jesus mit den Schriftgelehrten im Tempel spricht.

3. ***Übertragung des Handlungsgeschehens auf mich und meine Situation,*** **d.h. wahrzunehmen:**

• Was löst das Verhalten der Personen (aktiv oder passiv), ihr Sprechen in mir aus, wenn ich mich nacheinander in die verschiedenen Akteure, in ihre Worte und Gesten, in ihr Verhalten hineinversetzt habe, um sie zu verstehen? Vielleicht kann ich dann leichter erfassen, wo ich selbst in dieser Geschichte vorkomme.

Darüber hinaus wird es hilfreich sein, mich in einer stimmigen eigenständigen Weise in das Geschehen einzubringen.

• Welche Bedeutung hat *das* für mich hier und jetzt, was ich gesehen, gehört und betrachtet habe, vielleicht auch, wie ich mich selbst in dieses Geschehen eingebracht habe, *und* das, was es in mir ausgelöst hat? Was will der Herr mir mit dieser Erzählung zeigen?

4. ***Gespräch mit dem Herrn,***

d.h., ich bringe vor ihm zur Sprache, was mich *bewegt* (hat), und höre, was Er mir sagen will. Mit dem Gespräch beschließe ich den betenden Umgang mit dem „Geheimnis“ dieser Erzählung. Vielleicht fühle ich mich von dem Geheimnis dieses spirituell autonom gewordenen jungen Jesus so angezogen, dass ich mich danach sehne, mit ihm in diese innere Freiheit hineinzuwachsen.

*

Ergänzende Erläuterungen zum biblischen Text:

Die distanzierte Antwort Jesu auf den Vorwurf seiner Mutter mag befremdlich wirken. Verwundert über ihr Unverständnis zeigt er ihr die Grenze seiner familiären Bindung auf. Sein Verhalten entspricht einer unbedingten inneren Notwendigkeit (*dei*). Das hätten seine Eltern doch wissen müssen. Gott nimmt in seinem Leben die erste Stelle ein, und diese *Priorität* ist durch nichts zu relativieren, auch nicht durch familiäre Verpflichtungen. Dieser Grundzug kennzeichnet sein ganzes Wesen (Lk 8,21).

Wie jeder junge Mensch hat auch Jesus die gegensätzlichen Forderungen der Rücksichtnahme gegenüber seinen „Eltern" und den Wesensimpulsen aus seinem Innern an sich erfahren. Bei ihm ist der Durchbruch zur Freiheit zutiefst religiös bestimmt. Irgendwann ist ihm aufgegangen, dass er sich in wesentlichen Dingen nicht mehr daran orientieren darf, was andere ihm sagen, und seien es selbst die eigenen Eltern. Dieser Aufbruch in die eigene Freiheit ist verbunden mit einer rücksichtslos anmutenden Unbedingtheit und mit dem Unvermögen, sich verständlich zu machen: „Warum habt ihr mich gesucht? Wusstet ihr nicht, dass ich in dem sein *muss* (*dei*), was meines Vaters ist? Sie aber verstanden nicht, was er damit sagen wollte" (V. 49 f.). Hier spricht Jesus zum ersten Mal von dem „Muss", das sein Leben bestimmt.

Die Berufung Gottes zu einem eigenen und eigenständigen Leben führt den jungen Jesus zur inneren Freiheit von allen Autoritäten. Selbst im Tempel scheut er nicht die Autorität der Schriftgelehrten. Er erkennt über sich als seinen Vater und Herrn nur Gott allein an. Auch sein letztes Wort bezeugt diese Ausrichtung und Beziehung zu ihm als seinem Vater: „Vater, in Deine Hände lege ich meinen Geist!" (Lk 23,46).

Wer sich nicht zu einem eigenverantworteten Leben durchringt, wer die Zonen der Unsicherheit und die Augenblicke der Angst und Einsamkeit scheut, kann nicht zum Erwachsenen reifen. Wer davor zurückschreckt, in diesem elementaren Prozess andere zu verletzen, und seien es die Liebsten, wird sich dem Absolutheitsanspruch von Menschen beugen und sie an Gottes Stelle setzen.

Im Tempel von Jerusalem wird Jesus und seinen Eltern klar, dass niemand mehr dem anderen gehört. Der „Verlust" des geliebten Kindes hat beide Seiten auf den eigenen Lebensgehorsam verwiesen und damit zum Kindsein vor Gott befreit. Die Gemeinsamkeit, mit der sie nach Nazareth zurückkehren, ist eine andere als bei ihrem Aufbruch.

N.B. Generell gilt, nach etwa 2–3 detailliert ausgeführten Betrachtungsvorgaben soll der Übende nach Möglichkeit nur den biblischen Text nehmen und selbständig nach dem Grundmodell auf S. 146–149 seine Schriftbetrachtung gestalten. Ich habe für die Zweite bis Vierte Woche eine größere Auswahl von Texten mit den einzelnen Übungsschritten ausgeführt und überlasse es den Übenden oder Begleitenden, für welche Texte sie sich entscheiden.

Die Meditation (meditación) über die zwei Bereiche („Banner"): vgl. EB 136–148

Hinführung: Im betenden Umgang mit den Geheimnissen des Lebens Jesu geht es jetzt darum, mir das spannungsvolle „Milieu" zu verdeutlichen, in dem ich seinen Ruf wahrnehmen und realisieren will. Ich soll eine tiefe Einsicht in die gegensätzlichen „Strategien" gewinnen, in denen um das Leben jedes Menschen, also auch um mich, gerungen wird. Ich soll gleichsam „wittern", wo das Heile und Ganze, die „verborgene Gestalt" meines Lebens zur Entfaltung und Reifung kommt *und* welche „Mächte und Gewalten" mich gefangen halten und zum Objekt ihres Einflusses machen.

1. Der Text

EB 136–138: Nach dem *gewohnten Vorbereitungsgebet* versuche ich, mit Hilfe meines Vorstellungsvermögens, mir zwei gegensätzliche Milieus, zwei ganz unterschiedliche Lebensbereiche zu vergegenwärtigen.

EB 140–142: Zunächst lasse ich ein Milieu vor meinem geistigen Auge entstehen, in dem alle Menschen von verborgenen Mächten wie mit Ketten und Netzen gefangen und in Abhängigkeit gebracht werden. Die triebhaften Kräfte und emotionalen Grundbedürfnisse des Menschen werden in einer Weise angesprochen, dass sein Besitzstreben zur Habgier wird, sein Geltungsdrang sich in Ehrgeiz, in ein unstillbares Verlangen nach Ansehen und Einfluss verkehrt, sein Streben nach Unabhängigkeit ihn zu Stolz und Hochmut verführt usw., sodass er sich selbst immer fremder wird – bis zum Verlust seiner Identität.

Ignatius nennt dieses Milieu *Babylon*, das nach biblischer und patristischer Typologie der Inbegriff eines Menschen verachtenden Gesellschaftssystems ist, symbolischer Ort gottloser Selbstbehauptung, der Raum seelisch-geistiger Verblendung und Verwirrung. Ein von Lüge und Gewalt durchherrschtes Milieu, das *Sinnleere*, *Angst* und *Unfreiheit* hervorbringt.

EB 139 a: Ich bitte darum, die Täuschungen des Bösen zu erkennen, und um Hilfe, mich davor zu schützen.

Dann frage ich mich:
- Wo erfahre ich in meiner Lebenswelt eine Atmosphäre, die Angst macht, Sinnleere hervorbringt und die unfrei macht?
- Wo geht von mir etwas aus, das Angst macht, Sinnleere hervorbringt und andere unfrei macht?

EB 143–146: Im Gegensatz dazu stelle ich mir Christus, den „Herrn der ganzen Welt", vor, wie er so viele Menschen auswählt und in die ganze Welt sendet, um die Freiheit des Evangeliums allen nahezubringen. Er empfiehlt ihnen, allen zu helfen, ihre ursprüngliche Freiheit zurückzugewinnen. Christus zwingt oder manipuliert niemanden. Seine Erwählung und Sendung ist als Einladung zu verstehen, in Schicksalsgemeinschaft mit ihm „zu suchen und zu retten, was verloren ist" (Lk 19,9), und „allen zu leuchten, die in Finsternis sitzen und im Schatten des Todes", und ihre „Schritte zu lenken auf den Weg des Friedens" (Lk 1,79). Ihre äußere Erscheinung, ihr Auftreten soll Vertrauen in die Glaubwürdigkeit und Uneigennützigkeit ihres Auftrages wecken. Wer ständig um sein Ansehen besorgt ist, wer sich immer in Konkurrenz zu anderen sieht und mit eigenen Rollenzwängen sich selbst im Wege steht, ist untauglich für den Dienst, zu dem Christus seine Leute zu den Menschen schickt. Sie sollen einerseits davon überzeugt sein, dass es für sie nichts Wichtigeres auf der Welt gibt, als Gottes Nähe unter den Menschen sichtbar und erfahrbar zu machen. Andererseits sollen sie ihre Überzeugung mit großem Respekt vor der persönlichen Freiheit der anderen weitergeben. Sie müssen bei ihrer Mission mit ähnlichen Erfahrungen rechnen, wie sie Jesus selbst gemacht hat.

Ignatius nennt das Milieu, das von Jesus ausgeht und das seine Leute unter den Menschen verwirklichen sollen, *Jerusalem.* In der Typologie der Schrift und Vätertradition ist das der Inbegriff von Heimat, symbolischer Ort, wo Gott und Mensch und die Menschen untereinander zu erfüllter Gemeinschaft finden. Die Gewaltlosigkeit und Wahrheit symbolisieren ein identitätsstiftendes Milieu, das *Vertrauen* weckt, *Lebens-*

sinn vermittelt und in die *Freiheit* des eigenen Lebensgehorsams führt.

EB 139b: Ich bitte darum, das wahre Leben zu erkennen, das Christus mir zeigen will, und um die Gnade, ihm nachzufolgen.

Dann frage ich mich:
- Wo erfahre ich in meiner Lebenswelt eine Atmosphäre, die Vertrauen weckt, Lebenssinn vermittelt und in die Freiheit des eigenen Lebensgehorsams führt?
- Wo geht von mir eine Kraft aus, die Vertrauen weckt, Lebenssinn vermittelt und andere in die Freiheit ihres Lebensgehorsams führt?

EB 147: Die Betrachtung und Erwägung der beiden Bereiche schließt mit einem „dreifachen Gespräch". Dreimal bitte ich um die Gnade, in die Nachfolge Jesu aufgenommen zu werden und in Schicksalsgemeinschaft mit ihm das Verlorene zu suchen und zu retten. Die Bitte um das Erleiden von Schmähungen und Verleumdungen aus Liebe zum Herrn steht jedoch unter dem Vorbehalt, dass dies ohne die Sünde eines anderen und ohne Beeinträchtigung der Verherrlichung Gottes zu geschehen hat.

- Das Gespräch wird zunächst mit *Maria* geführt, in der das *Wort* des Vaters Mensch wurde,
- dann mit dem *Sohn*, der das *Wort* des Vaters ist,
- und schließlich mit dem *Vater*, der sein ewiges *Wort* in diese Welt hinein gesagt hat.

Diese in gleichen Worten sich wiederholende Bitte steht ganz im Gefälle des bisherigen Übungsprozesses, dem „armen und geschmähten" Herrn näherzukommen, aber in dem Bewusstsein, dieses „mehr" nicht machen zu können.

Das dreifache Gespräch kann dazu führen, mein Verlangen nach größerer Angleichung an den „armen und geschmähten Christus" statt in der intentionalen mehr und mehr in der existenziellen Schicht meines Wesens zu verankern.

2. Ergänzende Erläuterungen zum Text

• Die Meditation der beiden Bereiche will mich zu der nüchternen Einsicht bringen, dass wir nie aus einer neutralen „objektiven“ Position heraus uns entscheiden können. Ich selbst und meine persönliche Geschichte, das „Milieu“, in dem ich stehe, und seine Geschichte sowie die nicht aufrechenbare wechselseitige Abhängigkeit (Interdependenz) beider „Bereiche“ sind auch geprägt von der Unheilsgeschichte der Menschheit. Wir haben ein gebrochenes Verhältnis zu uns selbst, zu unserer Umwelt, zu Gott. Das unserer Entscheidung Vorgegebene ist also von dieser dauernden und unausweichlichen Unheilssituation real mitbestimmt. Wir haben es bei diesem negativen Existenzial mit einer dynamischen Größe zu tun, die überall hindrängt, die alle Bereiche und Dimensionen menschlichen Lebens miterfasst. Es gibt nichts, wohin wir uns davor zurückziehen könnten, um einmal ganz unbehelligt zu sein. In allem und jedem – und sei es auch das Beste und Heiligste – gibt es dieses Gefälle, diese Anziehungskraft der „Mächte und Gewalten“ des Bösen.

Ähnlich ist unser Dasein dauernd von Gottes Nähe, von seinem Angebot zu „Heil“ schaffender Gemeinschaft mit ihm real mitbestimmt. Wir haben es bei diesem positiven Existenzial ebenso mit einer dynamischen Größe zu tun, die alle Bereiche und Dimensionen menschlichen Lebens erfassen und erfüllen will. Sie will den Menschen von aller Selbstentfremdung lösen, indem sie ihn von allen falschen Sicherungen des *Haben-Wollens, Gelten-Wollens* und *Sich-behaupten-Wollens* befreien will – zu einem Leben, das ganz und gar in Gott gegründet ist, zu einem Leben, das bei allem kraftvollen In-der-Welt-Stehen sich eine letzte Distanz, eine innere Freiheit gegenüber allen Dingen, allen Menschen, allen Werten bewahrt.

• Die beiden gegensätzlichen Lebensbereiche *Babylon* und *Jerusalem* wollen durch ihre Unvereinbarkeit eine innere Bewegung bei mir auslösen oder verstärken, die mich für den Weg der *Wahrhaftigkeit,* der *Gewaltlosigkeit* und der *Feindesliebe* freisetzt. Das kann nur „gelingen“, wenn ich auch bereit bin, mir die Täuschungen des Bösen, das verborgene Streben nach Macht, die geheime Freude an öffentlichem Ansehen und Einfluss, die Macht von Hass, Lüge und Gewalt, das Ausmaß von Verweigerung und Verschlossenheit im eigenen Herzen aufdecken und mich davon erlösen zu lassen.

Die Grafik auf der nächsten Seite kann das Verständnis der Meditation über die zwei „Banner“ vielleicht noch verdeutlichen.

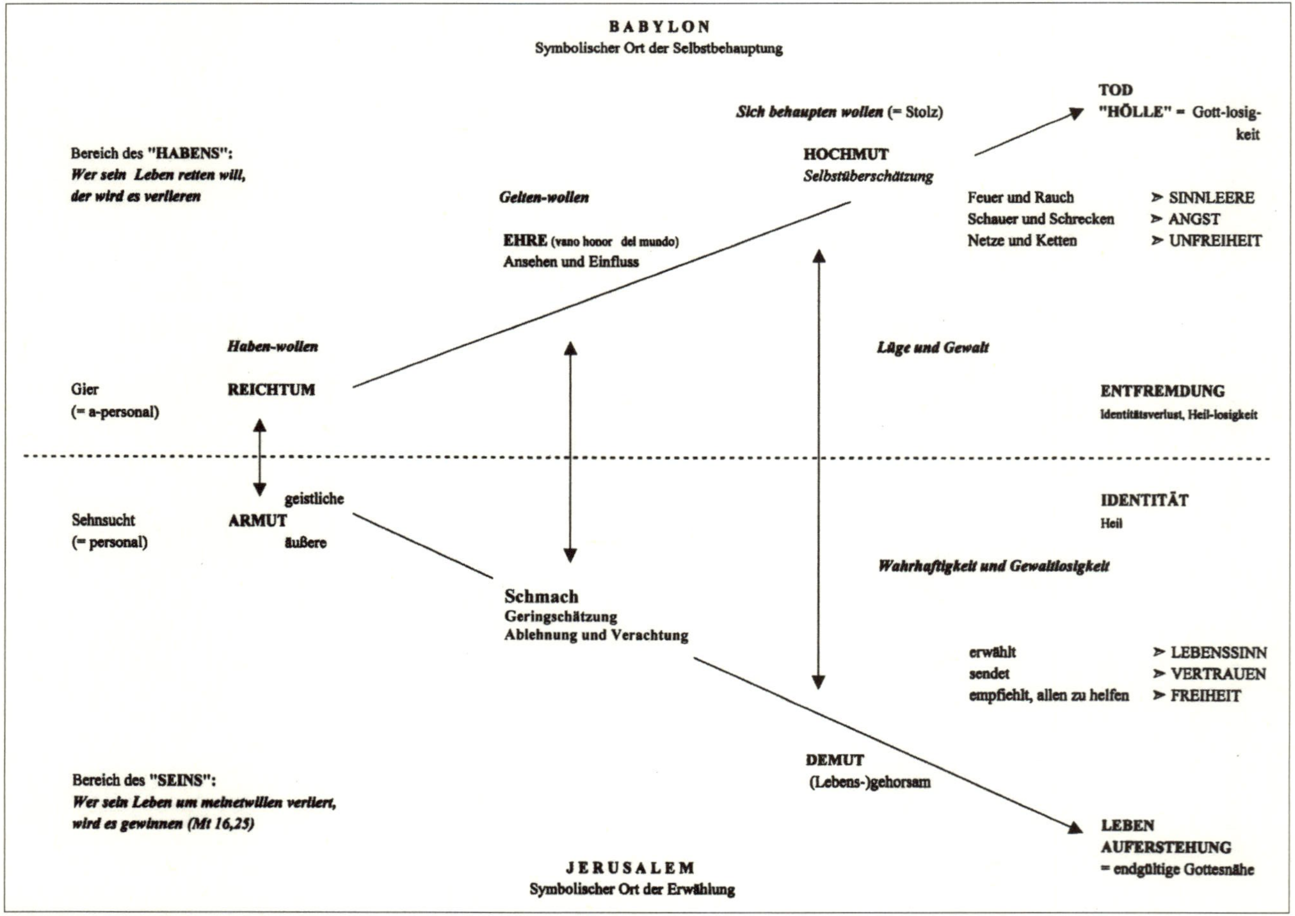
B A B Y L O N
Symbolischer Ort der Selbstbehauptung
TOD
"HÖLLE" = Gott-losig-keit
Sich behaupten wollen (= Stolz)
Bereich des "HABENS":
Wer sein Leben retten will, der wird es verlieren
HOCHMUT
Selbstüberschätzung
Gelten-wollen
Feuer und Rauch ➢ SINNLEERE
Schauer und Schrecken ➢ ANGST
Netze und Ketten ➢ UNFREIHEIT
EHRE (vano honor del mundo)
Ansehen und Einfluss
Haben-wollen
Lüge und Gewalt
Gier (= a-personal)
REICHTUM
ENTFREMDUNG
Identitätsverlust, Heil-losigkeit
geistliche
Sehnsucht (= personal)
ARMUT
äußere
IDENTITÄT
Heil
Wahrhaftigkeit und Gewaltlosigkeit
Schmach
Geringschätzung
Ablehnung und Verachtung
erwählt ➢ LEBENSSINN
sendet ➢ VERTRAUEN
empfiehlt, allen zu helfen ➢ FREIHEIT
DEMUT
(Lebens-)gehorsam
Bereich des "SEINS":
Wer sein Leben um meinetwillen verliert, wird es gewinnen (Mt 16,25)
LEBEN
AUFERSTEHUNG
= endgültige Gottesnähe
J E R U S A L E M
Symbolischer Ort der Erwählung

Die Meditation (meditación) über die drei Menschengruppen: EB 149–157

Hinführung: Diese Meditation kann helfen, mir darüber klar zu werden, ob ich wirklich bereit bin, dem Ruf Christi in Lauterkeit und Entschiedenheit und mit allen Konsequenzen zu folgen. Bevor also die Überlegungen zu einer wichtigen Entscheidung („Wahl“) beginnen, stelle ich mir noch einmal das Ziel der Exerzitien vor Augen: Der *größere* Dienst und Lobpreis Gottes und das *größere* Heil aller Menschen.

Dieser „offene Komparativ“, der die Geistlichen Übungen von Anfang bis Ende durchzieht, wird in der Meditation über die drei Menschengruppen besonders häufig genannt (EB 149, 151, 152, 155 2x) Dieses „mehr“ ist frei von allem Gewollten und Gesollten im Sinne von persönlicher Leistung. Es entzieht sich jeder Art von Machbarkeit. Es geht vielmehr um die Entwicklung eines feinen Gespürs und um die Disposition, „in unserem Leben die guten Werke zu tun, die Gott uns im Voraus bereitet hat“ (Eph 2,10).

Vorbemerkung: Anstelle der Anwendung der Sinne halte ich als fünfte Übung an diesem vierten Tag eine Besinnung über die drei Gruppen von Menschen, um mich *für das „mehr“* zu entscheiden *(EB 149).*

EB 150–151: Nach dem ***Vorbereitungsgebet*** soll mir zunächst am Beispiel einer großen Summe rechtmäßig erworbenen Geldes bewusst werden, in welche Abhängigkeit Menschen damit geraten sind, weil sie sich bei der Mehrung ihres Vermögens von anderen Motiven haben leiten lassen als von dem, was mehr zu dem Ziel hinführt, auf das hin sie geschaffen sind (EB 23). Dadurch haben sie einen Teil ihrer inneren Freiheit eingebüßt. Es ist genau das eingetreten, worauf die „Meditation über die zwei Bereiche“ („Banner“) aufmerksam machen wollte. Am schwächsten Punkt für eine zunächst unmerkliche und allmähliche Entfremdung von sich und von Gott haben sie nachgegeben. Die große Summe rechtmäßig erworbenen Geldes hat ihnen eine Unabhängigkeit und vielleicht auch eine gesellschaftliche Position ermöglicht, von der sie sich nur ungern wieder trennen. Die drei Menschengruppen zeigen, wie sehr die Freiheit ihres Willens durch die Anhänglichkeit (*affección*) an den erworbenen Reichtum schon beeinträchtigt ist.

Auch unsere religiösen Bemühungen und Erfahrungen sind untrennbar durchsetzt von psychischen Kausalitäten. Wer darum weiß, wie unser Verstand und unsere psychischen „Mechanismen" arbeiten, wenn unsere Interessen, Wünsche und Ängste ins Spiel kommen, kann ermessen, wie schwer es ist, zu der notwendigen Offenheit und Verfügbarkeit, zu jener für eine rechte Entscheidung notwendigen Durchlässigkeit zu finden, selbst bei intensiver Selbstprüfung und ausgedehntem Gebet.

Ich soll mir dann bewusst machen, dass ich in Gottes und Seiner Heiligen Gegenwart bin, mir vergegenwärtigen, in welchem Kraftfeld ich tatsächlich stehe. Von diesem Kraftfeld aus schaue ich auf die verlorene Freiheit, damit meine Sehnsucht sich aufmacht, sie wieder zurückzugewinnen.

EB 152: Ich bitte um die Fähigkeit, mir von Gott die Freiheit von meiner bereits bestehenden Anhänglichkeit schenken zu lassen.

EB 153: Im Folgenden werden dann die eingangs genannten drei Arten von Menschen näherhin charakterisiert. Sie stellen drei verschiedene Haltungen und Verhaltensweisen dar, wie Menschen sich von der beschriebenen Anhänglichkeit (*affecto*) lösen möchten oder wollen. Mit den drei *Typen* sind mir drei unterschiedliche Identifikationsmöglichkeiten angeboten, mit deren Hilfe ich den Grad meiner Anhänglichkeit und den Grad meiner Entschiedenheit, davon zu lassen, überprüfen kann:

Die *erste Gruppe* von Menschen ist zu schwach, sich aus der Anhänglichkeit zu lösen. Sie möchte (*querria*) zwar, aber sie bringt bis zum Lebensende keine Entschiedenheit auf. Es bleibt alles beim Alten. Dieser Menschentyp lässt sich treffend mit dem Gleichnis vom Paternoster-Aufzug aus Erich Nossacks „unmöglicher Beweisaufnahme" veranschaulichen:

Irgendwann ist man eingestiegen, um in irgendeiner Etage wieder auszusteigen. Das war die Absicht. Man muss es wohl genau gewusst haben, warum und wohin man wollte. Auf jeden Fall aufwärts! Es schien alles selbstverständlich. Aber das ist längst vergessen; man kann sich auf keine

Weise mehr daran erinnern, und es hat auch keinen Sinn mehr. Man denkt nur: Wäre ich doch nie eingestiegen! Was hat mich bloß verführt? Denn wider Erwarten zeigt es sich, dass der Fahrstuhl viel zu schnell fährt, als dass man es wagen könnte, ohne weiteres auszusteigen. Diese Feststellung kommt so überraschend, dass man zuerst nicht einmal erschrickt; beim Einsteigen war nichts davon zu merken, sonst wäre man gewiss nicht eingestiegen. Man kann ja die Treppe benutzen; es ist auf jeden Fall sicherer. Doch wieso denn? Vielleicht ist plötzlich irgendein hemmender Zahn an einem Rad abgebrochen. Oder der Hausmeister hat die Maschinerie auf dieses Tempo gebracht, weil es etwas auszuprobieren gibt. Doch dann wäre es Pflicht gewesen, eine Warnungstafel anzubringen: „Achtung! Nicht einsteigen wegen Reparatur!" Aber nun ist es zu spät, jemanden verantwortlich zu machen. Man fährt mit viel zu großer Geschwindigkeit aufwärts; die Kabine, in der man steht, flitzt an den Etagen vorbei. Wenn man hinausspränge, würde man wahrscheinlich eingeklemmt werden. Sie haben allerdings die Trittbretter vorsichtshalber so angebracht, dass sie hochklappen können, aber wer mag es darauf ankommen lassen. Deshalb überlegt man: Ich fahre lieber über den Dachboden; nachher beim Abwärtsfahren ist das Hinausspringen leichter. Wegen des Schwungs wird man damit rechnen müssen, dass man auf den Flur der Etage stürzt, aber das ist nicht so schlimm, man wird wenigstens nicht eingeklemmt. Und so kreist man beruhigt über den Dachboden, an dem großen Rad vorbei, das von schwarzem Schmierfett trieft. In der milchigen Beleuchtung des Oberlichts lässt sich das alles sehr genau sehen. Und wenn man über den Scheitelpunkt hinaus ist, und es geht ruckweise abwärts, dann nimmt man sich vor: So, jetzt! Aber schon bei der obersten Etagenöffnung fühlt man sich nicht genügend vorbereitet. Wozu auch die Hast? Es kommen ja noch so viele Etagen. Man steht auf dem Sprung, der ganze Körper ist angespannt, und wenn die nächste Etage sich nähert, zuckt man bereits probeweise mit einem Fuß vor. Doch im letzten Moment reißt man sich zurück und wartet doch lieber eine noch tiefere Etage ab. Und so geht es allmählich immer weiter abwärts. Nur Ruhe! Denkt man, ich werde erst noch einmal durch den Keller fahren. Auf dem Emailschild in der Kabine steht ja, dass man ohne Gefahr durch den Keller fahren könne. Ohne Gefahr ist gut! Wenn so etwas erwähnt wird, besteht also doch Gefahr. Nur eben so lange nicht, wie man in der Kabine bleibt. Und so fährt man getrost in den Keller, wo völlige Dunkelheit herrscht. Die Maschinerie knackt wie gichtige Gelenke. Da heißt es nichts, wie sich still verhalten. Und dann geht es von neuem aufwärts, die alte Tour, die man schon kennt. Immer im Kreis! Das ist sehr schlimm. Und wie lange soll das dauern …?

EB 154: Die *zweite Gruppe* von Menschen verlangt von Gott, ihre Anhänglichkeit in Kauf zu nehmen. Sie hat für sich entschieden, ihren Frieden mit Gott nur im Rahmen der bestehenden Verhältnisse zu suchen, d. h., sie will von dem erworbenen Reichtum nicht lassen. Diese Art von „Komfortchristen" dürfte in ihrer Zahl nicht gering sein.

EB 155: Mit der *dritten Gruppe* von Menschen wird eine Freiheit beschrieben, in der alles, aber auch restlos alles, außer Gott, im Letzten als gleich *gültig* erfahren und bejaht wird: Reichtum oder Armut, Ehre oder Schmach, langes Leben oder kurzes Leben (vgl. EB 23). Die Freiheit kommt dadurch zustande, dass sich das Sehnen (*desear*) auf den Dienst und die Verherrlichung Gottes und das Heil der Menschen verlagert hat.

Aus einer solchen Freiheit heraus wird es mir möglich, so indifferent zu sein, dass ich auch damit zufrieden bin, wenn ich meinen erworbenen Reichtum als neues Sinnpotential von Gott zurückerhalte.

Im Augenblick geht es aber noch nicht darum, eine konkrete Entscheidung zu fällen, sondern den Wunsch in mir aufkommen und lebendig werden zu lassen, die „Sache" weder zu nehmen noch sich von ihr zu trennen – bis sich zeigt, was besser ist um „Gott unserem Herrn zu dienen".

EB 156: Die Meditation über die drei Menschengruppen wird mit dem dreifachen Gespräch abgeschlossen wie bei den vorausgegangenen Meditationen über die zwei Bereiche („Banner"). Das verdeutlicht noch einmal, dass ich die größere Angleichung an den „armen und geschmähten Herrn" von mir aus nicht „machen" kann.

Ein Gespräch mit *Maria*, der Mutter unseres Herrn, dass sie mir von ihrem Sohn die Gnade erlange, in seine Nachfolge aufgenommen zu werden:

- zuerst in größter geistlicher Armut (Freiheit des Herzens) und, wenn Ihm damit gedient ist, und Er mich dazu erwählen will, nicht weniger zu äußerer Armut (Verzicht auf die Bindung an materielle Güter).

- zweitens Schmähungen und Unrecht zu ertragen, um Ihm *mehr* nachzufolgen, wenn das geschehen kann, ohne dass es Ihm missfällt.

Dasselbe vom *Sohn* erbitten, damit Er es mir vom Vater erlange. Dasselbe vom *Vater* erbitten, damit Er es mir gewähre.

N. B.: Bei der Meditation über die drei Menschengruppen, die alle in Abhängigkeit von einer großen Summe rechtmäßig erworbenen Geldes geraten sind, muss man darauf achten, dass der neuralgische Punkt in den Blick kommt. Das können z. B. die Annehmlichkeiten eines bestimmten Lebensstils sein. Die Übung darf aber nicht aszetisch missverstanden werden.

„Unterscheidung der Geister“ / Geistliche Unterscheidung: EB 313–327 und 328–338

Hinführung: Im Verlauf des ganzen Exerzitienprozesses spielen die sog. „Regungen“ oder Bewegungen (*mociones*) eine Hauptrolle. Damit sind spontane innere Lebensäußerungen gemeint, die vor aller bewussten Einflussnahme liegen: Gefühle, Stimmungen, Vorstellungen, Gedanken, Assoziationen, Träume etc., also alles, was im Übenden sich regt und bewegt. Ignatius hält es für unerlässlich, dieses innere Geschehen sorgfältig wahrzunehmen und zu prüfen, welche inneren Impulse und Abläufe von Gott kommen und welche nicht, ob ein Impuls den Übenden der Freiheit des Evangeliums näher bringt oder nicht. Deshalb ist davon auszugehen, dass nicht alle Regungen und diese auch nicht zu jeder Zeit Gegenstand psychologischer Analyse und Beratung sein können.

Die sog. Regeln zur „Unterscheidung der Geister“ basieren auf der persönlichen Erfahrung des Ignatius. Eine Vielfalt literarischer Einflüsse aus der Tradition hat jedoch auf die Formulierungen der Regeln eingewirkt. In der Tradition fand Ignatius nicht selten die Worte, in denen er seine eigene Erfahrung ausdrücken konnte.

Inhaltlich gesehen bieten diese Regeln kaum etwas Neues gegenüber der Tradition. *Neu ist aber bei Ignatius die Verbindung geistlicher Unterscheidung mit der „Wahl“*. Er provoziert gewissermaßen unterschiedliche Regungen und Stimmungen im Übenden, Trost und Trostlosigkeit, vor allem durch das vertiefende Hineinführen in die „Geheimnisse des Lebens Jesu“, um experimentell herauszufinden, was der Wille Gottes für den Übenden sei, welche Entscheidung für ihn persönlich unter ganz bestimmten einmaligen Umständen ansteht. Die geistliche Unterscheidung ist also eine Weise, die Wahrheit zu tun (Joh 3,21), d.h. sich der Realität zu stellen, wie sie das Leben einfordert. Gott spricht zu uns vor allem durch die Herausforderungen des Lebens. Das bedeutet auch, dass ich mich ggf. in einer konkreten Situation sachkundig machen muss, weil sonst der Klärungs- und Entscheidungsprozess „im luftleeren Raum“ verläuft. So kommt es darauf an, die Welt, d.h. die äußeren Ereignisse und ihre Auswirkungen auf mein Leben, im Licht des Glaubens sehen zu lernen und darauf zu vertrauen, „Gott in *allen* Dingen zu finden".

Der *theologische* Hintergrund der geistlichen Unterscheidung ist derselbe wie in der Meditation über die zwei „Banner" oder „Bereiche" (EB 136–148).

Die folgenden Ausführungen sind als eine *Grundorientierung* für Begleitende und Übende zu verstehen:

***Ziel* der geistlichen Unterscheidung** ist, den Willen Gottes in concreto zu finden und zu tun. Ein solcher Unterscheidungs- und Entscheidungsprozess geschieht in einer Atmosphäre der Ausrichtung auf Gott, der Achtsamkeit, des Gebetes.

• Die geistliche Unterscheidung der verschiedenen inneren Regungen und Bewegungen im Begleiteten (*diakrísis*) ist ein Charisma, eine Gabe des Heiligen Geistes, nicht eine Fähigkeit, die man sich auf gewöhnliche Weise mit einer bestimmten Methode erwerben kann.

Die geistliche Unterscheidung hat ihre Voraussetzung in der persönlich gelebten Verbundenheit mit Christus (*familiaritas cum Christo*), in die der Übende durch den betenden Umgang mit den Geheimnissen des Lebens Jesu allmählich hineinwächst. Von dort her wächst eine Ahnung und die Witterungsfähigkeit, zu unterscheiden, welche Regungen und Bewegungen (Impulse) dem Willen Gottes mehr entsprechen und welche nicht.

Die Unterscheidungsregeln

- sind grundlegende Orientierungen, die das Mühen um Unterscheidung nicht ersetzen.
- Sie liefern wichtige Kriterien und Hinweise, mit deren Hilfe man sich in der konkreten Erfahrung der verschiedenen Regungen zurechtfinden kann.
- Sie machen auf wichtige Sachverhalte aufmerksam, die nicht übersehen sollten:
    - dass sie zuallererst für Menschen gelten, die entschieden sind, ihr Leben nach dem Evangelium, also auf Gott hin, auszurichten, „die auf dem Weg vom Guten zum Besseren sind" (EB 315, 335).

- dass geistige Reife ein wichtiger Faktor ist (EB 314, 315, 9–10).
- dass man mit Wegen und Mitteln zu rechnen hat, die vom Bösen sind, bes. dass das Böse auch als „Engel des Lichtes“ auftritt und sich in Friede, Licht, Trost, Glaubhaftigkeit, Vernünftigkeit usw. hüllt (EB 331).
- dass Gott sich „unmittelbar“ mitteilen kann und es auch tut, d.h. ohne erkennbare vorausgehende Ursache (EB 330).
- dass eine Regung nicht blitzartig eine Person zu befallen braucht, sondern oft einen Ablauf mit Anfang, Mitte und Ende hat, der sich über Tage und noch länger erstrecken kann (EB 333).

Zunächst ist also zu prüfen, in welche Richtung die begleitete Person geht und in welchem Lebenskontext ihre inneren Regungen und Bewegungen stehen, dann: in welche Richtungen die Regungen tendieren, welche Folgen das für den Übenden hat und wie sich das alles gefühlsmäßig und somatisch bei ihm auswirkt.

Zentral für die Praxis der geistlichen Unterscheidung sind die spontanen inneren Lebensäußerungen (Impulse), die vor aller bewussten Einflussnahme liegen: Gefühle, Stimmungen, Assoziationen, Träume etc., also alles, was sich in der begleiteten Person bzw. in mir als Begleiter regt und bewegt.

Die Unterscheidungsregeln wollen helfen:

- diese spontanen Impulse ins Gespür zu bekommen (*sentir*), also wahrzunehmen, was in der begleiteten Person und in mir vor sich geht, und zwar *ohne zu werten*, ohne zu beurteilen. Ein frühzeitiges Bewerten verhindert oder beeinträchtigt zumindest oft die Wahrnehmung bestimmter Gefühlsregungen, Stimmungen und innerer Abläufe.
- zu erkennen und zu verstehen (*conocer*), was in mir als Begleiter und in der begleiteten Person vorgeht, d.h. zu sehen, zu entdecken:
  - *woher* diese inneren Regungen und Bewegungen kommen,
  - *in welche Richtung* sie tendieren,
  - *welche Auswirkungen* das auf mich bzw. auf die begleitete Person hat – gefühlsmäßig und somatisch.

- ◦ zu *unterscheiden* zwischen Erfahrungsebene und gedanklicher Ebene, d. h.: Kommen diese Regungen eher von der Erfahrungs- bzw. Gefühlsebene: Trost, Trostlosigkeit, oder eher von der gedanklichen Ebene: Gedanken aus Trost oder Trostlosigkeit?

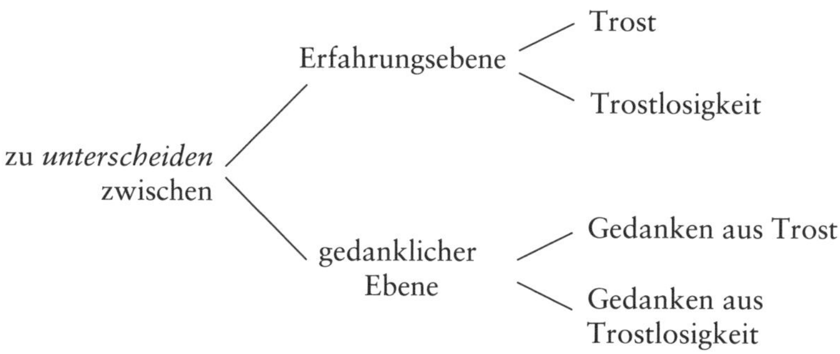

- diese inneren Regungen *ins Wort zu fassen,* sie zu verbalisieren. Das fördert normalerweise den Erkenntnisprozess.
  - ◦ *Hier liegt vor allem die Aufgabe der begleitenden Person:*
- zu *beurteilen* (werten), ob die inneren Regungen und Bewegungen mehr zu dem Ziel hinführen, auf das hin ich als Person geschaffen bin (EB 23), oder ob sie davon wegführen; ob sie mich also in die Freiheit des Evangeliums führen oder nicht.
- zu *entscheiden*, d. h. den inneren Regungen, die dem Lebensziel des Begleiteten entsprechen, zu folgen (*recibir*), die als schlecht erkannten abzuweisen (*lanzar*).
  - ◦ *Was will die begleitete Person?*

Geistlicher Trost: Jeder echte geistliche Trost erhellt die ganze Existenz, erfasst unsere Gedanken, Gefühle, Entscheidungen, unser Verhalten und unsere Handlungen. In der Erfahrung des geistlichen Trostes, d. h., wenn ich mich zu Gott, zu Christus hingezogen fühle, wächst die Bereitschaft zur Entschiedenheit im Guten, die sonst nur schwer möglich ist. Trost ist eine Frucht des Heiligen Geistes und kann nicht aufgrund eigener Anstrengung und Leistung erreicht werden. Diese Disposition des Herzens ist auch die Voraussetzung dafür, um eine wichtige Entscheidung zu treffen.

Geistlicher Trost ist also nicht nur ein positives Gefühl, sondern immer eine Bewegung auf Gott hin, die von einer tröstlichen Erfahrung begleitet sein kann. Dieser Trost ergibt sich aus der Anziehungskraft dessen, was mehr zu dem Ziel hinführt, auf das hin wir geschaffen sind. Das besondere Merkmal des geistlichen Trostes ist also seine Ausrichtung (vgl. Mt 13,44–46). Die innere Freiheit aber, „die Wahrheit zu tun“ (vgl. Joh 3,31), wird dem Begleiteten erst möglich, wenn er sich von negativen Festlegungen, vor allem im affektiven Bereich, lösen kann.

Nach Ignatius bringen Impulse, die von Gott kommen, „wahre Fröhlichkeit und geistliche Freude“. Gott ruft immer dahin, wo der Mensch in Übereinstimmung mit sich kommt und zur Sinnerfüllung und Ganzheit seines Lebens findet. Deshalb ist eine innere Anregung nicht einfach danach zu beurteilen, ob sie im Augenblick froh stimmt. Vielmehr ist darauf zu achten, ob sie sich in das Lebens-Ganze „trostvoll“ einfügt. So sind wichtige Entscheidungen immer im Blick auf das Lebens-Ganze zu treffen und nicht aus einer Stimmung des Augenblicks oder einer schnell wechselnden Situation.

Radikale Impulse üben oft eine Faszination aus. Doch wenn sie die eigenen Möglichkeiten übersteigen und zu Überforderung und Stress, zu Überdruss und Traurigkeit führen, sind sie vom Bösen. „Alles Übermaß ist von den Dämonen“ (Abbas Poimen). Gottes Anregungen, auch die radikalen, überfordern nicht. Sie kommen so, dass der Begleitete ihnen folgen kann, auch wenn es zunächst nur ein kleiner Schritt auf dem langen Weg der Nachfolge ist. Die Gnade reicht immer für einen Tag – wie bei den Israeliten das Manna auf ihrem langen Weg durch die Wüste.

Wenn ein Impuls von seinem *Ursprung* und seinem *Ziel* her, also in seinem ganzen Motivationskontext, „rundherum“ gut ist, wird er von Gott kommen. Ist der Ursprung nicht klar, so muss der Begleitete das Ziel des Impulses zu erkennen versuchen, ob sich der Antrieb z.B. primär darauf richtet, vor anderen etwas Besonderes zu sein, sich selbst zu gefallen und dabei die anderen gering zu schätzen, oder ob aus einem beabsichtigten Tun nur Ärgernis und Polarisierung, Zwietracht und Streit folgen. Normalerweise sind unsere Einstellungen und Absichten, unsere Motive und Handlungen von einer tiefer gehenden Ambivalenz durchsetzt, und es braucht manchmal einen lang andauernden Prozess und einen erfahrenen Begleiterin oder Begleiter, um das Geflecht guter und niederer Motivationsfäden zu entwirren – bis sich eine innere Evidenz einstellt, der der Begleiter mit Herz und Verstand zustimmen kann.

Im Zentrum ***geistlicher Trostlosigkeit*** steht die Erfahrung, als wäre Gott abwesend und der Mensch nicht mehr im Strahlungs-, im Anziehungsbereich seiner Nähe und Liebe. Das Gefühl der Abwesenheit und Trennung verdunkelt die ganze Existenz. Geistliche Trostlosigkeit kann einhergehen mit der Erfahrung von Sinnlosigkeit, Entmutigung und Traurigkeit, einem Sichhingezogen-Fühlen zu „niederen und irdischen Dingen“. In einer solchen seelischen Verfassung soll man keine wichtigen Entscheidungen treffen.

Ignatius geht davon aus, dass geistliche Trostlosigkeit zu einer heilsamen Erfahrung wird, wenn man sich ihr nicht hilflos ausliefert, sondern im Aushalten und Widerstehen sich von narzisstischen Anteilen des eigenen Verlangens, der eigenen Zielsetzung und der eigenen Ideale läutern lässt. Trostlosigkeit kann also für den geistlichen Weg ein notwendiges Geschehen sein.

Gebetsübungen über das öffentliche Wirken Jesu

Jesus in Kapharnaum: Mk 1,21–28

1 [21]Und sie (Jesus mit seinen erstberufenen Jüngern) gingen hinein
nach Kapharnaum. Und gleich am Sabbat ging er in die Synagoge
und lehrte. [22]Und sie (die Leute) waren außer sich über seine Lehre.
Denn er lehrte sie wie einer, der Vollmacht hat, und nicht wie die
Schriftgelehrten.

[23]Und gleich war da in ihrer Synagoge ein Mann in unreinem Geist;
und aufschrie der [24]und sagte: Was haben wir mit dir zu schaffen,
Jesus, Nazarener? Bist du gekommen, uns zu vernichten? Ich weiß
von dir, wer du bist: Der Heilige Gottes!

[25]Doch Jesus fuhr ihn an und sagte: Schweig still und hinaus fahre
aus ihm!

[26]Und ihn schüttelnd und aufschreiend mit lautem Geheul fuhr der
unreine Geist aus ihm heraus.

[27]Da erschraken alle, sodass einer den anderen fragte: Was ist das?
Eine neue Lehre in Vollmacht! Sogar den unreinen Geistern gebie-
tet er, und sie gehorchen ihm! [28]Und hinausging die Kunde von ihm
gleich überallhin in das ganze Umland von Galiläa.

Zusammenhang: Nach der Berufung der ersten Jünger kommt Jesus mit ihnen nach Kapharnaum. Dort geht er am Sabbat, wie es Brauch ist, in die Synagoge. Sie ist der übliche Versammlungsort der Gemeinde. Hier finden sich die Menschen auch zu Gebet, Schriftlesung und anschließender Auslegung ein. Jedes geeignete Gemeindemitglied konnte dazu aufgefordert werden. Jesus fügt sich in das normale religiöse Leben seiner Landsleute (vgl. Mk 3,1 f.; 6,2). Dennoch geht von seinem ersten öffentlichen Auftreten in der Synagoge von Kapharnaum eine Signalwirkung aus.

Ich versuche zunächst wieder, mich an meinem Gebetsort einzufinden und mir bewusst zu werden, dass ich in Gottes Gegenwart bin. Ich stelle mich innerlich und in meiner leiblichen Haltung auf diese Wirklichkeit ein. Mit einer Verneigung kann ich meine Ehrfurcht vor dem Geheimnis Gottes ausdrücken.

1. Das gewohnte ***Vorbereitungsgebet***

2. Die ***drei Vorübungen*** *oder vorbereitenden Schritten* zur Betrachtung der Ereignisse bei dem ersten Auftritt Jesu in Kapharnaum.

Erste Vorübung: Ich lese den Schrifttext langsam und wiederholt durch, um mich mit der Geschichte vertraut zu machen:

- *wie* Jesus nach seiner Ankunft in Kapharnaum am Sabbat in der Synagoge lehrt und die Leute darüber außer Fassung geraten. Seine Lehre über die Gottesherrschaft ist voll Leben und hat einen direkten Bezug zu ihrem Leben – so ganz anders als das, was sie bisher von den Schriftgelehrten gewohnt sind. Die Leute spüren in seinen Worten eine persönliche Wärme, eine Leidenschaft und Verbindlichkeit, die von einer tiefen Verbundenheit mit Gott Zeugnis gibt. Die Wahrheit seiner Worte erreicht ihr Herz unmittelbar und weckt heilsames Fragen und Zweifeln.
- *wie* Jesu „neue Lehre in Vollmacht" aber noch eine andere Wirkung hat. Sie bringt das Dämonische ans Licht, das Böse, das den Menschen fesselt und gefangen hält: wie plötzlich ein Mann mit „unreinem Geist" in der Synagoge voller Angst aufschreit und kein persönliches Wort herausbringt: „Was haben *wir* mit dir zu schaffen, Jesus von Nazareth? Bist du gekommen, *uns* zu vernichten?"
- *wie* Jesus den „unreinen Geist" zum Schweigen bringt und ihm befiehlt, den gequälten Menschen zu verlassen.
- *wie* der „unreine Geist" sich heftig wehrt, sein Opfer hin und her reißt und schließlich mit lautem Geschrei von ihm lässt.
- *wie* die Macht *(exousia)* seines Wortes bei allen in der Synagoge Betroffenheit, Erschrecken und verwundertes Fragen auslöst.
- *wie* Jesus daraufhin schnell in ganz Galiläa bekannt wird – so als habe mit seinem Auftreten in der Synagoge von Kapharnaum etwas ganz Neues begonnen.

Zweite Vorübung: Ich versuche, mir den „Schauplatz", den Handlungs*raum* dieses biblischen Geschehens zu vergegenwärtigen:

- die Synagoge in Kapharnaum, wo die Leute am Sabbat zusammenkommen,
- die Stelle, wo Jesus lehrt,
- den Ort, wo der Besessene plötzlich aufschreit und wo er vom Dämon hin und her gerissen wird,
- ganz Galiläa, wo Jesus durch dieses Ereignis schnell bekannt wird.

Dritte Vorübung: Ich bitte um die Gnade, dass das Geheimnis dieser Erzählung mein Herz trifft, wie bei den Leuten in der Synagoge, als sie die befreiende Macht seines Wortes unmittelbar erfahren.

Die drei vorbereitenden Schritte wollen mich für das Geheimnis öffnen, dass in der geschichtlichen Person Jesu, in seinen Worten und in seinem Wirken, Gott den Menschen und damit auch mir auf unwiderrufliche Weise nahe gekommen ist.

3. ***Vergegenwärtigung des Handlungsgeschehens: Die Personen sehen, hören, was sie sagen, und betrachten, was sie tun***

Ich gehe in meiner Vorstellung zurück zum biblischen Handlungsraum – so wie er vor meinem geistigen Auge entstanden ist – und lasse das Geschehen – wie es im Schrifttext steht – sich entfalten: Ich *sehe* die Personen, *höre*, was sie sagen, und *betrachte*, was sie tun.

Dabei versuche ich, mich auch in die Akteure der biblischen Geschichte hineinzuversetzen und mitzuempfinden:

- in Jesus, als er zum ersten Mal am Sabbat in der Synagoge von Kapharnaum auftritt;
- in die Leute, die seine „Lehre in Vollmacht" zum ersten Mal hören;
- in den Besessenen, der plötzlich aufschreit und dann von Jesus geheilt wird;
- Welche Beziehungen haben sie untereinander?
- Welche Gefühle, Wünsche, Hoffnungen, Sorgen, Zweifel, Ängste kommen in ihren Worten und Verhaltensweisen zum Ausdruck?

- Was bedeuten die Worte und Verhaltensweisen für die Akteure oder Betroffenen der Erzählung? Zum Beispiel die Befreiung von der Macht des Bösen beim Besessenen?

Ich nehme auch die *Atmosphäre* des „Schauplatzes“ wahr: während der „Lehre“ Jesu, beim Aufschrei des Besessenen, als die Leute das Machtwort Jesu hören und der Dämon sein Opfer hin und her reißt und schließlich von ihm lässt.

3. ***Übertragung des Handlungsgeschehens auf mich und meine Situation,*** **d.h. wahrnehmen:**

• Was löst das Verhalten der Personen (aktiv oder passiv), ihr Sprechen in mir aus, wenn ich mich nacheinander in die verschiedenen Akteure, in ihre Worte und Gesten, in ihr Verhalten hineinversetzt habe? Vielleicht kann ich so leichter erfassen, wo ich selbst in dieser Geschichte vorkomme.

Vielleicht fühle ich mich dazu angeregt, mich selbst in das Geschehen einzubringen.

• Welche Bedeutung hat *das* für mich hier und jetzt, was ich gesehen, gehört und betrachtet habe, vielleicht auch, wie ich mich selbst in dieses Geschehen eingebracht habe, *und* das, was es in mir ausgelöst hat? Was will der Herr mir in dieser Erzählung zeigen?

4. ***Gespräch mit dem Herrn (Kyrios),***

d.h., ich bringe vor ihm zur Sprache, was mich *bewegt* (hat), und höre, was Er mir sagen will. Vielleicht fühle ich mich von seiner neuen „Lehre in Vollmacht“ so angezogen, dass ich mehr davon erfahren möchte, um Menschen innerlich freizusetzen.

Abschluss der Gebetszeit mit einer Verneigung und/oder einem „Ehre sei dem Vater“.

Die Heilung von Simons Schwiegermutter und aller Kranken und Besessenen von Kapharnaum: Mk 1,29–34

1 29Und gleich, als sie aus der Synagoge hinausgegangen, kamen sie
in das Haus des Simon und Andreas zusammen mit Jakobus und Jo-

hannes. [30]Die Schwiegermutter Simons aber lag darnieder im Fieber,
und gleich sprachen sie mit ihm von ihr. [31]Und er ging hin und rich-
tete sie auf, ihre Hand ergreifend; und es verließ sie das Fieber. Und
sie diente ihnen.

[32]Als es aber Abend geworden und die Sonne untergegangen war, da
brachten sie zu ihm alle, die übel dran waren, und die von Dämonen
Besessenen. [33]Und es war die ganze Stadt versammelt am Tor. [34]Und
er heilte viele, die übel dran waren mit mancherlei Krankheiten, und
Dämonen trieb er viele aus. Doch nicht ließ er zu Wort kommen die
Dämonen, weil sie ihn kannten.

Zusammenhang: Nach der eher lauten, Aufsehen erregenden Dämonenaustreibung in der Öffentlichkeit der Synagoge folgt nun eine eher stille Heilung in der privaten Atmosphäre des Hauses von Simon und Andreas. Die Heilung der vielen Kranken und Besessenen am Abend nach der Sabbatruhe geschieht wieder in der Öffentlichkeit.

Ich versuche zunächst wieder, mich an meinem Gebetsort einzufinden und mir bewusst zu werden, dass ich in Gottes Gegenwart bin. Ich stelle mich innerlich und in meiner leiblichen Haltung auf diese Wirklichkeit ein. Mit einer Verneigung kann ich meine Ehrfurcht vor dem Geheimnis Gottes ausdrücken.

Nach dem gewohnten ***Vorbereitungsgebet*** beginne ich mit der ***ersten Vorübung*** und lese den Schrifttext langsam und wiederholt durch, um mich mit der Geschichte vertraut zu machen:

- *wie* Jesus nach dem Synagogengottesdienst mit seinen Jüngern in das Haus des Simon und Andreas geht;
- *wie* die Jünger um den Gesundheitszustand von Simons Schwiegermutter besorgt sind und Jesus gleich auf die Kranke aufmerksam machen;
- *wie* Jesus zu ihr geht, sie bei der Hand nimmt und sie aufrichtet;
- *wie* mit einem Mal all ihre Lebenskräfte ihr wieder zur Verfügung stehen, sodass sie Jesus und seinen Gefährten „dient".
- *wie* am selben Abend, als der Sabbat vorüber ist, die Leute alles zu Jesus bringen, was unter ihnen krank und von Dämonen besessen ist.

- *wie* die ganze Stadt, das Kranke und Gesunde, das Heile und das In-sich-Gespaltene, vor der Tür bei ihm versammelt ist.
- *wie* Jesus die vielen Kranken heilt und die Dämonen austreibt, ohne dass sie zu Wort kamen, denn sie wussten, wer er war.
- *wie* der „Tag in Kapharnaum" zu Ende geht.

*

Ergänzung: „Dienen" (*diakonein*) hat im Markus-Evangelium eine besondere Bedeutung: Die Engel dienen Jesus in der Wüste (Mk 1,13), Frauen dienen ihm in Galiläa und folgen ihm auf seinem Weg nach Jerusalem (Mk 15,41) und Jesus, der Menschensohn, ist nicht gekommen, bedient zu werden, sondern zu dienen (Mk 10,45). Seine Jünger hält er mehrfach zum Dienen an (Mk 9,35; 10,42–44). Vielleicht will der Evangelist mit dem „dienen" hier andeuten, dass die Frau im Kontakt mit Jesus unmittelbar erfahren hat, dass die Herrschaft Gottes in ihm da ist und was es für sie bedeutet, umzukehren und seinem Evangelium zu glauben.

Unter „Dämonen" können wir neben selbstentfremdenden und selbstzerstörerischen psychischen Kräften auch die Stimmen des Widerspruchs und der Verneinung verstehen, jene Stimmen, die sich als Einwände und Widerreden in uns melden, wenn wir der Wahrheit unseres Lebens näher kommen wollen. Viele dieser Geister des ständigen „Ja, aber ..." wehren sich aus Angst und Menschenfurcht und mit falschen Erwartungen dagegen, dass Gott Raum finden kann in den Herzen der Menschen.

Zweite Vorübung: Ich versuche, mir den „Schauplatz", die beiden Handlungs*räume* dieses biblischen Geschehens zu vergegenwärtigen:

- das Haus des Simon und Andreas in Kapharnaum;
- den Raum, in dem die Schwiegermutter des Petrus mit Fieber daniederliegt und Jesus sie aufrichtet;
- den Platz vor der Tür des Hauses, wo „die ganze Stadt" am Abend des Sabbat ihre Kranken und Besessenen zu Jesus bringt, wo er viele Kranke heilt und viele Dämonen austreibt.

Dritte Vorübung: Ich bitte um die Gnade, dass sich mir das Geheimnis dieser Erzählung erschließt, damit Jesus Christus mir in seiner Heilssorge um die Menschen vertrauter wird und ich ihn mehr liebe und bereiter werde, mein Leben auf dieses Ziel hin auszurichten

Die drei vorbereitenden Schritte dienen dazu, mich für das Geheimnis zu öffnen, dass in der Person Jesu und in seinem Wirken Gottes Heilssorge um jeden einzelnen Menschen und damit auch um mich auf unwiderrufliche Weise nahe gekommen ist.

3. *Vergegenwärtigung des Handlungsgeschehens: Die Personen sehen, hören, was sie sagen, und betrachten, was sie tun*

Ich gehe in meiner Vorstellung zurück zu den beiden biblischen Handlungsräumen – so wie sie vor meinem geistigen Auge entstanden sind – und lasse das Geschehen – wie es im Schrifttext steht – sich entfalten: Ich *sehe* die Personen, *höre*, was sie sagen, und *betrachte,* was sie tun.

Dabei versuche ich, mich auch in die Akteure der biblischen Geschichte hineinzuversetzen und mitzuempfinden:

- mit Jesus, als er im Haus des Simon und Andreas von der Krankheit der Schwiegermutter erfährt;
- mit der Schwiegermutter des Petrus, als Jesus zu ihr kommt, sie von ihrem Fieber befreit und sie ihnen „dient“;
- mit den vielen Menschen in Kapharnaum, die ihre Kranken und Besessenen zu Jesus bringen;
- mit den vielen Kranken und Besessenen, die von Jesus geheilt und befreit werden;
- Welche Beziehungen haben sie untereinander?
- Welche Gefühle, Wünsche, Hoffnungen, Sorgen, Zweifel, Ängste kommen in ihren Worten und Verhaltensweisen zum Ausdruck?
- Was bedeuten die Worte und Verhaltensweisen für die Akteure oder Betroffenen der Erzählung? Zum Beispiel die Heilung von Krankheit und die Befreiung von der Macht des Bösen?

Ich nehme auch die *Atmosphäre* des „Schauplatzes“ wahr: nach dem Gottesdienst im Haus des Simon und Andreas und am

Abend des Sabbat vor der Tür des Hauses, wo Jesus das ganze Elend der Stadt vor Augen hat, sowie die Stimmung und Atmosphäre in den Familien nach den vielen Heilungen.

3. ***Übertragung des Handlungsgeschehens auf mich und meine Situation,* d.h. wahrnehmen:**

• Was löst das Verhalten der Personen (aktiv oder passiv), ihr Sprechen in mir aus, wenn ich mich nacheinander in die verschiedenen Akteure, in ihre Worte und Gesten, in ihr Verhalten hineinversetzt habe? Vielleicht kann ich so leichter erfassen, wo ich selbst in dieser Geschichte vorkomme.

Vielleicht fühle ich mich dazu motiviert, mich selbst in das Geschehen einzubringen.

• Welche Bedeutung hat *das* für mich hier und jetzt, was ich gesehen, gehört und betrachtet habe, vielleicht auch, wie ich mich selbst in dieses Geschehen eingebracht habe, *und* das, was es in mir ausgelöst hat? Was will der Herr mir in dieser Erzählung zeigen?

4. ***Gespräch mit dem Herrn,***

d.h., ich bringe vor ihm zur Sprache, was mich *bewegt* (hat), und höre, was Er mir sagen will. Vielleicht fühle ich mich von der Not und dem Elend so vieler Menschen berührt und von der Aufmerksamkeit, mit der Jesus sich jedem Einzelnen zuwendet, dass in mir der Wunsch wächst, mich mit ihm der seelischen, geistigen, leiblichen und materiellen Not der Menschen zu stellen.

Ich beende die Gebetszeit in der gewohnten Weise mit einer Verneigung und/oder einem „Ehre sei dem Vater" als Ausdruck von Nähe und Ehrfurcht.

Der Aufbruch von Kapharnaum: Mk 1,35–39

1 [35]Und früh, noch in der Nacht, stand er auf und ging hinaus, fort
an einen einsamen Ort und dort betete er. [36]Und nachspürten ihm
Simon und seine Gefährten, [37]und als sie ihn fanden, sagen sie zu
ihm: Alle suchen dich. [38]Und er sagt ihnen: Gehen wir anderswohin,

in die umliegenden Ortschaften, dass ich auch dort verkünde. Denn dazu bin ich gekommen.
39Und er kam und verkündete in ihren Synagogen in ganz Galiläa und trieb die Dämonen aus.

Zusammenhang: Bei Markus hören wir hier zum ersten Mal davon, dass Jesus sich zurückzieht – von allen und von allem. Vorausgegangen war der „Tag in Kapharnaum". Jesus hatte mit seiner „neuen Lehre in Vollmacht" große Betroffenheit bei den Leuten ausgelöst. Es ging eine Kraft von ihm aus, die viele bis an die Wurzeln ihres Krankseins erfasste. Dennoch: Die Resonanz ist enttäuschend. Nirgendwo zeigt sich ein Verständnis oder wenigstens eine Ahnung, dass es Jesus um mehr geht als Krankheiten zu heilen und die Menschen mit seinem Wort zu faszinieren. Auch wenn am Abend die ganze Stadt vor seiner Tür versammelt war, scheint niemand etwas vom Geheimnis seiner Person und seiner Sendung zu erfassen, keiner antwortet mit Umkehr und Glaube (Mk 1,15). Jesus zieht sich zurück.

Nach dem ***Vorbereitungsgebet*** und der wiederholten Lektüre des biblischen Textes versuche ich in der ***ersten Vorübung***, mir die Geschichte zu vergegenwärtigen:

- *wie* Jesus in aller Frühe nach dem Sabbat an einen einsamen Ort geht, um dort zu beten;
- *wie* Simon und seine Gefährten plötzlich entdecken, dass Jesus sich von ihnen zurückgezogen hat, und sie alles dransetzen, ihn so schnell wie möglich wiederzufinden.
- *wie* sie ihn an dem einsamen Ort finden und ihm sagen, dass alle ihn suchen; wie sie sich damit zum Sprecher der Bevölkerung von Kapharnaum machen;
- *wie* Jesus nicht auf ihr Anliegen eingeht und hier zum ersten Mal in verhüllter Form den göttlichen Charakter seiner Sendung andeutet, d. h. von etwas spricht, das er von sich aus weder relativieren kann noch will.
- *wie* er mit Nachdruck die Verkündigung der Gottesherrschaft, die unstete Wanderpredigt als seine eigentliche Aufgabe in den Vordergrund stellt.

- *wie* der Horizont seines Wirkungsfeldes, das in Vers 28 schon einmal angeklungen war, wieder ins Blickfeld kommt: *ganz* Galiläa.

In der ***zweiten Vorübung*** versuche ich, mir den „Schauplatz“, die Handlungs*räume* dieses biblischen Geschehens zu vergegenwärtigen:

- das Haus des Simon und Andreas in Kapharnaum;
- den einsamen Ort, wo Jesus hingeht, um zu beten, und wo die Jünger ihn wiederfinden;
- den Weg mit den Jüngern in die benachbarten Dörfer und die verschiedenen Synagogen von ganz Galiläa, in denen Jesus seine Verkündigung der Gottesherrschaft fortsetzt.

Dritte Vorübung: Ich bitte um die Gnade, dass sich mir das Geheimnis dieser Erzählung erschließt, damit Jesus mir in seiner Beziehung zum himmlischen Vater näher kommt und ich von seiner Heilssorge um die Menschen so ergriffen werde, dass ich – wie seine ersten Jünger – mich mit ihm auf den Weg mache und mein Leben mit ihm teile, auch wenn ich noch nicht viel davon verstehe.

3. ***Vergegenwärtigung des Handlungsgeschehens: Die Personen sehen, hören, was sie sagen, und betrachten, was sie tun***

Ich gehe in meiner Vorstellung zurück zu den biblischen Handlungsräumen – so wie sie vor meinem geistigen Auge entstanden sind – und lasse das Geschehen – wie es im Schrifttext steht – sich entfalten: Ich *sehe* die Personen, *höre*, was sie sagen, und *betrachte,* was sie tun.

Dabei versuche ich, mich auch in die Akteure der biblischen Geschichte hineinzuversetzen und mitzuempfinden:

– mit Jesus, der nach dem Tag in Kapharnaum noch vor der Morgendämmerung aufsteht und an einen abgelegenen Ort geht, um zu beten; wie er die Einsamkeit sucht und das Schweigen, um unter den vielen Stimmen und Impulsen des vergangenen Tages das Wort des Vaters zu erkennen; wie er jene Einsamkeit sucht, in der er sich ungeteilt dem Wort und dem Geheimnis des Vaters überlassen kann; wie sein Leben und Wirken nur aus dieser tiefen Verbundenheit heraus zu verstehen ist;

- mit den Jüngern, die am Morgen plötzlich entdecken, dass Jesus verschwunden ist, und sofort beginnen, nach ihm zu suchen;
- wie sie ihn an dem einsamen Ort im Gebet entdecken und ihm voller Unverständnis ihr Anliegen sagen;
- wie Jesus nicht auf ihr Anliegen eingeht und ihnen deutlich macht, was seine Sendung ist;
- wie die Jünger, ohne ganz zu verstehen, was das für sie bedeutet, dennoch bei ihm bleiben und mit ihm durch ganz Galiläa ziehen;
- Was bedeutet seine Sendung für ihre Beziehungen untereinander?
- Welche Gefühle, Wünsche, Hoffnungen, Sorgen, Zweifel, Ängste kommen in ihren Worten und Verhaltensweisen zum Ausdruck?
- Was bedeuten die Worte und Verhaltensweisen für die Akteure oder Betroffenen der Erzählung? Zum Beispiel das Zurücklassen von Haus und Familie für die Jünger?

Ich nehme auch die *Atmosphäre* des „Schauplatzes“ wahr: die Atmosphäre der Stille und des Schweigens in der Frühe des Morgens beim Gebet Jesu; bei der Begegnung der suchenden Jünger mit Jesus im Gebet; als sie die Konsequenzen der Sendung Jesu für sich erkennen.

3. *Übertragung des Handlungsgeschehens auf mich und meine Situation,* d.h. wahrnehmen:

• Was löst das Verhalten der Personen (aktiv oder passiv), ihr Sprechen in mir aus, wenn ich mich nacheinander in die verschiedenen Akteure, in ihre Worte und Gesten, in ihr Verhalten hineinversetzt habe? Vielleicht kann ich so leichter erfassen, wo ich selbst in dieser Geschichte vorkomme.

Vielleicht fühle ich mich dazu motiviert, mich selbst in das Geschehen einzubringen.

• Welche Bedeutung hat *das* für mich hier und jetzt, was ich gesehen, gehört und betrachtet habe, vielleicht auch, wie ich mich selbst in dieses Geschehen eingebracht habe, *und* das, was es in mir ausgelöst hat? Was will der Herr mir in dieser Erzählung zeigen?

4. ***Gespräch mit dem Herrn,***

d. h., ich bringe vor ihm zur Sprache, was mich *bewegt* (hat), und höre, was Er mir sagen will. Vielleicht spüre ich die Anziehungskraft, die von dem Geheimnis der Beziehung Jesu zu seinem Vater ausgeht; wie er aus dieser innigen Verbundenheit zu der kraftvollen Klarheit und unabhängigen Entschiedenheit fand, die sein Leben bestimmte.

Ich beende die Gebetszeit mit einer Verneigung und/oder einem „Ehre sei dem Vater“ als Ausdruck von Nähe und Ehrfurcht.

Je nach Zeit und Notwendigkeit kann ich nach demselben Paradigma oder Grundmodell noch folgende Betrachtungen halten:

- **über die Heilung der verdorrten Hand: Mk 3,1–6, und**
- **über Jesus in seinem Heimatort: Mk 6,1–6a.**

Die Frage nach dem Leben oder die erste Ankündigung von Leiden, Tod und Auferstehung: Mk 8,27–33

8 [27]Und Jesus ging hinaus, und auch seine Jünger, in die Dörfer von
Caesarea Philippi. Und auf dem Weg fragte er seine Jünger und sagte
ihnen: Was sagen die Leute, wer ich sei? [28]Sie aber sagten zu ihm:
Johannes der Täufer, und andere: Elija, andere aber: einer der Pro-
pheten. [29]Da fragte er sie selbst: Ihr aber, was sagt ihr, wer ich sei?
Da antwortete Petrus und sagte ihm: Du bist der Christus (Messias)!
[30]Doch er fuhr sie an, dass sie niemandem (das) über ihn sagen.
[31]Und er fing an, sie zu lehren; der Menschensohn müsse viel leiden
und verworfen werden von den Ältesten, den Hohenpriestern, den
Schriftgelehrten und getötet werden und nach drei Tagen auferstehen.

[32]Und ganz offen redete er das Wort. Und Petrus nahm ihn beiseite
und fing an, ihn anzufahren. [33]Er aber wandte sich um und sah seine

Jünger und fuhr Petrus an; und sagt: Weg da! Hinter mich! Satan! Du hast nicht Gott im Sinn, sondern was die Menschen denken.

Zusammenhang: Im ersten Hauptabschnitt des zweiten Hauptteils (Mk 8,27–10,52) geht es um die Formung des Jüngerkreises auf dem Weg nach Jerusalem. Er beginnt mit einer Jüngerperikope und endet mit einer Blindenheilung. In der Gestalt des blinden Bartimäus fasst Markus exemplarisch zusammen, was Jesusnachfolge, was Jüngerschaft, was Christsein bedeutet. Dieser Hauptabschnitt ist das Herzstück des Evangeliums.

Ich versuche zunächst wieder, an meinem Gebetsort anzukommen, ganz „da" zu sein und mir bewusst zu werden, dass ich in Gottes Gegenwart bin.

1. Zu Beginn **das Vorbereitungsgebet:** Es braucht immer wieder etwas Zeit, bis „alle meine Absichten, Handlungen und Beschäftigungen" so geläutert sind, dass ich mich ganz auf Gott hin ausrichten kann.
2. **Drei Vorübungen** zur Betrachtung der Ereignisse bei Caesarea Philippi.

Erste Vorübung: Ich lese den Schrifttext langsam und wiederholt durch, um mich mit der Geschichte vertraut zu machen:

- *wie* Jesus Bethsaida verlässt und mit seinen Jüngern nach Norden in die Dörfer um Caesarea Philippi zieht.

Dort im Quellgebiet des Jordan verläuft die Grenze zwischen Juden und Heiden. Es sieht so aus, als suche Jesus in diesem äußersten Zipfel des israelitischen Stammesgebietes Distanz zu seinem bisherigen Wirken, um abseits von der Öffentlichkeit eine Entscheidung über seinen weiteren Weg herbeizuführen. Die Zeit des „galiläischen Frühlings" ist vorbei. Von innen her drängt sich ihm eine Entscheidung auf, die seine Identität im Tiefsten berührt und den Einsatz seiner ganzen Person herausfordert. Dort im Grenzgebiet und Quellgebiet hat Jesus um Klarheit gerungen und sich für den Weg nach Jerusalem entschieden.

- *wie* Jesus seine Jünger mit den Folgen seiner Entscheidung konfrontiert, indem er sie schließlich fragt, wer er für sie ist und warum sie bei ihm sind: „Ihr aber, für wen haltet ihr mich?“ In dieser Frage fasst Markus den ersten Teil des Evangeliums zusammen;

- *wie* Simon Petrus für alle antwortet, dass sie in Jesus die Erfüllung aller Verheißungen sehen, auf die Israel seit Jahrhunderten wartet: „Du bist der Messias (Christus)!“
- *wie* Jesus überraschend schroff reagiert und den Jüngern verbietet, dieses Wort noch einmal mit ihm in Zusammenhang zu bringen;
- *wie* er dann die Vorstellungswelt seiner Jünger mit völlig ungewohnten Inhalten konfrontiert: „Der Menschensohn *muss* (*dei*) vieles erleiden und von den Ältesten, den Hohenpriestern und Schriftgelehrten verworfen und getötet werden und nach drei Tagen auferstehen“; *wie* Jesus auf dem Hintergrund der bisherigen Auseinandersetzungen mit den religiös-politischen Autoritäten sich offenbar keine Illusionen macht, welche Konsequenzen er auf seinem Weg nach Jerusalem zu gewärtigen hat;
- *wie* Simon Petrus Jesus beiseitenimmt und ihm heftige Vorwürfe macht; wie er sich leidenschaftlich gegen eine solche Sicht vom Messias auflehnt;
- *wie* Jesus ihn daraufhin zurechtweist und ihm bedeutet, dass er mit dieser Einstellung nicht sein Jünger sein kann.

Zweite *Vorübung:* Mit Hilfe meiner Vorstellungskraft (Imagination) versuche ich, mir den Handlungs*raum,* den „Schauplatz“ dieses biblischen Geschehens anschaulich zu vergegenwärtigen:

- den Weg in die Dörfer bei Caesarea Philippi, der heidnischen Hauptstadt der Tetrarchie des Herodessohnes Philippus, im Quellgebiet des Jordan.
- die Stelle unterwegs, wo Jesus seine Jünger fragt und es zur Konfrontation mit Simon Petrus kommt.

Dritte *Vorübung:* Ich bitte um die Gnade, dass ich tiefer erfasse, wer Jesus für mich ist und was die Auseinandersetzung und Konfrontation mit Simon Petrus *für mich* bedeutet. Was will Gott mir mit dieser Auseinandersetzung auf dem Weg nach Jerusalem in die Passion sagen?

Die drei vorbereitenden Schritte dienen dazu, mich für das Geheimnis der Begegnung Jesu mit seinen Jüngern bei Caesarea Philippi zu öffnen, damit es mir zur „Staunen erregenden" Gegenwart wird, zu einer Erfahrung, die mich persönlich berührt und mich Jesus näher bringt.

3. **Vergegenwärtigung des Handlungsgeschehens:**
   Die Personen sehen, hören, was sie sagen, und betrachten, was sie tun

Ich gehe in meiner Vorstellung zurück zum biblischen Handlungsraum – so wie er vor meinem geistigen Auge entstanden ist – und lasse das Geschehen – wie es im Schrifttext steht – in meiner Vorstellung sich entfalten: Ich **sehe** die Personen, **höre**, was sie sagen, und **betrachte**, was sie tun.

Dabei versuche ich auch, mich in die Akteure der biblischen Geschichte hineinzuversetzen und mitzuempfinden:

- was in den Personen vorgeht: in Jesus, den Jüngern und Simon Petrus.
- welche Gefühle, Wünsche, Hoffnungen, Sorgen, Zweifel, Ängste in ihren Worten und Verhaltensweisen zum Ausdruck kommen.
- was die Worte Jesu an Simon Petrus bedeuten: „Weg da! Hinter mich, du Satan! Denn du hast nicht im Sinn, was Gott will, sondern was die Menschen wollen."

Auch die *Atmosphäre* des „Schauplatzes" und des Handlungsgeschehens versuche ich wahrzunehmen, zu spüren und zu erfassen.

4. ***Übertragung des Handlungsgeschehens auf mich und meine Situation,*** d. h. wahrnehmen:

• Was löst das Sprechen der Personen, ihr Verhalten (aktiv oder passiv) in mir aus, z. B. wenn ich mich nacheinander in Jesus, Simon Petrus und vielleicht einen der Jünger, in ihre Worte und ihr Verhalten hineinversetzt habe, um sie zu verstehen?
• Wo komme ich selbst in dieser Geschichte vor? Mit welcher der Personen kann ich mich identifizieren oder wie kann ich mich in einer stimmigen eigenständigen Weise in das Geschehen einbringen?

• Welche Bedeutung hat *das* für mich hier und jetzt, was ich gesehen, gehört und betrachtet habe, vielleicht auch, wie ich mich selbst in dieses Geschehen eingebracht habe, *und* das, was es in mir ausgelöst hat? So kann sich zeigen, was Gott mir in dieser Erzählung zeigen will.

5. ***Gespräch mit dem Herrn (Kyrios),***

d. h., ich bringe vor ihm zur Sprache, was mich *bewegt* (hat) und höre, was Er mir sagen will. Vielleicht spüre ich – wie Simon Petrus – starken Widerstand gegen den Weg mit Jesus in die Passion. Vielleicht bin ich unsicher, ob meine Liebe zu ihm auch dann noch trägt, wenn ich einen Weg geführt werde, vor dem ich Angst habe.

Ich beende das Gespräch mit einer Verneigung oder mit einem „Ehre sei dem Vater" als Ausdruck meiner Sehnsucht nach Nähe zu ihm und meiner Ehrfurcht vor dem Geheimnis seines Weges.

*

Ergänzende Erläuterungen zum biblischen Text

• In dem kurzen Abschnitt über die Auseinandersetzung Jesu mit Simon Petrus steht dreimal das emotional geladene Wort „anfahren" (*epitimáo*). Es offenbart, wie leidenschaftlich hier um das wahre Leben des Jüngers gerungen wird. Petrus droht abzufallen. Von daher scheint Jesu Schroffheit unvermeidlich. Sein erstes Wort: „Weg da!" (*hýpage*), sagt dem Petrus, dass er mit dieser Einstellung nicht mehr Jünger sein kann. Mit dem zweiten Wort: „Hinter mich!" (*opíso mou*), ruft Jesus ihn zurück in die Nachfolge. Diese beiden Worte erinnern an die beiden Worte aus der Berufungsgeschichte: „Hierher! Hinter mich!" (*deute opíso mou*).

Petrus kommt zurück. Aber es ist noch ein langer und schmerzhafter Weg, bis sich ihm und den anderen Jüngern Jesu Weg nach Jerusalem als Weg zum *Leben* erschließt. Es ist ein von Lebensangst und Zweifeln immer wieder angefochtener Weg, bis das ungläubige Bekenntnis des Petrus vom gläubigen Bekenntnis des heidnischen Centurio unter dem Kreuz eingeholt wird: „Wahrhaftig, dieser Mensch (Jesus) war Gottes Sohn!“

• Wenn es vom Menschensohn heißt, dass er vieles leiden *müsse*, dann nicht, weil Gott es so will, sondern weil es Menschen gibt, „Älteste, Hohepriester und Schriftgelehrte“, die es nicht ertragen können, dass Jesus seine Freiheit aus Gott lebt und mit Freimut (*parrhäsía*) um sich verbreitet. Das Bekenntnis des Petrus zu Jesus als Messias ist nicht nur missverständlich, sondern falsch, wenn es nicht das Leiden, Sterben und Auferstehen in das Bekenntnis und in den eigenen Lebensvollzug mit einbezieht.

• Die Kluft zwischen dem, was Gott und was Menschen im Sinn haben, wird nur dadurch überbrückt, dass der verworfene und getötete Menschensohn *nach* seiner Auferstehung den Jüngern die Augen öffnet für Gottes Weg mit seinem Messias (Christus). Erst dann können sie seine Passion und seinen Tod als letzte Konsequenz seines Lebens und Wirkens annehmen. Erst dann können sie zum vollen Glauben an den kommen, der sie eben noch fragte: „Ihr aber, für wen haltet ihr mich?“

Die Verklärung Jesu: Mk 9,2–13

9 [2]Und nach sechs Tagen nimmt Jesus den Petrus und den Jako-
bus und den Johannes mit sich und bringt sie hinauf auf einen ho-
hen Berg, sie für sich allein. Da wurde er verwandelt vor ihnen und
[3]seine Kleider wurden strahlend weiß, so sehr, wie ein Walker auf
Erden sie nicht so weiß machen kann. [4]Und sehen ließ sich vor ihnen
Elija mit Mose, und sie sprachen mit Jesus. [5]Und Petrus antwortet
und sagt zu Jesus: Rabbi, gut ist es, dass wir hier sind! Wir wollen
drei Zelte machen, dir eins, Mose eins und Elija eins! [6]Er wusste ja
nicht, was er antworten sollte, denn Schrecken war in sie gefahren.
[7]Und es geschah: eine Wolke überschattete sie, und es geschah eine
Stimme aus der Wolke: Dieser ist mein Sohn, mein geliebter. Hört
auf ihn! [8]Und plötzlich, wie sie um sich blickten, sahen sie niemand
als Jesus allein mit ihnen.

[9]Und als sie vom Berg herabstiegen, befahl er ihnen, keinem sollten
sie, was sie gesehen, erzählen, erst wenn der Menschensohn von den

Toten auferstanden sei. 10Und das Wort hielten sie fest und fragten
einander, was das sei: von den Toten auferstehen.

11Und sie fragten ihn und sagten: Warum sagen die Schriftgelehrten:
Elija muss zuerst kommen? 12Er aber sagt ihnen: Elija – wohl kommt
er zuerst und stellt alles wieder her; doch wieso steht über den Men-
schensohn geschrieben, er solle viel leiden und für nichts geachtet
werden? 13Doch ich sage euch: Auch Elija ist gekommen, doch sie
haben mit ihm gemacht, was sie wollten, wie geschrieben ist über ihn.

Zusammenhang: Bei Markus finden wir an drei markanten Stellen seines Evangeliums, und zwar am *Anfang* nach der Taufe Jesu, am *Ende* nach dem Tod Jesu und hier in der *Mitte* nach der Verklärung Jesu, die Sohn-Gottes-Bezeichnung. Es sind auch die einzigen Szenen, die von außergewöhnlichen Zeichen und Symbolen begleitet werden. Damit unterstreicht er ihre Bedeutung für das Verständnis des Christusgeheimnisses. Sie sagen etwas Entscheidendes, das sich auch bildhaft Ausdruck verschafft. Zugleich verbindet Markus das Verklärungsgeschehen eng mit der vorausgehenden Leidensankündigung und Jüngerbelehrung. So interpretiert er das Vorausgehende im Licht des Nachfolgenden und das Nachfolgende im Licht des Vorausgegangenen. Kreuz und Herrlichkeit sind wie die beiden Brennpunkte eines geheimnisvollen Kristalls, von dessen Licht sich unser Leben durchdringen und verwandeln lassen soll.

Die Bedeutung dieser Perikope wird noch dadurch hervorgehoben, dass Jesus hier jene drei vertrauten Jünger auswählt, die er immer dann bei sich hat, wenn es um die Vermittlung tiefster Geheimnisse geht (Mk 5,37; 14,33; vgl. auch 13,3).

Die Zeitangabe (Mk 9,2) kann ein Hinweis auf den siebten Tag mit dem Bundesschluss auf dem Sinai sein: Mose war mit Aaron, Nadab und Abihu (und den siebzig Ältesten Israels) auf den Berg gestiegen. Nachdem sie JHWH schauen durften, ließ sich seine Herrlichkeit auf dem Sinai nieder und die Wolke bedeckte den Berg sechs Tage lang. Am siebten Tag ruft JHWH den Mose aus der Wolke zu sich (Ex 24,9–18).

1. Das gewohnte ***Vorbereitungsgebet.***

2. Mit der wiederholten Lektüre des biblischen Textes versuche ich, in der ***ersten Vorübung*** mir die Geschichte zu vergegenwärtigen:

- *wie* Jesus den Petrus, Jakobus und Johannes mit sich auf einen hohen Berg führt, „sie für sich allein“;
- *wie* Jesus da vor ihren Augen verwandelt wird und sie ihn plötzlich in einem alles verwandelnden strahlenden Licht sehen;
- *wie* ihnen die beiden großen Gestalten des alten Bundes erscheinen und mit Jesus reden: Elija, der endzeitliche Prophet, der das Volk für den Tag des Herrn bereiten soll, und Mose, der Lehrer Israels und Vermittler der Tora (des „Gesetzes“);
- *wie* die drei Jünger nicht fassen können, was sie schauen, und Petrus bis zur Selbstvergessenheit glücklich und verwirrt in diesem Augenblick drei Hütten bauen will für Jesus und die beiden himmlischen Gestalten; *wie* sie sprachlos werden und von Gottesfurcht überwältigt sind.
- *wie* eine Wolke sie überschattet und sie eine Stimme aus der Wolke hören: „Dieser (Jesus) ist mein geliebter Sohn; auf ihn sollt ihr hören!“
- *wie* die Jünger dann um sich blicken und auf einmal nur noch Jesus sehen;
- *wie* Jesus den Jüngern beim Abstieg vom Berg verbietet, etwas von dem weiterzuerzählen, was sie auf dem Berg geschaut haben, „bis der Menschensohn von den Toten auferstanden sei“.
- *wie* die Jünger das Wort Jesu „von den Toten auferstehen“ beschäftigt und sie ihn fragen, was es bedeute;
- *wie* sie das nicht zusammenbringen können mit dem, was sie von den Schriftgelehrten gehört haben, dass nämlich zuerst Elija kommen müsse;
- *wie* Jesus die Aussage der Schriftgelehrten bestätigt, die Jünger aber fragt, warum es in der Schrift vom Menschensohn heiße, er werde viel leiden müssen und verachtet werden; *wie* er dann aber den Jüngern versichert, dass Elija (Johannes der Täufer) schon gekommen sei und sie (die Verantwortlichen) mit ihm gemacht haben, was sie wollten, so wie es in der Schrift steht.

In der ***zweiten Vorübung*** versuche ich mit Hilfe meiner Vorstellungskraft den „Schauplatz" der Erzählung in den Blick zu nehmen:

- den Weg auf den „hohen Berg" hinauf.
- die Stelle auf dem Berg, wo Jesus vor den Jüngern verwandelt wird und sie Elija und Mose sehen, wo Jesus mit ihnen redet, wo eine Wolke sie überschattet und sie aus der Wolke eine Stimme hören und sie plötzlich nur noch Jesus sehen.
- den Weg vom Berg herunter in die Ebene.

Dritte Vorübung: Ich bitte um die Gnade, dass ich tiefer erfasse, wer Jesus für mich ist, was die Verklärung Jesu, die Erfahrung der Jünger auf dem Berg und ihr Gespräch mit Jesus beim Abstieg *für mich* bedeutet. Was will Gott mir mit dieser biblischen Geschichte auf dem Weg nach Jerusalem sagen?

2. **Vergegenwärtigung des Handlungsgeschehens:**
   Die Personen sehen, hören, was sie sagen, und betrachten, was sie tun

Ich gehe in meiner Vorstellung zurück zum biblischen Handlungsraum – so wie er vor meinem geistigen Auge entstanden ist – und lasse das Geschehen – wie es im Schrifttext steht – in meiner Vorstellung sich entfalten: Ich **sehe** die Personen, **höre**, was sie sagen, und **betrachte**, was sie tun.

Dabei versuche ich wieder, mich in die Akteure der biblischen Geschichte hineinzuversetzen und mitzuempfinden:

- was in den Personen vorgeht,
- welche Beziehungen sie untereinander haben,
- welche Gefühle, Wünsche, Hoffnungen, Sorgen, Zweifel, Ängste in ihren Worten und Verhaltensweisen zum Ausdruck kommen,
- was die Worte und Verhaltensweisen für die Akteure oder Betroffenen der Erzählung bedeuten.

Auch die *Atmosphäre* des „Schauplatzes" versuche ich wahrzunehmen.

3. ***Übertragung des Handlungsgeschehens auf mich und meine Situation,*** d.h. wahrnehmen:

• Was löst das Sprechen der Personen, ihr Verhalten (aktiv oder passiv) in mir aus? Zum Beispiel Sympathie, Verständnis, Ablehnung, Identifikation. Wenn ich mich nacheinander in die verschiedenen Akteure, in ihre Worte und Gesten, in ihr Verhalten hineinversetzt habe, um sie zu verstehen, dann kann ich leichter erfassen, wo ich selbst in dieser Geschichte vorkomme.

Darüber hinaus kann es hilfreich sein, mich in einer stimmigen eigenständigen Weise in das Geschehen einzubringen.

• Welche Bedeutung hat *das* für mich hier und jetzt, was ich gesehen, gehört und betrachtet habe, vielleicht auch, wie ich mich selbst in dieses Geschehen eingebracht habe, *und* das, was es in mir ausgelöst hat? So kann sich zeigen, was der Herr mir in dieser Erzählung zeigen will.

4. ***Gespräch mit dem Herrn,***

d.h., ich bringe vor ihm zur Sprache, was mich *bewegt* (hat), und höre, was Er mir sagen will. Dann beende ich das Gespräch in der gewohnten Weise.

*

Ergänzende Erläuterungen zum biblischen Text

• Markus sieht im *Mose* vermutlich *das* Vorbild Jesu. Mose hatte das Gottesvolk aus dem „Haus der Knechtschaft" befreit. Seit seiner Berufung am brennenden Dornbusch hatte in ihm die Hoffnung gelebt, das Volk aus einer Welt voller Angst und Abhängigkeit, aus Ohnmacht und Erniedrigung herauszuführen. Vierzig Tage und vierzig Nächte wurde er auf dem „Berg" vom Feuer göttlicher Nähe geläutert, um von JHWH die Tora, die neue Lebensordnung, Israel zu vermitteln. Trotz heimtückischer Widerstände von außen und von innen hat er mit seinem Volk die Strapazen der Wüste, die vielen Stationen von Enttäuschung, Mühsal und Vergeblichkeit eines fast endlos scheinenden Weges auf sich genommen – bis sie zum Ort ihrer Bestimmung gelangten und das Land der Verheißung zum Greifen nahe vor ihnen lag. In einsamem Ringen mit JHWH musste er dann Abschied nehmen von der Hoffnung, dieses Land auch selbst zu betreten. Diese Vision hatte ihn vor langer Zeit auf den Weg gebracht und auch in den dunkelsten Stunden hatte sie ihre Kraft nie ganz verloren. Der tödliche Schmerz des Abschieds klingt noch nach in den Worten: „So sterbe ich in diesem Land, ohne den Jordan zu überschreiten. Ihr aber zieht hinüber, um dieses herrliche Land in Besitz zu nehmen" (Dtn 4,22). Mose hat erfahren, was es kostet, sich ganz auf JHWH zu verlassen. So wird sein Leben in die Hoffnung getaucht, dass seinem gehorsam sich fügenden „Ja" im Tod das schöpferische „Ja" Gottes über den Tod hinaus ihm entgegenkommt.

Jesus wird keine Mühe und Strapazen scheuen, mit anderen den langen Weg in die Freiheit zu gehen, auch wenn er selbst nicht mehr den Boden der Verheißung betritt. Aber wie Mose auf dem Berg (Dtn 3,27 f.) erfährt Jesus in der Stunde der Verklärung, dass seine Vision von der Gottesherrschaft kein Trugbild ist.

• Seit Mal 3,23 erwartete man den Propheten *Elija* kurz vor Anbruch der Endzeit. Markus scheint in ihm den messianischen Vorläufer Jesu zu sehen. Er nennt ihn noch vor Mose und betont damit, dass Jesus die Endzeit heraufführt. Mit dieser feurigen Gestalt verbindet sich vor allem seine Leidenschaft für JHWH, sein Kampf gegen Baal, der immer von neuem das Glück der Menschen zerstört. Elija hat erfahren, was es heißt, wenn man Menschen ihre Götterbilder zerstört. Welcher Angst und ratlosen Einsamkeit, welchen Schuldgefühlen man sie dann ausliefert, aber auch welch furchtbarer Hass auf einen selbst zurückschlagen kann (vgl. 1 Kön 19,1 ff.). Noch eindrucksvoller als der Erfolg auf dem Karmelberg scheint JHWHs Treue zu seinem Propheten, wie er ihn aus der tiefsten Krise seines Berufs (und seines Gottesbildes) bis zu den Wurzeln seines Glaubens zurückführt. Dort am Gottesberg Horeb erfährt er JHWH ganz neu als „Stimme verschwebenden Schweigens" (M. Buber), als den ganz Anderen. Am Ursprung seines Volkes wird er erneut von JHWH zum Propheten bestellt, und er kehrt mit einem geläuterten Gottesbild und einer neuen Gewissheit seiner selbst zurück.

Jesus erfährt auf dem Berg der Verklärung, dass der Vater ihm auch in der dunkelsten Phase seines Lebens die Treue hält.

Was es heißt, wenn Jesus mit Mose und Elija spricht, können diese kurzen Skizzen vielleicht andeuten.

- Die Erfahrung, Gott so nahe zu sein, lässt sich nicht festhalten. Es ist schwer, ein solches Erlebnis als Verheißung anzunehmen und ihr ein Leben lang treu zu bleiben. Es scheint oft über unsere Kräfte zu gehen, in den vielen Stationen von Vergeblichkeit und Leere, von Sinnlosigkeit und Enttäuschung diese Verheißung noch am Werk zu sehen. Auch das Glück einer überwältigenden Glaubenserfahrung wie dieser kann sich eines Tages aufbrauchen in einer Umwelt spürbarer Gottesferne.
- Die Jünger müssen wieder vom Berg herunter, zurück in ihren Alltag, den es meist ohne Zeichen von Herrlichkeit zu bewältigen gilt. Was ihnen bleibt, ist „Jesus allein“, die Orientierung an dem, dessen Herrlichkeit sie geschaut haben. Noch sind sie weit davon entfernt, das angekündigte Leidensgeheimnis (Mk 8,31) mit der geschauten Herrlichkeit in Einklang zu bringen. Dennoch – sie müssen vom Berg der Verklärung wieder zurück in die Tiefen menschlicher Not und Ungewissheit. Echte Gottesbegegnung drängt zurück in die Ebenen, wo gelebt, gefeiert, gelitten und gestorben wird. Dort soll sich die geschaute Herrlichkeit bewähren. Ob wir durchs Feuer göttlicher Nähe gegangen sind, werden die Menschen daran erkennen, wie wir von irdischen Dingen reden und wie wir mit irdischen Dingen umgehen.

Die Heilung des blinden Bartimaios: Mk 10,46–52

10 [46]Und sie kommen nach Jericho. Und als er (wieder) wegging aus
Jericho, mit seinen Jüngern und ziemlich viel Volk, saß (da) der Sohn
des Timaios, Bartimaios, ein blinder Bettler, neben dem Weg. [47]Und
als er hörte, dass es Jesus, der Nazarener, ist, fing er an zu schreien:
Sohn Davids, Jesus, erbarme dich meiner! [48]Da fuhren viele ihn an,
dass er schweige; er aber schrie noch viel mehr: Sohn Davids, er-
barme dich meiner! [49]Da blieb Jesus stehen und sagte: Ruft ihn. Und
sie rufen den Blinden und sagen ihm: Nur Mut, steh auf, er ruft dich!
[50]Der warf seinen Mantel ab, sprang auf und kam zu Jesus. [51]Und zur

Antwort hat Jesus ihm gesagt: Was willst du, dass ich dir tue? Der Blinde aber sagte ihm: Rabbuni, dass ich wieder sehe. [52]Und Jesus sagte zu ihm: Geh, dein Glaube hat dich gerettet. Und gleich wurde er wieder sehend und folgte ihm nach auf dem Weg.

Zusammenhang: Die Erzählung von der Heilung des blinden Bartimaios vor den Toren Jerichos folgt dem großen Abschnitt der Jüngerunterweisung (Mk 8,27–10,45) und steht unmittelbar vor dem Einzug Jesu in Jerusalem, in die Passion. Damit wird das Zeichenhafte und Exemplarische dieser Erzählung deutlich hervorgehoben. Jesus nähert sich dem Ende seines Weges „hinauf nach Jerusalem". Doch die Jünger begreifen nicht, worum es Jesus geht. Sie sind blind, noch unfähig, sich von ihm die Augen ihres Herzens öffnen zu lassen.

1. Das gewohnte ***Vorbereitungsgebet.***

2. Mit der wiederholten Lektüre des biblischen Textes versuche ich, in der ***ersten Vorübung*** mir die Geschichte zu vergegenwärtigen:

- *wie* Jesus mit seinen Jüngern und vielen Menschen die Oasenstadt Jericho verlässt und *neben* dem Weg hinauf nach Jerusalem der blinde Bettler Bartimaios sitzt, der nach rabbinischem Verständnis von der Hoffnung auf die Gottesherrschaft ausgeschlossen ist;
- *wie* der Blinde erfährt, dass es Jesus von Nazareth ist, der da mit vielen Menschen vorüberzieht, schreit er laut um Hilfe: „Sohn Davids, erbarme dich meiner!"
- *wie* viele der mit Jesus Vorüberziehenden ihn anfahren und zum Schweigen bringen wollen;
- *wie* der Blinde aber trotz der Einschüchterungen nicht nachgibt und noch lauter schreit: „Sohn Davids, erbarme dich meiner!"
- *wie* Jesus stehen bleibt und ihn zu sich rufen lässt;
- *wie* die Leute, die dem lästigen Bettler eben noch den Zugang zu Jesus verweigern wollten, ihm jetzt zurufen: „Nur Mut! Steh auf, er ruft dich!"
- *wie* Bartimaios seinen Mantel abwirft, aufspringt und zu Jesus kommt;

- *wie* Jesus ihn auffordert, ihm sein Anliegen zu sagen;
- *wie* der Blinde Jesus antwortet: „dass er wieder sehen kann."
- *wie* Jesus ihn mit den Worten entlässt: „Geh, dein Glaube hat dich gerettet!"
- *wie* der Blinde wieder sehend wird und Jesus auf dem Weg hinauf nach Jerusalem in die Passion folgt.

Zweite Vorübung: In meiner Vorstellung lasse ich den „Schauplatz" des biblischen Geschehens entstehen:

- den Weg vor den Toren Jerichos in Richtung Jerusalem;
- die Stelle neben dem Weg, wo der blinde Bettler am Boden hockt und wo viele Menschen mit Jesus an ihm vorüberziehen;
- die Stelle, wo Jesus den Blinden zu sich ruft;
- den Weg, den der Blinde mit Jesus nach Jerusalem in die Passion geht.

Dritte Vorübung: Ich bitte durch allen inneren und äußeren Widerstand hindurch um die Gnade der Glaubenseinsicht, dass der Weg Jesu in die Passion der Weg zur Auferstehung und Erlösung aller Menschen ist, und um die Gnade, diesen Weg mit ihm gehen zu können, wenn er mich – wie den blinden Bartimaios – in diese Schicksalsgemeinschaft mit ihm ruft.

2. **Vergegenwärtigung des Handlungsgeschehens:**
   Die Personen sehen, hören, was sie sagen, und betrachten, was sie tun

Ich gehe in meiner Vorstellung zurück zum biblischen Handlungsraum – so wie er vor meinem geistigen Auge entstanden ist – und lasse das Geschehen – wie es im Schrifttext steht – in meiner Vorstellung sich entfalten: Ich **sehe** die Personen, **höre**, was sie sagen, und **betrachte**, was sie tun.

Dabei versetze ich mich in die Personen der biblischen Geschichte und versuche mitzuempfinden:

- was in ihnen vorgeht.
- welche Beziehungen sie untereinander haben.
- welche Gefühle, Wünsche, Hoffnungen, Sorgen, Zweifel, Ängste in ihren Worten und Verhaltensweisen zum Ausdruck kommen.

– was die Worte und Verhaltensweisen für die Akteure oder Betroffenen der Erzählung bedeuten.

Ich versuche auch, die *Atmosphäre* des „Schauplatzes“ wahrzunehmen: z. B. in der Menschenmenge, die mit Jesus Jericho verlässt und nach Jerusalem ziehen will; als diese Bewegung durch das Schreien des Blinden gestört wird; als Jesus stehen bleibt, um dem Blinden die Möglichkeit zu geben, mit ihm nach Jerusalem zu ziehen; als er Jesus gegenübersteht und von ihm aufgefordert wird, seine Bitte zu nennen; als Jesus ihm sagt, dass sein Glaube ihn gerettet hat, und der Geheilte tatsächlich mit ihm nach Jerusalem zieht.

3. ***Übertragung des Handlungsgeschehens auf mich und meine Situation,*** d. h. wahrnehmen:

- Was löst das Sprechen der Personen und ihr Verhalten in mir aus?

Wenn ich mich nacheinander in sie, in ihre Worte und Gesten, in ihr Verhalten hineinversetze, kann ich dann erfassen, wo ich selbst in dieser Geschichte vorkomme?

Vielleicht fühle ich mich darüber hinaus motiviert, mich selbst in einer stimmigen eigenständigen Weise in das Geschehen einzubringen.

- Welche Bedeutung hat *das* für mich hier und jetzt, was ich gesehen, gehört und betrachtet habe, vielleicht auch, wie ich mich selbst in dieses Geschehen eingebracht habe, *und* das, was es in mir ausgelöst hat? Was will der Herr mir mit dieser Erzählung zeigen?

4. ***Gespräch mit dem Herrn,***

d. h., ich bringe vor ihm zur Sprache, was mich *bewegt* (hat), und höre, was Er mir sagen will. Vielleicht ist in mir das Verlangen nach der Schicksalsgemeinschaft mit dem Herrn deutlicher geworden.

Ich beende das Gespräch in der gewohnten Weise.

*

Ergänzende Erläuterungen zum biblischen Text

• In der Sicht des Evangelisten ist Bartimaios der Einzige, der um seine Blindheit weiß und deshalb so leidenschaftlich durch allen Widerstand hindurch nach Glaubenseinsicht verlangt, um Jesu Weg in die Passion mitgehen zu können. Markus geht es hier um mehr als physische Heilung. Der Glaube des Blinden, seine Bitte um Einsicht in die Notwendigkeit der Passion mit Jesus stehen im Vordergrund. Vom Glauben des Blinden bewegt, bleibt Jesus stehen und lässt ihn zu sich rufen. Bartimaios wirft seinen Mantel ab und springt auf. Er lässt alles los, was ihn daran hindert, zu Jesus zu kommen.

• In der Begegnung zwischen Jesus und dem Blinden liegt der Höhepunkt der Erzählung. Bartimaios muss sein Anliegen selbst formulieren – unabhängig davon, was die anderen für ihn für gut halten. Darum die überflüssig anmutende Frage: „Was willst du, dass ich dir tue?" Der Blinde ist von der Person Jesu so tief berührt, dass er zu seiner eigenen Wirklichkeit stehen kann: „Rabbuni, dass ich wieder sehe." Diese Einheit des Vertrauens zu sich selbst und zu Gott lässt ihn von neuem sehen. Bartimaios ist in einem umfassenden Sinn sehend geworden. Ihm wurden in der Sicht des Evangelisten die Augen dafür geöffnet, dass der Weg Jesu in die Passion der Weg ist, an dem sich Jüngerschaft, an dem sich Christsein entscheidet.

• Bevor nun in Jerusalem die letzte Auseinandersetzung Jesu mit seinen Gegnern beginnt und in scharfem Kontrast zur „Blindheit" der Jünger zeichnet Markus hier in dem blinden Bartimaios exemplarisch, was Christsein bedeutet. In dieser Gestalt fasst er anschaulich zusammen, was Jesusnachfolge ist. Vielleicht aber bleibt es mir nicht erspart, dass mir die Augen in ähnlich schmerzhafter Weise geöffnet werden wie den Zwölf, als der Herr sie mit hineinzog in seine Passion und sie in Gethsemani zu Fall kamen.

Zur Einstimmung in die Entscheidungsfindung – oder: Die Erwägung über die drei Weisen der „Demut": EB 164–167

1. Der Text

Hinführung: Zur unmittelbaren Vorbereitung auf die Entscheidungsfindung empfiehlt Ignatius, drei innere Einstellungen zu erwägen (*considerar*). Sie sollen mir helfen, meine augenblickliche Disposition zu erspüren, und mir so bewusst machen, dass diese während der Entscheidungsfindung wirksam sein wird. Bei einer Richtungsentscheidung oder sonst einer wichtigen Entscheidung für mein Leben ist es zentral, auf Handlungsimpulse zu achten, auf Antriebskräfte, die mich bewegen und sich weitgehend meiner Wahrnehmung entziehen. Die „Täuschungen des Bösen" (EB 139) gehören zu den „ungeordneten Anhänglichkeiten" oder Abhängigkeiten, von denen ich mich lösen soll, bevor ich die Entscheidung treffe. Es geht darum, meine eigenen Widersprüchlichkeiten zu entdecken, meine Wahrnehmungsfähigkeit dafür zu schulen, weil ich mich sonst in der Echtheit meiner Nachfolgemotivation sehr täuschen kann. Dieser Prozess wachsender Aufmerksamkeit und reflektierenden Verstehens wird in der Betrachtung der Geheimnisse des Lebens Jesu und der damit wachsenden Vertrautheit mit der Person und den Lebensabsichten Christi (allmählich) transparenter und durch die drei Strukturbetrachtungen noch intensiviert.

Ignatius nennt die drei inneren Dispositionen die drei Weisen der „Demut". Die Entscheidung soll nach dem Maßstab des „armen und geschmähten Christus" getroffen werden. Alle drei Weisen sind positiv zu sehen und machen als Ganzes meine Grundhaltung gegenüber Gott aus (EB 164).

EB 165: Die *erste Weise* besagt, dass der Übende seine Grundentscheidung für Gott getroffen hat, aber sein gesamtes Tun und Verhalten von dieser Grundentscheidung her noch nicht durchdrungen ist. Die freie Bewegung auf Gott hin wird noch durch eine von Gott wegführende Bewegung beeinträchtigt, die bis zu einem gewissen Grad auch frei gewollt ist. Auch wenn die Bewegung auf Gott hin die Tendenz hat, die gegenläufige Bewegung immer mehr zu überwinden, so ist das Gefährliche dieser zwiespältigen Situation noch nicht gebannt. Es bleibt das Risiko, dass die Sünde als eindeutig schwere wieder auftaucht und an Anziehungskraft gewinnt. Andererseits: Wer könnte bei nüchterner Betrachtung seines Charakters und seiner Lebensgeschichte sich zutrauen, einen Abfall von Gott im „Ernstfall" mit Sicherheit auszuschließen?

Die erste Disposition reicht noch nicht für die zu fällende Entscheidung („Wahl"), weil die innere Freiheit, dem persönlichen Ruf Christi (EB 98) zu folgen, noch nicht gegeben ist.

EB 166: *Die zweite Weise der „Demut"* charakterisiert das Verhalten dessen, der versucht, sein Leben mit aller Entschiedenheit von Gott her zu gestalten. Hier ist der innere Zwiespalt zwischen der Grundausrichtung auf Gott und einer noch gegenläufigen Bewegung überwunden. Die zweite Weise der „Demut" will den Übenden innerlich so frei halten, dass er von sich aus keine Vorentscheidung in dieser oder jener Richtung trifft. Er soll mit „hörendem Herzen" vor Gott stehen, damit durch ihn etwas Gestalt annehmen kann, was nicht von ihm gemacht ist: „Herr, was willst Du, dass ich tun soll?" Er soll bereit sein, die Antwort Gottes, wie immer sie auch ausfallen mag, anzunehmen und durch sich geschehen zu lassen.

Man darf sich keine Illusionen darüber machen, dass diese zweite Weise den Übenden ganz und gar beansprucht. Sie ist geschenkte und zugleich mühsam errungene, aber doch nie gesicherte Freiheit. Man kann vor der „Wahl" nicht an ihr vorbeigehen. Noch weiß der „Übende" nicht, welchen Weg er persönlich gehen soll und welches sein nächster Schritt auf diesem Weg sein wird.

Über diese Art von „Demut" oder Indifferenz können wir nie ganz verfügen. Wir können uns bestenfalls darauf zubewegen. Auch sind uns immer wieder durch Planung und Entscheidungen, die nicht in unseren Händen liegen, neue Situationen und daraus resultierende Entscheidungs-Alternativen vorgegeben, die alle eine Anziehung ausüben und unvermeidlich bereits ein Stück unserer Indifferenz aufgebraucht haben, bevor wir überhaupt mit unserer Freiheit „ins Spiel" kommen. Oft merken wir erst sehr spät, wie sehr wir an etwas hängen, mit dem wir uns unbewusst schon lange identifiziert haben.

Die *zweite Disposition* ist Voraussetzung für eine „Wahl"; sie genügt.

Vielleicht kann folgende Erzählung von Hanna Wolf noch ein wenig veranschaulichen, worum es bei dieser zweiten Disposition geht:

Die bolivianische Bildhauerin Marina Nuñez del Prado erzählt, wie auf einer Ausstellung ihrer Werke in New York ein Mann zu ihr kam und sie unter dem Eindruck des Gesehenen bat, eine Büste seiner Frau zu schaffen. Es stellte sich heraus, dass die Frau bereits gestorben und keine Fotografie von ihr erhalten war. Marina meinte, ein solcher Auftrag sei wohl unausführbar. Der Mann entgegnete, er sei gewiss, sie könne es. Marina ging auf das ungewöhnliche Experiment ein. Im Atelier bat sie den Mann, seine Frau nicht äußerlich zu beschreiben, sondern von ihr und ihrem gemeinsamen langen Leben zu erzählen und wie es ihm dabei ums Herz war. Das Erstaunliche geschah. Unter seinem Erzählen begannen ihre Hände den Tonklumpen vor ihr zu bearbeiten und zu formen. Schließlich, sie selbst überraschend, entstand ein Gesicht, das immer prägnantere Züge annahm. Halt!, rief plötzlich der Mann, – das ist sie! Das ist meine Frau! Er setzte noch hinzu, dass jede weitere Arbeit den Eindruck nur abschwächen könnte. Was hatte Marina getan? Sie hatte empfangend, rezeptiv gehört, nichts als gehört, und das Gehörte Gestalt werden lassen.

EB 167: Die *dritte Weise der „Demut"* stellt noch einmal den springenden Punkt des gesamten Exerzitiengeschehens heraus: Es soll nach dem Maßstab des Mensch gewordenen Gottes (EB 116) „gewählt" werden, der im Vertrauen auf die Nähe und Treue des Vaters die Verlorenheit alles Geschöpflichen durchschritten hat. Sich in das Schicksal Jesu hineinnehmen lassen heißt: sich die stolze Selbstbehauptung des eigenen Ich nehmen zu lassen. Mit dieser Haltung ungeteilter Offenheit und Verfügbarkeit gegenüber dem souveränen Willen Gottes ist der innerste Kern der dritten Weise „Demut" umschrieben. Dabei ist zu beachten, dass diese Haltung totaler Verfügbarkeit die „Schlagseite" (Vorliebe) hat, Jesus Christus ähnlicher zu werden in wirklicher Armut, in

Unrecht und Verachtung, auch wenn dadurch die Verherrlichung Gottes nicht vermehrt wird.

2. Erläuterungen zum Text

• Die Haltung der Schicksalsgemeinschaft mit Christus kann sich auch in Formen realisieren, die nicht ausdrücklich mit Armut, Unrecht und Schande zu beschreiben sind. Unter Umständen treffe ich den neuralgischen Punkt bei mir viel eher, wenn ich beispielsweise an die Stelle von Unrecht und Schande das Bemühen um Aussöhnung mit einem Menschen setze. Denn auch dieses Bemühen kann durchaus eine Form sein, wie ich die Schicksalgemeinschaft mit Christus zu verwirklichen suche.

• Die aus der „Vorliebe für das Kreuz" resultierende Christusnachfolge dient dazu, mich indifferent zu stimmen (EB 23). Ich versuche, diese Haltung für eine gewisse Zeit einzunehmen als eine Übung. In der „Wahl" selbst ist diese „Vorliebe für das Kreuz" jedoch einem höheren Kriterium, der „*größeren* Ehre Gottes" unterworfen, die nicht in dem schwereren und verzichtvolleren Weg liegen *muss*. Diesen Weg darf ich nicht als Lebensinhalt oder Lebensziel anstreben. Denn das Kreuz ist nicht „Endstation", sondern Durchgangsstadium auf dem Weg zur Verherrlichung Gottes.

Das Bemühen, mich in die „Vorliebe für das Kreuz" einzuüben, ist jedoch eine gesunde aszetische Einstellung. Sie hat ja als Ziel, eine ungeordnete Anhänglichkeit loszuwerden oder mich von ihr zumindest nicht mehr bestimmen zu lassen. Deshalb strebe ich das Gegenteil an, um zur rechten Mitte zu kommen, zu der Indifferenz, die allein Voraussetzung für eine gesunde und gute Wahl ist (vgl. EB 16, 157).

• Was in den ersten beiden Weisen der „Demut" schon greifbar wurde, wird bei der dritten Weise noch klarer: Ich würde sie völlig missverstehen, wollte ich sie als Gegenstand einer partikulären Entscheidung ansehen. Eine so totale Verfügbarkeit, eine so radikale Auslieferung an Gott kann ich verantwortbar nur anstreben, wenn ich darin die *einzige* Möglichkeit meiner

Freiheit erblicke. Deshalb lässt Ignatius auch diese Erwägung mit dem dreifachen Gespräch abschließen (EB 168).

Zur Ergänzung: In der Erwägung über die drei Weisen der „Demut“ kommen keine Bilder und Symbole vor. Vielleicht kann die *Parabel vom Bambus*, der ein bekannter Text von G. Dell Britt zugrunde liegt, den springenden Punkt des ganzen Exerzitiengeschehens meinem Erleben näher bringen:

In einem Garten steht ein Bambus, groß, mächtig, schattenspendend – eine Freude, anzusehen! Eines Tages kommt der Besitzer des Gartens zu dem Bambus und sagt: „Bambus, ich brauche dich.“ – Der Bambus ist glücklich: Jetzt ist die große Stunde seines Lebens in diesem Garten gekommen. Der Herr aber sagt: „Ich kann dich nur brauchen, wenn ich dich beschneide.“ Der Bambus: „Bitte, tu das nicht, lass mir meine herrliche Gestalt, du siehst doch, wie mich alle bewundern!“ Der Herr: „Es kommt nicht darauf an, dass man dich bewundert. Ich muss dich beschneiden! Sonst kann ich dich nicht brauchen.“ Da wurde es ganz still im Garten. Die Sonne schien sich hinter den Wolken zu verstecken. Die Schmetterlinge flogen nicht mehr. Schließlich neigte sich der schöne Bambus und ließ sich beschneiden.

Da sagte der Herr: „Ich muss dir auch die Krone nehmen!“
Bambus: „Lass mir wenigstens die Krone!“
„Nein, ich kann dich nicht brauchen, wenn ich dir nicht auch die Krone nehme. Es muss sein.“ Da neigte sich der Bambus ein zweites Mal. Der Herr nahm das Messer und schnitt die Krone ab. Der einst so schöne Bambus sah jämmerlich aus.

Der Herr: „Lieber Bambus, jetzt muss ich dich in zwei Teile auseinanderschneiden und dir dein Herz nehmen, sonst kann ich dich nicht brauchen.“ – Da schwieg der Bambus und der Herr schnitt ihn in zwei Teile auseinander. Dann nahm der Herr das lange Bambusrohr, ging mit ihm in die Wüste und steckte es an eine frisch sprudelnde Quelle. Das Wasser floss durch das Bambusrohr und das Bambusrohr bewässerte die Steppe und es gab Frucht, reiche Frucht und viele, viele Menschen lebten von diesem Bambusrohr.

Ich sollte diese vorbereitenden Einstellungen während der ganzen „Wahlüberlegungen“ in mir lebendig halten und immer wieder in den Betrachtungen (*contemplaciónes*) und zu anderen Zeiten darauf zurückkommen.

Die Entscheidungsfindung in den Geistlichen Übungen: die „Wahlregeln": EB 169–189

EB 169: Zu Beginn der „Wahl" bringt Ignatius – um Selbsttäuschung und subtile Formen von Selbstsucht möglichst auszuschließen – noch einmal das Ziel des gesamten Exerzitienbemühens ins Bewusstsein (EB 23) und verlangt eine klare Motivation, die dieser Zielsetzung auch entspricht. Wenn ich erkenne, dass mir diese innere Freiheit (noch) fehlt, kann ich mit dem Wahlvorgang nicht beginnen.

Wer eine Lebensentscheidung oder sonst eine wichtige Entscheidung treffen will, braucht außerdem Klarheit darüber, wann und unter welchen Umständen sie möglich, verantwortbar, vielleicht sogar geboten ist.

Ignatius nennt drei „Zeiten" für eine „gute Wahl"

1. Die Zeit der „Gott"-Unmittelbarkeit (EB 175)

Sie zeigt sich in einer jede Täuschung ausschließenden und jeden Zweifel aufhebenden Gewissheit, d. h., der Impuls wird von mir ohne Zögern als von Gott kommend und seinem Willen entsprechend erkannt. So selten diese erste Wahlzeit sein mag, sie bleibt doch nicht nur Ausnahmefällen vorbehalten. Ignatius ermuntert den Übenden, diese Wahlzeit nicht von vornherein auszuschließen und erst, wenn Gott ihn in dieser Weise nicht bewegt, zur nächsten „Zeit" weiterzugehen.

Das *Mémorial* des französischen Mathematikers und Naturwissenschaftlers Blaise Pascal kann vielleicht noch verdeutlichen, was mit der Zeit der „Gott"-Unmittelbarkeit gemeint ist. Als Pascal gestorben war, fand man eingenäht in eines seiner Kleidungsstücke ein sehr sorgfältig beschriebenes Stück Papier, das ihm offensichtlich sehr viel bedeutete und das er stets bei sich getragen hatte. Dieses *Mémorial*, wie man es genannt hat, hält die Erfahrung eines ganz bestimmten Tages und einer ganz bestimmten Stunde im Leben Pascals fest:

„Das Jahr der Gnade 1654. Montag, 23. November, Tag des heiligen Clemens, Papstes und Martyrers, und anderer im Martyrologium, Vigil des heiligen Chrysogonus, Martyrers, und anderer, von ungefähr zehn und ein halb Uhr am Abend bis ungefähr eine halbe Stunde nach Mitternacht, Feuer. ‚Gott Abrahams, Gott Isaaks, Gott Jakobs, nicht der Philosophen und Gelehrten. Gewissheit. Gewissheit. Empfindung. Freude. Friede. Gott Jesu Christi. Deum meum et deum vestrum. ‚Dein Gott soll mein Gott sein.' Vergessen der Welt und aller Dinge, ausgenommen Gott. Er wird nur auf den Wegen gefunden, die im Evangelium gelehrt sind. Größe der menschlichen Seele. ‚Gerechter Vater, die Welt hat dich nicht erkannt, aber ich habe dich erkannt.' Freude, Freude, Freude, Tränen der Freude. Ich habe mich von ihm getrennt: Dereliquerunt me fontem aquae vivae. ‚Mein Gott, wirst du mich verlassen?' Möge ich nicht ewig von ihm getrennt werden. ‚Dies ist das ewige Leben, dass sie dich erkennen, den einzigen, wahren Gott, und den du gesandt hast, Jesus Christus.' Jesus Christus. Ich habe mich von ihm getrennt; ich bin vor ihm geflohen, ich habe ihn verleugnet, gekreuzigt. Möge ich nie von ihm getrennt sein. Er wird nur auf den Wegen bewahrt, die im Evangelium gelehrt sind: Vollkommene, innige Entsagung. Vollkommene Unterwerfung unter Jesus Christus und unter meinen geistlichen Führer. Ewig in der Freude für einen Tag der Plage auf Erden. Non obliviscar sermones tuos. Amen."

2. Die Zeit der inneren Gegensätze (EB 176)

• Normalerweise stehe ich vor mehreren Wahlmöglichkeiten oder Alternativen und muss herausfinden, welcher ich den Vorzug zu geben habe. Ignatius lässt den Übenden sich emotional auf die verschiedenen Wahlmöglichkeiten einstimmen, d. h., jede in Frage kommende (echte) Alternative muss zunächst als mögliches Ergebnis meines Entscheidungsprozesses angenommen werden, auch diejenige, der ich im Augenblick ablehnend gegenüberstehe. Entsprechend muss ich mich darauf gefasst machen, dass die Alternative nicht akzeptiert werden kann, die ich im Augenblick für die richtige halte.

Das Bemühen um die rechte Einstellung für einen solchen Klärungs- und Entscheidungsprozess in der Zeit der inneren Gegensätze, also im Auf und Ab, im Hin und Her von Trost und Trostlosigkeit, umfasst drei Aspekte:

• offen zu sein für jede der in Frage stehenden Alternativen,

- sich nicht behindern zu lassen von Wunsch und Angst,
- entschlossen zu sein, das im betenden Umgang mit den Geheimnissen des Lebens Jesu Erkannte auch zu tun.

Das intensive Bemühen um Offenheit und Verfügbarkeit

- soll verhindern, Möglichkeiten zu übersehen, die ich nicht wünsche;
- soll mir helfen, frei zu werden von Vorurteilen gegenüber solchen unerwünschten Möglichkeiten;
- soll mir helfen, mich um das Verständnis von Alternativen, die mir nicht liegen, umso ernsthafter zu bemühen;
- soll die Hoffnung stärken, dass sich mir in einem solchen Entscheidungsprozess Gottes Wille kundtut.

Von dieser inneren Disposition (Einstellung) hängt das ganze Bemühen der Entscheidungsfindung ab. Ich kann mich auf diese Haltung und Gesinnung nicht verlassen wie auf eine unveränderliche Charaktereigenschaft. Ich muss mir darüber im Klaren sein, wie schwer es ist, eine solche Gelassenheit in meinen Gebetszeiten und Erwägungen wie in den Gesprächen mit dem Begleiter oder der Begleiterin zu bewahren. Deshalb werde ich gut daran tun, sie als Vorbereitung für die Wahlüberlegungen je neu zu aktivieren und mich anschließend (im Gebet) zu prüfen, ob sie durchgetragen hat.

Die Hauptschwierigkeit, die dem Bemühen um angemessene Disposition im Weg steht, ist die Angst vor den Folgen einer möglichen Entscheidung. Diese führt oft zu Konflikten mit Menschen, die mir möglicherweise nahestehen oder schaden können.

- Die Erfahrung von Trost und Trostlosigkeit allein bietet noch keine Möglichkeit, den Willen Gottes zu erkennen. Es kommt vielmehr darauf an, herauszufinden, woher diese inneren Gegensätze kommen und wohin sie mich bewegen. Dazu helfen die *Regeln zur geistlichen Unterscheidung* (S. 176–180). Sie ermöglichen, Trost und Trostlosigkeit auf ihren Ursprung hin zu überprüfen.
- Es versteht sich von selbst, dass der Versuch einer Synthese („Kongruenz“) von unbegrenzter Offenheit und begrenztem „Wahlgegenstand“ längere Zeit braucht.

In dieser Zeit prüfenden Erfahrens (der „Wahl“ *por experiencia*) soll ich meinen Blick weiter *primär* auf die *unendliche Güte des Ewigen Herrn aller Dinge* (EB 52, 98) richten, wie sie sich mir bisher in den Geheimnissen des Lebens Jesu gezeigt hat, um in seine Gesinnung hineinzuwachsen (Phil 2,5) und mich in seine Lebensabsichten mit den Menschen (Mt 28.19 f.) hineinziehen zu lassen. Das ist eine Weise betenden Sichverhaltens ohne diskursives, schlussfolgerndes Denken, ein Bemühen, den göttlichen Willen zu erspüren (*sentir*). Bei dieser Art von Beten soll ich also von mir aus keine Verstandesanstrengungen machen, sondern versuchen, die „Stimme Gottes“ zu erhorchen, mich so weit wie möglich dafür zu disponieren, sie zu hören und ihren Impuls aufzunehmen.

• In dieser wahrhaft experimentellen Gotteserkenntnis, in der eine Beziehung zu Gott vermittelt wird, die weit hinausgeht über das bloß Gedachte, in diesem erbeteten „Wittern“ der von Gott kommenden und der widergöttlichen Anregungen und Bewegungen liegt das zentrale und tiefste Geschehen der ignatianischen Exerzitien.
• Trotz aller subjektiven Evidenz meiner gewonnenen Erkenntnis soll ich am Ende das Ergebnis meines Klärungsprozesses noch einmal einer Überprüfung von außen durch einen Begleiter oder eine Begleiterin aussetzen.
• In diesem Leben mit seiner Vielfalt und seinen Wechselfällen ist aber nichts ein für allemal abgeschlossen und erledigt. Dem Willen Gottes mit einer aus langer Erfahrung gewonnenen Entscheidung zu antworten, bedeutet deshalb: sich zu einem unablässigen Dialog mit Gott zu entschließen. Immer wieder stellt sich neu die Frage: „Herr, wohin willst Du mich führen? Was willst Du, dass ich tun soll?“, und immer wieder ist eine neue Antwort in Erfahrung zu bringen, um auf dem Weg mit Gott zu bleiben, dessen Ende nicht abzusehen ist. Dieses suchende Weitergehen führt zu einer den ganzen Menschen „umkehrenden“ Freiheit. Die Entscheidung („Wahl“) in den Exerzitien ist also keineswegs nur ein einmaliges Ereignis. Ich muss mich das ganze Leben hindurch für die göttlichen Impulse und Anregungen sensibilisieren lassen. Vielleicht kann nur jemand, der einen solchen Klärungs-

prozess in der Zeit der inneren Gegensätze einmal an sich selbst erfahren hat, verstehen, wie man mit Hilfe dieser beständigen Ebbe und Flut eines uns durchziehenden Stromes „sein Leben ordnen“ kann.

Das Geheimnis, um das es hier geht, ist die „Umwandlung“ meiner ganzen Person, damit ich in die Gesinnung hineinwachse, die „dem Leben in Christus Jesus entspricht“ (Phil 2,5).

Die Erkenntnis des Willens Gottes in der zweiten Wahlzeit kann durch das Ergebnis der dritten Wahlzeit weiter gefestigt werden.

3. Die Zeit der ruhigen Überlegung (EB 177)

1. Voraussetzungen:

- Eine endgültige, die ganze Person einfordernde freie Entscheidung kann sich immer nur auf etwas Endliches, Begrenztes, also auf Fragmentarisches, beziehen. Nur im Fragment kann das Ganze berührt und als Verheißung für das Ganze angenommen werden. Es braucht also in der Entscheidung für *eine* „Sache“ *das Ja zum Fragmentarischen des Lebens.*
- *Verfügbarkeit* (Indifferenz): Nur ein innerlich freier Mensch kann verfügbar sein, jemand, der nicht beeinträchtigt ist durch „ungeordnete Neigungen“, Vorlieben, Fixierungen und Vorurteile. „Denn es bedenke ein jeder, dass er in den geistlichen Dingen so weit Fortschritte macht, als er herausspringt aus seiner *Eigen*liebe, seinem *Eigen*willen und seinem *Eigen*nutz“ (EB 189).

2. Der Referenzrahmen:

- Woraus lebe ich? Was ist *das Fundament meines Lebens*? Woraus möchte ich leben?
- Wofür lebe ich? Was ist *die Ausrichtung meines Lebens*? Wofür möchte ich leben?
- Inwieweit ist die anstehende Entscheidung *Ausdruck*, *eine Konkretisierung* des Fundaments und der Ausrichtung meines Lebens?
- Welche Auswirkungen, welche Konsequenzen hat meine Entscheidung für andere?

- Welche Unwägbarkeiten, welche Unsicherheiten birgt meine Entscheidung für mich, für andere?
- Welche inneren Regungen und Bewegungen nehme ich im Blick auf meine Entscheidung wahr?
- Gegenüber welchen Alternativen meiner Entscheidung melden sich Widerstände, fühle ich mich unfrei, zeigen sich „ungeordnete Anhänglichkeiten?“

3. Kriterien

- *Die größere Frucht*, d.h. was mehr in Verbindung mit Christus bringt, damit menschliches Leben mehr zur Entfaltung kommt. Es geht also hier mehr um Qualität als um Quantität, mehr um das, was nachhaltig zum Segen wird – auch für andere.
- *Der größere Trost*: Geistlicher Trost ist immer eine Bewegung auf Gott, auf Christus hin, die von einer tröstlichen Erfahrung begleitet wird. Nach Ignatius erhellt jeder echte geistliche Trost die ganze Existenz, erfasst unsere Gedanken, Gefühle und Entscheidungen, bewegt unser Verhalten, unsere Aktivitäten. Das besondere Merkmal des geistlichen Trostes ist also seine *Ausrichtung*.

  In der Erfahrung des geistlichen Trostes, d.h., wenn ich mich im Kraftfeld, im Anziehungsbereich Gottes spüre, wächst die Bereitschaft zur Entscheidung im Guten. Trost ist eine Frucht des Heiligen Geistes und kann nicht aufgrund eigener Anstrengung und Leistung erreicht werden. Er ergibt sich aus der Anziehungskraft dessen, was mehr zu dem Ziel hinführt, auf das hin ich geschaffen bin.

  Echter geistlicher Trost ist also nicht danach zu beurteilen, ob er mich im Augenblick froh stimmt, sondern danach, ob er sich *in das Lebensganze trostvoll einfügt* und auf Zukunft hin mich zufrieden stimmt.

  Bei einer wichtigen Entscheidung frage ich mich: Welche Alternative bringt mich Gott näher? Bei welcher bin ich mehr mit mir identisch? Welche verheißt mir eine lebendigere Beziehung zu Gott, zu mir selbst, zu den anderen Menschen?

Beide Kriterien ergänzen einander. *Der größere Trost* kommt gleichsam dem zugute, der die Entscheidung fällt, *die größere Frucht* auch denen, die von ihr betroffen sind.

Die Zeit der ruhigen Überlegung besagt nicht, dass man überhaupt keine inneren Anregungen verspürt, sondern dass man sich in keiner inneren Auseinandersetzung befindet und auch keinen eindeutigen Impuls wahrnimmt. Deshalb soll ich in aller Ruhe und großer innerer Freiheit zur rechten Selbsterkenntnis und Wahrnehmung meiner Kräfte und Möglichkeiten kommen sowie die Welt, das komplexe Beziehungsgeflecht, in dem ich lebe, „geistlich" zu entziffern suchen, um den Sinn zu entdecken, der sich hinter bestimmten Gegebenheiten verbergen kann. Die „objektiven" Gegebenheiten sind ja nicht unmittelbar Ausdruck des göttlichen Willens. Sie können ihren Hinweischarakter nur offenbaren, wenn ich sie im Licht der Geheimnisse des Lebens Jesu betrachte.

Bei dem Bemühen, die notwendigen Fakten zusammenzutragen und geistlich zu entziffern, geht es vor allem darum, die *Konstanten* in meinem Leben zu entdecken, z. B. gibt es da bestimmte Impulse, die sich immer wieder, manchmal in den besten Augenblicken meines Lebens, melden und dann gute Wirkungen in mir hervorrufen, wie tiefe Freude, apostolischen Elan, die Kraft, Widerstände zu überwinden. Zu den Konstanten gehören auch die Schwachstellen und Fehler, die Schattenbereiche meines Lebens. Im bisherigen Prozess der Exerzitien werde ich sie hoffentlich als eine Möglichkeit entdeckt haben, mich mehr an Gott auszuliefern.

Man muss also in der Zeit der ruhigen Überlegung das Für und Wider für die Alternativen einer Entscheidung sorgfältig zusammentragen und im Glauben miteinander abwägen.

- Ignatius gibt für die dritte Wahlzeit zwei Arten an, „eine gesunde und gute Wahl zu treffen":
- Bei der *„ersten Art" zu wählen* (vgl. EB 178–183) sind folgende Schritte zu beachten:

(1)
- nur *eine* Alternative in den Blick nehmen
- alle Argumente *für* diese eine Alternative sammeln
- die Argumente nach ihrem Gewicht ordnen

(2) dasselbe mit der nächsten Alternative wiederholen.

(3) sind alle Argumente *für* jede Alternative zusammengetragen, dann herausfinden, welche gewichtigen Argumente für eine der Alternativen stärker sind als die gewichtigen Argumente für die andere Alternative (bzw. für die anderen Alternativen), wenn man sie abwägend miteinander vergleicht.
Dabei ist es hilfreich, sich zu fragen: Gegenüber welcher Alternative fühle ich mich (noch) nicht frei?
Wenn ich bei mir wahrnehme, dass ich einer Alternative gegenüber (noch) nicht frei bin, soll ich dem Begleiter dies sagen und ihn bitten, meine Äußerungen zu diesem Punkt mit Vorsicht aufzunehmen. Es ist nur zu natürlich, dass ich Veränderungen für mich befürchte und mit inneren Widerständen zu kämpfen habe.
N.B. *Wenn bei einem Vergleich der Argumente* ***für*** *jeweils eine Alternative sich eine davon schon klar herauskristallisiert, kann ich auf die Schritte (4) und (5) verzichten.*

(4) Zur Gegenprobe: In derselben Weise alle Argumente **gegen** jede Alternative sammeln, nach Gewichtigkeit ordnen und gegeneinander abwägen.

(5) Danach kann es notwendig werden, das Für *und* Wider jeder Alternative für sich und das Für *und* Wider der Alternativen untereinander abzuwägen.

(6) Wenn keine weiteren Erwägungen mehr nötig oder möglich sind und alles getan ist, dann „soll nach der stärkeren Vernunftregung ... die Entscheidung über die vorgelegte Sache getroffen werden" (EB 182).

(7) Wenn ich die Entscheidung gefällt habe, soll ich mich „mit großem Eifer ins Gebet vor Gott unseren Herrn begeben und Ihm diese ‚Wahl' darbringen, auf dass Seine göttliche Majestät sie annehmen und bekräftigen wolle, sofern es zu ihrem größeren Dienst und Lobpreis ist" (EB 183).

Die *„zweite Art" zu wählen*, spricht meine imaginativen Kräfte an und will mich auf diese Weise dafür disponieren, meine Wahl entsprechend dem Fundament und der Ausrichtung meines Lebens zu treffen: Ich soll mir einmal vorstellen, wie meine Entscheidung ausfallen würde,

- wenn ich einem anderen, dem ich „alle erreichbare Vollkommenheit“ wünsche, zu raten hätte (EB 185);
- wenn ich sie aus der Sicht meiner Todesstunde (EB 186) oder
- vom Tag des Gerichts her betrachtete (EB 187).
- Ist auf diese Weise die Entscheidung zustande gekommen, dann bringe ich das Ergebnis wieder vor Gott: vgl. (7).

Umsetzung: Wenn der Entscheidungsprozess abgeschlossen ist und ich der Überzeugung bin, dass er Gottes Willen entspricht, dann muss ich die *Abfolge der konkreten Schritte* überlegen, wie die getroffene Entscheidung umgesetzt werden soll.

Viertes Kapitel

Die Übungen der Dritten Woche: EB 190–209

Hinführung und Übersicht

• Sich dem Geheimnis der Passion Jesu zu nähern und unser Herz dafür zu öffnen, ist uns nur deshalb möglich, weil wir um den Durchbruch zur Freiheit wissen, wie ihn die Liturgie am Beginn der *heiligen drei Tage* in der Antiphon anklingen lässt. Die Passion Jesu kann ohne den Glauben an seine Auferstehung, ohne den Glauben, dass wir schon hineingenommen sind in das einmalige und einzigartige Heilsgeschehen des Pascha-Mysteriums, nicht verstanden werden:

Wir aber sollen uns rühmen
im Kreuz unseres Herrn Jesus Christus,
in ihm ist uns Heil geworden und Auferstehung und Leben,
durch ihn sind wir erlöst und befreit.

Der ganze Prozess der Geistlichen Übungen steht im Horizont und im Gefälle dieses Grundgeheimnisses unseres Glaubens. Sie können ihre Dynamik und Wirkung erst dann voll entfalten, wenn der Übende auch die „Geheimnisse" der Passion und die „Erscheinungen" des Auferstandenen betrachtet hat. Sie geben den Betrachtungen der „Geheimnisse des Lebens Jesu" ihre Tiefe und Verbindlichkeit.

• Der Übergang von der Zweiten zur Dritten Woche bedeutet für den Übenden auch einen atmosphärischen Wandel. Es geht um das Leiden *mit* Christus (EB 203) und um die Freude *mit* Christus (EB 221, 48). In der Betrachtung dieser beiden Wochen kann es geschehen, dass der Exerzitant tiefer in die Schicksalsgemeinschaft mit ihm hineingezogen wird. Hier kann die getroffene Entscheidung („Wahl") ihn darin bestärken, der Spur des Kreuzes nicht auszuweichen, wenn die Konsequenzen seiner Entscheidung das erfordern. Das Mit-Leiden (die compassio) mit dem Herrn kann so zu seiner Antwort auf das „Kreuz" (in welcher Gestalt auch immer) werden (Lk 9,23), *in dem uns Heil geworden ist und Auferstehung und Leben.*

• Die Betrachtung der Passion Jesu will mir vor allem die Einsicht und die Erfahrung vermitteln, was ich Gott bedeute, wie kostbar und liebenswert ich in seinen Augen bin, wie todernst ich von ihm genommen werde. Seine Zuwendung zu mir ist bedingungslos und uneingeschränkt. Er scheut buchstäblich nichts und setzt alles ein, damit ich heil und ganz werde: Sein Bild und Gleichnis.

Gottes Liebe und Zuwendung ist immer persönlich, individuell, konkret: *ich* bin gemeint. In der Passion Jesu, in seinem Sterben von Menschenhand kommt Gott selbst an den Ort der äußersten Gottferne, erfüllt ihn mit seiner Gegenwart und stellt die Beziehung zu uns Menschen neu her. Alle Vorstellungen, dass Gott den Kreuzestod fordert oder braucht, damit er sich mit den Menschen wieder versöhnen kann, haben kein biblisches Fundament. Nicht Gott braucht Versöhnung, um lieben zu können, sondern wir Menschen, um aus der Macht der Sünde und des Todes befreit zu werden.

- Betend versuche ich
  - das Geheimnis der Passion Jesu anzunehmen, mich in der Antwort Jesu an den Vater „festzumachen“ und so den eigenen Lebensweg im Horizont des Todes mit seinen vielen Gesichtern als Weg zum Leben zu verstehen und anzunehmen;
  - das Geheimnis anzunehmen, dass ich Teilhabe an der Unheilsgeschichte der Menschheit, Anteil am Geheimnis des Bösen aus meiner bisherigen Lebensgeschichte und Lebenseinstellung und so auf geheimnisvolle Weise am Geschehen der Passion Jesu mitbeteiligt bin;
  - mich für das Geheimnis zu öffnen, dass ich durch die Teilhabe an seiner Passion auch einbezogen bin in das Erlösungsgeschehen der Menschheit und daran mitwirken darf.

• Die Geheimnisse der Passion werden durch die Nähe lebendig, die sich zwischen mir und dem leidenden Herrn entwickelt. Ihre Betrachtung verlangt ein hohes Maß an Sammlung und Hingabe. Die Aufmerksamkeit bei den biblischen Texten konzentriert sich vor allem auf Jesus wie auf jemand, dem ich wie ein Freund verbunden bin. Die anderen Personen, die ich betrachte, stellen verschiedene Reaktionen auf Jesu Geschick dar und verdeutlichen, welche Möglichkeiten und welche Abgründe im Menschen sind.

- Die Betrachtungen der Leidensgeheimnisse beginnen jeden Tag um *Mitternacht* (bzw. zu einer Zeit nach der ersten Tiefschlafphase). Das wird ausdrücklich gesagt (EB 190) und für die folgenden Tage noch sechsmal wiederholt (EB 208). Wie bei der Kontemplation der Geheimnisse des Lebens Jesu gibt es *drei Vorübungen* oder vorbereitende Schritte. In der *dritten Vorübung* bittet der Übende um „Schmerz (*dolor*), Ergriffenheit (*sentimiento*) und Verwirrung (*confusión)*, weil der Herr (auch) *wegen seiner Sünden* zum Leiden geht". Das spanische Wort für Verwirrung (*confusión*) meint eine seelische Verfassung, einen Seelenzustand, der durch Beschämung und Bestürzung gekennzeichnet ist, eine seelische Erschütterung, die mich aus meiner bisherigen Verfassung bringt. Ein Beispiel dafür ist die Reaktion des Petrus beim Hahnenschrei, als er sich auf einmal bewusst wird, was er getan hat (Lk 22,60–62).

Es braucht Zeit, bis diese Bitte aus der Tiefe des Herzens aufsteigen und als aufrichtige Bitte geäußert werden kann. Sie wird dem Übenden erst möglich, wenn er sich irgendwie involviert sieht, wenn er eine gewisse Verstrickung und Mitverantwortung spürt für das, was Jesus widerfährt. Die Ursache von Schmerz und Trauer, von Ergriffenheit und Verwirrung liegt also darin, dass er am Geheimnis der Passion Jesu beteiligt ist. Hier wird deutlich, wie wenig der Übende aus eigenem Bemühen erreichen kann, sich bis ins Innerste davon berühren und treffen zu lassen, dass der Herr (auch) wegen *seiner* Sünden den Weg des Leidens geht. Dieses *„für mich und für meine Sünden"* durchzieht alle Betrachtungen der Dritten Woche.

- Anders als in der Zweiten Woche gibt es jetzt durchgängig *sechs Punkte*, d.h., nach dem „Sehen, Hören und Betrachten" soll der Übende jeweils noch drei Punkte erwägen:
  - wie Christus, unser Herr, in seiner Menschheit leidet und dem Leiden bewusst nicht ausweicht (vgl. Mt 26,53 f.; Joh 18,11);

- wie sich die Gottheit Christi verbirgt und nicht verhindert, dass die „heiligste Menschheit“ so grausam leidet (vgl. Mt 27,46.50);
- wie Christus das alles als Konsequenz (auch) für meine Sünden auf sich nimmt.

Diese drei Erwägungen bilden den Kern der Übung und sind wie die drei ersten Punkte bei allen Betrachtungen der Passionsgeheimnisse anzuwenden (EB 195.204). Das Herzstück jeder Übung in der Dritten Woche ist also immer das Gleiche: Christus leidet (auch) für den Übenden und für dessen Sünden.

Nach jeder Erwägung soll der Übende, soweit möglich, sich dafür öffnen, dass das Geheimnis der Passion Jesu seine Wesensmitte berührt, um sich in seinem Kern davon treffen und verwandeln zu lassen.

Es wäre aber ein verhängnisvolles Missverständnis, wenn der Übende das Mitleiden mit dem leidenden Herrn als Aufforderung verstehen würde, er solle darum bitten, die Todesleiden Jesu mögen auch an ihm geschehen. Wenn einer aus dem Kreis der Zwölf Jesus verraten hat, wenn alle aufrichtig gemeinten Beteuerungen der Jünger in Flucht und Verleugnung enden und Jesus selbst um das Vorübergehen der Passion gebetet hat, dann ist eine solche Bitte nicht zu verantworten.

- Die Übungen werden mit einem Gespräch mit Christus oder, wenn es sich nahelegt, mit einem dreifachen Gespräch abgeschlossen, wie bei der Meditation über die „zwei Banner“ (zwei Bereiche) oder über die drei Menschengruppen. Bei der Aussprache und der Bitte geht es vor allem darum, was der Übende sich wirksamer und eindringlicher (*más eficazmente*) in Bezug auf seine Nachfolge mit dem Herrn wünscht. Hier ist auch der Ort, wo die in der Wahl angenommene Richtungsentscheidung sich in den Tiefenschichten seiner gläubigen Existenz verankern kann, wenn die Selbst-Entäußerung (*kenosís*) des Menschgewordenen sich in ihrer ganzen Schärfe zeigt.
- Wie in der Zweiten Woche bevorzuge ich es, in der Regel auch die Geheimnisse der Passion Jesu nach *einem* Evangelium zu geben. Das erleichtert dem Übenden, entsprechend dem Hinweis von EB 130b, sich immer wieder die Geheimnisse der Passion ins

Gedächtnis zu rufen, bis zu dem Abschnitt, den er gerade betrachtet. Die Fußwaschung nach Joh 13 lasse ich jedoch niemals aus, wenn ich einem Synoptiker folge.

- Nach dem Exerzitienbuch beginnt die Passion mit dem *letzten Abendmahl.* Alle Details des Geschehens: die Einsetzung der Eucharistie als größtes Zeichen seiner Hingabe und Liebe, die Fußwaschung, auch die des Judas, die Voraussage der Passion mit Verrat und Verleugnung sind als Einstimmung in den Weg der Hingabe und des Gehorsams zu verstehen. Der Übende betrachtet die Selbst-Entäußerung seines Schöpfers und Herrn – „bis zum Tod am Kreuz" (Phil 2,7).

Ich folge hier, außer der Fußwaschung, der Markuspassion.

Die Gliederung der Passion nach Markus: Mk 14,1–16,8

Das Präludium zur Passion: Mk 14,1–11

1. Mk 14,1–2:	Die Absicht der Hohenpriester und Schriftgelehrten, Jesus zu töten
2. Mk 14,3–9:	Die Salbung Jesu in Bethanien
3. Mk 14,10–11:	Der Verrat des Judas

Das letzte Abendmahl: Mk 14,12–25

1. Mk 14,12–16:	Die Vorbereitung des Paschamahles
2. Mk 14,17–21:	Die Ankündigung des Verrats
3. Mk 14,22–25:	Das letzte Mahl Jesu mit der Stiftung des Neuen Bundes

Gethsemani: Mk 14,26–52

1. Mk 14,26–31:	Das Gespräch auf dem Weg zum Ölberg
2. Mk 14,32–42:	Die Todesangst und das Gebet Jesu
3. Mk 14,43–52:	Die Festnahme Jesu und die Flucht aller Jünger

Der Prozess vor dem Hohen Rat: Mk 14,53–72

1. Mk 14,53–54:	Die Nachfolge des Petrus von weitem
2. Mk 14,55–65:	Das Verhör vor dem Hohen Rat
3. Mk 14,66–72:	Die Verleugnung durch Petrus

Die Verhandlung vor Pilatus: Mk 15,1–20a

1. Mk 15,1–5:	Die Überstellung an Pilatus und das Verhör
2. Mk 15,6–15:	Die Freilassung des Barrabas und die Auslieferung Jesu durch Pilatus
3. Mk 15,16–20a:	Die Verhöhnung des „Judenkönigs“ durch die Soldaten

Golgotha: Mk 15,20b–39

1. Mk 15,20b–24:	Der Weg nach Golgotha und die Kreuzigung Jesu
2. Mk 15,25–32:	Die Verspottung des Gekreuzigten
3. Mk 15,33–39:	Der Tod Jesu

Die Grablegung Jesu und die Auferstehungsbotschaft: Mk 15,40–16,1–8

1. Mk 15,40–46:	Die Kreuzabnahme und Grablegung Jesu durch Josef von Arimathäa
2. Mk 15,47:	Die Frauen als Zeugen des Geschehens
3. Mk 16,1–8:	Die Botschaft von der Auferstehung Jesu an die Frauen im Grab

Übersicht über die „Geheimnisse der Passion Jesu" nach dem Markusevangelium in Anlehnung an die Dritte Woche des Exerzitienbuches: EB 190–208

Außer der für die Passion in den Exerzitien zentralen Betrachtung von der Fußwaschung nach dem Johannes-Evangelium.

1. Tag

Betrachtung über das Präludium zur Passion: Mk 14,1–11
Betrachtung über die Fußwaschung: Joh 13,1–20,
jeweils mit den drei Punkten, die zu erwägen sind:

- wie Christus, unser Herr, in seiner Menschheit leidet und dem Leiden bewusst nicht ausweicht (vgl. Mt 26,53 f.; Joh 18,11);
- wie sich die Gottheit Christi verbirgt und nicht verhindert, dass die „heiligste Menschheit“ so grausam leidet (vgl. Mt 27,46.50);
- wie Christus das alles als Konsequenz (auch) für meine Sünden auf sich nimmt.

Jeweils mit den entsprechenden Wiederholungen und der Anwendung der Sinne. Das gilt auch für alle folgenden Tage:

2. Tag

Betrachtungen über das Geschehen in Gethsemani:
Mk 14,26–52

3. Tag

Betrachtungen über das Verhör Jesu vor dem Hohen Rat und die Verleugnung des Petrus: Mk 14,53–72

4. Tag

Betrachtungen über die „Verhandlung“ vor Pilatus und die Verhöhnung des Judenkönigs: Mk 15,1–20a

5. Tag

Betrachtungen über den Kreuzweg und die Kreuzigung Jesu: Mk 15,20b–32

6. Tag

Betrachtungen über den Tod und die Grablegung Jesu: Mk 15,33–47

7. Tag

Die ganze Passion noch einmal insgesamt in den Blick nehmen und betrachten.

Dabei kann es eine Hilfe sein, wenn der Übende in der Vorstellung sich vielleicht wie Maria von Magdala und die andere Maria in der Nähe und mit Blick auf das Grab niederlässt und das Geschehen der Passion mit seinen einzelnen Stationen vom Abendmahlssaal bis zur Grablegung noch einmal vor seinem geistigen Auge vorüberziehen lässt.

Anstelle der Wiederholungen und der Anwendung der Sinne erwägen (*considerar*):

- wie Christus sich von seinem physischen Leib trennt und von dem Ort, wo er begraben wurde;
- wie einsam Maria, die Mutter Jesu, war in ihrem Schmerz und ihrer Erschöpfung (*fatiga*);
- danach die Einsamkeit der Jünger in ihrem Schmerz und ihrer Erschöpfung,

Relativierung des „Stoffes“ von der Zeit her und vom Ziel her, d. h. verlängern oder verkürzen entsprechend der zur Verfügung stehenden Zeit und je nach dem „Nutzen“, den der Übende jeweils daraus zieht.

Nach der meist anstrengenden Dritten Woche empfehle ich als „Karsamstag“ einen eher stillen und schweigsamen Tag zum Nachklingen.

Die „Geheimnisse der Passion" nach Markus in Anlehnung an die Dritte Woche des Exerzitienbuches

Das Präludium zur Passion: Mk 14,1–11

14 [1]Es war das Pessach und (das Fest) der ungesäuerten Brote nach zwei Tagen. Da suchten die Hohen Priester und die Schriftgelehrten, wie sie ihn mit List festnehmen und töten könnten. [2]Sie sagten nämlich: Nicht am Fest, damit es keinen Volksaufruhr gibt.

[3]Und als er in Bethanien war im Hause Simons des Aussätzigen, während er zu Tische lag, kam eine Frau mit einer Alabasterflasche voll echten, sehr teuren Nardenöls, zerbrach die Alabasterflasche und goss es über seinem Haupt aus. [4]Da waren einige bei sich aufgebracht: Wozu ist diese Verschwendung des Öls geschehen? [5]Man hätte doch dieses Öl verkaufen können für über dreihundert Denare und den Armen geben! Und sie fuhren sie an. [6]Jesus aber sagte: Lasst sie! Warum macht ihr es ihr schwer? Ein gutes Werk hat sie an mir getan. [7]Denn immer habt ihr Arme bei euch, und wann ihr wollt, könnt ihr ihnen Gutes tun, mich aber habt ihr nicht immer. [8]Was sie vermochte, hat sie getan: sie hat vorweggenommen, meinen Leib zu salben zum Begräbnis. [9]Amen, ich sage euch: wo immer das Evangelium verkündet wird in der ganzen Welt, wird auch, was sie getan, erzählt werden zum Gedenken an sie.

[10]Und Judas Iskarioth, der eine von den Zwölf, ging weg zu den Hohen Priestern, um ihn auszuliefern an sie. [11]Die aber, als sie es hörten, freuten sich und versprachen, ihm Geld zu geben. Und er suchte, wie er ihn bei günstiger Gelegenheit ausliefern könnte.

Zusammenhang: In der Markus-Passion fügt der Evangelist jeweils drei Szenen zu einer erzählerischen Einheit zusammen, so auch hier: Todesbeschluss, Salbung und Judasverrat bilden eine Einheit: Die Hauptperikope (14,3–9) ist von zwei kleinen Abschnitten umschlossen. Der Evangelist kann so theologisch zusammengehörende Aussagen zur gegenseitigen Erhellung bringen, ohne ihre wechselseitige Spannung aufzulösen.

Die Leidensgeschichte beginnt mit einer heilsgeschichtlichen Perspektive, in der alles Folgende zu betrachten ist: Noch zwei Tage und dann kommt das große Fest der Juden. Es wird in der ersten Vollmondnacht nach der Frühjahrs-Tag-und-Nacht-Gleiche zum Gedächtnis an die Befreiung Israels aus Ägypten und in der Hoffnung auf endgültige Erlösung gefeiert (vgl. Ex 12,1–14). Das JHWH-Pessach ist ein Mahl „im Vorübergehen", das Signal zum entschlossenen Aufbruch aus allen pharaonischen Nöten und Zwängen.

Das Fest der ungesäuerten Brote, Mazzot, schließt sich unmittelbar an. Es ruft den *eiligen* Aufbruch der Israeliten in Erinnerung, bei dem der Brotteig ungesäuert mitgenommen werden musste (vgl. Ex 12,15–20).

Es war ein Aufbruch aus entwürdigender Abhängigkeit in die Freiheit, ein Wagnis, bei dem man alles verlieren konnte. Der Exodus verlangte allen eine neue Lebensweise ab: Aus sesshaften Sklaven wurden wieder freie, ungesicherte Nomaden. Dieser eilige Aufbruch der Israeliten bei Nacht stützte sich allein auf die Zusage JHWHs, er werde für sein Volk da sein, er werde mit ihm ziehen und es durch alle Gefahren von Wasser und Wüste in das Land der Verheißung führen.

Wenn die Passion Jesu mit der Erinnerung an dieses alttestamentliche Geschehen eingeleitet wird, dann ist damit gesagt: Dieser Weg ist nur möglich in der Treue JHWHs, in dem Vertrauen, dass der Vater im Dunkel des rätselhaften Leidens und Sterbens mit ihm geht. Gleichzeitig liegt in dieser heilsgeschichtlichen Perspektive der Hinweis: Erlösung, Heil erfüllt sich ganz anders, als Menschen es sich vorstellen und erwarten.

Alles, was geschieht, wird sich Schritt für Schritt an diesem Fest nach Gottes Plan erfüllen – in einem unentwirrbaren Geflecht von Bosheit und menschlichem Versagen.

Zur Einstimmung: Ich versuche zunächst wieder, an meinem Gebetsort anzukommen und, soweit möglich, eine *Haltung* einzunehmen, die meiner bewussten Anwesenheit vor dem Geheimnis Gottes entspricht.

1. Das gewohnte ***Vorbereitungsgebet***

„Von Gott, unserem Herrn, die Gnade erbitten dazu hin, dass alle meine Absichten, Handlungen und Beschäftigungen rein im Dienst und in der Verherrlichung seiner Majestät geordnet seien" (EB 46).

2. **Drei Vorübungen**, d.h. vorbereitende Schritte zur Betrachtung des Präludiums zur Passion.

Erste Vorübung: Ich lese den Schrifttext langsam und wiederholt durch, um mich mit der Geschichte vertraut zu machen:

- *wie* die Hohenpriester und Schriftgelehrten zwei Tage vor dem höchsten jüdischen Fest nach einer Möglichkeit suchen, Jesus „mit List" aus dem Weg zu räumen, ohne dadurch im Volk einen Aufruhr zu provozieren;
- *wie* Jesus in Bethanien nahe bei Jerusalem im Haus des von Aussatz geheilten Simon zu Gast ist und während des Mahles eine unbekannte Frau plötzlich dazukommt und kostbares Nardenöl über das Haupt Jesu ausgießt;
- *wie* einige darüber empört sind, weil sie diese Geste für eine Verschwendung halten, und die Frau heftig attackieren;
- *wie* Jesus die Frau in Schutz nimmt, ihre Kritiker zurechtweist und die Salbung als prophetische Zeichenhandlung auf seinen Tod hin deutet;
- *wie* Jesus umgeben von Bosheit, List und Verrat auf seinem Weg in die Passion selbstlose verschwenderische Liebe von dieser unbekannten Frau erfährt und zulässt;
- *wie* „Judas Iskarioth, einer von den Zwölf" Jesus an die Hohenpriester ausliefern will und wie diese erfreut über die unerwartete Chance ihm Geld versprechen;
- *wie* Judas von diesem Zeitpunkt an nach einer Gelegenheit sucht, Jesus in ihre Hände zu spielen.

Zweite Vorübung: Mit meiner Vorstellungskraft (Imagination) versuche ich, mir den Handlungs*raum*, den jeweiligen „Schauplatz" dieses biblischen Geschehens anschaulich zu vergegenwärtigen:

- den Ort, wo die Hohenpriester und Schriftgelehrten zusammenkommen, um darüber zu diskutieren, wie sie Jesus am besten in ihre Gewalt bringen können;

- das Haus des von seinem Aussatz geheilten Simon und den Raum, wo das Mahl stattfindet;
- den Ort, wo Judas die Hohenpriester aufsucht, um Jesus zu verraten.

Ich lasse also nach und nach den jeweiligen „Ort“ des Geschehens vor meinem inneren Auge entstehen.

Dritte Vorübung: Ich bitte um die Gnade, mich vom Geheimnis der Person Jesu auf seinem Weg in die Passion ergreifen zu lassen und zu erfassen, was dieses geheimnisvolle Geschehen mit Bosheit und List, mit Unglaube und bezahltem Verrat, mit absichtsloser verschwenderischer Liebe *für mich* bedeutet. Was will Gott mir mit dieser biblischen Geschichte sagen?

Es braucht Zeit, mich auf diese (ungewöhnlichen) Orte und Situationen einzustellen und mir bewusst zu werden, dass ich selbst Teil der Beziehung bin, die zwischen Gott und den Menschen besteht, die hier agieren.

Die drei vorbereitenden Schritte dienen dazu, mich für das Geheimnis des Weges Jesu in die Passion zu öffnen, damit es mir zur „Staunen erregenden“ Gegenwart wird, sodass ich Jesus in Treue verbunden bleibe, auch wenn ich in die Schicksalsgemeinschaft mit ihm hineingezogen werde.

Diese Vorübungen werden wohl den größten Teil der ersten Gebetsübung in Anspruch nehmen.

3. **Vergegenwärtigung des Handlungsgeschehens:**
   Die Personen sehen, hören, was sie sagen, und betrachten, was sie tun

Ich gehe in meiner Vorstellung zurück zu den biblischen Handlungsräumen – so wie sie vor meinem geistigen Auge entstanden sind – und lasse das Geschehen – wie es im Schrifttext steht – in meiner Vorstellung sich entfalten: Ich **sehe** die Personen, **höre**, was sie sagen, und **betrachte**, was sie tun.

Dabei versuche ich, mich in die Akteure der biblischen Geschichte hineinzuversetzen und mitzuempfinden:

- was in den Personen vorgeht: z. B. in den Hohenpriestern und Schriftgelehrten, die Jesus mit List aus dem Weg räumen wollen;
- welche Gefühle, Wünsche, Hoffnungen, Sorgen, Zweifel, Ängste in ihren Worten und Verhaltensweisen zum Ausdruck kommen: z. B. bei den Tischgenossen, wie sie auf das vergossene kostbare Nardenöl reagieren;
- was die Worte und Verhaltensweisen für die Akteure oder Betroffenen der Erzählung bedeuten: z. B. die Worte Jesu über die unbekannte Frau an die Tischgenossen.

Ich nehme auch die *Atmosphäre* des jeweiligen „Schauplatzes“ und des Handlungsgeschehens wahr, suche sie zu spüren und zu erfassen.

4. ***Übertragung des Handlungsgeschehens auf mich und meine Situation,*** d. h. wahrnehmen:

• Was löst das Sprechen der Personen, ihr Verhalten (aktiv oder passiv) in mir aus? Zum Beispiel Sympathie, Ablehnung, Identifikation, Nachdenklichkeit. Wenn ich mich nacheinander in die verschiedenen Akteure, in ihre Worte und Verhaltensweisen hineinversetzt habe, um sie zu verstehen, dann kann ich leichter erfassen, wo ich selbst in dieser Geschichte vorkomme.

Darüber hinaus kann es hilfreich sein, mich in einer stimmigen eigenständigen Weise in das Geschehen einzubringen.

• Welche Bedeutung hat *das* für mich hier und jetzt, was ich gesehen, gehört und betrachtet habe, vielleicht auch, wie ich mich selbst in dieses Geschehen eingebracht habe, *und* das, was es in mir ausgelöst hat? So kann sich zeigen, was Gott mir in dieser biblischen Begegnung zeigen will.

5. ***Gespräch mit dem Herrn (Kyrios),***

d. h., ich bringe vor Gott zur Sprache, was mich *bewegt* (hat), und höre, was Er mir sagen will. Mit dem Gespräch beschließe ich den betenden Umgang mit dem *Geheimnis* der biblischen Geschichte. Es kann der eigentliche Höhepunkt sein, Ausdruck von Nähe und Ehrfurcht (*familiaritas*). Vielleicht weckt die verschwenderische Geste der unbekannten Frau gegenüber Jesus in mir die Sehnsucht, ihm in absichtsloser Liebe nachzufolgen.

Die Fußwaschung: Joh 13,1–20

Zusammenhang: Mit der Fußwaschung beginnt das Geheimnis der Passion Jesu im engeren Sinn. In dieser Zeichenhandlung scheint das Ende des Weges auf, den Jesus im Gehorsam gegenüber dem Willen des Vaters gehen wird (vgl. Joh 4,34).

13 [1]Vor dem Paschafest aber, als Jesus wusste, dass seine Stunde gekommen war, aus dieser Welt hinüberzugehen zum Vater – da er die Seinen, die in der Welt waren, geliebt hatte, liebte er sie bis zuletzt (bis zum Äußersten, bis ans Ende). [2]Und beim Mahl, als der Teufel schon dem Judas, Simons Sohn, dem Iskariot, es ins Herz gegeben hatte, dass er ihn ausliefere, [3]steht Jesus – im Bewusstsein, dass der Vater ihm alles in die Hände gegeben und dass er von Gott ausgegangen war und zu Gott gehe – [4]von dem Mahl auf und legt das Obergewand ab; und er nahm ein Leinentuch und umgürtete sich. [5]Dann gießt er Wasser in das Becken und fing an, die Füße der Jünger zu waschen und mit dem Leinentuch abzutrocknen, mit dem er umgürtet war.

[6]Er kommt nun zu Simon Petrus; der spricht zu ihm: Herr, du wäschst meine Füße? [7]Jesus antwortete und sagt zu ihm: Was ich tue, verstehst du jetzt nicht, du wirst es aber später verstehen. [8]Petrus sagt zu ihm: Nie und nimmer sollst Du meine Füße waschen! Jesus antwortete ihm: Wenn ich dich nicht wasche, hast du keinen Teil an mir. [9]Simon Petrus sagt zu ihm: Herr, nicht meine Füße allein, sondern auch die Hände und das Haupt! [10]Jesus sagt zu ihm: Wer gebadet ist, braucht sich nur noch die Füße zu waschen. Er ist ganz rein; und ihr seid rein, aber nicht alle. [11]Denn er kannte den, der ihn auslieferte; darum sagte er: Nicht alle seid ihr rein.

[12]Als er nun ihre Füße gewaschen und sein Obergewand genommen hatte, legte er sich wieder zu Tisch und sagt zu ihnen: Wisst ihr, was ich euch getan habe? [13]Ihr nennt mich Lehrer und Herr, und ihr sagt es mit Recht, denn ich bin es. [14]Wenn nun ich, der Herr und der Lehrer, eure Füße gewaschen habe, sollt auch ihr einander die

Füße zu waschen. 15Denn ein Beispiel habe ich euch gegeben, dass
auch ihr tut, wie ich euch getan habe. 16Amen, amen, ich sage euch:
Ein Sklave ist nicht größer als sein Herr, auch ein Gesandter nicht
größer als der, der ihn gesandt hat. 17Wenn ihr dies wisst, selig seid
ihr, wenn ihr es tut!

18Nicht von euch allen rede ich, ich weiß, welche ich erwählt habe;
aber damit die Schrift erfüllt werde: „Der mein Brot isst, hat seine
Ferse gegen mich aufgehoben". 19Jetzt schon sage ich es euch, ehe
es geschieht, damit ihr glaubt, wenn es geschieht, dass ich es bin.
20Amen, amen, ich sage euch: Wer einen aufnimmt, den ich senden
werde, nimmt mich auf; wer aber mich aufnimmt, nimmt den auf,
der mich gesandt hat.

1. Nach dem **Vorbereitungsgebet** und der wiederholten Lektüre des biblischen Textes versuche ich in der **ersten Vorübung** mir die Geschichte zu vergegenwärtigen:

- *wie* Jesus deutlich spürt, dass „seine Stunde" gekommen ist, aus dieser Welt hinüberzugehen zum Vater. Sein ganzes Leben hat er auf diese „Stunde" hin gelebt;
- *wie* er beim letzten Mahl mit seinen Jüngern sie in einer unglaublichen Zeichenhandlung erfahren lassen will, dass er sie bis zum Äußersten (*eís télos*) liebt;
- *wie* er vom Mahl aufsteht, sein Obergewand ablegt, sich mit einem Leinentuch umgürtet, Wasser in eine Schüssel gießt, sich wie ein ausländischer Sklave vor seine Jünger hinkniet und einem nach dem anderen die Füße wäscht. Ihr „Meister und Herr" beugt sich vor jedem Einzelnen, der Schöpfer vor seinem Geschöpf. Diese Freiheit, seine Liebe „bis zum Äußersten", „bis zuletzt" schließt auch den mit ein, der längst beschlossen hat, ihn zu verraten und auszuliefern;
- *wie* Petrus Jesu Sklavendienst nicht versteht und sich mit allen Fasern seines Wesens dagegen sträubt;
- *wie* Jesus ihm die Folgen seiner Weigerung deutlich macht und durch sein Wort den Widerstand des Petrus gegen den „Drecksdienst" überwindet;
- *wie* Petrus immer noch nicht begreift, zu welcher Liebe Jesus ihn befreien will. Erst die Stunde seiner tiefsten Ohnmacht und

seines Versagens wird ihn fähig machen, sich führen zu lassen, wohin er nicht will (vgl. Joh 21,18);

- *wie* Jesus nach der Fußwaschung wieder aufsteht, sein Obergewand anlegt, seinen Platz beim Mahl wieder einnimmt und seine Jünger seligpreist, wenn sie in Zukunft seinem Beispiel folgen und einander die Füße waschen;
- *wie* er andeutet, dass einer aus dem Jüngerkreis sein Herz verschlossen hat und sich seiner Liebe „bis zuletzt" verweigert.

In der **zweiten Vorübung** versuche ich mit Hilfe meiner Vorstellungskraft den „Schauplatz" der Erzählung in den Blick zu nehmen: den großen Raum im ersten Stock eines Jerusalemer Hauses, wo Jesus mit seinen Jüngern das Abschiedsmahl hält.

Dritte Vorübung: Ich bitte um die Gnade, dass es mir geschenkt werde, mich von der „*Ent*äußerung" Jesu „bis zuletzt" berühren und verwandeln zu lassen, und ich erfasse, wo meine Freundschaft zu Jesus noch eine gefährliche Selbsttäuschung ist.

Die drei vorbereitenden Schritte brauchen Zeit, manchmal den größten Teil der ersten Gebetsübung.

2. **Vergegenwärtigung des Handlungsgeschehens:**
   Die Personen sehen, hören, was sie sagen, und betrachten, was sie tun

Ich gehe in meiner Vorstellung zurück zum biblischen Handlungsraum – so wie er vor meinem geistigen Auge entstanden ist – und lasse das Geschehen – wie es im Schrifttext steht – in meiner Vorstellung sich entfalten: Ich **sehe** die Personen, **höre**, was sie sagen, und **betrachte**, was sie tun.

Dabei ist wichtig, dass ich mich in die Akteure der biblischen Geschichte hineinversetze und mitempfinde:

- Was geht in den Personen vor: z. B. in Jesus, in Petrus, in Judas?
- Welche Beziehungen haben sie untereinander: z. B. Judas Iskarioth und Jesus, Petrus und Jesus?
- Welche Gefühle, Wünsche, Hoffnungen, Sorgen, Zweifel, Ängste kommen in ihren Worten und Verhaltensweisen zum

Ausdruck: z.B. im Widerstand des Petrus, in Judas Iskarioth auf dem Weg zu den Hohenpriestern?

- Was bedeuten die Worte und Verhaltensweisen für die Akteure oder Betroffenen der Erzählung: z.B. als Jesus ihnen sagt, dass nicht alle rein sind?

Auch die *Atmosphäre* des „Schauplatzes“, des Abendmahlssaales, wo Jesus das Mahl unterbricht und seinen Jüngern mit einer Zeichenhandlung demonstriert, was sie ihm bedeuten.

3. ***Übertragung des Handlungsgeschehens auf mich und meine Situation,*** d.h. wahrnehmen:

- Was löst das Sprechen der Personen, ihr Verhalten (aktiv oder passiv) in mir aus? Zum Beispiel Sympathie, Ablehnung, Widerstand, Identifikation, Nachdenklichkeit. Wenn ich mich nacheinander in die verschiedenen Akteure, in ihre Worte und Gesten, in ihr Verhalten hineinversetzt habe, um sie zu verstehen, dann kann ich leichter erfassen, wo ich selbst in dieser Geschichte vorkomme.

Darüber hinaus kann es hilfreich sein, mich in einer stimmigen eigenständigen Weise in das Geschehen einzubringen.

- Welche Bedeutung hat *das* für mich hier und jetzt, was ich gesehen, gehört und betrachtet habe, vielleicht auch, wie ich mich selbst in dieses Geschehen eingebracht habe, *und* das, was es in mir ausgelöst hat? So kann sich zeigen, was Gott mir in dieser biblischen Erzählung zeigen will.

4. ***Gespräch mit dem Herrn,***

d.h., ich bringe vor IHM zur Sprache, was mich *bewegt* (hat), und höre, was Er mir sagen will. Mit dem Gespräch beschließe ich den betenden Umgang mit dem „Geheimnis“ der biblischen Geschichte. Es kann der eigentliche Höhepunkt sein, Ausdruck von Nähe und Ehrfurcht (*familiaritas*).

*

Es gibt Stunden im Leben eines Menschen, in denen er die ganze Wahrheit seines Lebensauftrags vor sich sieht. Es gibt Situationen, die uns den schicksalhaften Gehorsam spüren lassen, der uns abverlangt wird, soll unser Leben gelingen. Das sind Stunden, die einen deutlichen Geschmack von Vergänglichkeit und Ewigkeit zugleich haben – Stunden, in denen das Geheimnis unseres Lebens sich anzeigt, damit es sich vollende.

Johannes weist mit dem „Zeichen" der Fußwaschung und seiner Deutung darauf hin, dass kirchliches Handeln seine Glaubwürdigkeit und Autorität verliert, wenn es nicht mehr als Jesus *gemäß* erkennbar ist. Kirche entsteht da, wo Menschen sich von Jesus so *ent*äußern lassen, dass keiner mehr Macht über den anderen hat. Dann erst können alle eins sein (Joh 17,21). „Selig seid ihr, wenn ihr das verstanden habt und danach handelt" (Joh 13,17).

Gethsemani: Mk 14,26–52

14 [26]Und als sie den Hymnus gesungen hatten, gingen sie hinaus
zum Ölberg. [27]Und Jesus sagt ihnen: Alle werdet ihr Anstoß neh-
men. Denn es steht geschrieben:

Schlagen will ich den Hirten
und die Schafe werden zerstreut.

[28]Aber nach meiner Auferweckung werde ich euch vorausgehen nach
Galiläa. [29]Petrus aber sagte zu ihm: Wenn auch alle Anstoß nehmen,
aber nicht ich! [30]Und Jesus sagt zu ihm: Amen, ich sage dir: du, heute
(noch), in dieser Nacht, ehe zweimal der Hahn kräht, wirst du mich
dreimal verleugnen. [31]Er aber redete mit noch mehr Eifer: Wenn ich
sterben müsste mit dir, nie werde ich dich verleugnen. So aber spra-
chen sie alle.

[32]Und sie kommen zu einem Landgut mit Namen Gethsemani. Und
er sagt seinen Jüngern: Setzt euch hier, solange ich bete. [33]Und er
nimmt den Petrus, Jakobus und Johannes mit sich. Da fing er an zu
erschauern und zu bangen [34]und er sagt ihnen: Tieftraurig ist meine
Seele bis zum Tode; bleibt hier und wacht. [35]Und als er ein wenig wei-
tergegangen, fiel er zur Erde und betete, dass, wenn es möglich ist,
die Stunde an ihm vorübergehe. [36]Und er sprach: Abba, lieber Vater,
alles ist dir möglich. Lass diesen Kelch an mir vorübergehen; doch
nicht, was ich will (geschehe), sondern, was du willst! [37]Dann kommt

er und findet sie schlafend und er sagt zu Petrus: Simon, du schläfst?
Warst du nicht stark genug, eine Stunde zu wachen? 38 Wacht und
betet, damit ihr nicht in Versuchung kommt. Der Geist ist zwar wil-
lig, das Fleisch aber schwach. 39 Und wieder ging er weg und betete,
indem er dieselben Worte sprach. 40 Und wieder kam er und fand sie
schlafend, denn ihre Augen waren schwer geworden, und sie wuss-
ten nicht, was sie ihm antworten sollten. 41 Und er kommt zum drit-
ten Mal und sagt ihnen: Ihr schlaft weiter und ruht euch aus? Es ist
genug! Die Stunde ist gekommen! Siehe, der Menschensohn wird in
die Hände der Sünder überliefert. 42 Steht auf. Gehen wir! Siehe, der
mich ausliefert, ist nahe gekommen.

43 Und gleich, noch während er redet, ist Judas da, einer der Zwölf,
und mit ihm eine Menge mit Schwertern und Knüppeln von den
Hohenpriestern, den Schriftgelehrten und den Ältesten. 44 Es hatte
aber, der ihn auslieferte, ihnen ein Zeichen gegeben, und gesagt: Den
ich küsse, der ist's, nehmt ihn fest und führt ihn sicher ab. 45 Und er
kommt, kommt gleich auf ihn zu und sagt: Rabbi! und küsste ihn.
46 Sie aber legten Hand an ihn und nahmen ihn fest. 47 Einer aber,
(jemand) von den Umstehenden, zog das Schwert, schlug auf den
Knecht des Hohenpriesters ein und hieb ihm das Ohr ab. 48 Da gab
Jesus ihnen zur Antwort und sagte: Wie gegen einen Räuber seid
ihr ausgezogen mit Schwertern und Knüppeln, mich zu ergreifen?
49 Täglich war ich bei euch im Tempel und lehrte, und ihr habt mich
nicht festgenommen; aber – damit erfüllt werden die Schriften! 50 Da
ließen sie ihn im Stich und flohen alle. 51 Und ein junger Mann folgte
ihm, nur ein Leinengewand über den bloßen Leib geworfen, und sie
ergriffen ihn; 52 er aber ließ sein Gewand fahren und floh nackt.

Zusammenhang: Das Gespräch auf dem Weg zum Ölberg und das Geschehen im Garten von Gethsemani offenbaren in letzter Schärfe das ganze Unvermögen der Jünger, Jesus zu verstehen. Bis zuletzt bleiben sie ahnungslos, ohne Gespür für das Geschick, das unaufhaltsam über ihn kommt. Jesus erfährt hier die schmerzlichste Distanz zu den Menschen, die ihm am nächsten sind.

1. Nach dem **Vorbereitungsgebet** und der wiederholten Lektüre des biblischen Textes versuche ich in der **ersten Vorübung** mir die Geschichte zu vergegenwärtigen:

- *wie* Jesus den elf Jüngern auf seinem Weg zum Ölberg prophezeit, dass sie alle an ihm Anstoß nehmen werden, d.h., dass sie an ihm irre werden und ihn verlassen, aber dass er ihnen nach seiner Auferweckung nach Galiläa vorausgehen werde, dorthin, wo alles mit ihm einmal begonnen hat;
- *wie* Petrus ihm aber seine bedingungslose Treue bis zuletzt zusichert, Jesus ihm jedoch direkt mit der bitteren Wahrheit konfrontiert, dass er noch in dieser Nacht tiefer zu Fall kommt als alle anderen: er wird leugnen, Jesus überhaupt jemals gekannt zu haben;
- *wie* die Jünger alle – unbeeindruckt von Jesu Worten – sich genauso selbstsicher äußern wie Petrus;
- *wie* Jesus, als sie bei dem Landgut Gethsemani ankommen, die Jünger zum Beten auffordert und sich mit Petrus, Jakobus und Johannes weiter zurückzieht;
- *wie* die drei vertrauten Jünger auf einmal Zeugen seiner unbeschreiblichen Erschütterung werden und er sie in seiner Todesangst auffordert, hier zu wachen und zu beten.
- *wie* Jesus dann ein wenig weitergeht, zu Boden fällt und den Vater bittet, den Kelch (des Leidens) an ihm vorübergehen zu lassen, und trotz seiner Angst um Gleichförmigkeit mit dem Willen des Vaters ringt;
- *wie* Jesus nach dem Gebet zu den drei Jüngern zurückkehrt, sie dort schlafend antrifft und Simon Petrus fragt, ob er nicht in der Lage sei, wenigstens eine Stunde mit ihm zu wachen; wie er die drei erneut auffordert, zu wachen und zu beten, damit sie in der Versuchung nicht zu Fall kommen;
- *wie* Jesus wieder zurückgeht, um mit den gleichen Worten sich in den Willen des Vaters zu fügen;
- *wie* Jesus bei seiner Rückkehr die Jünger wieder schlafend vorfindet, und das auch nach seinem dritten Gebetsgang um Einwilligung in den Willen des Vaters; wie er sie jetzt aber auffordert, endlich aufzustehen, weil sein Verräter bereits in unmittelbarer Nähe ist;
- *wie* Judas plötzlich mit einem großen Aufgebot eines bewaffneten Verhaftungskommandos auftaucht, auf Jesus direkt zugeht und ihn mit einem Kuss in die Hände der Menschen ausliefert;

- *wie* einer aus dem Umkreis Jesu in diesem überfallartigen Augenblick zum Schwert greift, auf einen Knecht des Hohenpriesters einschlägt und ihm ein Ohr abhaut;
- *wie* Jesus dem Verhaftungskommando vorwirft, dass sie sich ihm gegenüber wie einem Schwerverbrecher gegenüber verhalten, obwohl er täglich in aller Öffentlichkeit des Tempels gelehrt habe, aber dass sie (aus Angst vor der Volksmenge) ihn nicht festgenommen haben; wie Jesus nun sein Schicksal in Einklang bringt mit der Erfüllung der Schriften!
- *wie* daraufhin alle Jünger ihn im Stich lassen und fliehen;
- *wie* die Bewaffneten einen jungen Mann, der Jesus auch nachfolgt und nur mit einem Leinenüberwurf bekleidet ist, ergreifen wollen, dieser aber sein Gewand fahren lässt und nackt in der Dunkelheit entkommt.

Zweite Vorübung: sich den jeweiligen „Schauplatz" anschaulich vergegenwärtigen:

- der Weg vom Abendmahlssaal hinaus zum Ölberg;
- das Landgut mit Namen Gethsemani am Ölberg; die Stelle, wo Jesus die Jünger zum Beten auffordert; die Stelle, wo Jesus im Beisein der drei vertrauten Jünger ganz tief erschüttert wird; die Stelle, wo Jesus in seiner Todesangst dreimal zum Vater betet; die Stelle, wo die drei Jünger schlafen;
- die Stelle in Gethsemani, wo Judas auf Jesus zugeht, ihn küsst und das Verhaftungskommando Jesus festnimmt;
- die Stelle, wo einer aus dem Umkreis der Jünger zum Schwert greift und einem Knecht des Hohenpriesters ein Ohr abhaut;
- der Fluchtweg der Jünger in der Dunkelheit.

Ich lasse also nach und nach den jeweiligen „Ort" des Geschehens vor meinem inneren Auge entstehen.

Dritte Vorübung: Ich bitte um die Gnade, mich vom Geheimnis des Gebetskampfes Jesu um Gleichförmigkeit mit dem Willen des Vaters ergreifen zu lassen und die Unfähigkeit der Jünger zu sehen, mit Jesus in seiner Not zu wachen und zu beten; zu verstehen, was dieser Kontrast für meine Schicksalsgemeinschaft mit den Herrn auf seinem Weg in die Passion bedeutet.

2. *Vergegenwärtigung des Handlungsgeschehens:* ***Die Personen sehen, hören, was sie sagen, und betrachten, was sie tun***

Ich gehe in meiner Vorstellung zurück zu den biblischen Handlungsräumen – so wie sie vor meinem geistigen Auge entstanden sind – und lasse das Geschehen – wie es im Schrifttext steht – sich entfalten: Ich *sehe* die Personen, *höre*, was sie sagen – und *betrachte,* was sie tun.

Dabei versuche ich, mich auch in die verschiedenen Personen der biblischen Geschichte hineinzuversetzen und mitzuempfinden, was in ihnen vorgeht.

Ich nehme auch die *Atmosphäre* der verschiedenen „Schauplätze“ wahr.

Nach dem „Sehen, Hören und Betrachten“ erwäge ich noch drei Punkte:

- wie Christus, unser Herr, in seiner Menschheit leidet und dem Leiden bewusst nicht ausweicht (vgl. Mt 26,53 f.; Joh 18,11);
- wie sich die Gottheit Christi verbirgt und nicht verhindert, dass die „heiligste Menschheit“ so grausam leidet (vgl. Mt 27,46.50);
- wie Christus das alles als Konsequenz (auch) für meine Sünden auf sich nimmt.

N.B. Diese drei Punkte erwäge ich bei allen weiteren Betrachtungen der Passionsgeheimnisse.

3. ***Übertragung des Handlungsgeschehens auf mich und meine Situation***

• Ich versuche wahrzunehmen, was das Verhalten und Sprechen der verschiedenen Personen in mir auslöst und wie ich mich selbst in einer stimmigen Weise in das Geschehen einbringen kann.
• Welche Bedeutung hat *das* für mich hier und jetzt, was ich gesehen, gehört und betrachtet habe, vielleicht auch, wie ich mich selbst in dieses Geschehen eingebracht habe, *und* das, was es in mir ausgelöst hat? Was will der Herr mir in dieser Erzählung zeigen? Was bedeutet das für meine Gefährten- und Schicksalsgemeinschaft mit ihm?

4. *Gespräch mit dem Herrn*

Ich bringe vor ihm zur Sprache, was mich *bewegt* (hat), und höre, was Er mir sagen will. Vielleicht spüre ich deutlich, dass es in der Nachfolge Jesu Stunden geben kann, die allein im Gebet durchlitten werden müssen, Stunden, in denen die eigene Ohnmacht durch keinen menschlichen Beistand aufgehoben werden kann, Stunden, in denen die Angst alle „Räume" meines Herzens ausfüllt und alles in Frage stellt.

Ich beende das Gespräch in der gewohnten Weise mit einer Verneigung und/oder einem „Ehre sei dem Vater".

Zur Erinnerung: Nach etwa 2–3 detailliert ausgeführten Betrachtungsvorgaben soll der Übende nach Möglichkeit nur den angegebenen biblischen Text nehmen und selbständig nach dem Grundmodell auf S. 146–149 seine Schriftbetrachtung gestalten.

Der Prozess vor dem Hohen Rat und die Verleugnung des Petrus: Mk 14,53–72

14 [53]Und sie führten Jesus ab zum Hohenpriester. Und zusammen
kamen alle die Hohenpriester, die Ältesten und die Schriftgelehr-
ten. [54]Und Petrus folgte ihm von weitem, bis hinein in den Hof des
Hohenpriesters, und saß zusammen mit den Dienern und wärmte
sich am Feuer. [55]Die Hohenpriester aber und der ganze Hohe Rat
suchten gegen Jesus ein Zeugnis, um ihn zum Tod zu verurteilen,
und sie fanden keines. [56]Denn viele machten falsche Zeugenaussagen
gegen ihn, und die Zeugnisse stimmten nicht überein. [57]Und einige
standen auf und sagten falsch gegen ihn aus: [58]Wir haben ihn sagen
hören: Ich werde diesen Tempel, der mit Händen gemacht wurde,
niederreißen und innerhalb von drei Tagen einen anderen, nicht
mit Händen gemachten, aufbauen. [59]Und auch so war ihr Zeugnis
nicht gleich lautend. [60]Da stand der Hohepriester auf in die Mitte
und fragte Jesus: Antwortest du nichts, was diese gegen dich be-
zeugen! [61]Er aber schwieg und antwortete nichts. Wieder fragte ihn
der Hohepriester und sagt ihm: Bist du der Messias (Christos), der
Sohn des (Hoch)-Gepriesenen? [62]Jesus aber sagte: Ich bin (es) und
ihr werdet sehen *den Menschensohn sitzend zur Rechten* der Macht
und *kommend mit den Wolken des Himmels.* [63]Der Hohepriester

aber zerreißt seine Kleider und sagt: Was brauchen wir noch Zeu-
gen! [64]Ihr habt die Lästerung gehört. Was scheint euch? Sie aber
alle verurteilten ihn, schuldig zu sein des Todes. [65]Und einige fin-
gen an, ihn anzuspucken und sein Gesicht zu verhüllen und ihn zu
schlagen und ihm zu sagen: Weissage! Und die Diener übernahmen
ihn mit Schlägen.

[66]Und während Petrus unten im Hof ist, kommt eine von den Mäg-
den des Hohenpriesters, [67]sieht Petrus sich wärmen, blickt ihn an
und sagt: Auch du warst bei dem Nazarener, dem Jesus! [68]Er aber
leugnete und sagte: Ich weiß nicht und ich verstehe nicht, was du
sagst, und er ging hinaus in die Vorhalle. Und ein Hahn krähte.
[69]Und die Magd sah ihn und fing wieder an, den Dabeistehenden zu
sagen: Der ist von ihnen. [70]Er aber leugnete wieder. Und nach einer
Weile sagten die Dabeistehenden zu Petrus: Ganz sicher, du bist von
ihnen, denn auch du bist ein Galiläer! [71]Er aber fing an, zu fluchen
und zu schwören: Nicht kenne ich diesen Menschen, von dem ihr
redet. [72]Und gleich zum zweiten Mal krähte ein Hahn. Da erinnerte
sich Petrus an das Wort, wie ihm Jesus gesagt hatte: Ehe ein Hahn
zweimal kräht, dreimal wirst du mich verleugnen. Und losbrach er
und weinte.

Zusammenhang: Das Verhaftungskommando bringt den gefesselten Jesus in den Palast des Hohenpriesters, wo der Hohe Rat, das oberste Gericht Israels, sich versammelt (hat). Die Nachfolge *(akolouthein)* des Petrus „von weitem“ und seine Verleugnung umrahmen das Bekenntnis Jesu vor dem Hohen Rat.

1. Nach dem **Vorbereitungsgebet** und der wiederholten Lektüre des biblischen Textes vergegenwärtige ich mir in der **ersten Vorübung** die Geschichte:

- *wie* nach kurzer Flucht Petrus „von weitem“ den Männern folgt, die Jesus zum Haus des Hohenpriesters abführen;
- *wie* noch in der Nacht offenbar in großer Eile Jesus der Prozess gemacht wird, dessen Ausgang seit langem feststeht;
- *wie* aber die Bemühungen um ein ausreichendes Belastungszeugnis vergeblich bleiben, weil die zahlreich aufgebotenen Zeugen sich in Wiedersprüchen verlieren; wie außerdem keine

Entlastungszeugen auftreten, die bei einem regulären Verfahren zuerst hätten gehört werden müssen;

- *wie* die Prozessstrategie schließlich versagt, weil die Zeugen sich als untauglich erweisen: wie ein wahres Zeugnis im Sinne der Anklage nicht vorgebracht werden konnte;
- *wie* der amtierende Hohepriester schließlich das Verfahren selbst in die Hand nimmt und versucht, Jesus zu einer Stellungnahme zu den widersprüchlichen Zeugenaussagen zu veranlassen;
- *wie* Jesus darauf nicht antwortet und sein Schweigen den Hohenpriester schließlich dazu bringt, ihm die entscheidende Frage zu stellen, ob er der Messias, der Sohn des (hoch-)Gepriesenen sei;
- *wie* Jesus sich jetzt, da sein Wirken zu Ende geht, offen zu seiner herrscherlichen Würde bekennt und sein künftiges Richteramt als Menschensohn betont, d.h., dass er, der machtlose, dem Urteil seiner Feinde ausgelieferte Gefangene der im Namen Gottes kommende Richter sein wird, vor dem auch sie sich zu verantworten haben;
- *wie* der Hohepriester auf dieses Wort hin seine Kleider als Ausdruck der Abscheu und des Entsetzens zerreißt und alle Versammelten auffordert, das Todesurteil über Jesus zu fällen;
- *wie* alle einmütig das Urteil fällen und damit das angestrebte Ziel des Prozesses erreicht ist;
- *wie* einige aus dem Hohen Rat nach dem Urteilsspruch die mehr oder weniger gewahrte Form fallen lassen, Jesus anspucken, sein Gesicht verhüllen, ihn schlagen und verspotten;
- *wie* dann auch die Diener des Hohen Rates ihn mit Schlägen traktieren;
- *wie* Petrus im Hof des Hohenpriesters, als er dort unter den Leuten um ein Feuer sitzt und sich wärmt, von einer Magd erkannt und als Anhänger Jesu identifiziert wird;
- *wie* er sich bedroht fühlt und bestreitet, „mit diesem Jesus" irgendetwas zu tun zu haben;
- *wie* er daraufhin sich aus dem Gesichtskreis der Umstehenden entfernt und ein Hahn kräht;

- *wie* die Magd aber ihre Entdeckung wiederholt und Petrus seine Aussage noch einmal bekräftigt;
- *wie* die Umstehenden den Verdacht der Frau aufgreifen und erhärten;
- *wie* Petrus in die Enge getrieben unter Fluchen und Schwören seine Identität als Jünger Jesu leugnet; wie der Hahn zum zweiten Mal kräht und Petrus sich erinnert;
- *wie* die Erinnerung an Jesu Wort (Mk 14,30) ihn die Ungeheuerlichkeit seines Versagens erkennen lässt und das selbst verschuldete Ende einer Beziehung, auf die er sein Leben gebaut hatte; wie er seiner tiefsten Beschämung und Ohnmacht inne wird und erschüttert weint.

Zweite Vorübung: die Komposition des „Schauplatzes", der verschiedenen Handlungsräume, die ich nach und nach vor meinem inneren Auge entstehen lasse:

- den Weg, auf dem Petrus von weitem dem Verhaftungskommando folgt – bis in den Hof des Hohenpriesters, wo er sich zu den Leuten setzt, die sich an einem Feuer wärmen;
- den Raum oder Saal, wo der Hohe Rat zum Prozess gegen Jesus zusammengekommen ist, und die Stelle dort, wo Jesus steht und wo die Zeugen auftreten;
- die Stelle, wo die Diener des Hohen Rats nach dem Todesurteil Jesus übernehmen und auf ihn einschlagen;
- die Stelle im Hof des Hohenpriesters, wo eine Magd den Petrus als Anhänger Jesu identifiziert und Petrus zweimal leugnet, etwas mit ihm zu tun zu haben;
- die Stelle, wo andere Leute im Hof ihn an seinem Dialekt als Galiläer erkennen und er zum dritten Mal leugnet;
- den unbekannten Ort, wohin Petrus nach seiner Erschütterung verschwindet.

Dritte Vorübung: Ich bitte um die Gnade, die Zwiespältigkeit und Widersprüchlichkeit meines Herzens rechtzeitig zu erkennen und realistisch einzuschätzen; dabei nicht zu vergessen, dass der Verratene und Verlassene seinen Jünger auch dann noch trägt, als dieser unter Fluchen und Schwören leugnet, ihn zu kennen; zu verstehen, was dieser Kontrast von Treue und Verrat für meine

Lebens- und Schicksalsgemeinschaft mit dem Herrn auf seinem Weg in die Passion bedeutet.

2. *Vergegenwärtigung des Handlungsgeschehens mit den verschiedenen Orten: Die Personen sehen, hören, was sie sagen, und betrachten, was sie tun*

Ich versuche auch, mich in die verschiedenen Personen hineinzuversetzen und mitzuempfinden, was in ihnen vorgeht.

Ebenso nehme ich die *Atmosphäre* der verschiedenen „Schauplätze" wahr, z.B. im Raum oder Saal des hohenpriesterlichen Palastes, wo die Gerichtsverhandlung gegen Jesus stattfindet, oder draußen im Hof, wo Petrus als Anhänger Jesu erkannt wird.

3. *Übertragung des Handlungsgeschehens auf mich und meine Situation:*

- Ich nehme wahr, was das Verhalten und Sprechen der verschiedenen Personen in mir auslöst und wie ich mich selbst in das Geschehen einbringen kann.
- Welche Bedeutung hat *das*, was ich gesehen, gehört und betrachtet habe, vielleicht auch, wie ich mich selbst in das Geschehen eingebracht habe, für meine Beziehung zum Herrn?

4. *Gespräch mit dem Herrn:*

Ich bringe vor ihm zur Sprache, was mich *bewegt* (hat), und höre, was Er mir sagen will. Vielleicht wird mir dabei deutlicher, dass der Herr mir in meiner Nachfolge treuer ist, als ich ihm gegenüber je sein kann.

Ich beende das Gespräch in der gewohnten Weise.

*

Ergänzende Erläuterungen zum biblischen Text

- Alles, was Petrus im Zusammenhang mit der Passion Jesu unternommen hat, erweist sich als verkehrt: Sein Ansinnen, Jesus solle nicht leiden, lässt ihn als *Satan*, der Menschengedanken statt Gottesgedanken denkt (Mk 8,33), in die Nähe des Judas geraten. Seine Beteuerungen, sich von Jesus nicht loszusagen, selbst wenn alle zu Fall kommen, enden damit, dass er nach Judas am tiefsten zu Fall kommt. Sein Versuch, die Vorgänge nach der Festnahme Jesu weiter zu verfolgen – auf diesem Zuschauerposten versagt er kläglich. Die einzig ihm verbleibende Weise des Dabeiseins ist, abseits zu stehen, um erschüttert zu weinen.

• Petrus hat die Macht des Bösen an sich erfahren. Mit der Erinnerung an Jesu Wort beginnt seine Umkehr. Nun kann er zurückfinden zu der Verheißung, die Jesus ihm gegeben hat. Noch einmal wird er Jesus dort begegnen, wo sein Weg mit ihm begonnen hat. Aber noch ist es Nacht und Petrus ist allein …

Die „Verhandlung" vor Pilatus und die Verhöhnung des Judenkönigs: Mk 15,1–20a

15 1Und gleich in der Frühe, nachdem die Hohenpriester mit den Ältesten und Schriftgelehrten und der ganze Hohe Rat einen Beschluss gefasst hatten, fesselten sie Jesus, führten ihn ab und lieferten ihn an Pilatus aus.

2Und (es) fragte ihn Pilatus: Du bist der König der Juden? Er aber antwortet ihm und sagt: *Du* sagst das. 3Und gegen ihn brachten die Hohenpriester viele Anklagen vor. 4Pilatus aber fragte ihn wieder und sagte: Antwortest du nichts? Sieh doch, was sie alles gegen dich vorbringen! 5Jesus aber antwortete nichts mehr, sodass Pilatus sich wunderte.

6Jeweils zum Fest aber ließ er ihnen einen Gefangenen frei, den sie sich ausbaten. 7Es war aber einer, der Barabbas hieß, zusammen mit den Aufständischen in Haft, die beim Aufstand einen Mord begangen hatten. 8Und hinauf zog das Volk und fing an zu verlangen, dass er wie sonst ihnen tue. 9Pilatus antwortete ihnen und sagte: Wollt ihr, dass ich euch den König der Juden freilasse? 10Denn er hatte erkannt, dass aus Neid ihn die Hohenpriester ausgeliefert hatten. 11Die Hohenpriester aber wiegelten das Volk auf, dass er lieber den Barabbas ihnen freilasse. 12Aber Pilatus antwortete wieder und sagte ihnen: Was soll ich nun mit dem machen, den ihr den König der Juden nennt? 13Sie aber schrien wieder: Kreuzige ihn! 14Pilatus aber sagte ihnen: Was hat er denn Böses getan? Sie aber schrien noch viel lauter: Kreuzige ihn. 15Pilatus aber, willens, dem Volk Genüge zu tun, ließ ihnen Barabbas frei, und er lieferte Jesus aus, damit er gegeißelt und gekreuzigt werde.

16Die Soldaten aber führten ihn ab ins Innere des Hofes, das ist das
Praetorium, und sie rufen die ganze Kohorte zusammen. 17Und sie
ziehen ihm ein Purpurgewand an und setzen ihm einen Dornenkranz
auf, den sie geflochten hatten. 18Dann fingen sie an, ihn zu grüßen:
Heil dir, König der Juden. 19Und sie schlugen ihn auf den Kopf mit
einem Rohrstock, spuckten ihn an, beugten die Knie und warfen sich
vor ihm nieder. 20Und als sie ihn verspottet hatten, zogen sie ihm das
Purpurgewand aus und zogen ihm seine Kleider an.

Zusammenhang: Am frühen Morgen fasst der Hohe Rat mit allen Parteien den Beschluss, Jesus an Pilatus „auszuliefern". Sie können ihr Todesurteil über Jesus nur mit Hilfe der römischen Justiz vollstrecken.

1. Nach dem **Vorbereitungsgebet** und der wiederholten Lektüre des biblischen Textes versuche ich in der **ersten Vorübung** mir die Geschichte zu vergegenwärtigen:

- *wie* Jesus nach dem Todesurteil des Hohen Rates gefesselt wie ein Verbrecher abgeführt und an Pilatus überstellt wird;
- *wie* der römische Präfekt Jesus zu Beginn der Verhandlung fragt, ob er „der König der Juden sei";
- *wie* Jesus sich in seiner Antwort von dem politischen Missverständnis des Pilatus abzugrenzen sucht;
- *wie* dann die Hohenpriester viele Anklagen gegen Jesus vorbringen, Jesus aber mit keinem Wort darauf reagiert;
- *wie* Jesus weiter schweigt, als Pilatus ihn auffordert, zu den Anklagen Stellung zu nehmen, und dieser sich über den geheimnisvollen Angeklagten wundert;
- *wie* Pilatus aufgrund eines Rechtsbrauchs zum Pessachfest Jesus amnestieren will, die Hohenpriester aber das Volk aufwiegeln, dass es stattdessen die Freilassung des Barrabas verlangt, eines politisch motivierten Gewalttäters;
- *wie* alles Taktieren des römischen Präfekten nichts hilft und das manipulierte Volk immer lauter und eindringlicher den Tod Jesu mit dem Ruf „Kreuzige ihn!" fordert;

- *wie* Pilatus nach politischem Kalkül entscheidet, der Forderung des Volkes nachzugeben, und anordnet, dass Jesus gegeißelt und gekreuzigt werde;
- *wie* die Soldaten Jesus nach der Geißelung in den Innenhof des Gerichtsgebäudes bringen, um dort vor der ganzen Kohorte mit dem wehrlosen und gequälten Opfer eine Posse zu spielen: Sie improvisieren eine Huldigungsszene mit dem „König der Juden";
- *wie* die Soldaten ihm dafür seine Kleider nehmen und mit Ersatzstücken königlicher Requisiten ausstaffieren: mit einem purpurfarbenen Gewand, vermutlich ein roter Soldatenmantel, und mit einer Krone aus geflochtenem Dornengestrüpp;
- *wie* sie dann den verkleideten Schmerzensmann mit Rufen: „Heil dir, König der Juden", verhöhnen, ihn mit einem Stock aufs Haupt schlagen, ihn anspucken und ihre Knie vor ihm beugen;
- *wie* die Soldaten nach dem grausamen Spiel Jesus den Purpurmantel wieder abnehmen und ihm seine Kleider anziehen.

Zweite Vorübung: sich den jeweiligen „Schauplatz" anschaulich vergegenwärtigen:

- den Weg vom jüdischen Gerichtssaal zur Residenz des römischen Statthalters Pilatus und den Ort, wo die Verhandlung mit Jesus stattfindet;
- den Weg zu dem Ort, wo Jesus gegeißelt werden soll;
- den Ort, wo Jesus von Soldaten gegeißelt wird. Manch einer der Verurteilten hat das nicht überlebt;
- den Hof des Gerichtsgebäudes, wo eine ganze Kohorte von Soldaten Jesus als Judenkönig verhöhnt.

Dritte Vorübung: Ich bitte um die Gnade, bei dem wehrlosen, gegeißelten und verhöhnten Jesus auszuhalten und zu verstehen, was das für meine Schicksalsgemeinschaft mit ihm bedeutet.

2. *Vergegenwärtigung des Handlungsgeschehens: Die Personen sehen, hören, was sie sagen, und betrachten, was sie tun*

Ich gehe in meiner Vorstellung zurück zu den biblischen Handlungsräumen – so wie sie vor meinem geistigen Auge entstanden sind – und versuche, möglichst nah am Geschehen zu bleiben: Ich *sehe* die Personen, *höre*, was sie sagen, und *betrachte*, was sie tun.

Ich versuche auch, mich in die verschiedenen Personen hineinzuversetzen und mitzuempfinden, was in ihnen vorgeht.

Ebenso nehme ich die *Atmosphäre* der verschiedenen „Schauplätze" wahr, besonders die im Hof des Gerichtsgebäudes.

3. *Übertragung des Handlungsgeschehens auf mich und meine Situation:*

- Ich nehme wahr, was das Verhalten und Sprechen der verschiedenen Personen in mir auslöst, und wie ich mich selbst in das Geschehen einbringen kann.
- Welche Bedeutung hat *das* für mich hier und jetzt, was ich gesehen, gehört und betrachtet habe? Konnte ich mich selbst in dieses Geschehen einbringen? Was hat das alles in mir ausgelöst?

4. *Gespräch mit dem Herrn:*

Ich bringe vor ihm zur Sprache, was mich *bewegt* (hat), und höre, was Er mir sagen will. Vielleicht wird mir deutlicher, dass es in der Nachfolge Jesu Situationen geben kann, in denen ich „in den grausamen und göttlichen Griff genommen werde, der mir den Weg zum Leben und zur reinen Liebe eröffnen kann", wenn ich auf Hoffnung hin bereit bin, einzuwilligen.

Ich beende das Gespräch in der gewohnten Weise.

Die Kreuzigung Jesu: Mk 15,20b–32

15 [20b]Und sie führten ihn (Jesus) hinaus, um ihn zu kreuzigen. [21]Und
sie zwingen einen Vorübergehenden, Simon von Kyrene, der vom
Feld kommt, den Vater des Alexander und Rufus, dass er sein Kreuz
aufnehme.

22 Und sie schleppen ihn nach Golgotha, das heißt übersetzt: Schä-
delstätte. 23 Und sie gaben ihm mit Myrrhe gewürzten Wein; er aber
nahm nicht.

24 Und sie kreuzigen ihn, und *sie verteilen seine Kleider, das Los über
sie werfend,* wer was (davon) nehme. 25 Es war aber die dritte Stunde,
als sie ihn kreuzigten.

26 Und die Aufschrift seiner Schuld war darauf geschrieben: Der Kö-
nig der Juden.

27 Und mit ihm kreuzigten sie zwei Räuber, einen zur Rechten und
einen zur Linken. –

28 Und es ward erfüllt die Schrift, die sagt: *Unter die Verbrecher ward
er gezählt.* –

29 Und die Vorübergehenden lästerten ihn, schüttelten ihre Köpfe und
sagten: Uah! Der du den Tempel niederreißt und ihn aufbaust in
drei Tagen – 30 rette dich selbst! Steig herunter vom Kreuz! 31 Ebenso
spotteten auch die Hohenpriester untereinander mit den Schriftge-
lehrten und sagten: Andere hat er gerettet, sich selbst kann er nicht
retten! 32 Der Messias! Der König Israels! Steige er jetzt vom Kreuz
herab, dass wir sehen und glauben. Auch die mit ihm Gekreuzigten
schmähten ihn.

Zusammenhang: Eine eigene Weise des Berichtens wird jetzt vorherrschend. Meist folgen nur noch Sätze mit wenigen Worten. Fast jeder Satz ist ein Sinnabschnitt. Alles ist aufs Äußerste zusammengedrängt. Die Ereignisse sprechen für sich. Dabei gewinnt jeder Zug des Berichteten eine Bedeutung, die weit über das hinausgeht, was hier geschildert wird. Denn nicht nur das Ganze des Geschehens steht im Licht alttestamentlicher Verheißungen, auch in den Einzelheiten verdichten sich die Anklänge an Zitate und Motive aus den Propheten und den Psalmen vom leidenden Gerechten, insbesondere aus Psalm 22. Dies bedeutet, dass wir es auch hier schon mit interpretierter Geschichte zu tun haben: Auf Golgotha geht Jesus seinen Weg unter den Bedingungen dieser Welt zu Ende. Das Geschehen auf Golgotha bringt ans Licht, was im Menschen ist. Am Gekreuzigten wird alle Sünde offenbar und alle Sünde erschöpft sich in ihm. So erfahren die Hörer, indem sie die Geschichte Jesu bis zu seinem Tod verfolgen, auch viel über ihre eigene Geschichte. „Sein Kreuz ist enthüllend“ (H. Schlier).

1. Nach dem **Vorbereitungsgebet** und der wiederholten Lektüre des biblischen Textes versuche ich in der **ersten Vorübung** mir die Geschichte zu vergegenwärtigen:

- *wie* das Exekutionskommando Jesus aus der Stadt führt, um ihn zu kreuzigen;
- *wie* die Soldaten unterwegs einen Mann, der ihnen gerade in den Weg gelaufen kommt, zwingen, für Jesus den Kreuzbalken zur Hinrichtungsstätte nach Golgotha zu tragen;
- *wie* sie dort ankommen und Jesus den Betäubungstrank ablehnt;
- *wie* sie Jesus um die dritte Stunde kreuzigen und seine Kleider nach Losentscheid unter sich verteilen;
- *wie* die Schuldtafel, der Titulus, der die Aufschrift trägt: „Der König der Juden“, am Kreuz angebracht wird;
- *wie* Jesus mit zwei weiteren Todeskandidaten hingerichtet wird, einen zu seiner Rechten und einen zu seiner Linken; wie sich damit die Schrift erfüllt, die sagt: unter die Verbrecher wurde er gezählt;
- *wie* die Leute, die vorübergehen, ihn verspotten und sagen, er solle sich selbst helfen und vom Kreuz herabsteigen;
- *wie* die Hohenpriester und Schriftgelehrten den Spott der Leute aufgreifen und untereinander über ihn reden; wie auch sie behaupten, dass sie an ihn als Messias glauben würden, wenn er jetzt vom Kreuz herabsteige;
- *wie* selbst die beiden Mitgekreuzigten sich an der Verspottung Jesu beteiligen und ihn damit aus der vom Schicksal gefügten Gemeinschaft ausschließen;
- *wie* Jesus ganz auf sich zurückgeworfen ist.

Zweite Vorübung: die Komposition des jeweiligen „Schauplatzes“:

- der Weg vom Gerichtsgebäude aus der Stadt heraus zur Hinrichtungsstätte Golgotha;

- die Stelle, wo das Hinrichtungskommando Simon von Kyrene aufgreift und sie ihn zwingen, für den geschwächten Jesus den Kreuzbalken nach Golgotha zu tragen;
- die Hinrichtungsstätte, wo Jesus zwischen zwei Gewaltverbrechern gekreuzigt wird;
- die Stelle in der Nähe des Kreuzes, wo die Soldaten die Kleider Jesu verlosen;
- der Weg, der an der Hinrichtungsstätte vorbeiführt, wo die Vorbeigehenden Jesus verspotten; und die Stelle in Hörweite der Kreuzes, wo die Hohenpriester und Schriftgelehrten sich versammeln und über Jesus spöttisch reden.

Dritte Vorübung: Ich bitte um die Gnade, bei dem wehrlosen, gekreuzigten und verspotteten Jesus auszuhalten und zu verstehen, was das alles für meine Schicksalsgemeinschaft mit ihm bedeutet.

2. ***Vergegenwärtigung des Handlungsgeschehens mit den verschiedenen Orten: Die Personen sehen, hören, was sie sagen, und betrachten, was sie tun***

Ich versuche auch, mich in die verschiedenen Personen hineinzuversetzen und mitzuempfinden, was in ihnen vorgeht.

Ebenso nehme ich die *Atmosphäre* der verschiedenen „Schauplätze" wahr, besonders auf dem Weg nach Golgotha und auf der Hinrichtungsstätte selbst.

3. ***Übertragung des Handlungsgeschehens auf mich und meine Situation:***

- Ich nehme wahr, was das Verhalten und Sprechen der verschiedenen Personen in mir auslöst und wie ich mich selbst in das Geschehen einbringen kann.
- Welche Bedeutung hat *das* für mich hier und jetzt, was ich gesehen, gehört und betrachtet habe? Konnte ich mich selbst in dieses Geschehen einbringen? Was hat das alles in mir ausgelöst?

4. *Gespräch mit dem Herrn:*

Ich bringe vor ihm zur Sprache, was mich *bewegt* (hat), und höre, was Er mir sagen will. Vielleicht wird mir deutlicher, dass es in der Nachfolge Jesu Situationen geben kann, in denen ich mich als verletzt und wehrlos ausgeliefert erfahre und von mir aus nichts „machen“ kann.

Ich beende das Gespräch in er gewohnten Weise.

Der Tod Jesu und seine Grablegung: Mk 15,33–47

15 [33]Und als die sechste Stunde anbrach, kam Finsternis über die
ganze Erde bis zur neunten Stunde. [34]Und in der neunten Stunde
rief Jesus mit lauter Stimme: *Eloi, Eloi, lema sabachthani,* das heißt
übersetzt: *Mein Gott, mein Gott, warum hast du mich verlassen!*

[35]Und einige der Dabeistehenden hörten es und sagten: Sieh, Elija ruft
er. [36]Und einer lief und füllte einen Schwamm mit Essig, steckte ihn
auf einen Rohrstock und gab ihm zu trinken und sagte: Lasst! Wir
wollen sehen, ob Elija kommt, ihn herunterzuholen.

[37]Jesus aber stieß einen lauten Schrei aus und hauchte sein Leben aus.

[38]Und der Vorhang des Tempels spliss entzwei von oben bis unten.
[39]Als aber der Hauptmann, der ihm gegenüber dabeistand, ihn so
den Geist aushauchen sah, sagte er: Wahrhaftig, dieser Mensch war
Gottessohn!

[40]Es waren aber auch Frauen da, die von weitem zuschauten, unter
ihnen auch Maria von Magdala und Maria, die Mutter von Jakobus
dem Kleinen und von Joses, und Salome. [41]Sie waren, als er in Gali-
läa war, ihm nachgefolgt und hatten ihm gedient, und viele andere,
die mit ihm hinaufgezogen waren nach Jerusalem.

[42]Und als es schon Abend geworden, da Rüsttag war, das ist der
Tag vor dem Sabbat, [43]kam Joseph, der von Arimathäa, ein ange-
sehener Ratsherr, der selbst auch auf die Gottesherrschaft war-
tete, wagte es, ging hinein zu Pilatus und erbat sich den Leib Jesu.
[44]Pilatus wunderte sich, dass er schon tot sei, rief den Hauptmann
herbei und fragte ihn, ob er bereits gestorben sei. [45]Und als er
es vom Hauptmann erfuhr, schenkte er die Leiche dem Joseph.

[46]Und er kaufte Leinen, nahm ihn herab, wickelte ihn in das Leinen und legte ihn in ein Grab, das herausgehauen aus Felsen war, und wälzte einen Stein vor den Eingang des Grabes. [47]Maria aus Magdala aber und Maria, die (Mutter) des Joses, sahen, wohin er gelegt worden war.

Zusammenhang: Der Bericht vom Sterben Jesu ist der Höhepunkt der gesamten Passionsüberlieferung, ja des ganzen Evangeliums. Wie der erste Teil des Evangeliums (Mk 1,1–8,26) auf die Frage Jesu an seine Jünger hinausläuft: „Für wen haltet ihr mich?“ (Mk 8,29), so ist das Bekenntnis des heidnischen Hauptmanns: „Wahrhaftig, dieser Mensch war Gottes Sohn“ (Mk 15,39), die zusammenfassende Deutung des Todesweges Jesu als Evangelium „für die vielen“ (vgl. Mk 10,45 und 14,24).

Mit dem hereinbrechenden Abend drängt die Zeit, den Leichnam Jesu noch vor Beginn des Sabbats zu bestatten, also vor dem Aufleuchten des zweiten Sterns. Denn die Sabbatruhe wurde strikt eingehalten.

1. Nach dem **Vorbereitungsgebet** und der wiederholten Lektüre des biblischen Textes versuche ich in der **ersten Vorübung** mir die Geschichte zu vergegenwärtigen:

- *wie* mit der sechsten Stunde eine dreistündige, die ganze Erde bedeckende Finsternis beginnt und Jesus in die letzte Ausweglosigkeit jener „Stunde“ gerät, um deren Vorübergehen er in Gethsemani gebetet hat (Mk 14,38);
- *wie* Jesus in der neunten Stunde mit lauter Stimme seine totale Verlassenheit herausschreit; wie er also die Erfahrung machen musste, dass selbst Gott sich ihm entzieht und ihm nur die dunkle Leere des Nichts und Niemand bleibt; wie dieser Schrei dennoch kein Verzweiflungsschrei ist, sondern Jesus „diese schreckliche Angst des Sterbens ohne Gott seinem Gott zu Füßen legt“ (H. Schlier), der sein Antlitz nicht verbirgt vor dem Elend des Armen und der auf sein Schreien hört (vgl. Ps 22,25):
- *wie* die Dabeistehenden auf Jesu Gebetsruf mit einer mutwilligen Verwechslung reagieren und ihn als Vertrauensruf zu

Elija als Nothelfer auslegen, der dem Gerechten in der Todesstunde beisteht;

- *wie* der auf einen Rohrstock gespießte Schwamm mit saurem Wein seinen Tod hinauszögern und die Vergeblichkeit seines Hoffens betonen soll;
- *wie* Jesus mit einem lauten Schrei sein Leben aushaucht und sein Tod ihnen zuvorkommt;
- *wie* im Moment des Todes Jesu der Tempelvorhang, der den Ort der irdischen Gegenwart Gottes vor den Blicken der Menschen verbirgt, von oben bis unten entzweireißt;
- *wie* der heidnische Hauptmann des Exekutionskommandos, der dem Kreuz Jesu gegenübersteht und den Tod Jesu unmittelbar miterlebt, bekennt: „Wahrhaftig, dieser Mensch war Gottes Sohn";
- *wie* einige von den vielen Frauen, die ihm schon in Galiläa nachgefolgt und mit nach Jerusalem hinausgezogen waren, als Einzige von ferne den Tod Jesu miterleben; wie darunter drei namentlich genannt werden, die allein die Kontinuität der Nachfolge verbürgen;
- *wie* am Abend noch vor Beginn des Sabbats ein angesehenes Mitglied des Hohen Rates, Joseph von Arimathea, zu Pilatus geht und ihn um den Leichnam Jesu bittet;
- *wie* Pilatus sich über den frühen Tod Jesu wundert, ihm den Leichnam aber erst schenkt, nachdem er sich beim Hauptmann des Exekutionskommandos versichert hatte, dass Jesus tatsächlich schon tot ist;
- *wie* Joseph Leinentuch kauft, nach Golgotha geht und den Leichnam Jesu vom Kreuz abnimmt; wie er dann den Leichnam in ein Felsengrab legt und es mit einem Rollstein verschließt.
- *wie* Maria von Magdala und Maria, die Mutter des Joses, sehen, wo der Leichnam Jesu zu Grabe getragen wurde.

Zweite Vorübung: die Komposition des jeweiligen „Schauplatzes":

- die Hinrichtungsstätte mit den Kreuzen, wo Jesus stirbt;
- der Weg des Joseph von Arimathea zu Pilatus und der Ort ihrer Begegnung;
- der Weg des Joseph von Pilatus zum Einkauf des Leinentuches und von dort nach Golgotha;

- die Stelle, wo Joseph den Leichnam Jesu nach seiner Abnahme vom Kreuz in das Leinentuch wickelt und zum Felsengrab bringt;
- die Stelle, wo das Grab in den Felsen gehauen ist, wo Joseph den Leichnam ablegt und die beiden Frauen zusehen, wo das geschieht.

Dritte Vorübung: Ich bitte um die Gnade, wie die beiden Frauen den schrecklichen Todeskampf Jesu auszuhalten und auszuharren, bis sein Schicksal ein würdiges Ende gefunden hat.

2. ***Vergegenwärtigung des Handlungsgeschehens mit den verschiedenen Orten: Die Personen sehen, hören, was sie sagen, und betrachten, was sie tun***

Ich versuche auch, mich in die verschiedenen Personen hineinzuversetzen und mitzuempfinden, was in ihnen vorgeht.

Ebenso nehme ich die *Atmosphäre* der verschiedenen „Schauplätze" wahr, besonders die die ganze Erde überschattende Finsternis beim Sterben Jesu.

3. ***Übertragung des Handlungsgeschehens auf mich und meine Situation:***

- Ich nehme wahr, was das Verhalten und Sprechen der verschiedenen Personen in mir auslöst und wie ich mich selbst in das Geschehen einbringen kann.
- Welche Bedeutung hat *das*, was ich gesehen, gehört und betrachtet habe, für meine Schicksalsgemeinschaft mit dem Herrn? Konnte ich mich selbst in dieses Geschehen einbringen? Was hat das alles in mir ausgelöst?

4. ***Gespräch mit dem Herrn:***

Ich bringe vor ihm zur Sprache, was mich *bewegt* (hat), und höre, was Er mir sagen will. Vielleicht wird mir dabei deutlicher, dass es in der Nachfolge Jesu in den Augen der Menschen auch ein totales Scheitern geben kann.

*

Ergänzende Erläuterungen zum biblischen Text

- Die dreistündige, die ganze Erde bedeckende *Finsternis* ist ein apokalyptisches Unheils- und Gerichtszeichen. Sie zeigt an, bis in welche Weiten und Tiefen dieses Sterbenmüssen von Menschenhand hineinreicht: Der gesamte Kosmos wird davon erfasst. Die universale Finsternis ist Zeichen für die reale Macht des Bösen, für die Gottlosigkeit, die Jesu Sterben umgibt und in ihn eindringt.
- Bis zuletzt, bis zum wortlosen Todesschrei, bleibt Jesus den Bedingungen dieser Welt unterworfen. Aber weder die Feindschaft seiner Gegner noch physische Gewalt, weder Spott noch persönliches Scheitern konnten ihm die Freiheit nehmen, den Willen dessen zu tun, den er seinen Vater nannte (Mk 14,36). Er ließ sich nie zur Unmenschlichkeit erpressen. Er hat der Macht der Angst, die uns Menschen immer wieder dazu verleitet, das Gegenteil von dem zu tun, was wir wirklich wollen, – er hat dieser Angst widerstanden. So ist Jesu Sterben für die glaubende Gemeinde zu einem Zeichen geworden, wie Gott letztlich in dieser Welt erreicht wird und das eigene Leben nicht in Sinnlosigkeit und Zerstörung versinkt.
- Damit ist die totale Umkehrung der jüdischen Messiasvorstellungen vollzogen. Das *Zerreißen des Tempelvorhangs* soll (möglicherweise) das Ende des Tempelkults und das beginnende Gericht an der Tempelgemeinde andeuten. Zum Gottesvolk dürfen nun alle gehören und die Mitte des Gottesvolkes, der Ort der Gottesbegegnung, ist nicht mehr der Tempel, sondern Jesus, der sich in seinem Sterben dem heidnischen Centurio als Sohn Gottes erschließt.

Vom Tod, vom Schlusspunkt seines irdischen Lebens her wird erkannt, wer dieser Jesus ist. Mit diesem Tod ist alles gegeben, was zu seinem irdischen Leben gehört und dem Erfassen seiner Person zugrunde liegt. Noch im Sterben geschieht eine geheime Epiphanie. Noch im wortlosen Todesschrei offenbart sich Jesus dem Glaubenden als Sohn Gottes. Das Bekenntnis des Heiden, der österliche Glaube dieses Unbekannten, steht bewusst neben dem angesagten Gericht über den Unglauben der Tempelgemeinde. „Jene wollten das Herabsteigen vom Kreuz sehen. Dieser sieht den Tod am Kreuz. Jene haben durch die gestellte Bedingung sich selbst blind gemacht. Dieser hat nicht festgelegt, was er sehen will. Daher kann er das sehen, was tatsächlich geschieht. Und dieses Geschehen führt ihn zum Bekenntnis" (K. Stock). Das Wort des Hauptmanns ist also im Sinne des Evangelisten vollgültiger Ausdruck des christlichen Glaubens und interpretiert so das gesamte Passionsgeschehen authentisch (*aläthos*) als Siegesweg: „Siehe, es siegt mein Knecht" (Jes 52,13), „dem Herrn gehört das Königtum, und er herrscht über die Völker" (Ps 22,29).

• Angesichts dieses Sterbens und seiner gläubigen Deutung scheint es unerlässlich zu sein, sich an jene Situationen in unserem Leben zu erinnern, in denen wir glaubten, keine andere Möglichkeit zu haben, als gegen unsere innere Überzeugung zu handeln. Welche Ängste haben diesen Zwang zum Widersinnigen möglich gemacht? Was hat uns zu dieser Art von Unmenschlichkeit verführt und welche Konsequenzen hatte das für uns, für andere? Vielleicht kann die Haltung, mit der Jesus in den Tod ging, uns überzeugen, *den verhängnisvollen Kreislauf der Angst zu durchbrechen*, d.h. im Angesicht der Angst menschlich und wahrhaftig zu bleiben und nicht in Gewalt und Lüge auszuweichen. Letztlich kommt es darauf an, das Zeugnis des Todes Jesu ins eigene Leben hineinzunehmen.

• So geht der Tag zur Neige; die Nacht bricht herein und legt ihre Dunkelheit über alles, was in den Herzen vieler Menschen durch diesen Jesus aufgelebt ist. Alle Hoffnungen, die noch den Keim von Tod und Verwesung in sich tragen, müssen gekreuzigt und begraben werden. Es gibt keinen anderen Weg zum Osterglauben. In dieser Nacht des Herzens werden wir zur Freiheit gerufen. Während in Jerusalem „das Fest des Pessach und der ungesäuerten Brote" gefeiert wird (vgl. Mk 14,1), bereitet sich ein neuer Exodus vor ...

Fünftes Kapitel

Die Übungen der Vierten Woche: EB 218–229 und 299–312

Hinführung und Übersicht

• Die präzisen Hinweise zur Dritten Woche gelten zum großen Teil auch für die Vierte Woche. Das bezieht sich vor allem auf die ersten Punkte der Betrachtungen, die Anwendung der Sinne, das Verlängern oder Abkürzen der Betrachtungen und die entsprechenden Zusätze (EB 226). Pro Tag werden jetzt nur vier Übungen empfohlen, und zwar die erste gleich nach dem Aufstehen am Morgen. Von einer Gebetszeit um Mitternacht ist nicht mehr die Rede. Statt der ersten und zweiten Wiederholung kann man einen neuen Auferstehungstext betrachten (EB 227). Als vierte Übung folgt dann am Abend die *Anwendung der Sinne* auf die drei Übungen des Tages, „indem man bei den *wichtigeren* Teilen (*las partes más principales*) und dort, wo man *größere* Bewegungen (*mociones*) und geistlichen Geschmack (*gustos espirituales*) verspürt hat, aufmerkt und verweilt". Der Übende soll also nur auf das zurückkommen, was bei ihm einen stärkeren oder nachhaltigeren geistlichen Eindruck hinterlassen hat. Die Anwendung der Sinne übernimmt jetzt die Funktion der bisher üblichen Wiederholungen. Ansonsten ist der Übende frei, von der vorgegebenen Zahl der Betrachtungspunkte abzuweichen, wenn es ihm mehr hilft, das zu finden, was er sucht. Ignatius empfiehlt ihm aber, sich vor Beginn jeder Übung sorgfältig vorzubereiten (EB 228).
• Vor den Betrachtungen der einzelnen Osterberichte bittet der Übende um die Gnade, fröhlich zu sein und sich in der Tiefe seines Herzens (*intensamente*) freuen zu können über „so große Herrlichkeit und Freude Christi, unseres Herrn". Damit ist eine ganz selbstlose Freude gemeint, wie sie zwischen wirklichen Freunden möglich ist (vgl. EB 224). Der Schmerz mit dem schmerzerfüllten Christus soll sich wandeln lassen in die österliche Freude über die unerwartete Wende im Schicksal des Gekreuzigten.

Doch dieser Wandel oder Umschwung von Schmerz und Trauer in die tiefe Freude darüber, dass Christus den Tod besiegt und uns schon hineingenommen hat in *seine* Auferstehung und *sein* Leben, stellt sich normalerweise nicht sofort ein. Einen Hinweis geben einige biblische Texte: „Ihr sucht Jesus, den Gekreuzigten“ (Mk 16,8; Mt 28,6) oder „Was sucht ihr den Lebenden bei den Toten“ (Lk 24,5). „Sie haben meinen (toten) Herrn (aus dem Grab) weggenommen und ich weiß nicht, wohin sie ihn gelegt haben“ (Joh 20,13) oder „Ihre Augen waren gehalten, sodass sie ihn (den Auferstandenen) nicht erkannten“ (Lk 24,16). Als die Jünger den Auferstandenen sahen, „fielen sie vor ihm nieder, einige aber zweifelten“ (Mt 28,16). Es sieht so aus, als sei für die meisten, die Jesus nahestanden, sein unerwartetes, weil nicht begreifbares, Schicksal am Kreuz zur letzten und bleibenden Gewissheit geworden. Die Gegenwart des Auferstandenen, sein Bei-uns-Sein alle Tage bis ans Ende der Welt (Mt 20,20), ist immer wieder durch Erfahrungen von Abwesenheit und Entzogensein durchwirkt und auszuhalten. Es gibt keinen Anspruch auf eine bestimmte erfahrbare Nähe des Auferstandenen. Ignatius weiß aus eigener Erfahrung, dass Menschen, die ernsthaft den Weg des Evangeliums gehen, sich manchmal „wie von ihrem Schöpfer und Herrn getrennt“ erfahren (EB 317). Deshalb ist die Bitte in der dritten Vorübung der Vierten Woche aus einem wirklichen Verlangen heraus und mit nüchterner Ehrlichkeit zu äußern – im Bewusstsein, dass dem Übenden der ganze Reichtum der Auferstehungserfahrung erst im Verlauf der Woche nach und nach zuteilwerden kann.

- Statt der letzten drei Punkte der Dritten Woche folgen jetzt noch zwei:

Der vierte Punkt ist wieder eine Erwägung, d.h., der Übende wendet sich noch einmal der Begegnung des Auferstandenen mit seiner Mutter zu und richtet seine Aufmerksamkeit darauf, wie die Gottheit Christi, die sich im Leiden zu verbergen schien, nun auf wunderbare Weise in der Begegnung mit dem Auferstandenen sichtbar wird und sich vor allem durch seine „wahren und heiligsten Wirkungen“ zeigt (223). Vielleicht ist die wichtigste dieser Wirkungen der Trost, mit dem der Auferstandene die Seinen erfüllt. Das kann durchaus zunächst sehr verhalten und kaum spürbar sein wie bei den beiden Jüngern auf dem Weg von Jerusalem nach Emmaus, die erst nach der österlichen Begegnung beim Brotbrechen mit dem Auferstandenen feststellen, dass ihnen schon unterwegs mit dem Fremden das Herz brannte.

Zu der selbstlosen Freude und der tiefen Erfahrung von Trost, den der Auferstandene bei seinen Jüngern hinterlässt, gehört auch die dankbare Freude über das, was der Herr mit seiner Auferstehung und Verherrlichung beim Vater für uns, (auch) für den Übenden, erreicht hat. Geistlicher Trost zieht einen Menschen immer in die Nähe Gottes. Er bewegt dazu, sich Gott zur Verfügung zu stellen, teilzuhaben an seiner Heilssorge um die Menschen. Von daher wird noch einmal deutlich, dass die Geistlichen Übungen ihre dynamische Kraft, ihren apostolischen Eros erst dann voll entfalten können, wenn der Übende auch die Vierte Woche durchschritten hat.

Im *fünften Punkt* soll der Übende das „Trösteramt" betrachten (*mirar*), das Christus, unser Herr (Kyrios), ausübt, und dabei vergleichen, wie Freunde einander trösten, d. h. sich gegenseitig stärken und Halt geben (EB 224).

Der vierte und fünfte Punkt bilden auch hier den Kern der Übung und sind mit den ersten drei Punkten bei allen Betrachtungen der Vierten Woche anzuwenden. Die Erwägung der Wirkungen, die die Begegnungen mit dem Auferstandenen auslösen, und die Betrachtung des Trösteramtes Christi sind also Herzstück jeder Auferstehungsbetrachtung.

Für das Gespräch zum Abschluss der Übung werden keine näheren Angaben gemacht (EB 225).

Von den zehn Zusätzen (EB 73–86) soll der zweite, sechste, siebte und zehnte entsprechend geändert werden (EB 229), damit der Übende sich ganz unbeschwert in seinem Schöpfer und Herrn freuen kann.

• Überraschenderweise beginnt die erste Übung nicht mit einer biblischen Auferstehungsperikope, sondern mit der Erscheinung des Auferstandenen bei „seiner gebenedeiten Mutter" (EB 218, 299). Ignatius folgt hier einer alten Tradition, der er schon bei seiner Lektüre der Vita Christi des Ludolph von Sachsen während seines Krankenlagers im Schloss Loyola begegnet sein dürfte. Die Hl. Schrift sieht in Maria das Vorbild des glaubenden Menschen – „selig, die geglaubt hat, dass sich erfüllt, was ihr vom

Herrn gesagt wurde“ (Lk 1,45) – durch alle menschlichen Enttäuschungen hindurch. Diese Übung ist die einzige, die Ignatius in der Vierten Woche paradigmatisch ausgestaltet hat.

Bei den Auferstehungsperikopen beschränkt sich Ignatius nicht nur auf die Evangelienberichte, sondern nennt auch drei Begegnungen nach dem Ersten Korintherbrief (1 Kor 15,6–8), als zwölfte Erscheinung sogar die bei Josef von Arimathäa.

Die Erscheinungen enden mit der Himmelfahrt Christi. Im Unterschied zur Dritten Woche spricht Ignatius nicht mehr von *Geheimnissen*, sondern von *Erscheinungen*. Vermutlich will er mit der veränderten Terminologie auf die Verschiedenheit der Osterberichte zu den vorausgegangenen Evangelienberichten aufmerksam machen (EB 299–312).

Die Kontemplation, um Liebe zu erlangen (EB 230–237), bildet dann den Abschluss der Vierten Woche, in der die Großen Exerzitien ihren Ziel- und Höhepunkt finden (können).

- Im Einzelnen zeigen die Osterevangelien:
  - Jesus erscheint nur solchen Menschen, die über ihr Verstehen und Versagen hinaus innerlich weiter mit ihm verbunden sind.
  - Der Auferstandene erscheint in einer ungewohnten und nicht einholbaren Fremdheit: Die Apostel, die Jünger und die Jüngerinnen finden nicht mehr zu der *alten* Nähe mit ihm zurück. Wenn sie ihn wiedererkennen, stehen sie trotz der langen Bekanntschaft in einer auffallend verhaltenen Beziehung zu ihm. Er ist jetzt anders, obwohl er derselbe ist.
  - Das Kommen und Verschwinden des Auferstandenen ist plötzlich, ohne Erklärung, unvermittelt. Mehrfach entschwindet er gerade in dem Augenblick, in dem er erkannt wird. Bei der im Lukasevangelium berichteten Erhöhung (Lk 24,50 ff.) entzieht er sich den Jüngern, während er sie segnet.
  - Der Auferstandene ermöglicht in diesen österlichen Begegnungen erst den Glauben an ihn. Er muss erst Furcht, Entsetzen, Zweifel und Unglauben überwinden, damit die Frauen und Jünger glauben können, dass er es ist, der ihnen begegnet. Der Auferstandene bekundet *sich* selbst und aus

eigener Initiative und eröffnet ihnen seine neue Wirklichkeit.

- Die Osterberichte zeigen keine Trauer über die guten alten Tage der nomadenhaften Gemeinschaft mit Jesus. Das vorösterliche Zusammensein mit Jesus war für die junge Gemeinde kein verlorenes goldenes Zeitalter. Sie kehrten voll Freude in ihre Welt zurück (vgl. Lk 24,52).
- Wenngleich wir es in den Evangelien immer mit dem auferstandenen Kyrios und dem historischen Jesus zugleich zu tun haben und diese Spannung und dieses Ineinander nie ganz bewältigt werden kann, so wollen die Osterberichte doch in erster Linie eine tiefere Einsicht in seine *neue Gegenwart im Geist* vermitteln.
- Das Erscheinen Jesu zielt auf die Mitte der menschlichen Existenz, sowohl des Einzelnen als auch der Jüngergemeinschaft, und durch deren Zeugenschaft auf die Öffentlichkeit der Welt. In diesen Erscheinungen übt der Herr seine Jünger und Jüngerinnen in den Dienst des Glaubens ein.

Die Erscheinungen sind im Grunde nicht verstanden, wenn man sie primär als „private Erlebnisse“ deutet. Was sich vom Auferstandenen her ereignet, drängt zur Annahme des Geschauten und Gehörten und zu seiner Aktualisierung in Leben und Verkündigung. Jede Erscheinung des Auferstandenen stellt in die Sendung.

Der biblische Befund der Osterevangelien gibt für die Kontemplation der „Erscheinungen“ folgende Orientierungen:

1. Waren die Betrachtungen der Geheimnisse des Lebens Jesu bis zu seinem Tod (Zweite und Dritte Woche) darauf ausgerichtet, sich ganzheitlich auf die Begegnung mit dem erhöhten Herrn einzustimmen, in dessen verklärtem Menschsein *die Ereignisse seines irdischen Lebens* auf geheimnisvolle Weise gegenwärtig sind, so wollen die Betrachtungen der Ostererzählungen eine tiefere Einsicht in *seine neue Gegenwart im Geist* vermitteln. Die Erscheinungen des Auferstandenen wollen eine tiefe Erfahrung seiner unverbrauchten Treue zum Menschen hinterlassen und den Übenden in seine Leidenschaft für den

Menschen hineinziehen. Er soll an sich das „Trösteramt" erfahren, das Christus ausübt.

2. Dabei wird sich für den Übenden die Erfahrung der Jünger und Jüngerinnen wiederholen, dass Christus von einer uneinholbaren Fremdheit und Unverfügbarkeit bleibt.

3. Die Übungen haben alle einen Trend, ein Gefälle „nach vorn", wie es der Schluss des Matthäusevangeliums auf unüberbietbar verdichtende Weise vom Auferstandenen sagt:

„Mir ist *alle* Gewalt gegeben im Himmel und auf Erden.
Darum geht hin, und machet *alle* Völker zu Jüngern,
und tauft sie auf den Namen des Vaters und des Sohnes
und des heiligen Geistes und lehrt sie *alles* halten, was ich
euch geboten habe, und siehe, ich bin bei euch *alle* Tage
bis ans Ende der Welt" (Mt 28,18–20).

Von daher wird auch verständlich, warum die Übungen der Vierten Woche mit der Himmelfahrt Christi enden und nicht mit dem Pfingstereignis. In der Himmelfahrt vollendet sich der Weg, den Christus aus dem Herzen des Vaters mit der Menschwerdung begann. Mit seiner Rückkehr zum Vater erfüllt sich aber Gottes Verheißung an uns Menschen.

- In der Vierten Woche wird der *Begleiter* nur noch wenig Orientierung und Führung geben müssen. Je mehr er im Gespräch mit dem Übenden wahrnimmt, „dass der Schöpfer und Herr selbst sich seiner ihm hingegebenen Seele mitteilt, sie zu seiner Liebe und zu seinem Lobpreis umfängt und sie für den Weg bereitmacht, auf dem sie ihm künftig besser dienen kann" (EB 15), desto mehr kann er sich zurücknehmen.

Übersicht über die Gebetsübungen der Vierten Woche: die „Erscheinungen des Auferstandenen" in Anlehnung an das Exerzitienbuch: EB 218–229, 299–312, und die Betrachtung (contemplación), um Liebe zu erlangen: EB 230–237

1. Tag

Betrachtung über die Entdeckung des leeren Grabes: Joh 20,1–10

Betrachtung über die Erscheinung des Auferstandenen vor Maria von Magdala: Joh 20,11–18, jeweils mit den zwei Punkten, die bei allen Betrachtungen zu ergänzen sind:

- erwägen, wie die Gottheit Christi, die sich in der Passion zu verbergen schien, sich jetzt vor allem durch seine „wahren und heiligsten Wirkungen" zeigt, mit denen der Auferstandene die Seinen erfüllt: tiefe Freude und Fröhlichkeit, Trost;
- das „Trösteramt" betrachten, das der Auferstandene an den Seinen ausübt, indem er ihnen nach dem Zusammenbruch all ihrer Hoffnungen neuen Halt (Gewissheit) und neue Zuversicht gibt.

Wiederholung und Anwendung der Sinne

2. Tag

Betrachtung über die Erscheinungen des Auferstandenen vor seinen Jüngern: Joh 20,19–29

Wiederholungen und Anwendung der Sinne

3. Tag

Betrachtung über die Begegnung mit dem Auferstandenen auf dem Weg nach Emmaus: Lk 24,13–35

Wiederholungen und Anwendung der Sinne

4. Tag

Betrachtung über die Erscheinung des Auferstandenen am See von Tiberias: Joh 21,1–14

Wiederholungen und Anwendung der Sinne

5. Tag

Betrachtung über die Begegnung des Auferstandenen mit Simon Petrus: Joh 21,15–23

Wiederholungen und Anwendung der Sinne

6. Tag

Betrachtung über die Verheißung des Auferstandenen auf dem „Berg“ in Galiläa: Mt 28,16–20

Wiederholungen und Anwendung der Sinne

7. Tag

Die Betrachtung, um Liebe zu erlangen: EB 230–237

Wiederholungen

Relativierung des „Stoffes“ von der Zeit und vom Ziel her, d. h. verlängern oder verkürzen entsprechend der zur Verfügung stehenden Zeit je nach dem „Nutzen“, den der Übende davon hat.

Die „Erscheinung des Auferstandenen" in Anlehnung an die Vierte Woche des Exerzitienbuches

Maria entdeckt das leere Grab: Joh 20,1–10

20 [1]Am ersten Tag der Woche kommt Maria Magdalena in der Frühe, als es noch dunkel (finster) war, zum Grab und sieht den Stein vom Grab weggenommen. [2]Da läuft sie und kommt zu Simon Petrus und zu dem anderen Jünger, den Jesus liebte, und sagt zu ihnen: Sie haben den Herrn weggenommen aus dem Grab, und wir wissen nicht, wo sie ihn hingelegt haben.

[3]Da ging Petrus heraus und der andere Jünger, und sie gingen zum Grab. [4]Es liefen aber die beiden zusammen, und der andere Jünger lief voraus, schneller als Petrus, und kam zuerst zum Grab; [5]und als er sich vornüberbückt, sieht er die Leinentücher daliegen; doch ging er nicht hinein. [6]Es kommt nun Simon Petrus, der ihm folgte, und ging hinein in das Grab und sieht die Leinentücher daliegen [7]und das Schweißtuch, das auf seinem Haupt war, lag nicht zwischen den Leinentüchern, sondern war für sich zusammengewickelt an einem eigenen Ort. [8]Dann ging nun auch der andere Jünger hinein, der zuerst zum Grab gekommen war, und er sah und glaubte. [9]Denn noch nicht verstanden sie die Schrift, dass er aus den Toten auferstehen musste. [10]Dann gingen die Jünger wieder nach Haus.

Zur Einstimmung: Ich versuche zunächst, an meinem Gebetsort anzukommen und, soweit möglich eine *Haltung* einzunehmen, die meiner bewussten Anwesenheit vor dem Geheimnis Gottes entspricht.

1. Das gewohnte **Vorbereitungsgebet:**

„Von Gott, unserem Herrn, die Gnade erbitten dazu hin, dass alle meine Absichten, Handlungen und Beschäftigungen rein im Dienst und in der Verherrlichung seiner Majestät geordnet seien" (EB 46).

Es braucht immer wieder Zeit, bis das gewohnte Vorbereitungsgebet von Herzen gesprochen werden kann, bis ich meine ganze Wirklichkeit („Absichten, Handlungen und Beschäftigungen") auf Gott hin gesammelt habe und mit der tiefsten Sehnsucht meines Herzens in Verbindung bringen kann.

2. **Drei Vorübungen**, d. h. vorbereitende Schritte zur Betrachtung der Ereignisse um das leere Grab

Erste Vorübung: Ich lese den Schrifttext langsam und wiederholt durch, um mich mit der Geschichte vertraut zu machen:

- *wie* Maria von Magdala „in der Frühe, als es noch dunkel (*skotía*) war“, allein zum Grab geht und sieht, dass es geöffnet ist; *wie* sie – in der Meinung, man habe den Leichnam Jesu weggenommen und an einem unbekannten Ort verborgen – zu Simon Petrus und dem Jünger läuft, von dem es heißt, dass Jesus ihn liebte, und ihnen erzählt, was sie gesehen hat und was sie vermutet.
- *wie* die beiden, Petrus und der „andere Jünger“, sofort aufbrechen und zum Grab laufen; *wie* der andere als Erster das Grab erreicht, darin die Leinentücher liegen sieht, aber nicht hineingeht; *wie* schließlich Petrus nachkommt und als Erster ins Grab hineingeht; *wie* er sich dort genau umsieht und entdeckt, dass das Schweißtuch, mit dem man das Haupt Jesu bedeckt hatte, an einer besonderen Stelle zusammengebunden liegt, *wie* alles ordentlich aussieht und ein Raub oder ein eiliges Verlegen des Leichnams ausgeschlossen scheint; *wie* dann der „andere Jünger“ auch ins Grab hineingeht und es von ihm heißt: „Er sah und glaubte“; wie er also die Leere und Ordnung im Grab *durch*schaut und als Erster zum Glauben an den Auferstandenen findet.
- *wie* der Evangelist dazu erläutert: „Denn sie hatten die Schrift noch nicht verstanden, dass er (Jesus) von den Toten auferstehen müsse.“
- *wie* die beiden dann nach Hause zurückkehren.

Zweite Vorübung: Mit meiner Vorstellungskraft (Imagination) versuche ich, mir den Handlungs*raum,* den „Schauplatz“ dieses biblischen Geschehens, anschaulich zu vergegenwärtigen:

- den Weg, den Maria von Magdala in der Frühe zum Grab geht, und dann den Weg von dort zu den beiden Jüngern.
- den Ort, wo „Simon Petrus und der andere Jünger, den Jesus liebte“, nach dem Karfreitag sich aufhalten.

- den Weg von dort zum Felsengrab Jesu in einem Garten in unmittelbarer Nähe zu Golgotha.
- Die leere Grabhöhle, in der die Leinenbinden, mit denen man den Leichnam Jesu eingewickelt, und das Schweißtuch, mit dem man sein Antlitz verhüllt hatte, ordentlich zusammengelegt an verschiedenen Stellen im Raum am Boden liegen.
- den Weg der beiden Jünger zurück nach Hause.

Ich lasse also nach und nach den jeweiligen „Ort“ des Geschehens vor meinem inneren Auge entstehen.

Dritte Vorübung: Ich bitte um die Gnade, dass mir eine tiefe Erkenntnis der Begegnung mit dem Geheimnis des leeren Grabes geschenkt wird und was dieses rätselhafte Geschehen *für mich* bedeutet. Was will Gott mir mit dieser biblischen Geschichte sagen?

Es braucht Zeit, mich auf diese ungewöhnliche Umgebung und Situation einzustellen und mir bewusst zu werden, dass ich selbst Teil der Beziehung bin, die zwischen dem Auferstandenen und Maria von Magdala und den beiden Jüngern, zwischen dem Auferstandenen und mir besteht.

Die drei vorbereitenden Schritte dienen dazu, mich für das Geheimnis der Begegnung mit dem Auferstandenen zu öffnen, damit es mir zur „Staunen erregenden“ Gegenwart wird, zu einer Erfahrung, die mich persönlich berührt und mich verwandeln will.

Diese drei Vorübungen können den größten Teil der ersten Gebetsübung in Anspruch nehmen.

3. Vergegenwärtigung des Handlungsgeschehens: *Die Personen sehen, hören, was sie sagen, und betrachten, was sie tun*

Ich gehe in meiner Vorstellung zurück zu den biblischen Handlungsräumen – so wie sie vor meinem geistigen Auge entstanden sind – und lasse das Geschehen – wie es im Schrifttext steht – in meiner Vorstellung sich entfalten: Ich **sehe** die Personen, **höre**, was sie sagen und **betrachte**, was sie tun.

Dabei versuche ich, mich in die Akteure der biblischen Geschichte hineinzuversetzen und mitzuempfinden:

- was in den Personen vorgeht: in Maria von Magdala, Simon Petrus und dem „anderen Jünger, den Jesus liebte“;
- welche Gefühle, Wünsche, Hoffnungen, Sorgen, Zweifel, Ängste in ihren Worten und Verhaltensweisen zum Ausdruck kommen, z. B. als Maria von Magdala zu den beiden Jüngern läuft;
- was die Worte des Evangelisten bedeuten: „Denn sie hatten die Schrift noch nicht verstanden, dass er (Jesus) von den Toten auferstehen müsse.“

Ich nehme auch die *Atmosphäre* des jeweiligen „Schauplatzes“ und des Handlungsgeschehens wahr, suche sie zu erspüren und zu erfassen.

4. ***Übertragung des Handlungsgeschehens auf mich und meine Situation,*** d. h. wahrnehmen:

- Was löst das Sprechen der Personen, ihr Verhalten (aktiv oder passiv) in mir aus? Zum Beispiel Sympathie, Ablehnung, Identifikation, Nachdenklichkeit. Wenn ich mich nacheinander in Maria von Magdala, Simon Petrus und den „Jünger, den Jesus liebte“, in ihre Worte und ihr Verhalten hineinversetzt habe, um sie zu verstehen, dann kann ich leichter erfassen, wo ich selbst in dieser Geschichte vorkomme. Darüber hinaus kann es hilfreich sein, mich in einer stimmigen eigenständigen Weise in das Geschehen einzubringen.
- Welche Bedeutung hat *das* für mich hier und jetzt, was ich gesehen, gehört und betrachtet habe, vielleicht auch, wie ich mich selbst in dieses Geschehen eingebracht habe, *und* das, was es in mir ausgelöst hat? So kann sich zeigen, was Gott mir in dieser Ostererzählung zeigen will.

5. ***Gespräch mit den Herrn (Kyrios),***

d. h., ich bringe vor ihm zur Sprache, was mich *bewegt* (hat), und höre, was Er mir sagen will. Mit dem Gespräch beschließe ich den betenden Umgang mit dem *Geheimnis* der Ostererzählung.

Was bedeutet die angedeutete Wende im Schicksal des Gekreuzigten für mich?

Alle Versuche, sich dem *Geheimnis* der biblischen Geschichte zu nähern, zielen auf die persönliche Begegnung mit dem, von dem der biblische Text Zeugnis gibt. Ihr tiefster Sinn ist das Vertrauen in die Gegenwart des Auferstandenen und die Befähigung zur Hingabe an das Geheimnis seiner Gegenwart.

*

Ergänzende Erläuterungen zum biblischen Text:

- Im Verlauf der Erzählung ist eine Steigerung zu beobachten. Zuerst sieht (*blépein*) Maria nur den Stein vom Grab entfernt. Dann sieht (*blépein*) der „andere Jünger" beim Hineinschauen ins Grab die Leinentücher liegen. Schließlich geht Petrus in das Grab hinein und sieht (*theorein*) neben den Leinentüchern das Schweißtuch an einer besonderen Stelle liegen. Erst dann geht der andere Jünger ins Grab. Er sieht (*idein*) *und glaubt*. Die drei unterschiedlichen Verben für „sehen" deuten auf eine Entwicklung vom Sehen mit den Augen des Leibes (*blépein* = erblicken) über das Sehen mit den Augen des Herzens (*theorein* = schauen) zum Sehen mit den Augen des Glaubens (*idein* = glauben) hin. Der Jünger, den Jesus liebte, kommt allein durch das Sehen des leeren Grabes, allein aufgrund der radikalen Abwesenheit Jesu, zum Osterglauben. Er glaubt an die Erhöhung und Verherrlichung Jesu, noch bevor der Auferstandene vor Thomas und den anderen Jüngern die seligpreist, die nicht sehen und doch glauben (Joh 20,28). Erzählt wird also hier und im ganzen Kapitel 20 die Entstehung des Osterglaubens.
- Mit der Bemerkung des Evangelisten, dass die Jünger das Zeugnis der Schrift noch nicht kannten, hebt er den Osterglauben des Lieblingsjüngers hervor, der das Zeichen des leeren Grabes schon deuten konnte, ohne dass ihm ein Schriftzeugnis zur Verfügung stand, das ihm die Bedeutung seiner Entdeckung entschlüsselt hätte. Andererseits erklärt er so das Schweigen des Petrus, der eines solchen Zeugnisses bedurft hätte. Die frühe Kirche hat, wie das älteste Glaubensbekenntnis (1 Kor 15,4) und die Begegnung

der Emmausjünger mit dem Auferstandenen (Lk 24,25–27) bezeugen, die Kenntnis der Hl. Schrift als notwendige Voraussetzung für den Osterglauben betrachtet. Doch gibt der Evangelist mit seinem Kommentar zu verstehen, dass es nicht die Schrift an sich ist, die den Osterglauben hervorbringt, sondern einerseits die *Erfahrung* des leeren Grabes und andererseits die *Erfahrung* der Erscheinungen. Der Osterglaube ist eine neue Erfahrung, von der her die Schrift neu verstanden wird.

- Es fällt auf, dass in dieser Ostererzählung keine Gefühle geschildert werden. Weder Erschrecken noch Erstaunen, weder Freude noch sonst irgendein Wort wird von den beiden heimkehrenden Jüngern überliefert. Der Glaube des Lieblingsjüngers führt nicht zur Verkündigung der Osterbotschaft.

Das Schweigen hat wohl eine theologische Bedeutung: Nur der Auferstandene selbst kann bewirken, dass der Osterglaube in den Herzen der Menschen geweckt wird *und* zur Verkündigung drängt. Darum geht es in der folgenden Erscheinung.

Die Erscheinung des Auferstandenen vor Maria von Magdala: Joh 20,11–18

20 [11]Maria aber stand draußen beim Grab und weinte. Als sie nun
weinte, bückte sie sich vornüber ins Grab [12]und sieht zwei Engel in
weißen Gewändern dasitzen, einen beim Haupt und einen bei den
Füßen, wo der Leib Jesu gelegen hatte. [13]Und sie sagen zu ihr: Frau,
was weinst du? Sie sagt zu ihnen: Weil sie meinen Herrn weggenommen haben und ich nicht weiß, wo sie ihn hingelegt haben. [14]Als sie
dies gesagt hatte, wandte sie sich zurück und sieht Jesus dastehen;
und sie wusste nicht, dass es Jesus war. [15]Jesus sagt zu ihr: Frau, was
weinst du? Wen suchst du? Sie, in der Meinung, es sei der Gärtner,
sagt zu ihm: Herr, wenn du ihn weggetragen hast, sag mir, wo du
ihn hingelegt hast! Und ich werde ihn wegholen. [16]Jesus sagt zu ihr:
Maria! Sie wendet sich um und sagt zu ihm auf Hebräisch: Rabbuni!
das heißt Lehrer. [17]Jesus sagt zu ihr: Halte mich nicht fest! Denn
noch bin ich nicht aufgestiegen zum Vater. Geh aber hin zu meinen
Brüdern und sag ihnen: Ich steige auf zu meinem Vater und zu eurem
Vater und zu meinem Gott und eurem Gott! [18]Maria Magdalena geht

und verkündet den Jüngern: Ich habe den Herrn gesehen und dies habe er zu ihr gesagt.

1. Nach dem **Vorbereitungsgebet** und der wiederholten Lektüre des biblischen Textes versuche ich in der **ersten Vorübung** mir die Geschichte zu vergegenwärtigen:

- *wie* Maria von Magdala zum Garten bei Golgotha zurückgekehrt ist, *wie* sie vor dem geöffneten Grab Jesu steht und weint;
- *wie* sie sich in die Grabhöhle hineinbeugt und zwei Engel in weißen Gewändern sieht, von denen der eine dort sitzt, wo das Haupt des Leichnams Jesu, und der andere, wo seine Füße gelegen haben, sie aber die beiden nicht als Boten Gottes erkennt und deshalb auch nicht vor ihnen erschrickt.
- *wie* die beiden sie nach der Ursache ihrer Trauer fragen und sie ihnen – wie am frühen Morgen den beiden Jüngern – den Verlust „ihres Herrn“ und die Ungewissheit seines Verbleibs beklagt;
- *wie* sie sich dann umdreht (wörtlich: „sich nach hinten wendet“) und Jesus außerhalb des Grabes dastehen sieht, ohne ihn zu erkennen;
- *wie* auch Jesus sie nach dem Grund ihrer Trauer und ihrer Suchbewegung fragt und sie ihn immer noch nicht erkennt und für den Gärtner des Gartens hält, in dem das Grab liegt;
- *wie* Jesus sie plötzlich bei ihrem Namen ruft und seine Stimme ihr von Schmerz und Trauer taubes Herz erreicht; *wie* sie sich umwendet und sie den erkennt, den ihre Seele liebt: „Rabbuni!“
- *wie* in dieser erneuten „Umkehr“ die Trauer von ihrem Herzen genommen und in die Freude eines neuen Anfangs gewandelt wird;
- *wie* ihr Glück nach einem leiblichen Ausdruck sucht und sie Jesus berühren, umfassen und festhalten will, dass sie ihn nie mehr verliert; wie sie im gleichen Augenblick die Erfahrung machen muss, dass der Auferstandene sich menschlichem Begreifen und Festhalten entzieht, dass sie sich seiner nicht mehr in gewohnter Weise vergewissern kann;

- *wie* Marias „Umkehr“ noch einer weiteren „Wendung“ bedarf: Sie soll zu seinen „Brüdern“ gehen, ihnen verkündigen, dass sie den Auferstandenen gesehen hat, und ihnen berichten, was er ihr aufgetragen hat; *wie* im Befolgen seines Auftrags ihre menschliche Nähe zum irdischen Herrn sich wandelt zur *geistlichen* Nähe mit dem Auferstandenen in der Gemeinschaft der Brüder, eine Nähe, die ihr niemand mehr nehmen kann.

In der **zweiten Vorübung** versuche ich mit meiner Vorstellungskraft den „Schauplatz“ der Erzählung in den Blick zu nehmen:

- den Garten mit dem Felsengrab in unmittelbarer Nähe von Golgotha;
- die Grabhöhle mit den beiden Gottesboten, einer am Kopfende und einer am Fußende der Stelle, wo der Leichnam Jesu gelegen hat;
- die Begegnung Marias mit dem Auferstandenen am Eingang des Grabes.

Dritte Vorübung: Ich bitte um die Gnade, dass mir eine tiefe, selbstlose Freude über die Auferstehung Jesu geschenkt werde, eine Freude, zu seinen „Brüdern“ zu gehören.

2. Vergegenwärtigung des Handlungsgeschehens: *Die Personen sehen, hören, was sie sagen, und betrachten, was sie tun*

Ich gehe in meiner Vorstellung zurück zum biblischen Handlungsraum – so wie er vor meinem geistigen Auge entstanden ist – und lasse das Geschehen – wie es im Schrifttext steht – in meiner Vorstellung sich entfalten: Ich **sehe** die Personen, **höre**, was sie sagen, und **betrachte**, was sie tun.

Dabei versuche ich, mich in die Akteure der biblischen Geschichte hineinzuversetzen und mitzuempfinden: z. B.

– was in Maria von Magdala vorgeht;
– wie tief ihre Beziehung zu Jesus ist;
– welche Gefühle, Wünsche, Hoffnungen, Sorgen, Zweifel, Ängste in ihren Worten und Verhaltensweisen zum Ausdruck kommen;
– was die Worte des Auferstandenen in ihr auslösen.

Auch die *Atmosphäre* des „Schauplatzes“ nehme ich wahr, versuche sie zu erspüren und zu erfassen.

Nach dem Sehen, Hören und Betrachten folgen jetzt noch zwei Punkte:

- Ich wende mich noch einmal der Begegnung des Auferstandenen mit Maria von Magdala zu und richte meine Aufmerksamkeit darauf, wie die Gottheit Christi, die sich im Leiden zu verbergen schien, nun in der Begegnung mit dem Auferstandenen sichtbar wird und sich vor allem durch seine Wirkungen zeigt. Vielleicht ist die wichtigste dieser Wirkungen der Trost, mit dem der Auferstandene die Seinen erfüllt.

Zu der tiefen Erfahrung, die der Auferstandene bei den Seinen hinterlässt, kann auch die dankbare Freude aufkommen über das, was der Herr mit seiner Auferstehung und Verherrlichung beim Vater für uns, (auch) für mich, erreicht hat. Geistlicher Trost zieht einen Menschen immer in die Nähe Gottes.

- Ich betrachte den *Trost*, den Christus, unser Herr (Kyrios), Maria von Magdala schenkt, so wie jemand seine vertrauten Freunde tröstet, d.h. sie stärkt und ihnen neuen Halt gibt.

N.B. Diese zwei Punkte erwäge ich bei allen weiteren Betrachtungen der Erscheinungen des Auferstandenen. Sie sind zentral für jede Auferstehungsbetrachtung.

3. ***Übertragung des Handlungsgeschehens auf mich und meine Situation,*** d.h. wahrnehmen:

- Was löst das Sprechen der Personen, ihr Verhalten (aktiv oder passiv) in mir aus, wenn ich mich nacheinander in sie, in ihre Worte und in ihr Verhalten hineinversetze? Dann kann ich vielleicht eher erfassen, wo ich selbst in dieser Ostergeschichte vorkomme.

Darüber hinaus kann es hilfreich sein, mich in einer stimmigen eigenständigen Weise in das Geschehen einzubringen.

- Welche Bedeutung hat *das* für mich hier und jetzt, was ich gesehen, gehört und betrachtet habe, vielleicht auch, wie ich mich selbst in dieses Geschehen eingebracht habe, *und* das, was es in mir ausgelöst hat? So kann sich zeigen, was der Herr mir in dieser Ostererzählung zeigen will.

4. ***Gespräch mit dem Auferstandenen,***

d. h., ich bringe vor ihm zur Sprache, was mich *bewegt* (hat), und höre, was Er mir sagen will. Mit dem Gespräch beschließe ich den betenden Umgang mit dem „Geheimnis" der Ostererzählung. Es kann der eigentliche Höhepunkt sein, Ausdruck von Nähe und Ehrfurcht (*familiaritas*).

Alle Versuche, sich dem *Geheimnis* der biblischen Geschichte zu nähern, zielen auf die persönliche Begegnung mit dem, von dem der biblische Text Zeugnis gibt. Ihr tiefster Sinn ist hier das Vertrauen in die Gegenwart des Auferstandenen und die Befähigung zur Hingabe an das Geheimnis seiner Gegenwart, sodass ich mich von Herzen freuen kann mit dem Herrn und teilhabe an dem Trost, der von ihm auf seine „Brüder und Schwestern" ausgeht, und an seiner Heilssorge um alle Menschen.

*

Ergänzende Erläuterungen zum biblischen Text

Der Höhepunkt der Ostererzählung liegt in dem Auftrag, den Maria vom Auferstandenen erhält: Sie soll zu den Brüdern Jesu gehen und ihnen sagen, dass er zu seinem Vater und zu ihrem Vater, zu seinem Gott und zu ihrem Gott aufsteigt. Zum ersten Mal werden an dieser Stelle im Johannes-Evangelium die Jünger als „Brüder" des Herrn bezeichnet. Die Erhöhung Jesu bedeutet eine grundlegende Veränderung der Beziehung zwischen Jesus und den Seinen. Sie haben von jetzt an Zugang zu dem durch Jesus geoffenbarten Gott. Die Offenbarung ist an ihr Ziel gekommen. Das neue Verhältnis zu Gott ist die eigentliche Osterbotschaft des Johannes-Evangeliums.

Die Erscheinungen des Auferstandenen vor seinen Jüngern: Joh 20,19–29

Wie die drei Szenen am Oster*morgen* (Joh 20,1–18) miteinander verwoben sind, so gehören auch die beiden Erscheinungen des Auferstandenen vor seinen Jüngern eng zusammen.

20 [19]Als es nun Abend war an jenem Tag, dem ersten der Woche, und
die Türen, wo die Jünger waren, aus Furcht vor den Juden verschlos-
sen waren, kam Jesus und trat in die Mitte und sagt zu ihnen: Friede
euch! [20]Und als er dies gesagt hatte, zeigte er ihnen die Hände und
die Seite. Da freuten sich die Jünger, als sie den Herrn sahen. [21]Jesus
sagte nun wieder zu ihnen: Friede euch! Wie mich der Vater gesandt
hat, so sende ich euch. [22]Und als er dies gesagt hatte, hauchte er sie an
und sagt zu ihnen: Empfangt Heiligen Geist! [23]Wenn ihr jemandem
die Sünden vergebt, dem sind sie vergeben, wenn ihr sie jemandem
behaltet, dem sind sie behalten.

[24]Thomas aber, einer von den Zwölf, genannt Zwilling, war nicht bei
ihnen, als Jesus kam. [25]Da sagten die anderen Jünger zu ihm: Wir
haben den Herrn gesehen. Er aber sagte zu ihnen: Wenn ich nicht in
seinen Händen das Mal der Nägel sehe und meine Finger in das Mal
der Nägel lege und meine Hand in seine Seite lege, werde ich nicht
glauben. [26]Und nach acht Tagen waren seine Jünger wieder drinnen
und Thomas bei ihnen. Da kommt Jesus, als die Türen verschlossen
waren, und trat in die Mitte und sagte: Friede euch! [27]Dann sagt er
zu Thomas: Bring deinen Finger her und sieh meine Hände, und bring
deine Hand her und lege sie in meine Seite, und sei nicht ungläubig,
sondern gläubig! [28]Thomas antwortete und sagte zu ihm: Mein Herr
und mein Gott! [29]Jesus sagt zu ihm: Weil du mich gesehen hast, hast
du geglaubt. Selig, die nicht sehen und doch glauben!

1. Nach dem **Vorbereitungsgebet** und der wiederholten Lektüre des biblischen Textes versuche ich in der **ersten Vorübung,** mir die Geschichte zu vergegenwärtigen:

- *wie* die Jünger *am Abend* des ersten Wochentages nach dem Pessachfest beisammen sind und die Türen verschlossen haben, weil sie sich von den „Juden“ bedroht fühlen;
- *wie* der Auferstandene plötzlich in ihre Mitte tritt und sie mit den Worten „Friede sei mit Euch!“ begrüßt;
- *wie* er ihnen dann seine Hände und seine Seite zeigt;
- *wie* sich die Jünger freuen, als sie den Gekreuzigten als Lebenden sehen;

- *wie* Jesus ihnen noch einmal den Frieden zuspricht und ihnen aufträgt, den von ihm erwirkten Frieden an die ganze Welt weiterzugeben;
- *wie* er sie dann anhaucht und ihnen sagt: Empfangt den Heiligen Geist. Wem ihr die Sünden vergebt, dem sind sie vergeben; wem ihr sie nicht vergebt, der bleibt in seinen Sünden;
- *wie* die Jünger dem Thomas, einem von den Zwölf, der bei der ersten Begegnung mit dem Auferstandenen nicht dabei war, berichten, dass sie den Herrn gesehen haben;
- *wie* Thomas ihnen entgegnet, dass er ihnen nicht glaube, solange er sich nicht selbst von der Gegenwart des lebenden Jesus habe überzeugen können.
- *wie* die Jünger acht Tage später – diesmal mit Thomas – am selben Ort versammelt sind und Jesus bei verschlossenen Türen plötzlich in ihre Mitte tritt, sie (wieder) mit den Worten „Friede sei mit Euch!" begrüßt und dann den Thomas auffordert, sich selbst von seiner Gegenwart zu überzeugen und an ihn zu glauben;
- *wie* Thomas ganz überwältigt dem Auferstandenen bekennt: „Mein Herr und mein Gott!";
- *wie* der Auferstandene die seligpreist, die nicht sehen und doch glauben.

Zweite Vorübung: sich den „Schauplatz" anschaulich vergegenwärtigen: den Ort, wo die geflohenen Jünger sich bei verschlossenen Türen versammelt haben.

Dritte Vorübung: Ich bitte um die Gnade, dass mir eine tiefe, selbstlose Freude über die Auferstehung Jesu geschenkt werde, eine Freude, zu seinen „Brüdern" zu gehören.

2. Vergegenwärtigung des Handlungsgeschehens: *Die Personen sehen, hören, was sie sagen, und betrachten, was sie tun*

Ich gehe in meiner Vorstellung zurück zum biblischen Handlungsraum – so wie er vor meinem geistigen Auge entstanden ist – und lasse das Geschehen – wie es im Schrifttext steht – in meiner Vorstellung sich entfalten: Ich **sehe** die Personen, **höre**, was sie sagen, und **betrachte**, was sie tun.

Dabei versuche ich, mich in die Akteure der biblischen Geschichte hineinzuversetzen und mitzuempfinden: z. B.,

– was in den Jüngern vorgeht – in ihrer Angst vor den „Juden" und dann, als plötzlich der Auferstandene mitten unter ihnen „da" ist etc.
– was die Worte des Auferstandenen in ihnen auslösen.

Auch die *Atmosphäre* des Ortes, wo die Jünger versammelt sind, wahrnehmen und den Wandel, den das plötzliche Erscheinen des Auferstandenen auslöst.

3. ***Übertragung des Handlungsgeschehens auf mich und meine Situation,*** d. h. wahrnehmen:

- Was löst das Sprechen der Personen, ihr Verhalten (aktiv oder passiv) in mir aus, wenn ich mich nacheinander in sie, in ihre Worte und in ihr Verhalten hineinversetze. Vielleicht kann ich dann eher erfassen, wo ich selbst in dieser Ostergeschichte vorkomme.

Darüber hinaus kann es hilfreich sein, mich in einer stimmigen eigenständigen Weise in das Geschehen einzubringen.

- Welche Bedeutung hat *das* für mich hier und jetzt, was ich gesehen, gehört und betrachtet habe, vielleicht auch, wie ich mich selbst in dieses Geschehen eingebracht habe, *und* das, was es in mir ausgelöst hat? So kann sich zeigen, was der Herr mir in dieser Ostererzählung zeigen will.

4. ***Gespräch mit dem Auferstandenen,***

d. h., ich bringe vor ihm zur Sprache, was mich *bewegt* (hat), und höre, was Er mir sagen will. Mit dem Gespräch beschließe ich den betenden Umgang mit dem „Geheimnis" der Ostererzählung. Es kann der eigentliche Höhepunkt sein, Ausdruck von Nähe und Ehrfurcht (*familiaritas*).

Alle Versuche, sich dem *Geheimnis* der biblischen Geschichte zu nähern, zielen auf die persönliche Begegnung mit dem, von dem der biblische Text Zeugnis gibt. Ihr tiefster Sinn ist hier das Vertrauen in die Gegenwart des Auferstandenen und die Befähigung zur Hingabe an das Geheimnis seiner Gegenwart, sodass ich mich von Herzen freuen kann mit dem Herrn und teilhabe an dem Trost, der von ihm auf seine „Brüder und Schwestern“ ausgeht.

*

Ergänzende Erläuterungen zum biblischen Text

- Der namenlose Ort, wo die Jünger irgendwo hinter verschlossenen Türen zusammen sind, ist wie ein Gleichnis für die Atmosphäre von Angst und Verschlossenheit, in die sie durch die „Abwesenheit“ Jesu geraten sind. Alles, was ihrem Leben Sinn und Erfüllung gab, haben sie verloren.

Hier wird jene Erfahrung der Jüngergemeinde angesprochen, der sie seit dem Tod Jesu „in der Welt“ immer wieder ausgesetzt ist und mit der sie sich immer wieder neu auseinandersetzen muss. Anfechtung und Verfolgung, Trauer und Klage, Angst und Verwirrung gehören zu ihrem „In-der-Welt-Sein“. Besonders erschwert wird ihre Situation durch die Freude der ungläubigen Welt (Joh 16,20). Es gibt jenes Überlegenheitsgefühl der „Welt“ gegenüber dem Glauben, das die „Sache Jesu“ für erledigt hält und jene belächelt, die aus mangelnder Aufgeklärtheit weiter daran festhalten.

Aber es gibt keine von Menschen verschlossenen Türen, keine noch so hoffnungsleeren Räume, die den Auferstandenen daran hindern können, zu den Seinen zu kommen. Plötzlich ist er mitten unter ihnen. Er spricht die Sprachlosen an und zeigt ihnen seine Hände und seine Seite: Friede sei mit euch! Die Jünger sehen den Lebenden mit den Wunden des Todes, die Spuren des Todes als Zeichen des Lebens. Sie sehen im Durchbohrten den tödlichen Konflikt, aus dem sein Friede erwachsen ist, in der geöffneten Seite die Quelle des Geistes, der lebendig macht. Die Wundmale werden zum Erweis für seine Identität. Nun erfüllt sich Jesu Wort: „Ich lasse euch nicht als Waisen zurück, sondern komme (wieder) zu euch. Noch kurze Zeit – und die Welt sieht mich nicht mehr, ihr aber seht mich, weil ich lebe, und auch ihr werdet leben“ (Joh 14,18 f.). Er lässt sie teilhaben an seinem Frieden aus der Einheit und Gemeinschaft mit dem Vater (Joh 14,20).

Wie Trauer und Schmerz von Maria wichen, als der Herr sie bei ihrem Namen rief, so wandelt sich unter seinem Wort die Angst der Jünger in Freude, ihre Verschlossenheit in die Weite seiner Sendung (vgl. Joh 17,18). Nun kennen sie den Weg (vgl. Joh 14,4): „Wie mich der Vater gesandt hat, so sende ich euch!"

Die Schritte heraus aus Unglauben, aus der Angst vor Konflikten, die tödliche Wunden hinterlassen, gehen über ihre Kräfte. Der Weg aus der Verschlossenheit des Herzens in die „offene Welt" ihrer Berufung übersteigt die Möglichkeiten der Jünger. Dazu müssen sie wie zu neuem Leben erweckt werden (vgl. Ez 37,9). Darum haucht (*emphysáo)* der Auferstandene die eben noch Leblosen mit seinem Lebensodem an. Wie er ihre Sendung in seiner Sendung durch den Vater verankert, so gibt er den Jüngern Anteil an seinem Leben: „Empfanget Heiligen Geist!" Sie sollen hingehen und Frucht bringen, eine Frucht, die bleibt (vgl. Joh 15,16). Sie sollen den von Jesus erwirkten Frieden an die ganze Welt weitergeben. Das können sie nur, wenn sie sich wie Weizenkörner einwurzeln in die Erde menschlicher Schicksale – wie Jesus es getan. Das wird ihnen nur möglich, wenn sie in der Kraft des Geistes Lüge und Gewalt nicht nur aufdecken, sondern auch vergeben. Die Vollmacht, Sünden zu vergeben, gehört ganz wesentlich zu ihrer Sendung. Die Scheidung, die sich vor Ostern Jesus gegenüber vollzieht, bewirken nach Ostern die Jünger aufgrund des Geistes, den Jesus ihnen seit dieser Stunde verliehen hat. Das Verweigern der Sündenvergebung entspricht dem Verharren im Unglauben. Die Gabe des Geistes wird das Antlitz der Erde erneuern (vgl. Ps 104,30).

Die *Sendung* der Jünger, die *Geistgabe* und die *Vollmacht zur Sündenvergebung* lässt sie teilhaben an der Weltüberlegenheit Jesu (Joh 16,33), inmitten von Gefährdung und Diffamierung die Macht des Bösen über die Menschen zu brechen, „damit sie das Leben haben und es in Fülle haben" (Joh 10,10). Sie bedeutet aber auch uneingeschränkte Schicksalsgemeinschaft mit ihm (Joh 15,18–21).

• Doch einer von den Zwölfen, der den Herrn noch nicht gesehen hat, kann den Worten seiner Brüder keinen Glauben schenken. Die Tatsachen, wie Thomas sie kennt, haben auch sein Herz verschlossen. Die Eindeutigkeit seiner Erfahrungen fordert seinen Widerstand heraus: Er will sehen. Er will anfassen. Er will sich vergewissern.

Die anderen lassen ihm seine Fragen und lassen ihm Zeit. Sie schließen ihn nicht aus und geben so dem Zweifel Raum in ihrer Mitte – bis ihm vom Auferstandenen die Augen seines Herzens geöffnet werden. Wieder kommt er bei verschlossenen Türen und gibt sich durch seinen Frieden zu erkennen. Dann nimmt der Auferstandene Thomas beim Wort (V. 25) und fordert ihn auf, seine Hände und seine Seite zu berühren. Er will ihm die Kraft des Glaubens geben, die nicht in der Unerschütterlichkeit der Überzeugung besteht, sondern in der Fähigkeit, auch die Zweifel, die Unklarheiten zu ertragen, die Last des Geheimnisses auszuhalten und die Hoffnung zu bewahren. Der Auferstandene gibt mehr, als Thomas verlangt. Überwältigt bekennt er anbetend, zu wem sein Herz unterwegs geblieben ist: „Mein Herr und mein Gott!"

Aus dem Mund des großen Zweiflers hört die Kirche das tiefste Bekenntnis ihres österlichen Glaubens. Doch auch jetzt hört für Thomas der Glaube nicht auf, ein Weg zu sein. Er muss immer wieder die Last seiner Zweifel und seine Versuchung zur Skepsis tragen. Zur Glaubensgewissheit kommt er dort, wo er in der Begegnung mit den Wunden dieser Welt Gott begegnet. Dort kann er erneut den Auferstandenen „sehen".

Das Wort „weil du mich gesehen hast" (V. 29a) scheint darauf hinzudeuten, dass Thomas die Wunden Jesu nicht berührt hat, um sich von der Existenz des gekreuzigten und auferstandenen Herrn zu überzeugen. Er sieht also, was die anderen gesehen haben. Der österliche Glaube braucht keine empirische Vergewisserung. Der von Wundmalen gezeichnete und auferstandene Herr ist nicht mehr mit Händen zu greifen, sondern nur im Glauben zu fassen.

- Thomas, der den Auferstandenen sah, öffnet uns das Tor, uns, die wir nicht gesehen haben: Wir können dem Herrn begegnen in den Wunden dieser Welt, indem wir unseren Blick nicht von ihnen abwenden, uns von ihnen berühren lassen und glauben, dass sie nicht die letzte Wirklichkeit des Menschen sind.

Das Glaubensbekenntnis des Thomas ist Abschluss und Höhepunkt des Weges, den Johannes mit seinem Evangelium hat aufzeigen wollen. Glücklich zu preisen sind nun alle, die zum Glauben an den Auferstandenen finden durch das Wort der Zeugen, die ihn „gesehen" und sich von ihm haben ergreifen lassen. Selig aber auch, die zweifeln können und unterwegs bleiben im Schatten ihrer durchkreuzten Hoffnungen – bis sie dem Auferstandenen begegnen und wie Thomas bekennen: Mein Herr und mein Gott.

Johannes führt den Leser und Hörer mit seinen Ostererzählungen aus der Dunkelheit des Herzens in das Licht des österlichen Glaubens. Es ist oft ein weiter Weg von der Angst zur Freude, von der Verschlossenheit zur Weite, vom Zweifel zum Frieden, vom Bekenntnis zur *Anbetung*.

Zur Erinnerung: Nach etwa 2–3 detailliert ausgeführten Betrachtungsvorgaben soll der Übende nach Möglichkeit nur den angegebenen biblischen Text nehmen und selbständig nach dem Grundmodell auf S. 146–149 seine Schriftbetrachtung gestalten.

Begegnung mit dem Auferstandenen: Lk 24,13–35

24 [13]Und siehe: zwei von ihnen (den Jüngern) gingen am selben Tag zu einem Dorf, das sechzig Stadien von Jerusalem entfernt ist, mit Namen Emmaus, [14]und sie unterhielten sich miteinander über all das, was sich da ereignet hatte. [15]Und es geschah, während sie redeten und miteinander disputierten, näherte sich ihnen Jesus selbst und ging mit ihnen. [16]Und ihre Augen waren gehalten, sodass sie ihn nicht erkannten. [17]Er aber sagte zu ihnen: was sind das für Reden, die ihr miteinander führt auf dem Weg? Und sie blieben traurig stehen. [18]Es antwortete aber der eine mit Namen Kleopas und sagte zu ihm: bist du der einzige Fremde, der in Jerusalem wohnt und nichts weiß von dem, was dort in diesen Tagen geschehen ist? [19]Und er sagte zu ihnen: was denn? Sie sagten zu ihm: das mit Jesus von Nazareth, der sich als ein Prophet erwies, mächtig in Tat und Wort vor Gott und dem ganzen Volke, [20]wie ihn unsere Hohenpriester und führenden Leute ausgeliefert haben der Verurteilung zum Tod und ihn gekreuzigt haben. [21]Wir aber hofften, dass er es sei, der Israel erlösen werde. Aber

nun ist ja über all dem der dritte Tag, seit dieses geschehen ist. [22]Aber
auch einige Frauen aus unserem Kreis haben uns in Aufregung ver-
setzt. Sie waren in der Frühe beim Grab [23]und fanden nicht seinen
Leichnam und kamen (zurück) und sagten, sie hätten eine Erschei-
nung von Engeln gehabt, die gesagt hätten, er lebe. [24]Und es gingen
einige von uns zum Grab, und sie fanden es so, wie die Frauen es ge-
sagt hatten, ihn selbst aber sahen sie nicht. [25]Und er sagte zu ihnen:
Oh, ihr Unverständigen und Trägen im Herzen, um zu glauben an
all das, was die Propheten gesagt haben! [26]Musste der Messias das
nicht leiden und so in seine Herrlichkeit eingehen? [27]Und angefangen
von Mose und all den Propheten legte er ihnen aus in allen Schriften,
was über ihn gesagt war.

[28]Und sie kamen nahe zu dem Dorf, wo sie hingingen, und er selbst
stellte sich, als wollte er weitergehen. [29]Und sie drängten ihn und sag-
ten: bleibe bei uns, denn es geht gegen Abend und der Tag hat sich
schon geneigt. Und er ging hinein, um bei ihnen zu bleiben. [30]Und es
geschah, als er sich mit ihnen zu Tische niedergelassen hatte, nahm
er das Brot, dankte, brach es und reichte es ihnen. [31]Da gingen ihnen
die Augen auf, und sie erkannten ihn. Und er selbst verschwand vor
ihnen. [32]Und sie sagten zueinander: brannte nicht unser Herz in uns,
als er zu uns sprach auf dem Weg, wie er uns die Schrift erschloss?

[33]Und aufstanden sie zur selben Stunde und kehrten nach Jerusalem
zurück und fanden versammelt die Elf und die mit ihnen waren, [34]die
sagten (ihnen): der Herr ist wirklich auferstanden und dem Simon
erschienen. [35]Und sie erzählten, was sie auf dem Weg erlebt hatten
und wie er von ihnen erkannt wurde am Brotbrechen.

Zusammenhang: Die kunstvoll aufgebaute Ostererzählung zeigt, wie die beiden „Emmausjünger“ sich vom Auferstandenen selbst zum Glauben an ihn führen lassen. Sie sind eine Einladung, sich vom Auferstandenen selbst das Geheimnis seines Weges erschließen und das eigene Leben von seiner Hoffnung berühren und durchdringen zu lassen. Erst als sie sich ihre Sicht der „Dinge“ nehmen ließen, schauen sie das lebendige Antlitz dessen, den sie von Gott verlassen glaubten. Wenn die „Welt der schönen Bilder“ ihren Zauber verliert, kann erst Hoffnung beginnen.

Das gewohnte **Vorbereitungsgebet**

1. Nach der wiederholten Lektüre des biblischen Textes vergegenwärtige ich mir in der **ersten Vorübung** die Geschichte:

- *wie* zwei Jünger am ersten Tag der Woche nach dem Pessachfest Jerusalem verlassen haben und auf dem Weg zu ihrem Dorf Emmaus sind;
- *wie* sie miteinander über all das reden, was sich mit Jesus in Jerusalem zugetragen hat;
- *wie* Jesus unterwegs dazukommt und unerkannt mit ihnen geht;
- *wie* Jesus sie nach einer Weile fragt, worüber sie denn reden;
- *wie* die beiden traurig stehen bleiben und Kleopas, einer von ihnen, erstaunt zurückfragt, ob er der Einzige sei, der nicht mitbekommen habe, was in diesen Tagen in Jerusalem geschehen sei;
- *wie* Jesus so tut, als wisse er davon nichts;
- *wie* daraufhin die beiden Jesus als einen Propheten beschreiben, der durch die Kraft seiner Worte und die Macht seines Wirkens ihre Hoffnung auf die Befreiung Israels in eindrucksvoller Weise wiederbelebt hat, wie aber die Hohenpriester und Führer des Volkes ihn zum Tode verurteilt haben und ans Kreuz schlagen ließen und seitdem ist heute schon der dritte Tag;
- *wie* sie weiter erzählen, dass einige Frauen aus ihrem Jüngerkreis in der Frühe beim Grab Jesu waren, es aber leer fanden und Engel ihnen gesagt hätten, dass er lebe;
- *wie* daraufhin einige (Männer) von ihnen zum Grab gegangen seien und bestätigten, was die Frauen gesagt haben, Jesus selbst aber hätten sie nicht gesehen;
- *wie* der Auferstandene ihnen dann anhand der Prophetenschriften erklärt, dass der Messias das alles erleiden musste, um so in seine Herrlichkeit zu gelangen;
- *wie* sie inzwischen ihr Dorf erreichen und Jesus so tut, als wolle er weitergehen, die beiden ihn aber drängen, bei ihnen zu bleiben, weil der Abend und die Dunkelheit unmittelbar bevorstehen;
- *wie* Jesus mit ihnen geht, um bei ihnen zu bleiben;

- *wie* die beiden Jesus an der Art erkennen, wie er das Brot in seine Hände nimmt, es bricht und ihnen gibt; wie Jesus in dem Augenblick, in dem sie ihn erkennen, ihren Blicken entzogen ist.
- *wie* sie im Nachhinein erkennen, dass ihr Herz brannte, als er ihnen unterwegs die Schriften erschloss;
- *wie* sie noch in derselben Stunde aufbrechen und nach Jerusalem zu den Elf und den anderen Jüngern zurückkehren;
- *wie* diese ihnen bei ihrer Ankunft sagen, dass der Herr wirklich auferstanden und dem Simon erschienen sei;
- *wie* die beiden dann erzählen, was sie auf dem Weg nach Emmaus erlebt und wie sie ihn beim Brotbrechen erkannt haben.

Zweite Vorübung: sich die „Schauplätze" anschaulich vergegenwärtigen:

- den Ort, wo die geflohenen Jünger sich bei verschlossenen Türen versammelt haben und von dem aus die beiden Jünger nach Emmaus zurückkehren;
- der Weg von Jerusalem nach Emmaus und die Stelle, wo sie Jesus begegnen und er mit ihnen geht;
- das Dorf Emmaus und das Haus der beiden Jünger, wo der Auferstandene sich ihnen beim Brotbrechen zu erkennen gibt und ihren Blicken entschwindet;
- der Weg zurück von Emmaus nach Jerusalem, wo die Elf mit den anderen Jüngern (und Jüngerinnen) versammelt sind.

Dritte Vorübung: Ich bitte um die Gnade, dass mir eine tiefe, selbstlose Freude über die Auferstehung Jesu geschenkt werde, eine Freude, zu seinen „Brüdern" zu gehören.

2. Vergegenwärtigung des Handlungsgeschehens: *Die Personen sehen, hören, was sie sagen, und betrachten, was sie tun*

Ich gehe in meiner Vorstellung zurück zu den biblischen Handlungsräumen – so wie sie vor meinem geistigen Auge entstanden sind – und lasse das Geschehen – wie es im Schrifttext steht – in meiner Vorstellung sich entfalten: Ich **sehe** die Personen, **höre**, was sie sagen, und **betrachte**, was sie tun.

Ich versuche auch, mich in die Akteure der biblischen Geschichte hineinzuversetzen und mitzuempfinden: z.B.,

- was in den beiden Jüngern vorgeht, als sie Jerusalem verlassen;
- was die Worte des Auferstandenen auf dem Weg nach Emmaus in ihnen auslösen;
- was das plötzliche Erkennen und Verschwinden Jesu beim Brotbrechen in ihnen bewirkt;
- was sie zurück nach Jerusalem zu den anderen Jüngern treibt und wie sie dort empfangen werden.

Auch die *Atmosphäre* an dem Ort, wo die Jünger versammelt sind, und auf dem Weg nach Emmaus und von dort zurück nach Jerusalem wahrnehmen und den Wandel, den das plötzliche Erkennen bzw. Erscheinen des Auferstandenen auslöst.

3. ***Übertragung des Handlungsgeschehens auf mich und meine Situation,*** d.h. wahrnehmen:

• Was löst das Sprechen der Personen, ihr Verhalten (aktiv oder passiv) in mir aus, wenn ich mich nacheinander in sie, in ihre Worte und in ihr Verhalten hineinversetze. Vielleicht kann ich dann eher erfassen, wo ich selbst in dieser Ostergeschichte vorkomme.

Darüber hinaus mag es hilfreich sein, mich in einer stimmigen eigenständigen Weise in das Geschehen einzubringen.

• Welche Bedeutung hat *das* für mich hier und jetzt, was ich gesehen, gehört und betrachtet habe, vielleicht auch, wie ich mich selbst in dieses Geschehen eingebracht habe, *und* das, was es in mir ausgelöst hat? So kann sich zeigen, was der Herr mir in dieser Ostererzählung zeigen will.

4. ***Gespräch mit dem Auferstandenen,***

d.h., ich bringe vor ihm zur Sprache, was mich beim betenden Umgang mit dem „Geheimnis" der Ostererzählung *bewegt* (hat), und höre, was Er mir sagen will.

Die biblische Erzählung will mein Vertrauen in die Gegenwart des Auferstandenen und meine Freude darüber wecken oder stärken. Sie will mich zur frohen Hingabe an das Geheimnis seiner österlichen Gegenwart befähigen und mich teilhaben lassen an dem Trost, der von ihm auf seine „Brüder und Schwestern" ausgeht.

Ich schließe mit einer Verneigung vor dem Geheimnis des Auferstandenen.

Der Auferstandene am See von Tiberias: Joh 21,1–14

21 [1]Danach offenbarte Jesus sich wieder den Jüngern am See von Ti-
berias. Er offenbarte sich aber so: [2]Es waren beisammen Simon Pe-
trus und Thomas, genannt Zwilling, und Nathanael, der von Kana
in Galiläa war, und die Söhne des Zebedäus und zwei andere von
seinen Jüngern. Simon Petrus sagt zu ihnen: [3]Ich gehe fischen. Sie
sagen zu ihm: Auch wir gehen mit dir. Sie gingen hinaus und stiegen
in das Boot; und in jener Nacht fingen sie nichts. [4]Als aber schon der
frühe Morgen anbrach, stand Jesus am Ufer; doch wussten die Jün-
ger nicht, dass es Jesus war. [5]Jesus sagt nun zu ihnen: Kindlein, habt
ihr nicht etwas zu essen? Sie antworteten ihm: Nein.

[6]Er aber sagt zu ihnen: Werft das Netz auf der rechten Seite des
Bootes aus! Und ihr werdet (etwas) finden. Da warfen sie es aus und
konnten es nicht mehr ziehen wegen der Menge der Fische. [7]Da sagt
jener Jünger, den Jesus liebte, zu Petrus: Es ist der Herr! Simon Pe-
trus nun, als er hörte, dass es der Herr sei, gürtete das Obergewand
um – denn er war nackt – und warf sich in den See. [8]Die anderen Jün-
ger aber kamen in dem Boot – denn sie waren nicht weit vom Land,
sondern (nur) etwa zweihundert Ellen – und sie zogen das Netz mit
den Fischen nach.

[9]Als sie nun ans Land stiegen, sehen sie ein Kohlenfeuer am Boden
und Fisch darauf liegen und Brot. [10]Jesus sagt zu ihnen: Bringt von
den Fischen, die ihr jetzt gefangen habt! [11]Da ging Simon Petrus hin
und zog das Netz an Land voll großer Fische, hundertdreiundfünf-
zig; und obwohl es so viele waren, zerriss das Netz nicht. [12]Jesus sagt
zu ihnen: Kommt her und esst! Keiner aber von den Jüngern wagte
ihn zu fragen: Wer bist du? Denn sie wussten, dass es der Herr war.
[13]Jesus kommt und nimmt das Brot und gibt es ihnen und ebenso den
Fisch. [14]Dies ist schon das dritte Mal, dass Jesus sich den Jüngern of-
fenbarte, nachdem er aus den Toten auferweckt war.

Zusammenhang: Gleich zu Beginn der Erzählung wird auf die besondere Art aufmerksam gemacht, wie Jesus den Jüngern erscheint. Der Leser oder Beter soll darauf achten, wie der Auferstandene sich den Seinen „danach“ zu erkennen gibt, wie sie vom Sehen und Erleben ihrer Alltagswirklichkeit zum Sehen und Erleben des Auferstandenen kommen. Offenbar ist es dem Evangelisten wichtig, auf welche Weise das Geheimnis der Auferstehung sich uns in der Gegenwart neu zu erschließen vermag, während alles Wesentliche bereits geschehen und erzählt ist (Joh 20,30 f.). Die Art, wie der Auferstandene zum „dritten Mal“ erscheint, ist als Einladung zu verstehen, sich selbst in dieser Erzählung zu erkennen und sich für die Begegnung mit dem Auferstandenen zu öffnen.

Das gewohnte **Vorbereitungsgebet**

1. Nach der wiederholten Lektüre des biblischen Textes vergegenwärtige ich mir in der **ersten Vorübung** die Geschichte:

- *wie* eine Gruppe von sieben Jüngern beisammen ist und Simon Petrus die Initiative zum Fischen ergreift;
- *wie* die sechs anderen Jünger seiner Initiative folgen, gemeinsam hinausgehen und mit ihrem Boot auf den See fahren;
- *wie* sie aber die ganze Nacht über nichts fangen;
- *wie* bei Anbruch des Tages Jesus am Ufer des Sees steht, aber von den Jüngern nicht erkannt wird;
- *wie* Jesus sie liebevoll anspricht und sie fragt, ob sie nicht etwas Fisch zum Essen haben;
- *wie* die Jünger seine Frage verneinen und Jesus sie auffordert, ihre Netze noch einmal auszuwerfen, diesmal auf der rechten Seite des Bootes, dann würden sie etwas fangen;
- *wie* die Jünger ihm gehorchen und eine solche Menge Fische fangen, dass sie die Netze nicht mehr einholen können;
- *wie* der Jünger, den Jesus liebte, zu Petrus sagt: „Es ist der Herr!“
- *wie* darauf Petrus sofort sein Obergewand umgürtet und in den See springt – Jesus entgegen;
- *wie* die anderen Jünger mit dem Boot und dem übervollen Netz im Schlepp nachkommen;

- *wie* sie an Land gehen und ein Kohlenfeuer sehen, auf dem Fisch und Brot zu einem Mahl bereitet sind;
- *wie* der Auferstandene sie auffordert, von den Fischen zu bringen, die sie frisch gefangen haben;
- *wie* Simon ins Wasser steigt und das Netz voller großer Fische allein an Land zieht, ohne dass es zerreißt;
- *wie* der Auferstandene sie einlädt, herbeizukommen und zu essen;
- *wie* die Nähe des Herrn auf einmal zur fraglosen Gewissheit geworden ist;
- *wie* er selbst herantritt und Brot und Fisch an sie austeilt;
- *wie* dies schon das dritte Mal ist, dass der Auferstandene sich ihnen zu erkennen gibt.

Zweite Vorübung: sich den „Schauplatz" anschaulich vergegenwärtigen:

- den Ort, von wo die Jünger zum Fischen hinausgehen;
- den See von Tiberias, auf dem die sieben Jünger die ganze Nacht auch nicht einen Fisch fangen;
- die Stelle am Ufer, wo sie bei Tagesanbruch eine Gestalt sehen, die sie aber nicht als den Auferstandenen erkennen;
- die Stelle im See, wo sie das Netz auf der rechten Seite des Bootes auswerfen;
- die Stelle am Ufer, wo die Jünger nach dem erfolgreichen Fang ein Kohlenfeuer am Boden finden mit Fisch und Brot zu einem Mahl einladend; wo sie auf einmal die Gewissheit haben, dass der Herr bei ihnen ist.

Dritte Vorübung: Ich bitte um die Gnade, dass mir Gewissheit über die Nähe des Herrn und eine tiefe, selbstlose Freude über die Auferstehung Jesu geschenkt werde, eine Freude, zu seinen „Brüdern" zu gehören.

2. **Vergegenwärtigung des Handlungsgeschehens:**
   Die Personen sehen, hören, was sie sagen, und betrachten, was sie tun

Ich gehe in meiner Vorstellung zurück zu den biblischen Handlungsräumen – so wie sie vor meinem geistigen Auge entstanden sind – und lasse das Geschehen – wie es im Schrifttext steht – in meiner Vorstellung sich entfalten: Ich **sehe** die Personen, **höre**, was sie sagen, und **betrachte**, was sie tun.

Ich versuche auch, mich in die Akteure der biblischen Geschichte hineinzuversetzen und mitzuempfinden: z. B.,

- was in den Jüngern vorgeht, als sie der Initiative des Simon folgen, aber die ganze Nacht nichts fangen;
- was die Worte des Auferstandenen am Ufer des Sees in ihnen auslösen;
- was die unerwartete Fülle des Fangs bei den Jüngern und das plötzliche Erkennen des Jüngers, den Jesus liebte, bei Simon bewirkt;
- was in den Jüngern vorgeht, als sie in der Nähe des Ufers ein Kohlenfeuer entdecken, auf dem Fisch und Brot zu einem Mahl bereitet sind, und Jesus sie auffordert, auch von den frisch gefangenen Fischen zu bringen;
- wie das ist, als ihnen plötzlich gemeinsam die Gewissheit zuteilwird, dass der Auferstandene bei ihnen ist.

Auch die *Atmosphäre* an dem Ort, wo die Jünger versammelt sind, dann nach dem erfolglosen Fang bis zum Tagesanbruch, dann die Fülle an Fischen nach der Aufforderung des Fremden am Ufer, schließlich das gemeinsame Mahl mit dem Auferstandenen.

3. ***Übertragung des Handlungsgeschehens auf mich und meine Situation,*** d. h. wahrnehmen:

• Was löst das Sprechen der Personen, ihr Verhalten (aktiv oder passiv) in mir aus, wenn ich mich nacheinander in sie, in ihre Worte und in ihr Verhalten hineinversetze. Vielleicht kann ich dann eher erfassen, wo ich selbst in dieser Ostergeschichte vorkomme.

Darüber hinaus wird es hilfreich sein, mich in einer stimmigen eigenständigen Weise in das Geschehen einzubringen.

• Welche Bedeutung hat *das* für mich hier und jetzt, was ich gesehen, gehört und betrachtet habe, vielleicht auch, wie ich mich selbst in dieses Geschehen eingebracht habe, *und* das, was es in mir ausgelöst hat? So kann sich zeigen, was der Herr mir in dieser Ostererzählung zeigen will.

4. *Gespräch mit dem Auferstandenen,*

d.h., ich bringe vor ihm zur Sprache, was mich beim betenden Umgang mit dem „Geheimnis" der Ostererzählung *bewegt* (hat), und höre, was Er mir sagen will.

Die biblische Erzählung will mein Vertrauen in die Gegenwart des Auferstandenen und meine Freude darüber wecken oder stärken. Sie will mich zur frohen Hingabe an das Geheimnis seiner österlichen Gegenwart befähigen und mich teilhaben lassen an dem Trost, der von ihm auf seine „Brüder und Schwestern" ausgeht.

Ich schließe mit einer Verneigung vor dem Geheimnis des Auferstandenen.

*

Ergänzende Erläuterungen zum biblischen Text

Die Erzählung zeigt auf Seiten der Jünger einen Glaubensprozess, eine Entwicklung vom Nicht-*Wissen* (Joh 21,4) zum *Wissen* (Joh 21,7.12), vom Nicht-Glauben zum Glauben an den Auferstandenen, vom Aufbruch ohne Jesus zur Gemeinschaft mit ihm (Joh 21,13). Diese Entwicklung wird dadurch ermöglicht, dass die Jünger sich zunächst mit ihrer Wirklichkeit konfrontieren lassen und dann in einem fortschreitenden Prozess des Gehorchens gegenüber dem Wort des Auferstandenen (Joh 21,6.10.12) zur Gemeinschaft des Mahles mit ihm finden. Dabei fällt auf, dass das Wort des Jüngers, den Jesus liebte, in der Mitte des Textes (Joh 21,7) den Angelpunkt des ganzen Geschehens darstellt, während die beiden Initiativen des Petrus (Joh 21,3 und 7b) ins Leere gehen.

In einem langen Prozess, durch das Erleiden und Erfahren von Nacht und Tag, von Leere und Fülle, von Vergeblichkeit und Sinn, kommen die Jünger schließlich zu der fraglosen Gegenwart und Nähe des Auferstandenen, die keiner Beweise mehr bedarf. In Joh 16,23 sagt Jesus den Jüngern voraus, dass der Tag kommen werde, an dem die Jünger ihn nach nichts mehr fragen müssten.

Seltsamerweise schließt die Erzählung mit der Bemerkung „Es kommt Jesus“, so als wäre er die ganze Zeit nicht da gewesen. Der Erzählung liegt offenbar daran, inmitten gläubiger Gewissheit ausdrücklich zu versichern, dass Jesus kommt, und zwar im Bild des Mahles.

Der Auferstandene und Simon Petrus und die Frage nach dem Schicksal des Jüngers, den Jesus liebte: Joh 21,15–23

21 [15]Als sie nun gegessen hatten, sagt Jesus zu Simon Petrus: Simon, Sohn des Johannes, liebst du mich mehr als diese? Er sagt zu ihm: Ja, Herr, du weißt, dass ich dich liebe. Sagt er zu ihm: Weide meine Lämmer! [16]Wieder sagt er zum zweiten Mal zu ihm: Simon, Sohn des Johannes, liebst du mich? Er sagt zu ihm: Ja, Herr, du weißt, dass ich dich liebe. Sagt er zu ihm: Hüte meine Schafe! [17]Er sagt zum dritten Mal zu ihm: Simon, Sohn des Johannes, liebst du mich? Petrus wurde traurig, dass er zum dritten Mal zu ihm sagte: Liebst du mich? und sagte zu ihm: Herr, du weißt alles; du erkennst, dass ich dich liebe. Jesus sagt zu ihm: Weide meine Schafe! [18]Amen, amen, ich sage dir: Als du jünger warst, gürtetest du dich selbst und gingst, wohin du wolltest; wenn du aber alt geworden bist, wirst du deine Hände ausstrecken, und ein anderer wird dich gürten und bringen, wohin du nicht willst. [19]Dies aber sagte er, um anzudeuten, mit welchem Tod er Gott verherrlichen werde. Und als er dies gesagt hatte, sagt er zu ihm: Folge mir nach!

[20]Petrus wandte sich um und sieht den Jünger nachfolgen, den Jesus liebte, der sich auch beim Mahl an seine Brust gelehnt und gesagt hatte: Herr, wer ist es, der dich ausliefert? [21]Als nun Petrus diesen sah, sagt er zu Jesus: Herr, was wird aber mit diesem? [22]Jesus sagt zu ihm: Wenn ich will, dass er bleibt, bis ich komme, was geht es dich an? Du folge mir nach! [23]Es ging nun dieses Wort hinaus unter die Brüder: Jener Jünger stirbt nicht. Aber Jesus sagte nicht zu ihm, dass er nicht sterbe, sondern: Wenn ich will, dass er bleibt, bis ich komme, was geht es dich an?

Das gewohnte **Vorbereitungsgebet**

1. Nach der wiederholten Lektüre des biblischen Textes vergegenwärtige ich mir in der **ersten Vorübung** die Geschichte:

- *wie* der Auferstandene nach dem Mahl am See von Tiberias Simon Petrus fragt, ob er ihn mehr liebe als die anderen (ihn lieben);
- *wie* Petrus die Frage mit den Worten bejaht: „Herr, Du weißt, dass ich Dich liebe" und der Herr ihn mit dem Hirtendienst beauftragt;
- *wie* der Auferstandene ein zweites Mal nach seiner Liebe fragt und dieser sie mit derselben Antwort bejaht;
- *wie* der Auferstandene ihn ein zweites Mal mit dem Hirtendienst beauftragt;
- *wie* der Auferstandene Simon aber zum dritten Mal nach seiner Liebe fragt, wird dieser traurig und sagt zu ihm, dass der Herr (doch) alles wisse, auch dass er ihn liebe;
- *wie* Jesus ihn daraufhin zum dritten Mal in seinem Hirtendienst bestätigt und ihm ankündigt, dass er darin Gott durch seinen (gewaltsamen) Tod verherrlichen werde;
- *wie* der Auferstandene Petrus dann auffordert, ihm nachzufolgen;
- *wie* Simon Petrus dann mit Blick auf den Jünger, den Jesus liebte, den Herrn fragt, wie es denn mit diesem Jünger weitergehe;
- *wie* der Auferstandene ihn auffordert, unabhängig von dem, was der Herr mit diesem Jünger vorhat, seinen Weg in der Nachfolge Jesu zu gehen.

Zweite Vorübung: sich den „Schauplatz" anschaulich vergegenwärtigen:

- die Stelle am Ufer des Sees von Tiberias, wo die Jünger mit dem Auferstandenen ein Mahl halten, wo sie auf einmal die Gewissheit haben, dass der Herr bei ihnen ist, und wo Jesus nach dem Mahl Petrus nach seiner Liebe zu ihm fragt.

Dritte Vorübung: Ich bitte um die Gnade, dass mir Gewissheit über die Nähe des Herrn und eine tiefe, selbstlose Freude über die Auferstehung Jesu geschenkt werde, eine Freude, zu seinen „Brüdern“ zu gehören.

2. **Vergegenwärtigung des Handlungsgeschehens:**
Die Personen sehen, hören, was sie sagen, und betrachten, was sie tun

Ich gehe in meiner Vorstellung zurück zu dem biblischen Handlungsraum – so wie er vor meinem geistigen Auge entstanden ist – und lasse das Geschehen – wie es im Schrifttext steht – in meiner Vorstellung sich entfalten: Ich **sehe** die Personen, **höre**, was sie sagen, und **betrachte**, was sie tun.

Ich versuche auch, mich in die Akteure der biblischen Geschichte hineinzuversetzen und mitzuempfinden: z. B.,

- was in Simon Petrus vorgeht, als der Auferstandene ihn dreimal nach seiner Liebe zu ihm fragt;
- was Petrus empfindet, als der Herr ihm ankündigt, er werde Gott durch seinen Tod verherrlichen, und ihn erneut auffordert, ihm nachzufolgen;
- was es für Petrus bedeutet, unabhängig von dem Jünger, den Jesus liebte, *seinen* Weg der Nachfolge Jesu zu gehen.

Ich nehme auch die *Atmosphäre* an dem Ort wahr, wo Jesus Petrus dreimal nach seiner Liebe fragt.

3. ***Übertragung des Handlungsgeschehens auf mich und meine Situation,*** d. h. wahrnehmen:

• Was löst das Sprechen der Personen, in mir aus, wenn ich mich nacheinander in sie hineinversetze? Vielleicht kann ich so eher erfassen, wo ich selbst in dieser Ostergeschichte vorkomme.

Darüber hinaus wird es hilfreich sein, mich in einer stimmigen eigenständigen Weise in das Geschehen einzubringen.

• Welche Bedeutung hat *das* für mich hier und jetzt, was ich gesehen, gehört und betrachtet habe, vielleicht auch, wie ich mich selbst in dieses Geschehen eingebracht habe, *und* das, was es in mir ausgelöst hat? Dabei kann sich zeigen, was der Herr mir mit dieser Ostererzählung zeigen will.

4. *Gespräch mit dem Auferstandenen,*

d. h., ich bringe vor ihm zur Sprache, was mich beim betenden Umgang mit dem „Geheimnis“ der Ostererzählung *bewegt* (hat), und höre, was Er mir sagen will.

Die biblische Erzählung will mein Vertrauen in die Gegenwart des Auferstandenen und meine Freude darüber wecken oder stärken. Sie will mich zur Nachfolge des auferstandenen Herrn befähigen und mich teilhaben lassen an dem Trost, der von ihm auf seine „Brüder und Schwestern“ ausgeht.

Ich schließe mit einer Verneigung vor dem Geheimnis des Auferstandenen.

*

Ergänzende Erläuterungen zum biblischen Text

Neben dem mehr existenziellen Zugang zu dieser Ostererzählung zeigt sie eine deutlich theologische Sinnlinie, die vor allem von den Verfassern des Nachtragskapitels in den Text eingeschrieben ist. Wie ist der Auferstandene *in der Gemeinde* präsent? Wie kann er dort wahrgenommen und geglaubt werden?

- In dem Gespräch zwischen Petrus und dem Auferstandenen geht es zunächst um die nachösterliche Rolle und das Schicksal der beiden Schlüsselfiguren: Simon Petrus und „der Jünger, den Jesus liebte“. Unter dem Kreuz hatte sich der Geliebte Jünger als Zeuge der „Wahrheit“ erwiesen (Joh 19,35). Durch seine ungebrochene Nähe und Treue zu Jesus wurde er vom Gekreuzigten zusammen mit der Mutter Jesu zum Bild der Kirche bestimmt, die aus der „Stunde“ hervorgeht, da Jesus – von der Erde erhöht – alle an sich zieht (vgl. Joh 12,32). An dem „Jünger, den Jesus liebte“, wird also beispielhaft anschaulich, was Jüngersein bedeutet. Seine Namenlosigkeit ist eine Einladung für jeden Jünger bzw. jede Jüngerin, sich von Jesu Liebe „bis zuletzt“, „bis zur Vollendung“ in seine Nähe ziehen zu lassen und so zum glaubwürdigen Zeugen des Neuen Lebens zu werden.
- Petrus wird jetzt vom Auferstandenen dazu berufen, seine Schafe zu „weiden“, d. h. sie zu lieben, wie Jesus sie geliebt hat (Joh 13,1) – bis zur Hingabe des eigenen Lebens (Joh 21,18 f.).

Die universale Leitungsvollmacht als Hirte der nachösterlichen Gemeinde gilt auch gegenüber dem Geliebten Jünger. Dieser Jünger „bleibt“ als verlässlicher Zeuge der Jesustradition in dem von ihm geschriebenen vierten Evangelium. In diesem Buch bleibt er ebenso präsent wie der Herr, von dem er Zeugnis gibt.

- Zum Leitungsamt des Petrus und zum Zeugnis des Evangeliums von Jesus kommt als drittes Element die Mahlgemeinschaft, zu der der Auferstandene einlädt und in der er der nachösterlichen Gemeinde die Gaben reicht, in denen er selbst gegenwärtig ist. In der wechselseitigen Ergänzung von *Wort, eucharistischem Mahl und Leitungsamt* ist der Auferstandene in seiner Kirche bis zur Parusie präsent.
- Das Wort des Auferstandenen (Joh 21,22) macht auch darauf aufmerksam, dass es verschiedene Weisen der Nachfolge gibt. Ohne die Autorität des Geliebten Jüngers und seines Evangeliums zu relativieren, sollen die von ihm geprägten Kreise der Urkirche die Leitungsvollmacht des Petrus anerkennen. Und ohne die Autorität des Petrus herabzusetzen, sollen die an ihm orientierten Kreise die besondere Stellung jenes Jüngers und seiner Jesustradition respektieren. Man muss es dem Auferstandenen überlassen, welchen Weg er die Einzelnen führt.

Der Auftrag des Auferstandenen: Mt 28,16–20

28 [16]Die elf Jünger aber gingen nach Galiläa auf den Berg, wohin Je-
sus ihnen (zu gehen) befohlen hatte. [17]Und als sie Jesus sahen, fielen
sie vor ihm nieder (und beteten ihn an), einige aber zweifelten. [18]Und
Jesus ging auf sie zu und sagte zu ihnen: Mir ist alle Vollmacht ge-
geben im Himmel und auf der Erde. [19]Geht nun hin und macht alle
Völker zu (meinen) Jüngern; tauft sie auf den Namen des Vaters und
des Sohnes und des Heiligen Geistes [20]und lehrt sie, alles zu befolgen,
was ich euch geboten habe. Und siehe, ich bin mit euch alle Tage bis
zum Ende der Welt.

Zusammenhang: Dieser letzte Abschnitt ist der Höhepunkt des ganzen Evangeliums, auf den wichtige theologische Linien der vorausgegangenen Erzählung zulaufen. Sie endet mit dem universalen Auftrag des Auferstandenen, das Evangelium in alle Welt zu tragen und die Menschen für eine persönliche Beziehung zu Jesus Christus und für sein Evangelium zu gewinnen.

Das gewohnte **Vorbereitungsgebet**

1. Nach der wiederholten Lektüre des biblischen Textes vergegenwärtige ich mir in der **ersten Vorübung** die Geschichte:

- *wie* die elf geflohenen Jünger der Auferstehungsbotschaft der beiden Marien glauben und auf ihr Wort hin nach Galiläa aufbrechen zu dem „Berg“, den der Auferstandene ihnen genannt hatte;
- *wie* die Jünger dort ankommen und Jesus sehen, wie sie vor ihm niederfallen und ihn anbeten, einige aber zweifeln;
- *wie* der Auferstandene auf sie zugeht und die durch seine Passion und ihr Versagen entstandene Trennung aufhebt;
- *wie* er in seiner Himmel und Erde umfassenden Vollmacht sie zu allen Völkern dieser Erde aussendet und ihnen aufträgt, sie alle durch Taufe und Unterweisung zu seinen Jüngern zu machen;
- *wie* er ihnen am Ende versichert, alle Tage bei ihnen zu sein bis zum Ende der Welt.

Zweite Vorübung: sich den „Schauplatz“ anschaulich vergegenwärtigen:

- der Weg von Jerusalem zurück nach Galiläa, in das Land, wo sie Jesus zum ersten Mal begegnet sind und die Gemeinschaft mit ihm begann;
- der „Berg“ in Galiläa, den Jesus ihnen als „Treffpunkt“ genannt hatte, wo sie den Auferstandenen zum ersten Mal nach seiner Kreuzigung und seinem Tod begegnen;
- die ganze Welt und alle Völker, zu denen der Auferstandene sie aussendet.

Dritte Vorübung: Ich bitte um die Gnade, dass mir Gewissheit über die Nähe des Herrn und eine tiefe, selbstlose Freude über die Auferstehung Jesu geschenkt werde, eine Freude, zu seinen „Brüdern“ zu gehören und mit ihnen das Evangelium von der Gottesherrschaft zu allen Menschen zu tragen.

2. **Vergegenwärtigung des Handlungsgeschehens:**
Die Personen sehen, hören, was sie sagen, und betrachten, was sie tun

Ich gehe in meiner Vorstellung zurück zu dem biblischen Handlungsraum – so wie er vor meinem geistigen Auge entstanden ist – und lasse das Geschehen – wie es im Schrifttext steht – in meiner Vorstellung sich entfalten: Ich **sehe** die Personen, **höre**, was sie sagen, und **betrachte**, was sie tun.

Ich versuche auch, mich in die Akteure der biblischen Geschichte hineinzuversetzen und mitzuempfinden: z.B.

- was in den elf Jüngern vorgeht, als sie von Maria aus Magdala und von der anderen Maria hören, dass sie nach Galiläa auf den „Berg" gehen sollen, um dort dem Auferstandenen zu begegnen;
- was sie empfinden, als sie gemeinsam unterwegs zu dem „Berg" sind, der für sie und Jesus mit einer besonderen Erfahrung verbunden ist;
- was die Begegnung mit dem Auferstandenen und ihre Aussendung zu allen Völkern auf der ganzen Welt in ihnen auslöst.

3. *Übertragung des Handlungsgeschehens auf mich und meine Situation,* d.h. wahrnehmen:

• Was löst das Verhalten der elf Jünger in mir aus, wenn ich mich in sie hineinversetze. Vielleicht kann ich so entdecken, wo ich selbst in dieser Ostergeschichte vorkomme.

Darüber hinaus kann es hilfreich sein, mich in einer stimmigen eigenständigen Weise in das Geschehen einzubringen.

• Welche Bedeutung hat *das* für mich hier und jetzt, was ich gesehen, gehört und betrachtet habe, vielleicht auch, wie ich mich selbst in dieses Geschehen eingebracht habe, *und* das, was es in mir ausgelöst hat? Dabei kann sich zeigen, was der Herr mir mit dieser Ostererzählung zeigen will.

4. *Gespräch mit dem Auferstandenen,*

d. h., ich bringe vor Gott zur Sprache, was mich beim betenden Umgang mit dem „Geheimnis“ der Ostererzählung *bewegt* (hat), und höre, was Er mir sagen will.

Die biblische Erzählung will mein Vertrauen in die Gegenwart des Auferstandenen und meine Freude über seine universale Vollmacht und sein unbegrenztes Mit-Sein wecken oder stärken. Sie will meinen Glauben an die Verlässlichkeit und Wirkmächtigkeit seiner Worte beleben und vertiefen. Sie will mich hineinziehen in seinen apostolischen Eros und teilhaben lassen an dem Trost, der von ihm auf seine „Brüder und Schwestern“ ausgeht.

Ich schließe mit einer Verneigung vor dem Geheimnis des Auferstandenen.

*

Ergänzende Erläuterungen zum biblischen Text

- Die universale Vollmacht des Auferstandenen und sein Mit-Sein sind jetzt nicht mehr nur auf die „verlorenen Schafe des Hauses Israel“ beschränkt (Mt 10,6), sondern beziehen sich auf die Völker der ganzen Welt. Hier klingt die Abraham gegebene Verheißung des Völkersegens wieder an (Gen 12,3), der nun zur Erfüllung kommen soll, und die Bezeichnung der Jünger als „Salz der *Erde*“ und als „Licht der *Welt*“ (Mt 5,13–16). Matthäus verbindet die messianische Identität Jesu als Sohn Davids mit der Hinwendung zu Israel und als Sohn Abrahams mit der universalen Völkermission, von der Israel nicht ausgeschlossen ist.
- Jünger Jesu wird man durch Taufe und Unterweisung (Mt 28,19.20a). Für die Gläubigen aus den Völkern ist die Taufe der einzige Initiationsritus, mit der sie in die Kirche aufgenommen werden. Mit der Taufe ist die Vergebung der Sünden verbunden (Mt 26,28). Zur Taufe gehört die Unterweisung. Deshalb bleiben die fünf großen Reden bei Mt von grundlegender Bedeutung. Das gilt besonders für die Bergpredigt (Mt 5–7). Sie beinhalten das „Evangelium vom Reich“ für die Gegenwart bis ans Ende der Zeit. Indem die Jünger unterwegs bleiben, um alle zu Jüngern zu machen, bleibt der Auferstandene gegenwärtig.

Kein Abschied, kein Verschwinden. Er ist von Anfang an der Immanuel (Mt 1,23), die Gegenwart Gottes, und er bleibt bei uns alle Tage, bis alles Suchen und Finden sich erfüllt und wir ihn schauen von Angesicht zu Angesicht.

Die Betrachtung (contemplación), um Liebe zu erlangen: EB 230–237

1. Hinführung

Die Exerzitien schließen mit der „Kontemplation, um Liebe zu erlangen". Diese Übung ist der Höhepunkt und Zielpunkt des ganzen Exerzitienweges. Wie in einem Brennpunkt fasst sie am Ende noch einmal die ganze Dynamik (Bewegung) des Exerzitiengeschehens zusammen. Zugleich will sie den Übergang schaffen zum Alltag, in den der Übende wieder hineingeht. Echte Kontemplation drängt zurück zu den Menschen, in die „Ebenen", wo gelebt, gelitten, gefeiert und gestorben wird. Echte Kontemplation drängt dorthin, wo Christus im Elend und in der Sehnsucht der Menschen leidet, stirbt und aufersteht. Echte Kontemplation drängt auf den Weg des Mensch*gewordenen* Gottes, in die Nachfolge des „armen und geschmähten Christus".

2. Der Text des Exerzitienbuches

230 Betrachtung, um Liebe zu erlangen
Zunächst ist es angebracht, zwei Dinge zu beachten:
Erstens: Die Liebe muss mehr in die Werke als in die Worte gelegt werden.

231 Zweitens: Die Liebe besteht in der Mitteilung von beiden Seiten her: das heißt, dass der Liebende dem Geliebten gibt und mitteilt, was er hat, oder von dem, was er hat oder kann; und genauso umgekehrt der Geliebte dem Liebenden. Wenn also der eine Wissen hat oder Ehren oder Reichtümer, dann teilt er es mit dem, der es nicht hat, und so teilt einer dem anderen mit.
Das gewohnte Vorbereitungsgebet

232 *Erste Vorübung:* Komposition des Schauplatzes: Sehen, wie ich vor Gott, unserem Herrn, stehe, vor den Engeln, vor den Heiligen, die für mich eintreten.

233 *Zweite Vorübung:* Bitten, wonach ich verlange: um innere Erkenntnis von so viel empfangenen Wohltaten, damit ich alles

dankbar anerkenne und so in allem seine göttliche Majestät lieben und ihr dienen kann.

234 *Der erste Punkt:* Die empfangenen Wohltaten von Schöpfung und Erlösung und der besonderen Gaben ins Gedächtnis rufen, indem ich mit großer Andacht und innerer Bewegung (*con mucho afecto*) erwäge, wie viel Gott, unser Herr, für mich getan hat, und wie viel er mir von dem gegeben hat, was er hat, und folglich wie sehr derselbe Herr danach verlangt, sich mir weiterhin zu geben, soweit er es vermag.

Und dann mich zurückbesinnen auf mich selbst und mit vielen Gründen der Vernunft und Gerechtigkeit (*con mucha razón y justicia*) erwägen, was ich von meiner Seite seiner göttlichen Majestät anbieten und geben muss, nämlich alles, was ich habe, zusammen mit mir selbst, wie einer, der mit großem Verlangen sich anbietet:

Nimm hin, Herr, und empfange meine ganze Freiheit,
mein Gedächtnis, meinen Verstand und meinen ganzen Willen,
all mein Haben und Besitzen.
Du hast es mir gegeben, Dir, Herr, gebe ich es zurück.
Alles ist Dein, verfüge nach Deinem ganzen Willen.
Gib mir Deine Liebe und Gnade, das ist mir genug.

235 *Der zweite Punkt:* Schauen, wie Gott in den Geschöpfen wohnt:

- in den Elementen, indem er ihnen Dasein gibt;
- in den Pflanzen, indem er sie belebt;
- in den Tieren, indem er ihnen sinnliche Wahrnehmung schenkt;
- in den Menschen, indem er ihnen Verstehen gibt und so in mir,
- indem er mir Dasein gibt;
- indem er mich beseelt;
- indem er mir sinnliche Wahrnehmung schenkt
- und indem er einen Tempel aus mir macht,

da ich nach dem Gleichnis und Bild
seiner göttlichen Majestät geschaffen bin.

Dann wieder mich zurückbesinnen auf mich selbst, so wie es im ersten Punkt gesagt ist, oder auf eine andere Weise, wenn ich sie als besser empfinde. Auf die gleiche Weise soll man es bei jedem Punkt machen, der folgt.

236 *Der dritte Punkt:* Erwägen, wie Gott sich in allen geschaffenen Dingen auf dem Angesicht der Erde für mich abmüht und arbeitet, das heißt, er handelt wie einer, der mühselige Arbeit tut: in den Himmeln, Elementen, Pflanzen, Früchten, Tieren usw., indem er ihnen Dasein gibt und sie erhält, sie belebt und ihnen Wahrnehmung schenkt usw.
Dann mich zurückbesinnen auf mich selbst.

237 *Der vierte Punkt:* Schauen, wie alles Gute und alle Gaben von oben herabsteigen, so wie meine begrenzte Macht von der höchsten und unendlichen von oben, und genauso (unsere) Gerechtigkeit, Güte, Zuneigung, Barmherzigkeit usw., so wie von der Sonne die Strahlen herabkommen, vom Quell die Wasser usw.
Danach wieder in der genannten Weise mich zurückbesinnen auf mich selbst.
Schließen mit einem *Gespräch* und mit einem Vaterunser.

3. Ergänzende Erläuterungen zum Text

• Damit die „Geistlichen Übungen" den eingangs genannten Bodenkontakt im Alltag behalten, leitet Ignatius die „Kontemplation, um Liebe zu erlangen" mit der lapidaren Bemerkung ein: „Die Liebe muss mehr in die Werke gelegt werden als in Worte" (EB 230). Sie ist ein Geschehen, das auf Gegenseitigkeit gründet. Bereits im Zwiegespräch mit dem Gekreuzigten am Ende der ersten Übung der *Ersten Woche* (EB 53) erwägt der Übende, was Christus für ihn getan hat: von der Betrachtung der Menschwerdung bis zum Tod am Kreuz, um sich dann zu fragen, was er selbst für Christus getan hat, was er jetzt für ihn tut und tun soll. Dieses asymmetrische Empfangen und Geben zieht sich wie ein Motivationsfaden durch die ganzen Exerzitien.
• Nach dem gewohnten **Vorbereitungsgebet** beginnt der Übende in der **ersten Vorübung** mit der „Komposition des Schauplatzes". Hier soll er sich selbst sehen, wie er vor Gott, unserem Herrn, und seinen Engeln und Heiligen steht, die für ihn ein-

treten (EB 232). Dieses Bild vom „himmlischen Hofstaat" mit dem „ewigen König" (EB 95) und seinen Engeln und Heiligen ist für Ignatius ein wichtiges Motiv, das er bei allen zentralen Entscheidungen des Übenden in Erinnerung ruft: bei der Betrachtung der Sünden (EB 74), bei der Erwägung über die Parabel vom Ruf des Königs (EB 98) und in der Vorbereitung der „Wahl" bei der Meditation über die drei Arten von Menschen (EB 151).

Der Übende soll also sehen, wie er vor Gott, seinem Herrn, steht, vor den Engeln, vor den Heiligen, und sich vergegenwärtigen, wie nahe Gott ihm ist und wie eng seine erlösten Geschöpfe mit ihm verbunden sind – zu *seinem* Heil. Die Formulierung „für mich" (EB 232, 234, 236) spiegelt die uneingeschränkte Zuwendung Gottes zu seinem Geschöpf, zum Übenden.

Die Betrachtung, die nach den vier Punkten jeweils mit dem „Suscipe", dem Gebet der Ganzhingabe endet, geschieht also im Angesicht dieser himmlischen Versammlung.

- In der **zweiten Vorübung** bittet der Übende um die „innere Erkenntnis" all dessen, was ihm im Verlauf der Exerzitien zur heilenden und stärkenden Gewissheit geworden ist, damit er *alles* dankbar anerkennen und Gott „in *allem* lieben und ihm dienen" kann (*en todo amar y servir*: EB 233). Bis in die tiefsten Schichten seiner Existenz soll er sich berühren und durchdringen lassen von dem, was Gott an ihm getan hat und was er Gott bedeutet. Nur eine solche Erinnerung und Vergegenwärtigung kann den Übenden ermöglichen, „Liebe zu erlangen".

Weil Gott selbst sich in diese Welt hinein entäußert hat und daraus nicht mehr zurückkehrt, darum können wir „Gott in allen Dingen finden". Die Transparenz der Dinge auf Gott hin erfährt aber nur, wer „diesem Gott (auch) dort begegnet ist, wo er in das Dichteste, das am meisten von Gott gleichsam Abgesperrte, in das Finsterste und Undurchlässigste dieser Welt hinuntergestiegen ist: am Kreuz Jesu Christi. Erst dadurch wird das Auge des Sünders hell, wird ihm die Haltung der Indifferenz möglich, vermag er auch in jenen Dingen Gott zu finden, die ihn als Kreuz treffen, und nicht nur dort, wo er ihn haben möchte" (Karl Rahner). Dieser weltbezogene Realismus ist Dienst, der sich einfügt in das unablässige Mühen Gottes, das Verlorene zu suchen und zu retten.

Die „innere Erkenntnis" ist ein Schlüsselwort in den Geistlichen Übungen und besagt, dass wichtige „Dinge" unseres Lebens ganzheitlich erfasst und verstanden werden wollen, damit sie uns weiterbringen. „Innere Erkenntnis" meint dasselbe wie „von innen her die Dinge verspüren und verkosten" (EB 2). Der Ausdruck kommt in den Geistlichen Übungen dreimal vor (EB 63, 104 und 232). Das „Verspüren und Verkosten der Dinge von innen her" soll schließlich zur Hingabe führen, wie sie im Hingabegebet des „Suscipe" ausgesprochen wird.

In der *Ersten Woche* im dreifachen Gespräch der dritten und vierten Übung (EB 63 und 64) bittet der Übende um die Gnade der „inneren Erkenntnis" seiner Sünden und um Abscheu davor. Die Gnade der „inneren Erkenntnis" des Herrn, der (auch) für mich Mensch geworden ist, damit ich mehr ihn liebe und ihm nachfolge, zieht sich als Bitte von der Betrachtung der Menschwerdung (EB 104) an durch die ganze *Zweite Woche*. In der *Dritten Woche* geht es darum, wie ein Freund den Leidensweg Jesu mitzugehen und sich für das Geheimnis zu öffnen, dass ich sowohl am Geschehen der Passion mitbeteiligt als auch in die Erlösung der Menschheit einbezogen bin und daran mitwirken darf.

• Die vier Punkte der Kontemplation sind ein lebendiges Ganzes. Sie variieren in verschiedenen, einander ergänzenden und sich gegenseitig durchdringenden Betrachtungsweisen die „Länge und Breite, Höhe und Tiefe" der unbegreiflichen Liebe Gottes zum Menschen. Sie wollen aus der Zusammenschau „aller Dinge" auf Gott hin zu jener Gesinnung führen, wie es dem Leben in Christus Jesus entspricht (vgl. Phil 2,5).

• Im *ersten Punkt* (EB 234) rufe ich alle Wohltaten Gottes mir gegenüber in Erinnerung, sodass mir anschaulich bewusst wird, was Gott mir alles schon von sich gegeben hat, und wie sehr er danach verlangt, mich weiter zu beschenken. Gottes Liebe zum Menschen ist immer persönlich, individuell, konkret. Der *Übende* ist gemeint, wenn Er sich ihm in „Schöpfung und Erlösung und den besonderen Gaben" mitteilt.

Ebenso kann seine Antwort keine allgemeine sein. Die Exerzitien wollen ja gerade herausbringen, welches sein persönlicher Weg in der Nachfolge Jesu ist – über alles Gesetzmäßige und Ableitbare hinaus. *Er* soll entdecken, mit welchen Gaben und in welchen Aufgaben er seiner individuellen Berufung und Sendung nachkommen soll. „Darum ist es beim Suchen des göttlichen Willens angemessener und viel besser, dass der Schöpfer und Herr sich seiner Ihm hingegebenen Seele mitteile, sie zu Seiner Liebe und Seinem Lobpreis entflamme und sie für den Weg bereit mache (*disponer*), auf dem sie Ihm künftig besser dienen kann" (EB 15).

Auch die Antwort des Übenden ist also persönlich, individuell, konkret und ungeteilt. Er erwägt mit vielen Gründen der Vernunft und der Gerechtigkeit (*con mucha razón y justicia*), was er *von seiner Seite* Gott anbieten und geben muss. Es geht also um die Erfahrung des gegenseitigen Füreinander-Einstehens von Gott und Mensch in den Alltag hinein.

Auf diesem Hintergrund soll der Übende sich darüber klar werden, welche Antwort auf diese Vorgabe angemessen wäre, nämlich sich selbst zu geben wie einer, der mit großem Verlangen sich ganz zur Verfügung stellt: *Nimm hin, Herr, und empfange meine ganze Freiheit …*

Der Übende stellt also am Ende der Exerzitien den ganzen Reichtum seiner Erfahrungen, sein gesamtes Wissen sowie all seine Möglichkeiten, Ressourcen und inneren Antriebskräfte Gott zur Verfügung.

Das Wort „ganz" bzw. „alles" (*todo* oder *toda*) kommt in den beiden Gebetstexten, d. h. in der zweiten Vorübung und im „Suscipe", insgesamt sechsmal vor (EB 233, 234). Die Ganzheitlichkeit (Totalität) der Ausrichtung wird noch dadurch verstärkt, dass alle vier Punkte der Übung in das „Suscipe" einmünden.

Doch für manche Übenden ist dieses Hingabegebet eine Schwelle, die sie von sich aus nicht zu überschreiten wagen. Die Bewegung auf Gott hin kommt ins Stocken. Solange der Übende noch die Vorstellung hat, diese Verfügbarkeit von sich aus leisten zu müssen, bleibt das Gebet eine Überforderung. Das „Suscipe" ist vielmehr Ausdruck der Sehnsucht, „meine ganze Freiheit, mein Gedächtnis, meinen Verstand und meinen ganzen Willen, all mein Haben und Besitzen", also meine ganze geschöpfliche

Wirklichkeit, auf Gott hin transparent werden zu lassen. Nicht *ich* muss das leisten, sondern ich möchte, dass es an mir und durch mich geschieht – im konkreten Alltag und im Bewusstsein, dass die Gnade dazu – wie das Manna in der Wüste – für jeden Tag reicht.

Diese neu verstandene und erlebte Freiheit bedarf einer kontinuierlichen Läuterung, damit sie sich im Alltag weiter entfalten kann. Indem der Übende sie immer wieder Gott übergibt, bleibt die Verfügbarkeit gegenüber dem Willen Gottes lebendig.

Der zweite, dritte und vierte Punkt (EB 235–237) sind „Wiederholungen" im Sinne des Ignatius, d. h. Vertiefungen des ersten Betrachtungspunktes (EB 234). Die drei Punkte laden dazu ein, die „empfangenen Wohltaten von Schöpfung und Erlösung und der besonderen Gaben" (EB 234) in ihrer Bedeutung für den Übenden noch tiefer zu erfassen und selber Teil der ihnen eigenen Dynamik zu werden. „Der Sinn für Transzendenz ist das Herz der Kultur, das eigentliche Wesen der Humanität. Eine Zivilisation, die sich ausschließlich dem Nützlichen widmet, unterscheidet sich im Grunde nicht von Barbarei. Die Welt wird erhalten durch das, was nicht welthaft ist" (Abraham J. Heschel).

• Im *zweiten Punkt* (EB 235) wendet sich der Blick des Übenden der geheimnisvollen Wirklichkeit zu, „wie Gott in den Geschöpfen wohnt", wie er ihm in allen Dingen nahe ist. Er soll dankbar innewerden, wie Gottes Liebe das *Ganze der geschöpflichen Wirklichkeit* umfasst und durchdringt und wie er selbst mit all seinen „Lebensschichten" in diese grenzenlose Selbstmitteilung einbezogen ist. Das Entscheidende aber ist, dass Er ihn als sein Bild und Gleichnis geschaffen und so einen Tempel aus ihm gemacht hat. Gott hat ihm einen unverwechselbaren Namen gegeben und ihn zur Würde eines Partners erhoben. Er hat ihn gerufen, zu der einmaligen Ganzheit zu wachsen, zu der er von Ihm her angelegt ist. In Gemeinschaft mit den anderen soll er „zur Einheit im Glauben und in der Erkenntnis des Sohnes Gottes gelangen, *damit er* zum vollkommenen Menschen wird und *Christus in seiner vollendeten Gestalt darstellt*". Er soll „in *allem* (in jeder Hinsicht) wachsen, bis er ihn erreicht hat" (vgl. Eph 4,13 ff.).

So wird die im „Suscipe“ erneut angesprochene Antwort seine ganze geschöpfliche Wirklichkeit umfassen und dadurch den „vergöttlichenden und erlösenden Eingang Gottes in alle Dinge“ mitvollziehen.

• Der *dritte Punkt* (EB 236) setzt die göttliche Bewegung des Mitteilens fort und lässt den „Preis“ des göttlichen „Einsatzes“ deutlich wahrnehmen. Der Übende soll „erwägen (*considerar*), wie Gott sich in allen geschaffenen Dingen auf dem Angesicht der Erde *für ihn* abmüht und arbeitet, d.h., er handelt wie einer, der mühselige Arbeit tut“. Das Motiv des Sich-Abmühens“ (*trabajar*) taucht bereits in der Parabel vom Ruf des Königs auf, wo dieser zu seinen Gefolgsleuten sagt: „Wer mit mir kommen will, muss sich mit mir abmühen, damit er, wie er mir in der Mühsal folgte, mir auch in der Herrlichkeit folge“ (EB 95). Besonders eindrücklich wird das Motiv im dritten Punkt der Betrachtung von der Geburt Christi „geschaut und erwogen“, wie „der Herr in der größten Armut geboren wird und am Ende von so viel Mühen, von Hunger und Durst, von Hitze und Kälte, von Schmähungen und Anfeindungen am Kreuz stirbt, und das alles *für mich*“ (EB 116). Der Übende soll deutlich spüren, was es Gott alles kostet, damit er zu dem Bild und Gleichnis unterwegs bleibt, das Er sich von ihm gemacht hat.

Die Erfahrung des Übenden: Ich bin in Gottes Augen so unendlich kostbar, dass er um meinetwillen keine Mühe scheut, drängt wieder in die christusförmige Antwort des „Suscipe“, sich einzufügen in die Heimführung „aller Dinge“ (alles Geschöpflichen) zum Vater.

• Der *vierte Punkt* (EB 237) betont im Bild des Abstiegs, dass der Übende sich in allem Gott verdankt, so wie die Strahlen sich der Sonne und die Wasser sich der Quelle verdanken. Hier wird das „Suscipe“ zu der geschöpflichen Antwort schlechthin. Es ist Ausdruck verdankter Existenz. Der so innig mit Gott verbundene Mensch kann sich dann großzügig aller Mittel dieser Welt bedienen, sofern er sie allein für den Dienst Gottes gebraucht, nicht um auf sie zu vertrauen, sondern um „die guten Werke zu tun, die Er uns im Voraus bereitet hat“ (Eph 2,10).

So ist die Kontemplation, um Liebe zu erlangen, eine Einladung, am Ende eines langen Exerzitienweges und im Übergang zum Alltag den Geschmack der Freiheit, die den Menschen zur Hingabe an das Geheimnis Gottes befähigt und ihn so über seine Grenzen hinausträgt, bis in die Tiefen seines Herzens und Denkens zu verkosten. Ihr tiefster Sinn ist die Befähigung zur Hingabe an das Geheimnis Gott: *Anbetung*! Aus den Exerzitien „erwirbt" man sich „ein Verständnis und ein ganz feines Gespür für seinen eigenen, ganz besonderen Ruf und damit eine ganz eigene Ruhe und Vereinigung mit Gott, im geistlichen Gehorsam und im unablässigen Gehen auf dem Weg, auf dem man zu Gott pilgern soll" (Jerónimo Nadal).

Statt eines Nachwortes

Zu einer geeigneten Zeit im Prozess der Exerzitien, spätestens aber beim Abschlussgespräch, weise ich auf die Bedeutung eines Tagesrückblicks hin und gebe am Ende eine Orientierung für das tägliche Beten:

I. Tagesrückblick oder: Das Gebet der liebenden Aufmerksamkeit

Manche Begegnungen und manche Ereignisse werden erst im Rückblick verständlich und in ihrer Bedeutung für uns erkannt. Wer sich regelmäßig Zeit nimmt, um auf einen Tag oder auf einen längeren Zeitabschnitt zurückzuschauen, wird dabei einen Zusammenhang, eine Richtung, vielleicht sogar einen tieferen Sinn für sein Leben entdecken. Wer aber Richtung und Sinn spürt, kann weiter in die Zukunft gehen und sie gestalten. So stärkt die spirituelle Übung des Rückblicks unsere Identität.

Der hl. Ignatius von Loyola hat den Tagesrückblick zu den wichtigsten Gebetsübungen gezählt. Der Rückblick am Abend „Stunde für Stunde, Zeit für Zeit" will den vergangenen Tag im Licht des Evangeliums geistlich entziffern, um die „Ordnung des Lebens" im Alltag fortzusetzen. Deshalb empfiehlt es sich, nach den Erfahrungen mit dem „Prinzip und Fundament" und der Umkehrphase dieses Gebet einzuüben, damit es sich im täglichen Leben bewähren kann.

Der Tagesrückblick oder das „Gebet der liebenden Aufmerksamkeit", wie man diese tägliche Gebetsübung auch nennt, umfasst fünf Punkte:

1. Nach den Vorübungen zur Sammlung und des Zur-Ruhe-Kommens Gott bitten, die Wirklichkeit gleichsam mit Seinen Augen sehen zu dürfen. Nur in Seinem Licht schauen wir das Licht (vgl. Psalm 36,10).
2. Das Wahrnehmen meiner Wirklichkeit „Stunde für Stunde, Zeit für Zeit" wird am ehesten gelingen, wenn ich möglichst vorurteilsfrei alles vor mich kommen lasse, was sich im Ver-

lauf des Tages ereignet und wie es mich stimmungsmäßig beeinflusst hat, also:

- Womit habe ich mich beschäftigt? Was hat sich ereignet, was ist geschehen? Welchen Menschen bin ich begegnet?
- Was hat mich dabei bewegt? In welcher Stimmung haben mich die Beschäftigungen, Ereignisse und Begegnungen zurückgelassen?
- Was bewegt mich jetzt noch? In welche Richtung tendieren meine inneren Bewegungen?

Aus dieser Rückschau wird dann auch eine geistliche Unterscheidung der verschiedenen seelischen Impulse und Reaktionen möglich:

3. In dem Bemühen, meine Wirklichkeit so wahrzunehmen, wie sie ist, geht es zunächst und vor allem darum, Gott in allen Dingen zu entdecken als den Grund der „empfangenen Wohltaten", und ihm zu danken.

- Was hat mir innerlich Kraft gegeben, Identität, Weite?
- Was hat mich zu Gott hin bewegt?

4. Im Licht der „empfangenen Wohltaten" gilt es dann wahrzunehmen, was im Verlauf des Tages „nicht in Ordnung" war, welchen Lebensimpulsen ich mich verweigert habe.

- Was hat mich innerlich geschwächt, eingeengt?
- Wo war ich mit mir nicht identisch?
- Was hat mich von Gott entfernt?

Indem ich mir gläubig in Erinnerung rufe, dass Gott um meinetwillen keine Mühe scheut, damit ich zu dem Bild und Gleichnis unterwegs bleibe, das Er sich von mir gemacht hat, wird es mich dazu drängen, „Gott, unseren Herrn, um Verzeihung zu bitten für die Fehler".

5. Die Entschiedenheit, mit seiner Gnade mich neu auszurichten, orientiert sich an der Grundbotschaft des Evangeliums, dass Er uns zuerst geliebt hat. „Was wir im Auge haben, das prägt uns, dahinein werden wir verwandelt, und wir kommen, wohin wir schauen" (H. Spaemann).

Diese tägliche Übung, die „Räume" unseres Herzens im Geist des Evangeliums betend zu durchleuchten und aufzuräumen, führt zu einer tiefen Sinnerfahrung inmitten der Unwägbarkeiten und Unverträglichkeiten unseres Daseins.

N. B. Es ist zu empfehlen, sich für diese Übung in der zweiten Hälfte des Tages eine Zeit zu nehmen, wo noch genügend Aufmerksamkeit und Wachheit vorhanden ist.

Zusammenfassung der einzelnen Schritte dieser Gebetsübung:

1. Nach den Vorübungen des Zur-Anwesenheit-Kommens Gott bitten, den Tag in Seinem Licht sehen zu dürfen.
2. Die Ereignisse, Begegnungen und Beschäftigungen des Tages „Stunde für Stunde" vor mich kommen lassen, zunächst ohne sie zu werten; die inneren Bewegungen, Impulse, Reaktionen wahrnehmen und zu unterscheiden versuchen, in welche Richtung sie tendieren.
3. Gott danken für die empfangenen Wohltaten.
4. Erkennen und eingestehen, was nicht „in Ordnung" war, und Gott um Verzeihung bitten.
5. Mit Entschiedenheit mich der Grundausrichtung meines Lebens (Prinzip und Fundament) erneut zuwenden.

II. Eine Orientierung für das tägliche Beten

1. Nimm dir nicht zu viel vor. Entschließe dich zu einer Gebetszeit von 20–30 Minuten. Wenn das nicht möglich ist, dann liegt das nicht an deinem hektischen Lebensstil oder an deiner beruflichen Belastung, sondern daran, dass du falsch lebst.
2. Such dir nach Möglichkeit eine feste Zeit. Bete nicht nur, wenn dir danach zumute ist, sondern wenn die Zeit dafür gekommen ist. Mach dich unabhängig von deiner Tagesform, deiner augenblicklichen Stimmungslage und deinen aktuellen Bedürfnissen.
3. Wähle nach Möglichkeit einen festen Ort, der auch atmosphärisch zu Stille, Sammlung und Andacht einlädt. Beten ist – wie eine gute Beziehung – auf Dauer angelegt. Deshalb

sind Zeiten, Orte, bestimmte Rituale und Methoden hilfreich. Sie bereiten das Herz.

4. Beginne also deine Gebetszeit nicht irgendwie, sondern mit einem kleinen Ritual, z. B.:

- Zünde eine Kerze an. Versuche zur Anwesenheit zu kommen, dich in deinem Leib zu spüren und werde dir bewusst, dass du in Gottes Gegenwart bist, im Blick seiner Güte und Treue.
- Beginne mit einer Gebärde: z. B. verneige dich in Ehrfurcht vor dem Geheimnis Gottes. Die Gebärde kannst du mit einer Gebetsformel verbinden, z. B. „O Gott, komm mir zu Hilfe!".
- Nimm eine leibliche Haltung ein, die einerseits körperliche Ruhe und Durchlässigkeit sowie geistige Wachheit und Empfänglichkeit fördert, andererseits Ausdruck der Ehrfurcht und Sammlung vor dem Geheimnis Gottes ist.
- Wähle den Meditationstext, z. B. einen Abschnitt aus der Bibel, vor deiner Gebetszeit aus. Suche ihn nicht erst während der Gebetsübung.
- Beende deine Gebetszeit mit einer Gebärde, einem „Ehre sei dem Vater" oder einer anderen Gebetsformel.

5. Es ist nicht wichtig, dass bei einer Gebetsübung etwas herauskommt. Wichtig ist, dass etwas *herein*kommt. Das aber zeigt sich oft erst (viel) später. Versuche also, dich nicht unter Leistungsdruck zu setzen.
6. Im Aushalten von Trockenheit und Missmut wird dein Herz von narzisstischen Anteilen deines eigenen Verlangens, deiner eigenen Zielsetzung und deiner eigenen Ideale geläutert.
7. Wenn du nicht beten kannst, zwinge dich nicht dazu. Aber mach nicht irgendetwas anderes. Bleib an deinem Ort, verhalte dich auf andere Weise still, z. B. setz dich hin und lies etwas Entsprechendes. Halte deine vorgesehene Zeit frei. Bleib im Vorhof des Tempels.
8. Was du regelmäßig tust, hat nicht die Intensität des ersten Males und die Faszination des Einmaligen. Wiederholungen, Vertrautheit des Rituals, auch Eintönigkeit gehören zur alltäglichen Gestaltung deiner Frömmigkeit. Alles, was nicht Form und Gestalt annimmt, alles, was nicht inszeniert und zur Methode wird, hat langfristig keinen Bestand.

9. Wenn dein Bemühen zu beten nur halbwegs gelingt oder manchmal gar scheitert, dann verlier deinen Humor nicht und vertrau den Worten des hl. Paulus: „Der Geist nimmt sich unserer Schwachheit an. Denn wir wissen (manchmal) nicht, was wir in rechter Weise beten sollen. Der Geist selber tritt jedoch für uns ein mit unaussprechlichen Seufzern. Der die Herzen erforscht, weiß, was die Absicht des Geistes ist. Denn er tritt so, wie Gott es will, für die Heiligen ein" (Röm 8,26 f.).
10. Nicht zuletzt werden deine Gebetsversuche aufgenommen und getragen vom Gebetsstrom der Menschen auf dem weiten Erdenrund, auch von den Generationen, die vor uns ihr Herz zu Gott erhoben haben.

Anhang 1

Übersichten zu den einzelnen Gebetsübungen des Exerzitienbuches von der Ersten bis zur Vierten Woche

Die Übungen der Ersten Woche: EB 45–71

Eine erste Übersicht

Gottes barmherzige Nähe und bedingungslose Treue,
„Gottes unendliche Güte“ (EB 52),
seine „Freundlichkeit und Barmherzigkeit“ (EB 71)

↓

1. Übung:
Meine erbsündlich verfasste Wirklichkeit
(Engel, Stammeltern, jeder Mensch, der sich Gott ganz verweigert),
meine Verstrickung in Schuld,
meinen Anteil am Geheimnis des Bösen

Gespräch der Barmherzigkeit mit dem Gekreuzigten „wie ein Freund mit seinem Freund“ (EB 54)

↓

2. Übung:
Meine eigene Sündenvergangenheit
(Gesamteindruck und Hauptmuster meiner Verfehlungen)

Gespräch der Barmherzigkeit mit dem Gekreuzigten „wie ein Freund mit seinem Freund“ (EB 54)

↓

3. Übung:
Wiederholung der 1. und 2. Übung
Innere Erkenntnis meiner Sünden,
sodass ich ***Abscheu*** davor empfinde
Dreifaches Gespräch mit Maria, ihrem Sohn und dem Vater

↓

4. Übung:
Vertiefung meiner Erinnerung an Gottes unbegreifliches Erbarmen mit mir und meiner Abscheu vor allem Unerlösten in mir
Dreifaches Gespräch mit Maria, ihrem Sohn und dem Vater

↓

5. Übung:
Endgültige Gottesferne:
Das Negativbild der in Jesus Mensch gewordenen Liebe Gottes

Zwiegespräch mit Christus

Übersicht über die Gebetsübungen der Umkehrphase (Erste Woche) nach dem Exerzitienbuch: EB 45–54

1. ***Übung*** um Mitternacht: ***Meditation (meditación) über meine erbsündlich verfasste Wirklichkeit*** *(Engel, Stammeltern, jeder Mensch, der sich Gott ganz verweigert hat),* ***meine Verstrickung in Schuld, mein Anteil am Geheimnis des Bösen:*** EB 45–54

Bitte um die Gnade der Beschämung und Bestürzung/Erschütterung über mich selbst ... wegen meiner so vielen Sünden (verguenza y confusión de mi mismo ... por mis tantos pecados)

Ziel:
- ein staunendes Entdecken, ein inneres Berührtwerden und Geschehenlassen von Gottes unbegreiflicher Liebe und bedingungsloser Treue zu mir;
- ein tief-inneres Spüren meiner Verstrickung in die Unheilsgeschichte der Menschheit, ein Sich-treffen-Lassen von der „Unordnung" meines Lebens, der Macht der Sünde, ihres Einflusses in meinem Leben – bis zu Scham, Erschütterung und Abscheu;
- ein in wachsender Reifung des Affektiven sich vollziehender Lösungsprozess von meinen Unfreiheiten („ungeordneten Anhänglichkeiten"), vor allem von Festlegungen, die meiner ursprünglichen Bestimmung und Berufung zuwiderlaufen.

2. ***Übung*** nach dem Aufstehen in der Frühe: ***Meditation über meine Sündenvergangenheit*** *(Gesamteindruck und Hauptmuster meiner Verfehlungen):* EB 55–61
Bitte um die Gnade des Schmerzes und der Tränen über meine Sünden (*crecido y intenso dolor y lagrimas de mis pecados*)

Ziel:
- ein tief-inneres Erfassen meiner Sündenvergangenheit, der Hauptmuster meiner Verfehlungen, vor allem, wo ich eigene und fremde Lebensgrundlagen und -möglichkeiten beeinträchtigt oder zerstört habe;

- ein staunendes und schmerzliches Berührtwerden davon, dass Gott mir trotz meiner Verfehlungen seine Liebe und Treue nicht entzogen hat;
- die Diskrepanz zwischen meiner eigenen Sündenvergangenheit und Gottes bedingungsloser Treue zu mir bis auf den heutigen Tag in der Begegnung mit dem Gekreuzigten zulassen. In ihm wird beides sichtbar: die Folgen meiner sündigen Vergangenheit *und* Gottes bedingungslose Treue zu mir.

3. ***Übung*** vor dem Mittagessen: ***Wiederholung der ersten beiden Übungen:*** EB 62–63
Bitte um die Gnade der inneren Erkenntnis (*interno conocimiento*) meiner Sünden, vor allem ihrer Hauptmuster, sodass ich Abscheu davor empfinde.

Ziel:
- innere Betroffenheit und „Abscheu", d.h. eine aggressive Distanzierung v.a. von den Hauptmustern meiner Verfehlungen und die Entwicklung eines feinen Gespürs für die stärksten Gefährdungen meiner Mensch*werdung* und persönlichen Berufung.
- ein innerer Lösungsprozess aus der „Unordnung" meines Lebens.

4. ***Übung*** am späten Nachmittag (um die Stunde der Vesper): ***zusammenfassende (verdichtende) Wiederholung der dritten Übung.*** EB 64

Bitte um die Gnade der Erinnerung, dass ich in der Tiefe meines Herzens vom Geheimnis der Erlösung berührt wurde, und um die Gnade der Entschiedenheit, mich aus allem Unerlösten befreien zu lassen.

Ziel:
- mit innerer Sammlung bei dem verweilen und meinem Gedächtnis einprägen, was mich in den vorausgegangenen Übungen in der Tiefe meines Wesens vom Geheimnis der Erlösung berührt hat;
- ein Vertiefungs- und Umpolungsprozess, in der die Entschiedenheit wächst, mich aus allem Unerlösten befreien zu lassen.

5. ***Übung*** eine Stunde vor dem Abendessen: ***Meditation über die endgültige Gottesferne (Hölle):*** EB 65–71

Bitte um die Gnade, der Wahrheit über die zerstörerischen Folgen der Sünde nicht auszuweichen und meine Gefährdungen zu endgültiger Verweigerung und Gottesferne bewusst zu machen, sodass ich davor zurückschrecke (*interno sentimiento de la pena de los danados y al menos el temor de las penas*).

Ziel: • Die Wahrheit über die zerstörerischen Folgen der Sünde in meiner Affektivität verankern und mir meine Gefährdungen zu endgültiger Verweigerung bewusst machen.

Relativierung der Anzahl der fünf Übungen sowie der Länge der Ersten Woche je nach Alter (Lebensphase), seelisch geistiger Verfassung, physischer Kondition und geistlicher Disposition. EB 72

Übersicht über die Gebetsübungen der Hauptphase (Zweite Woche) nach dem Exerzitienbuch: EB 91–169

Sie will den Aufbau und die Dynamik der Zweiten Woche verdeutlichen.

Erwägung (*consideración*) über die Parabel vom Ruf des Königs	**EB 91–98**
soll einmal wiederholt werden	
Menschwerdung und nicht-öffentliches Leben Jesu:	
1. Tag	
Betrachtung (contemplación) von der Menschwerdung Gottes	*EB 101–109*
Betrachtung (contemplación) von der Geburt Jesu	*EB 110–117*
Wiederholung der 1. und 2. Betrachtung	EB 118
Wiederholung der 1. und 2. Betrachtung	EB 120
Anwendung der Sinne	EB 121
2. Tag	
Betrachtung (contemplación) von der Darstellung Jesu im Tempel	EB 132
Betrachtung (contemplación) von der Flucht nach Ägypten	EB 132
Wiederholung der 1. und 2. Betrachtung	EB 132
Wiederholung der 1. und 2. Betrachtung	EB 132
Anwendung der Sinne	EB 132
3. Tag	
Betrachtung (contemplación) vom „Untertansein" Jesu in Nazareth	EB 134
Betrachtung (contemplación) vom Verbleiben des zwölfjährigen Jesus im Tempel EB 134	
Wiederholung der 1. und 2. Betrachtung	EB 134
Wiederholung der 1. und 2. Betrachtung	EB 134
Anwendung der Sinne	EB 134
4. Tag	
Meditation (meditación) über die zwei „Banner" (Bereiche oder Existenziale)	***EB 136–147***
soll einmal wiederholt werden	EB 148
Wiederholung der 1. und 2. Meditation	EB 148
Wiederholung der 1. und 2. Meditation	EB 148
Meditation (meditación) über die drei Arten von Menschen anstelle der Anwendung der Sinne.	***EB 149–156***

Alle 5 Gebetszeiten werden mit dem dreifachen Zwiegespräch abgeschlossen EB 147 und 156 (mit Maria, mit dem Sohn und mit dem Vater)	
5.–12. Tag Betrachtung (contemplación) über ein „Geheimnis“ aus den Evangelien (vom Beginn des öffentlichen Wirkens Jesu bis zu seinem Einzug in Jerusalem) soll einmal wiederholt werden Wiederholung der 1. und 2. Betrachtung Wiederholung der 1. und 2. Betrachtung Anwendung der Sinne	EB 158–161
Relativierung des „Stoffes“ von der Zeit her und vom Ziel her, d. h. verlängern oder verkürzen entsprechend der Zeit, die einer darauf verwenden will, oder je nach dem „Nutzen“, den er davon hat.	EB 162
Einstimmung in die „Wahl“: **Erwägung (*consideración*) über die drei Weisen der „Demut“** den ganzen Tag über	**EB 164–167**
Alle 5 Gebetszeiten werden wieder mit dem dreifachen Zwiegespräch abgeschlossen.	EB 168
Die Entscheidungsfindung mit den drei Zeiten für eine gute „Wahl“	**EB 169–189**

Übersicht über die Gebetsübungen der Dritten Woche: die „Geheimnisse der Passion Jesu" nach dem Exerzitienbuch: EB 190–208

1. Tag

Betrachtung (contemplación): wie Christus, unser Herr, von Bethanien nach Jerusalem ging zum letzten Abendmahl	*EB 190–199; 289*

Darüber hinaus soll der Übende jeweils noch drei Punkte *erwägen*:
- wie Christus, unser Herr, in seiner Menschheit leidet und dem Leiden bewusst nicht ausweicht (vgl. Mt 26,53 f.; Joh 18,11);
- wie sich die Gottheit Christi verbirgt und nicht verhindert, dass die „heiligste Menschheit“ so grausam leidet (vgl. Mt 27,46.50);
- wie Christus das alles als Konsequenz (auch) für meine Sünden auf sich nimmt.

Betrachtung (contemplación) (über die Geschehnisse auf dem Weg) vom Abendmahlssaal zum Garten (Gethsemani)	*EB 200–207; 290–291*
Wiederholung der 1. und 2. Betrachtung	
Wiederholung der 1. und 2. Betrachtung	
Anwendung der Sinne	

2. Tag

Betrachtung (über die Geschehnisse auf dem Weg) vom Garten (Gethsemani) bis zum Haus des Hannas	EB 208a; 291
Betrachtung (über die Geschehnisse auf dem Weg) vom Haus des Hannas bis zum Haus des Kajaphas	EB 292
Wiederholung der 1. und 2. Betrachtung	
Wiederholung der 1. und 2. Betrachtung	
Anwendung der Sinne	

3. Tag

Betrachtung (über die Geschehnisse auf dem Weg) vom Haus des Kajaphas bis zu Pilatus	EB 208b; 293
Betrachtung (über die Geschehnisse auf dem Weg) von Pilatus zu Herodes (Antipas)	EB 294
Wiederholungen und Anwendung der Sinne	

4. Tag

Betrachtung (über die Geschehnisse auf dem Weg) von Herodes zu Pilatus bis zur Hälfte der Geheimnisse im Haus des Pilatus	EB 208c; 295

Betrachtung über die noch übriggebliebenen Geheimnisse dort
Wiederholungen und Anwendung der Sinne

5. Tag
Betrachtung (über die Geschehnisse auf dem Weg) von Pilatus bis zur Kreuzigung des Herrn — EB 208d; 296
Betrachtung von der Kreuzigung bis zu seinem Tod — EB 297
Wiederholungen und Anwendung der Sinne

6. Tag
Betrachtung von der Kreuzabnahme bis zum Grab — EB 208e; 298
Betrachtung vom Grab bis zum Haus, wohin Maria, die Mutter Jesu, ging, nachdem ihr Sohn begraben war
Wiederholungen und Anwendung der Sinne

7. Tag
Betrachtung der gesamten Passion — EB 208f.
anstelle der Wiederholungen und der Anwendung der Sinne erwägen (*considerar*):

- wie Christus sich von seinem physischen Leib trennt und von dem Ort, wo er begraben wurde;
- wie einsam Maria, die Mutter Jesu, war in ihrem Schmerz und ihrer Erschöpfung (*fatiga*);
- danach die Einsamkeit der Jünger in ihrem Schmerz und ihrer Erschöpfung, — EB 209

Relativierung des „Stoffes“ von der Zeit her und vom Ziel her, d. h. verlängern oder verkürzen entsprechend der zur Verfügung stehenden Zeit je nach dem „Nutzen“, den der Übende davon hat.

Übersicht über die Gebetsübungen der Vierten Woche: die „Erscheinungen des Auferstandenen" nach dem Exerzitienbuch: EB 218–229, 299–312, und die Betrachtung (contemplación), um Liebe zu erlangen: EB 230–237

1. Tag

Betrachtung (contemplación) über die Erscheinung des Auferstandenen bei seiner Mutter Maria: EB 218–225.299
mit zwei weiteren Punkten, die bei allen Betrachtungen zu ergänzen sind:

- erwägen, wie die Gottheit Christi, die sich in der Passion zu verbergen schien, sich jetzt vor allem durch seine „wahren und heiligsten Wirkungen" zeigt, mit denen der Auferstandene die Seinen erfüllt: tiefe Freude und Fröhlichkeit, Trost;
- das „Trösteramt" betrachten, das der Auferstandene an den Seinen ausübt, indem er ihnen nach dem Zusammenbruch all ihrer Hoffnungen neue Gewissheit und neue Zuversicht gibt.

Wiederholung oder jeweils die Betrachtung von einer oder zwei weiteren Erscheinungen, am Abend jeweils als vierte Gebetsübung die Anwendung der Sinne über drei Gebetszeiten

Zweite Erscheinung nach Mk 16,1–11; Mt 28,1–7; Lk 24,1–8; Joh 20,1.11–18	EB 300
Dritte Erscheinung nach Mt 28,2–10; Mk 16,1–8; Lk 24,9–11.22–23	EB 301
Vierte Erscheinung nach Lk 24,12.33–34; Joh 20,1–10; 1 Kor 15,5	EB 302
Fünfte Erscheinung nach Lk 24,13–35; Mk 16,12–13	EB 303
Sechste Erscheinung nach Joh 20,19–23; Mk 16,14; Lk 24,36–45; Apg 10,40–41; 1 Kor 15,5	EB 304
Siebte Erscheinung nach Joh 20,24–29	EB 305
Achte Erscheinung nach Joh 21,1–17	EB 306
Neunte Erscheinung nach Mt 28,16–20; Mk 16,15–18; Lk 24,46–49	EB 307
Zehnte Erscheinung nach 1 Kor 15,6	EB 308
Elfte Erscheinung nach 1 Kor 15,7	EB 309
Zwölfte Erscheinung vor Joseph von Arimathäa, wie frommerweise betrachtet und im Leben der Heiligen gelesen wird	EB 310

Anhang 2

Übersichten über eine alternative Auswahl von Schrifttexten zu den Geheimnissen des öffentlichen Wirkens Jesu (Zweite Woche) sowie der Passion Jesu und der Erscheinungen des Auferstandenen (Dritte und Vierte Woche) nach dem Lukas-, Matthäus- und Johannesevangelium

Geheimnisse des öffentlichen Lebens Jesu nach dem Lukasevangelium – eine alternative Auswahl für die „Zweite Woche"

Lk 4,14–30:	Jesu erstes Auftreten in Galiläa und in seiner Heimatstadt Nazareth
Lk 4,31–44:	Heilungen in Kapharnaum und der Aufbruch Jesu von dort
Lk 5,1–11:	Der Ruf Jesu an Simon und seine Gefährten
Lk 6,6–11:	Die Heilung der verdorrten Hand am Sabbat
Lk 6,12–19:	Die Auswahl der Apostel und der Andrang des Volkes
Lk 8,1–3:	Frauen im Gefolge Jesu
Lk 9,10–17:	Die Rückkehr der Zwölf und die Speisung der Fünftausend
Lk 9,18–22:	Das Messiasbekenntnis des Petrus und die erste Ankündigung von Passion, Tod und Auferstehung
Lk 9,23–27:	Nachfolgebedingungen (1)
Lk 9,28–36:	Die Verklärung Jesu
Lk 9,37–45:	Die Heilung des besessenen Jungen und die zweite Ankündigung von Jesu Ende
Lk 9,51–56:	Die verweigerte Herberge in Samaria
Lk 9,57–62:	Nachfolgebedingungen (2)
Lk 10,17–24:	Die Rückkehr der 72 Jünger und Jesu jubelndes Dankgebet
Lk 10,38–42:	Das Hören auf Jesu Wort als das eine Notwendige
Lk 13,10–17:	Die Heilung der gekrümmten Frau am Sabbat

Lk 14,25–35:	Nachfolgebedingungen (3)
Lk 17,11–19:	Die Heilung der 10 Aussätzigen
Lk 18,15–17:	Nachfolge als Orientierung am Kind
Lk 18,31–34:	Erneute Ankündigung von Passion, Tod und Auferstehung
Lk 18,35–43:	Die Heilung eines Blinden bei Jericho

*

Geheimnisse des öffentlichen Lebens Jesu nach dem Matthäus-Evangelium – eine alternative Auswahl für die „Zweite Woche"

Mt 3,13–4,11:	Taufe und Versuchung Jesu
Mt 4,17–25:	Der Anfang des Wirkens Jesu in Galiläa
Mt 5,1–12:	Die Seligpreisungen
Mt 5,13–16:	Die Jünger als Salz der Erde und als Licht der Welt
Mt 9,1–8:	Die Heilung des Gelähmten
Mt 12,9–14:	Die Heilung der verdorrten Hand
Mt 13,53–58:	Jesus in seinem Heimatort
Mt 14,22–33:	Jesus begegnet den Jüngern auf dem See
Mt 15,21–28:	Der Glaube der Heidin
Mt 16,13–23:	In der Gegend von Caesarea Philippi
Mt 17,1–13:	Die Verklärung Jesu
Mt 17,14–20:	Die Heilung des epileptischen Jungen und der Kleinglaube der Jünger
Mt 20,1–16:	Das Gleichnis vom gleichen Lohn
Mt 20,29–34:	Die Heilung der zwei Blinden bei Jericho

*

Geheimnisse des öffentlichen Lebens Jesu nach dem Johannesevangelium – eine alternative Auswahl für die „Zweite Woche“

Joh 1,19–34:	Das Zeugnis des Täufers
Joh 1,35–39:	Die ersten Jünger
Joh 2,1–12:	Die Hochzeit zu Kana
Joh 3,22–30:	Das letzte Zeugnis des Täufers
Joh 4,1–42:	Die Begegnung mit der Samariterin
Joh 4,43–54:	Der Glaube des königlichen Beamten
Joh 5,1–16:	Die Heilung des Kranken am Teich von Bethesda
Joh 6,60–71:	Krise und Entscheidung
Joh 7,37–53:	Wenn einer durstig ist, komme er zu mir
Joh 9,1–41:	Die Heilung des Blindgeborenen
Joh 11,1–46:	Die Auferweckung des Lazarus
Joh 12,1–11:	Die Salbung in Bethanien

Die Geheimnisse der Passion Jesu und die Erscheinungen des Auferstandenen – eine alternative Auswahl nach dem Lukasevangelium

Lk 22,1–13:	Die Planung der Festnahme Jesu und die Vorbereitung des Paschamahles
Lk 22,14–23:	Das Abschiedsmahl Jesu mit den Aposteln
Lk 22,31–34:	Das Wort Jesu an Simon
Lk 22,39–53:	Jesus am Ölberg
Lk 22,54–65:	Jesu Verleugnung und Verspottung
Lk 23,13–25:	Die Verurteilung Jesu durch Pilatus
Lk 23,26–32:	Der Kreuzweg Jesu
Lk 23,33–56:	Kreuzigung, Tod und Grablegung Jesu

*

Lk 24,1–12:	Das leere Grab
Lk 24,13–35:	Begegnung mit dem Auferstandenen auf dem Weg nach Emmaus
Lk 24,36–52:	Erscheinung des Auferstandenen in Jerusalem

*

Die Geheimnisse der Passion Jesu und die Erscheinungen des Auferstandenen – eine alternative Auswahl nach dem Matthäusevangelium

Mt 26,1–16:	Die Einleitung zur Passion
Mt 26,17–29:	Das letzte Pessachmahl
Mt 26,30–56:	Gethsemani
Mt 26,57–74:	Das Bekenntnis Jesu vor dem Hohen Rat
Mt 27,1–10:	Die Übergabe an Pilatus und das Ende des Judas
Mt 27,11–31:	Der Prozess vor dem röm. Statthalter und die Verspottung durch röm. Soldaten
Mt 27,32–44:	Der Weg nach Golgotha, die Kreuzigung und Verspottung Jesu
Mt 27,45–56:	Der Tod Jesu
Mt 27,57–66:	Die Grablegung Jesu und Bewachung seines Grabes

*

Mt 28,1–10:	Die Frauen am leeren Grab und die Erscheinung des Auferstandenen
Mt 28,16–20:	Der Auftrag des Auferstandenen

Die Geheimnisse der Passion Jesu und die Erscheinungen des Auferstandenen – eine alternative Auswahl nach dem Johannesevangelium

Joh 13,1–20:	Die Fußwaschung
Joh 13,21–38:	Die Ankündigung des Verrats und des Abschieds
Joh 18,1–11:	Die Konfrontation im Garten
Joh 18,12–27:	Das Verhör vor Hannas und die Verleugnung des Petrus
Joh 18,28–19,16a:	Der Prozess vor Pilatus
Joh 19,16b–42:	Kreuzigung, Tod und Grablegung Jesu

*

Joh 20,1–18:	Das leere Grab
Joh 20,19–29:	Die Erscheinungen des Auferstandenen vor seinen Jüngern
Joh 21,1–14:	Der Auferstandene am See
Joh 21,15–23:	Der Auferstandene und Simon Petrus

Anhang 3

Übersicht über die verschiedenen Gebetsweisen im Prozess der Exerzitien

Die an verschiedenen Stellen im Prozess der Exerzitien aufgeführten Gebetsweisen sind hier noch einmal gesondert zusammengestellt.

Vorbereitungsgebete zu Beginn *jeder* Gebetsübung

I

Herr, öffne mir die Augen,
mach weit meinen Blick,
damit ich sehen kann,
was ich noch nicht erkenne.

Herr, gib mir ein großmütiges Herz,
dass sich deinem Wort überlässt
und zu tun wagt,
was es noch nicht getan hat.

Herr, ich weiß, dass ich nur lebe,
wenn ich mich von dir rufen
und verwandeln lasse. Amen.

II

Herr, Du allein weißt,
wie mein Leben gelingen kann.
Lehre mich, in der Stille Deiner Gegenwart
das Geheimnis zu verstehen,
wie in der Begegnung mit Dir,
wie in Deinem Anblick und in Deinem Wort
Menschen sich erkannt haben
als Dein Bild und Gleichnis.

Hilf mir loszulassen,
was mich daran hindert, Dir zu begegnen
und mich von Deinem Wort ergreifen zu lassen.
Hilf mir zuzulassen,
was in mir Mensch werden will
nach dem Bild und Gleichnis,
das Du Dir von mir gemacht hast.
Amen.

III

Von Gott, unserem Herrn, die Gnade erbitten dazu hin,
dass alle meine Absichten, Handlungen und Beschäftigungen
rein im Dienst und in der Verherrlichung seiner Majestät geordnet seien.

aus dem Exerzitienbuch (EB) Nr. 46

Anleitung zur Meditation eines biblischen Textes

1. **Sich einstimmen:** Ich versuche zunächst, an meinem Gebetsort anzukommen und mit Leib und Geist ganz „da" zu sein. Dabei kann es eine Hilfe sein, mit einer Verneigung vor dem Geheimnis Gottes zu beginnen. Dann spreche ich ein *Vorbereitungsgebet*:

Herr, Du allein weißt, wie mein Leben gelingen kann.
Lehre mich, in der Stille Deiner Gegenwart das Geheimnis zu verstehen,
wie in der Begegnung mit Dir, wie in Deinem Anblick und in Deinem Wort
Menschen sich erkannt haben als Dein Bild und Gleichnis.

Hilf mir loszulassen, was mich daran hindert, Dir zu begegnen
und mich von Deinem Wort ergreifen zu lassen.
Hilf mir zuzulassen, was in mir Mensch werden will
nach dem Bild und Gleichnis, das Du Dir von mir gemacht hast.

2. **Lesen, bitten:** Danach lese ich den ganzen Schrifttext langsam und wiederholt durch und bitte den Herrn, dass Er mir die biblische Szene erschließe, damit ich entdecke, was Er mir zeigen will.

3. Suchen, entdecken, verweilen: In einem dritten Schritt versuche ich wahrzunehmen, welche Resonanz der Text in mir auslöst, was mich anspricht oder Widerstand in mir auslöst. Das kann z.B. ein Wort sein, das mich stärkt und inspiriert, oder eine plötzliche Einsicht, die mich heilsam schmerzt oder beunruhigt. Jede kleine „Bewegung“ in Richtung auf den verborgenen Schatz im Acker des Textes nehme ich zunächst einmal wahr. Sie führt zum Aufhellen und „Verkosten“ des Meditationstextes von innen her.

Ich verweile jeweils bei dem, was mich persönlich anspricht und „bewegt“, und zwar so lange, bis es sich „erschöpft“ hat. Sonst verliert sich das eben Entdeckte im Gedränge ruheloser Gedanken und flüchtiger Eindrücke. Es kommt nicht zu einem „Spüren und Verkosten von innen her“ (EB 2). Erst dann mag ich weiter im Acker des Schrifttextes graben.

4. Beenden: Wenn die Gebetszeit vorbei ist, schließe ich

- mit einem persönlich formulierten Gebet, in dem meine Antwort wiederklingt auf das, was mich im Verlauf der Meditation „bewegt“ hat,
- mit einer kurzen Gebetsformel, z.B. „Ehre sei dem Vater“ oder einfach
- mit einer (tiefen) Verneigung vor dem Geheimnis Gottes.

*

5. Reflektieren, notieren: Einer weitergehenden Vertiefung dient dann die *Reflexion* unmittelbar nach der Gebetszeit und die *Wiederholungsmeditation* zu einer späteren Zeit:

Es empfiehlt sich also, unmittelbar *nach* der Meditation, vielleicht an einem anderen Ort, eine Weile (etwa eine Viertelstunde) darüber zu reflektieren, was sich im Verlauf der Meditation so getan oder nicht getan hat. Welches Gefühl, welches Verlangen, welche Einsicht, welcher Gedanke, welches Wort, welche Frage, kurz: welcher Impuls hat mich angesprochen, „bewegt“? Welche Entdeckung habe ich gemacht? *Diese Reflexion gilt für alle kommenden Gebetszeiten. Sie ist integraler Bestandteil der Begegnung mit dem betrachteten Text.*

Was mich „bewegt“ hat, halte ich schriftlich fest, nach Möglichkeit kurz und prägnant. Diese Rückschau bereitet die nächste Meditation vor, in der ich auf die Anregungen aus der vorangegangenen Meditation zurückkomme.

6. **Vertiefen:** Bei der vertiefenden Wiederholung beachte ich vor allem die Teile des Textes, „bei denen ich eine bestimmte Erkenntnis, Tröstung oder Trostlosigkeit verspürt habe“ (EB 118).

Alle Wiederholungsmeditationen beginnen mit der gleichen Vorbereitung und Einstellung wie die vorausgegangene Textmeditation und werden auch in gleicher Weise abgeschlossen. So kann ich mich dafür disponieren, allmählich in die Dynamik des Schrifttextes, in die Tiefe des meditierten Glaubensgeheimnisses hineingenommen zu werden.

7. **Ehrfurcht:** Wer einen biblischen Text meditiert, bemüht sich um eine Haltung der Ehrfurcht gegenüber dem eigentlich Handelnden: Gott.

Das persönliche Entdecken sowie das „Spüren und Verkosten“ des Meditationsstoffes von innen her sind gnadenhaftes Geschenk. Erst die vom Herrn (*kýrios*) und seinem Geist geschenkte Auslegung kann den vollen Sinn des biblischen Textes in seiner Aktualität für mich erschließen.

8. **Entschiedenheit:** Wer sich um den Acker eines Schrifttextes müht, um ihn für sich, für die aktuelle Bedeutung seines Lebens zu erschließen, kann nur „Erfolg“ haben, wenn er von vornherein entschlossen ist, auch zu tun, was er erkennen wird. Wer erst im Nachhinein entscheiden will, ob er das für sich als „stimmig“ Erkannte auch verwirklichen will, verbaut sich den Weg für ein tieferes Erfassen und Ergriffenwerden vom Wort Gottes: „Selig, die das Wort Gottes hören, um es zu befolgen“ (Lk 11,28).

Schriftbetrachtung nach dem Exerzitienbuch als Paradigma oder Grundmodell für die Betrachtungen (contemplaciónes) eines biblischen Textes,

d. h., die kontemplative Art, mich dem *Geheimnis* eines biblischen Geschehens zu nähern, um mich von ihm berühren und *bewegen* zu lassen (*afectarse*). Diese Gebetsweise ist ein Weg, wie sich mir der *geistliche* Sinn eines biblischen Textes erschließen kann.

Ich versuche *zunächst*, mich an meinem Gebetsort einzufinden und ganz „da" zu sein. Dabei ist es eine Hilfe, soweit möglich eine *leibliche Haltung* einzunehmen, die einerseits körperliche Ruhe und Gelassenheit sowie geistige Präsenz fördert, andererseits Ausdruck der Ehrfurcht und Demut vor dem Geheimnis Gottes ist. *Ohne Ehrfurcht und Demut gibt es keine tiefe religiöse Erfahrung.* Der Annäherungsprozess hat dann folgende Sequenzen:

1. Zu Beginn *jeder* Gebetsübung ***das Vorbereitungsgebet***:

„Von Gott, unserem Herrn, die Gnade erbitten dazu hin,
dass alle meine Absichten, Handlungen und Beschäftigungen rein im Dienst und in der Verherrlichung Seiner Majestät geordnet seien" (EB 46).

Es braucht immer wieder Zeit, bis es zum Vorbereitungsgebet kommt, bis ich mit der tiefsten Sehnsucht meines Herzens in Berührung komme. Das Vorbereitungsgebet ist gleichsam das Gefäß, mit dem ich meine ganze Wirklichkeit („Absichten, Handlungen und Beschäftigungen) auf Gott hin sammle und mit dieser Sehnsucht in Verbindung bringe, d. h. mit jener Suchbewegung, die Gott selbst mir ins Herz geschrieben hat. Im Wiederholen *derselben Gebetsworte vor jeder Gebetszeit* kann diese Suchbewegung dann mehr und mehr zum bewussten Vollzug der Grundausrichtung meines Lebens auf Gott hin werden.

2. ***Drei Vorübungen,*** d. h. drei vorbereitende Schritte zur Kontemplation des biblischen Geschehens:

Erste Vorübung: Ich lese den ganzen Schrifttext langsam und wiederholt durch, um mir die Geschichte zu vergegenwärtigen. Dabei kann es hilfreich sein, den Text laut zu lesen.

Zweite Vorübung: Mit Hilfe meiner Vorstellungskraft (Imagination) versuche ich, mir den Handlungsraum („Schauplatz") des biblischen Geschehens anschaulich zu vergegenwärtigen. Dabei kommt es nicht darauf an, wie es dort „wirklich" ausgesehen hat. Ich lasse es geschehen, wie der „Ort“ vor meinem inneren Auge entsteht.

Dritte Vorübung: Ich bitte um die Gnade, dass sich mir der *geistliche Sinn* des biblischen Geschehens, die *geheimnisvolle Seite,* das Mysterium des Schrifttextes erschließen möge, damit Jesus Christus mir vertrauter wird und ich ihn mehr liebe und mein Leben konsequenter auf ihn ausrichte.

Es geht also darum, für die Wirklichkeit empfänglich zu werden, die Gott mir durch die biblische Geschichte mitteilen will.

Naturgemäß brauchen die drei vorbereitenden Schritte Zeit, vermutlich den größten Teil der ersten Gebetsübung, sodass man sie am besten in der folgenden Gebetszeit noch einmal als Ganzes wiederholt.

3. ***Vergegenwärtigung des biblischen Handlungsgeschehens:***

Ich gehe in meiner Vorstellung zurück zum biblischen Handlungs*raum* – so wie er vor meinem inneren Auge entstanden ist – und lasse dann das Geschehen, wie es im Schrifttext steht, in meiner Vorstellung sich entfalten. *Ich **sehe** die Personen, **höre**, was sie sagen, und **betrachte**, was sie tun.*

Dabei kann ich mich in die Akteure der biblischen Geschichte hineinversetzen, um mitzuempfinden:

- was in diesen Menschen vorgeht,
- welche Beziehungen sie untereinander haben,
- welche Gefühle, Wünsche, Hoffnungen, Sorgen, Zweifel, Ängste in ihren Worten und Verhaltensweisen zum Ausdruck kommen,
- was die Worte und Verhaltensweisen für die Akteure oder Betroffenen der Erzählung bedeuten.

Auch gilt es, die *Atmosphäre* des „Schauplatzes“ und des Handlungsgeschehens wahrzunehmen, zu spüren und zu erfassen.

4. ***Übertragung des Handlungsgeschehens auf mich und meine Situation,*** d.h. wahrnehmen:

- Was löst das Sprechen oder Schweigen der Personen, ihr Verhalten (aktiv oder passiv) in mir aus? Zum Beispiel Sympathie,

Ablehnung, Identifikation. Wenn ich mich nacheinander in die verschiedenen Personen, in ihre Worte und Gesten, in ihr Verhalten hineinversetzt habe, um sie zu verstehen, dann kann ich leichter erfassen, wo ich selbst in dieser Geschichte vorkomme.

Darüber hinaus kann es hilfreich sein, mich selbst in einer stimmigen eigenständigen Weise in das Geschehen einzubringen.

• Welche Bedeutung hat *das* für mich hier und jetzt, was ich gesehen, gehört und betrachtet habe, vielleicht auch, wie ich mich selbst in dieses Geschehen eingebracht habe, *und* das, was es in mir ausgelöst hat? So kann sich zeigen, was Gott mir in diesem biblischen Geschehen zeigen will.

5. ***Gespräch mit dem Herrn (Kyrios),***

d.h., ich bringe vor dem Herrn zur Sprache, was mich *bewegt* (hat), und höre, was Er mir sagen will.

Alle Versuche, mich dem *Geheimnis* der biblischen Geschichte zu nähern, zielen auf die persönliche Begegnung mit dem, von dem der biblische Text Zeugnis gibt. Ihr tiefster Sinn ist, Christus mit dem Herzen kennen zu lernen, um ihn mehr lieben und nachfolgen zu können.

Das Zwiegespräch kann der eigentliche Höhepunkt sein, Ausdruck von Nähe und Ehrfurcht (*familiaritas*).

Ich beschließe die Gebetszeit mit einer Verneigung, einem „Ehre sei dem Vater“ oder einem Vaterunser.

6. Unmittelbar nach der Gebetszeit, vielleicht an einem anderen Ort, beginne ich die **Reflexion** über den betrachteten Text (etwa eine Viertelstunde) und mache mir dabei von dem, was mich angesprochen und „bewegt“ hat, einige kurze **Notizen** für die vertiefende Wiederholung zu späterer Zeit in der *dritten und vierten Gebetsübung.*

In diesem wiederholenden Übungsgeschehen kann sich ein anfänglicher Impuls vereindeutigen, eine erste Entdeckung weiter vertiefen. Alle Wiederholungen beginnen auch hier mit der gleichen Vorbereitung und werden in gleicher Weise abgeschlossen.

Im Prozess der Vertiefung geht Ignatius während der Exerzitien noch einen Schritt weiter. Nach den beiden Wiederholungsübungen lässt er am Abend eines jeden Tages eine Übung machen, die er „das Ziehen der fünf Sinne" über die vorausgegangenen vier Gebetsübungen nennt, die sog. ***„Anwendung der Sinne"***.

Ich soll also „bei den wichtigeren Teilen (der vorausgegangenen Gebetsübungen) und dort, wo ich jeweils kraftvollere Anregungen und geistliche Freude (Geschmack, Genuss) verspürt habe, aufmerken und in Ruhe verweilen" (vgl. EB 227). Ich komme also nur auf das zurück, was ich an *Positivem* erlebt habe, was mir Kraft, Weite, Identität gegeben und mich zu Gott hingezogen hat („Trost").

Wie ist diese sog. „Anwendung der Sinne" näherhin zu verstehen und worauf kommt es dabei an?

Zunächst kann diese Art geistlicher Besinnung erst dann richtig zum Tragen kommen, wenn ich drei bis vier Stunden lang in der genannten Weise nach dem „verborgenen Schatz im Acker" (eines biblischen Textes) gegraben habe. Die Übung soll zu einer Zeit gemacht werden, in der ich *ganz* „da" sein kann, in ruhiger, gelassener Sammlung. Ignatius empfiehlt eine Stunde am Abend – ohne gedankliche Anstrengung. Nach der gewohnten Vorbereitung und Einstellung lasse ich dann all das, was mich im Verlauf der Gebetszeiten und vielleicht auch darüber hinaus *heilend und stärkend* angerührt und „bewegt" hat, noch einmal vor mich kommen.

Ich versuche mit meiner Vorstellungskraft mich dem *Geschehen* der vorausgegangenen Gebetsübungen noch einmal zuzuwenden, *soweit es für mich zur tröstenden Gegenwart geworden ist:*

- Ich ***schaue*** die Personen des Geschehens, ihre besondere Situation (z. B. den blinden Bartimäus vor den Toren Jerichos: Mk 10,46–52).
- Ich ***höre***, was die Personen sagen oder sagen können (z. B. die Worte eines Aussätzigen: Mt 8,1–4, oder des Hauptmanns von Kapharnaum: Mt 8,5–13).
- Ich ***rieche*** und ***schmecke*** z. B. die heilende und heil machende Ausstrahlung, die von Jesus ausgeht, die Atmosphäre, die seine

Begegnung mit Menschen bei mir hinterlässt (z. B. die Begegnung Jesu mit der Sünderin: Lk 7,36–50).
- Ich ***berühre*** den geheimnisvollen Ort des Geschehens (z. B. beim brennenden Dornbusch oder bei der Verkündigung der Menschwerdung: Ex 3,5; Lk 1,26–38).

Ich versuche also, aufmerksam dabei zu verweilen und die Qualität des Wahrgenommenen „von innen her zu fühlen und zu verkosten" (EB 2). Die Rückbesinnung bezieht sich auf alle fünf inneren Sinne. Gelegentlich kann es hilfreich sein, sich auf die Wahrnehmung nur eines Sinnes zu konzentrieren.

So *disponiere* ich mich für eine Art von Erkenntnis, die mehr ist als nur ein Akt des Erkennens oder nur des Wollens oder nur des Fühlens und die hinführt zum Ziel allen religiösen Strebens: „den Herrn, deinen Gott zu lieben mit ganzem Herzen und ganzer Seele, mit all deinen Gedanken und mit all deiner Kraft" (Mk 12,30; vgl. Dtn 6,4–9).

In dieser abendlichen Besinnung kann sich nach und nach jenes feine Sensorium entfalten, das Gott durch alle irdischen Brechungen hindurch spürt. Hier kann ein Leben in die eine und einende Leidenschaft geraten, die Paulus in die Worte zusammenfasst: „Nicht mehr ich lebe, sondern Christus lebt in mir" (Gal 2,20a). Augustinus sagt im sechsten Kapitel des 10. Buches seiner *Confessiones*: „Was aber liebe ich, o Gott, wenn ich Dich liebe? Nicht die süßen Melodien in der Welt des Tönens aller Art. Nicht die Wohlgerüche der Blumen, Salben und Spezereien. Nicht das Manna und nicht den Honig. Nicht Leibesglieder, die köstlich sind in der fleischlichen Umarmung. Nichts von alledem liebe ich, wenn ich liebe meinen Gott: Licht und Klang und Duft und Speise und Umarmung meines inneren Menschen. Dort erstrahlt meiner Seele, was kein Raum fasst. Dort erklingt, was keine Zeit entführt. Dort duftet, was kein Wind verweht. Dort mundet, was keine Sattheit vergällt. Dort schmiegt sich an, was kein Überdruss auseinanderlöst. Das ist es, was ich liebe, wenn ich liebe meinen Gott."

Aus der besinnlichen Vertiefung in das Übersinnliche können sich die heilenden und stärkenden Kräfte entbinden, die mir Lebensorientierung geben und mich spüren lassen, wo ich mit dem

Weg des Evangeliums übereinstimme und wo ich Ihm nicht entspreche.

*

Einige Hinweise zur Abfolge der Gebetszeiten und zu den verschiedenen geistlichen Übungen (Gebetsarten) im Verlauf eines Exerzitientages

Normalerweise entfaltet sich der Prozess der Exerzitien in *fünf Übungen*. Die klassischen Zeiten dafür sind je eine Gebetsstunde nach Mitternacht (1), wenn etwa die erste Phase des Tiefschlafs vorüber ist, dann eine vor dem Frühstück (2), eine am Vormittag (3), eine im Verlauf des Nachmittags (4) und die letzte am Abend (5). Nach meiner Erfahrung ist die Gebetsstunde in der Nacht für viele eine kostbare Zeit.

- Die ***erste und zweite Übung*** bieten meist neuen Stoff, normalerweise einen Text aus der Hl. Schrift oder gelegentlich aus dem Exerzitienbuch.
- Die ***dritte und vierte Übung*** sind Wiederholungen: die dritte ist eine Wiederholung der ersten und zweiten Übung und die vierte Übung wiederholt die dritte Übung und alles, was diese aus den vorausgehenden wieder aufnimmt. In diesen Wiederholungen können sich anfängliche Impulse und Bewegungen vertiefen. Sie helfen mir, mich allmählich von der Dynamik des Textes erfassen und mich in die Tiefe des meditierten Glaubensgeheimnisses hineinziehen zu lassen.
  Es ist auch möglich, je eine Wiederholung nach einer Gebetsübung mit neuem Stoff zu halten.

„Statt einen neuen Stoff zu suchen, sollte ich zu den Gedanken und Gefühlen zurückgehen, die mich in den vorhergehenden Übungen besonders bewegten. Ich lasse die Bereiche kommen, wo ich größeren Trost oder Trostlosigkeit erfahren habe, oder mehr allgemein, wo ich tiefer geistlich angesprochen wurde. Der Grundgedanke dieser Wiederholungen besteht darin, das tiefer in mich einzulassen, was Gott in mir anstößt. Dem Erwarten nach soll sie dazu führen, dass die Tätigkeit des Verstands zurücktritt, da sich der Stoff nicht ändert. So stelle ich mich im Herzen darauf ein, meine persönliche Antwort zu finden" (David Fleming SJ).

- *Die fünfte Übung* ist die sog. „Anwendung der Sinne“ oder wie Ignatius diese Gebetsart nennt: „das Ziehen der fünf Sinne“ über die vorausgegangenen vier Gebetsübungen.

Die Wiederholungsbetrachtungen können zur „Anwendung der Sinne“ führen (EB 122–125): Hier „konzentriert sich die Aufmerksamkeit, sammelt sich der Strom der Affektivität auf einige wenige Punkte, die mir während des Tages aufgrund eigener Anstrengungen oder durch göttliche Erleuchtung aufgegangen sind“ (F. Marxer SJ), und zwar *nur* auf das, was mich heilend und stärkend angesprochen, was mir „Trost“ gegeben hat. „Trost“ bedeutet: was mich auf Gott hin bewegt oder gezogen hat.

Die Abfolge der Gebetszeiten nach dem Exerzitienbuch:

***Erste Übung** (nach Mitternacht)*
mit neuem biblischem Text

Zweite Übung *(vor dem Frühstück)*
mit neuem biblischem Text

***Dritte Übung** (am Vormittag)*
Vertiefende Wiederholung der ersten und zweiten Übung

***Vierte Übung** (im Verlauf des Nachmittags)*
Vertiefende Wiederholung der dritten Übung

***Fünfte Übung** (am Abend)*
„Anwendung der Sinne“

Alle Wiederholungsübungen beginnen mit der gleichen Vorbereitung und werden auch in gleicher Weise abgeschlossen.

Diese Abfolge der fünf Übungen bewegt sich nach dem Exerzitienbuch von einem eher aktiven, diskursiven zu einem mehr passiven Gebet, bei dem die Tätigkeit des Verstandes immer mehr zurücktritt. Das Zueinander von Meditation und Kontemplation, von Wiederholungen und der „Anwendung der Sinne“ sind charakteristisch für den Gebetsweg in den Exerzitien. Sie helfen, meinen ganz persönlichen Weg mit Gott zu finden und ihn lieben zu lernen „mit ganzem Herzen und ganzer Seele, mit all meinen Gedanken und mit all meiner Kraft“ (vgl. Dtn 6,4–9).

Normalerweise braucht es einige Zeit, bis der Übende einen stimmigen Tagesrhythmus mit den fünf Gebetszeiten gefunden hat.

*

I. Tagesrückblick oder: Das Gebet der liebenden Aufmerksamkeit

Manche Begegnungen, manche Erfahrungen und manche Ereignisse werden erst im Rückblick verständlich und in ihrer Bedeutung für uns erkannt. Wer sich regelmäßig Zeit nimmt, auf einen Tag oder auf einen längeren Zeitabschnitt zurückzuschauen, wird dabei einen Zusammenhang, eine Richtung, vielleicht sogar einen tieferen Sinn für sein Leben entdecken. Wer aber Richtung und Sinn spürt, kann weiter in die Zukunft gehen und sie gestalten. So stärkt die spirituelle Übung des Rückblicks unsere Identität.

Der hl. Ignatius von Loyola hat den Tagesrückblick zu den wichtigsten Gebetsübungen gezählt. Der Rückblick am Abend „Stunde für Stunde, Zeit für Zeit" will den vergangenen Tag im Licht des Evangeliums geistlich entziffern, um die „Ordnung des Lebens" im Alltag fortzusetzen. Deshalb empfiehlt es sich, nach den Erfahrungen mit dem „Prinzip und Fundament" und der Umkehrphase dieses Gebet einzuüben, damit es sich im täglichen Leben bewähren kann.

Der Tagesrückblick oder das „Gebet der liebenden Aufmerksamkeit", wie man diese tägliche Gebetsübung auch nennt, umfasst fünf Punkte:

1. Nach den Vorübungen zur Sammlung und des Zur-Ruhe-Kommens Gott bitten, die Wirklichkeit gleichsam mit Seinen Augen sehen zu dürfen. Nur in Seinem Licht schauen wir das Licht (vgl. Psalm 36,10).
2. Das Wahrnehmen meiner Wirklichkeit „Stunde für Stunde, Zeit für Zeit" wird am ehesten gelingen, wenn ich möglichst vorurteilsfrei alles vor mich kommen lasse, was sich im Verlauf des Tages ereignet, was mich beschäftigt und wie es mich stimmungsmäßig beeinflusst hat, also:

- Womit habe ich mich beschäftigt? Was ist mir begegnet? Was hat sich ereignet?
- Was hat mich dabei bewegt? In welcher Stimmung haben mich die Beschäftigungen und das, was mir begegnet ist, zurückgelassen?
- Was bewegt mich jetzt noch? In welche Richtung tendieren meine inneren Bewegungen?

Aus dieser Rückschau wird dann auch eine geistliche Unterscheidung der verschiedenen seelischen Impulse und Reaktionen möglich:

3. In dem Bemühen, meine Wirklichkeit so wahrzunehmen, wie sie ist, geht es zunächst und vor allem darum, Gott in allen Dingen zu entdecken als den Grund der „empfangenen Wohltaten“, und ihm zu danken.

- Was hat mir innerlich Kraft gegeben, Identität, Weite?
- Was hat mich zu Gott hin bewegt?

4. Im Licht der „empfangenen Wohltaten“ gilt es dann wahrzunehmen, was im Verlauf des Tages „nicht in Ordnung“ war, welchen Lebensimpulsen ich mich verweigert habe.

- Was hat mich innerlich geschwächt, eingeengt?
- Wo war ich mit mir nicht identisch?
- Was hat mich von Gott entfernt?

Indem ich mir gläubig in Erinnerung rufe, dass Gott um meinetwillen keine Mühe scheut, damit ich zu dem Bild und Gleichnis unterwegs bleibe, das Er sich von mir gemacht hat, wird es mich dazu drängen, „Gott, unseren Herrn, um Verzeihung zu bitten für die Fehler“.

5. Die Entschiedenheit, mit seiner Gnade mich neu auszurichten, orientiert sich an der Grundbotschaft des Evangeliums, dass Er uns zuerst geliebt hat. „Was wir im Auge haben, das prägt uns, dahinein werden wir verwandelt, und wir kommen, wohin wir schauen“ (H. Spaemann).

Diese tägliche Übung, die „Räume“ unseres Herzens im Geist des Evangeliums betend zu durchleuchten und aufzuräumen, führt zu einer tiefen Sinnerfahrung inmitten der Unwägbarkeiten und Unverträglichkeiten unseres Daseins.

N. B. Es ist zu empfehlen, sich für diese Übung in der zweiten Tageshälfte eine Zeit zu nehmen, wo noch genügend Aufmerksamkeit und Wachheit vorhanden ist.

Zusammenfassung der einzelnen Schritte dieser Gebetsübung:

1. Nach den Vorübungen des Zur-Anwesenheit-Kommens Gott bitten, den Tag in Seinem Licht sehen zu dürfen.
2. Die Ereignisse, Begegnungen und Beschäftigungen des Tages „Stunde für Stunde“ vor mich kommen lassen, zunächst ohne sie zu werten; die inneren Bewegungen, Impulse, Reaktionen wahrnehmen und zu unterscheiden versuchen, in welche Richtung sie tendieren.
3. Gott danken für die empfangenen Wohltaten.
4. Erkennen und eingestehen, was nicht „in Ordnung“ war, und Gott um Verzeihung bitten.
5. Mit Entschiedenheit mich der Grundausrichtung meines Lebens (Prinzip und Fundament) erneut zuwenden.

Literatur

Deutsche Ausgaben des Exerzitienbuches

Ignatius von Loyola, Die Exerzitien, übertragen von *H. U. von Balthasar,* Einsiedeln [15]2016

Ignatius von Loyola, Geistliche Übungen, Übertragung und Erklärung von *Adolf Haas*, mit einem Vorwort von Karl Rahner, Freiburg 1975

Ignatius von Loyola, Geistliche Übungen und erläuternde Texte, übersetzt und erklärt von *Peter Knauer*, Leipzig 1978

Ignatius von Loyola, Geistliche Übungen, nach dem spanischen Urtext übersetzt von *Peter Knauer*, Würzburg 1998

Kommentare in Auswahl

Santiago Arzubialde SJ, Ejercios espirituales de S. Ignacio, Historia y Análisis, Bilbao [2]2009

Adrien Demoustier, Les Exercise de S. Ignace de Loyola, Lecture et pratique d'un texte, Paris 2006

Michael Ivans SJ, Understanding the Spiritual Exercises, Text and Commentary, A Handbook for Retreat Directors, Leominster 1998

Peter Köster, Zur Freiheit befähigen, Die Geistlichen Übungen des hl. Ignatius von Loyola, Ein Kommentar mit Hinweisen für die Praxis des Begleitens, Würzburg 2017

William A. M. Peters, The Spiritual Exercises of St. Ignatius, Exposition and Interpretation, Jersey City 1968

In diesen Kommentaren findet sich weitere Literatur

Zur Ergänzung:

Igna Kramp, Johanna Schulenburg, In der Kraft des Geistes, Beiträge von Franz Meures zur Spiritualität der Exerzitien, Würzburg 2021